시경집전변정

이 책은 2019년도 정부(교육부)의 재원으로 한국고전번역원의 지원을 받아
수행된 '특수고전협동번역사업'의 결과물임.

This work was supported by Institute for the Translation of Korean Classics - Grant funded by the Korean Government.

시경집전변정 3

詩經集傳辨正

심대윤 지음
沈大允

성원규
윤은숙
김형석 옮김

일러두기

1. 이 책의 번역 대본은 고려대학교 도서관에 소장된《시경집전변정(詩經集傳辨正)》(육당A3A4-1~6)으로 하였다. 규장각에 소장된 또 다른 필사본(古1324-3)은 대동문화연구원에서 간행한《심대윤전집》제2책과 한국경학자료시스템(http://koco.skku.edu)에서 볼 수 있다.
2. 내용이 간단한 역주는 간주(間註)로, 긴 역주는 각주(脚註)로 처리하였다.
3. 한자는 필요한 경우 이해를 돕기 위하여 넣었으며, 운문(韻文)은 원문을 병기하였다.
4. 맞춤법과 띄어쓰기는 한글 맞춤법과 표준어 규정을 따랐다.
5. 이 책의 번역문에서 사용한 부호는 다음과 같다.
   ( ) : 번역문과 음이 같은 한자를 묶는다.
   〔 〕: 번역문과 뜻은 같으나 음이 다른 한자를 묶는다.
   " " : 대화 등의 인용문을 묶는다.
   ' ' : " " 안의 재인용 또는 강조 문구를 묶는다.
   「 」: ' ' 안의 재인용을 묶는다.
   『 』: 「 」 안의 재인용을 묶는다.
   《 》 : 책명 및 각주의 전거(典據)를 묶는다.
   〈 〉 : 책의 편명 및 운문·산문의 제목 또는 보충역을 묶는다.
6. 이 책의 후반부에 고려대본을 저본으로 하여 표점·교감한 원문을 실었다.
7. 본문의 오류로 의심 가는 점이 있으나 근거할 만한 대조본이 없을 경우에는 교감기에 그 내용만 언급하였다.
8. 판각이나 필사 과정에서 관행적으로 통용하던 글자는 문맥에 맞게 고쳐 쓰고 교감기는 달지 않았다.
9. 이 책에 사용된 표점부호는 다음과 같다.
   。 의문문과 감탄문을 제외한 문장의 끝에 쓴다.
   ？ 의문문의 끝에 쓴다.
   ！ 감탄문이나 감탄사의 끝, 강한 어조의 명령문·청유문·반어문의 끝

	에 쓴다.
,	한 문장 안에서 일반적으로 구의 구분이 필요한 곳에 쓴다.
、	한 구 안에서 병렬된 단어 사이에 쓴다.
;	복문 안에서 구조상 분명하게 병렬된 어구 사이에 쓴다.
:	완전한 인용문의 경우 인용부호와 함께 쓰거나, 화제 혹은 소표제어로서 문장을 이끄는 어구 뒤에 쓴다.
“ ” ‘ ’	직접 인용된 말이나 강조해야 하는 말을 나타내는 데 쓰되, 1차 인용에는 “ ”를, 2차 인용에는 ‘ ’를, 3차 인용에는 「 」를 쓴다.
【 】	原文의 註를 나타내는 데 쓴다.
·	서명부호(《 》) 안에서 서명과 편명 등을 구분하는 데 쓴다.
《 》	서명, 편명, 악곡명, 서화명 등을 나타내는 데 쓴다.
____	인명, 지명, 국명, 민족명, 건물명, 연호 등의 고유명사를 나타내는 데 쓴다.
□	빠진 글자의 자리에 쓴다.
▨	훼손된 글자의 자리에 쓴다.

차례

시경집전변정3

詩經集傳辨正3 校勘·標點

동궁지십 彤弓之什

동궁 彤弓

붉은 활이 풀어져 있는 것을 彤弓弨兮
받아서 보관하였더니 受言藏之
내 아름다운 손님이 계시거늘 我有嘉賓
중심(中心)으로 주려 하는지라 中心貺之
종과 북을 이미 설치하고 鍾鼓旣設
하루아침에 연향을 베푸노라 一朝饗之

《집전》에 말하였다. 부이다.[1] 동(彤)은 붉음이요, 초(弨)는 풀어져 있는 모양이다. 황(貺)은 줌이다. 《춘추좌전》에 영무자(甯武子)가 말하기를 "제후가 왕이 분개(憤慨)하는 자를 대적하여 공을 바치면 왕이 이때 붉은 활 하나와 붉은 화살 100개, 검은 활 10개와 검은 화살 1,000개를 하사하여 공에 보답하는 잔치임을 밝힌다.〔諸侯敵王所愾, 而獻其功, 於是乎賜之彤弓一、彤矢百、旅弓矢千, 以覺報宴.〕"[2]라고 하였는데, 각(覺)은 밝힘이다. 제후가 천자로부터 활과 화살을 하사받은 뒤에야 정벌을 전행(專行)할 수 있는데, 전행함은 제후들을 불러 모아서 스스로 지휘를 주관함이니, 천자에게 명을 청하지 않고 제멋대로 행함

1 부이다 : 《집전》에 천자가 공이 있는 제후에게 잔치를 베풀어주고 활과 화살을 하사하는 악가라고 하였다.

2 제후가……밝힌다 : 이 내용은 《춘추좌전》 문공(文公) 4년 조에 보인다.

을 말한 것이 아니다. '받아서 보관함'은 가벼이 남에게 주지 않는 것이요, '중심으로 주려 함'은 천자의 정성을 말한 것이요, '하루아침에 연향을 베풂'은 인색한 마음이 없음을 말한 것이다.

붉은 활이 풀어져 있는 것을　　彤弓弨兮
받아서 도지개에 올려놓았더니　　受言載之
내 아름다운 손님이 계시거늘　　我有嘉賓
중심으로 기뻐하는지라　　中心喜之
종과 북을 이미 설치하고　　鍾鼓既設
하루아침에 높여 하사하노라　　一朝右之

《집전》에 말하였다. 부이다. 재(載)는 도지개에 올려서 펴는 것이다.[3] 우(右)[4]는 높여서 하사하는 것이다.

붉은 활이 풀어져 있는 것을　　彤弓弨兮
받아서 활집에 넣어 두었더니　　受言櫜之
내 아름다운 손님이 계시거늘　　我有嘉賓
중심으로 좋아하는지라　　中心好之
종과 북을 이미 설치하고　　鍾鼓既設
하루아침에 술을 권하노라　　一朝醻之

3 재(載)는……것이다 : 《시전대전》의 소주에 "붉은 활을 도지개에 올려서 활의 몸체를 도지개에 맞대어 바르게 하는 것이니, 조심스럽게 보관함을 말한 것이다.〔載彤弓於弓檠, 抗弓體使正, 言其藏之謹也.〕"라고 하였다.

4 우(右) : 【집전】 권함이며 높임이다.〔勸也, 尊也.〕

《집전》에 말하였다. 부이다. 고(櫜)는 활집이다. 수(酬)[5]는 보답함이다.

이상은 〈동궁〉 3장이니, 장마다 6구이다.

청청자아 菁菁者莪

무성하고 무성한 새발쑥이여 菁菁者莪
저 언덕 가운데 있도다 在彼中阿
이미 군자를 만나보니 旣見君子
즐겁고 또 예의(禮儀)가 있도다 樂且有儀

《집전》에 말하였다. 흥이다. 청청(菁菁)은 무성한 모양이다. 아(莪)는 나호(蘿蒿)이다.

○이 또한 학교 안에서 스승을 뵙는 악가이다.[6] '저 언덕 가운데 있음'은 중덕(中德)을 비유한 것이니, 마음이 화락하고 평탄하여 위의를 잃지 않아서, 조심함과 엄숙함을 일삼지 않고 종용히 예절에 맞는 것이다. 구설에 "〈청청자아〉는 영재(英材)를 기름을 즐거워한 시이다."[7]라고 하였으니, 쑥이 언덕 가운데 자람이 마치 영재들이 중덕의 군자

5 수(酬) : 【집전】 수(酬)는 보답함이다. 술을 마시는 예에 주인이 손님에게 술잔을 올리면 손님이 주인에게 잔을 돌리고, 주인이 또 술을 따라 스스로 마시고는 술을 따라 손님에게 마시게 함을 수라 이르니, 수는 후(厚)와 같고 권(勸)과 같다.

6 이……악가이다 : 《집전》에는 빈객과 연음(燕飮)하는 시라고 하였다.

7 청청자아는……시이다 : 이 내용은 《모시서》에 보인다.

에게 모임과 같은 것이다. 군자는 능히 영재를 양성하기 때문에 영재들이 그에게 모이는 것이다.

무성하고 무성한 새발쑥이여　　菁菁者莪
저 모래섬 가운데 있도다　　在彼中沚
이미 군자를 만나보니　　既見君子
내 마음 기쁘도다　　我心則喜

흥이다.

무성하고 무성한 새발쑥이여　　菁菁者莪
저 구릉 가운데 있도다　　在彼中陵
이미 군자를 만나보니　　既見君子
나에게 백붕(百朋)을 주신 듯하도다　　錫我百朋

흥이다. 붕(朋)은 한 쌍이니, 가르침을 받음이 많음을 말한 것이다.[8]

두둥실 떠 있는 버드나무 배여　　汎汎楊舟
가라앉았다 떴다 하도다　　載沈載浮
이미 군자를 만나보니　　既見君子
내 마음 편안히 쉬도다　　我心則休

8 붕(朋)은……것이다 : 【집전】 옛날에 돈으로 사용한 조개껍질〔貨貝〕은 오패(五貝)를 붕(朋)이라 하였다. '나에게 백붕을 주신 듯함'은 군자를 만나봄에 귀중한 보화를 많이 얻은 것처럼 기쁜 것이다.

비이다. '가라앉았다 떴다 함'은 마음에 일정한 주장이 없어서 행함에 일정한 방향이 없음을 말한 것이요, '내 마음 편안히 쉼'은 군자의 의리를 얻어듣고서 돌아가 쉴 바를 알았다는 말이다.[9] 이 편은 풍이다.

이상은 〈청청자아〉 4장이니, 장마다 4구이다.

유월 六月

유월에 위급하므로	六月棲棲
융거(戎車)를 이미 정돈하며	戎車旣飭
네 필의 말이 건장하거늘	四牡騤騤
이 상복(常服)을 수레에 실으니	載是常服
험윤(玁狁)이 심히 치성(熾盛)한지라	玁狁孔熾
내 이 때문에 급하게 여기니	我是用急
왕이 이에 출정하여	王于出征
왕국을 바로잡으라 하시니라	以匡王國

《집전》에 말하였다. 부이다. 유월은 하정(夏正) 유월[10]이다. 서서

9 내……말이다 : 【집전】 休(休)는 휴휴연(休休然)이니 안정됨을 말한다.

10 하정(夏正) 유월 : 《시전대전》의 소주에 "《시경》 〈소아 사월(四月)〉에 '유월에 더위가 물러간다.'라고 하였으니, 하정임을 알 수 있다.〔《詩》言'六月徂暑', 則爲夏正可知.〕"라고 하였고, 정현(鄭玄)의 전(箋)에도 "유월이라고 기록한 것은 한여름에 출병한 것으로 그 급함을 밝힌 것이다.〔記六月者, 盛夏出兵, 明其急也.〕"라고 하여 하정 유월로 본 듯하다. 한편 장락 유씨(長樂劉氏 유이(劉彝)) 등은 주정(周正) 유월이라고 하였다. 《呂氏家塾讀詩記》

(棲棲)는 황황(遑遑)과 같으니, 불안해하는 뜻이다. 상복(常服)은 병사(兵事)의 평상시 복장(服裝)이다. 선왕(宣王)이 윤길보(尹吉甫)에게 명하여 험윤(玁狁)을 정벌하게 하였는데, 윤길보가 공을 세우고 돌아오자 시인이 그를 찬미한 것이다. 유월은 한창 더울 때여서 출병하는 때가 아닌데 북적(北狄)이 매우 치성하기 때문에 급히 토벌하지 않을 수가 없었던 것이다.

힘이 똑같은 네 필의 검은 말이여	比物四驪
길들어 법도에 맞도다	閑之維則
이 유월에	維此六月
이미 내 군장(軍裝)을 만들었노라	旣成我服
내 군장이 이미 이루어지거늘	我服旣成
하루에 삼십 리를 가니	于三十里
왕이 이에 출정하여	王于出征
천자를 도우라 하시니라	以佐天子

《집전》에 말하였다. 부이다. 비물(比物)은 그 힘을 똑같게 한 것이다. 한(閑)은 조련이요, 칙(則)은 법도이다. 복(服)은 복장(服裝)이다. 군대의 행군은 하루에 30리를 간다. '왕우출정(王于出征)'은 장수에게 명하여 출정하게 한 것이다.

네 필의 말이 장대(長大)하니	四牡脩廣
그 키가 크기도 하도다	其大有顒
잠깐 험윤을 정벌하여	薄伐玁狁
큰 공을 올리도다	以奏膚公
엄숙히 하고 공경히 하여	有嚴有翼

무용(武勇)의 일을 받드니 共武之服
무용의 일을 받들어 共武之服
왕국을 안정시키도다 以定王國

《집전》에 말하였다. 부이다. 수(脩)는 긺이다. 옹(顒)은 큰 모양이다. 부(膚)는 큼이요, 공(公)은 공(功)이다. 엄(嚴)는 위엄이요, 익(翼)은 공경이다. 공(共)은 공(供)과 통한다. 복(服)은 일이다.

험윤은 헤아릴 수 없으니 玁狁匪茹
초(焦) 땅과 호(穫) 땅에 정연하게 거처하여 整居焦穫
호(鎬) 땅과 방(方) 땅을 침략하여 侵鎬及方
경양(涇陽)에 이르거늘 至于涇陽
새매를 그린 깃발이며 織文鳥章
흰 깃발이 펄럭이니 白旆央央
원융(元戎) 십승(十乘)으로 元戎十乘
먼저 길을 열어 선봉이 되도다 以先啓行

《집전》에 말하였다. 부이다. 여(茹)는 헤아림이니, 험윤은 헤아릴 수 없음을 말한 것이다.[11] 초(焦)·호(穫)·호(鎬)·방(方)은 모두 지명이다. 호(鎬)는 유향(劉向)이 '천 리 밖에 있는 호(鎬)'라고 하였으니,[12] 호경(鎬京)이 아니다.

11 험윤은……것이다 : 《집전》에는 "험윤이 제 스스로 헤아리지 않다."라고 해석하였다.

12 유향(劉向)이……하였으니 : 이는 《한서(漢書)》〈진탕전(陳湯傳)〉에 보인다. 유향은 한(漢)나라의 학자로 《신서(新序)》·《설원(說苑)》·《열녀전(列女傳)》 등을 편

○'치문조장(織文鳥章)'은 무늬가 있는 비단 깃발을 새매 무늬로 만든 것이다. 앙앙(央央)[13]은 앙앙(泱泱)과 같으니, 펄럭이는 모양이다. 계행(啓行)[14]은 길을 열어서 선봉이 되는 것이다.

융거가 이미 편안하니	戎車旣安
지(輊)와 같고 헌(軒)과 같으며	如輊如軒
네 필의 말이 이미 건장하니	四牡旣佶
이미 건장하고 길들여졌도다	旣佶且閑
잠깐 험윤을 정벌하여	薄伐玁狁
태원(太原)에 이르니	至于太原
문무겸전(文武兼全)한 길보(吉甫)여	文武吉甫
만방이 법으로 삼도다	萬邦爲憲

《집전》에 말하였다. 부이다. 지(輊)는 앞부분이 숙여져서 넘어질 듯이 앞으로 가는 것이고, 헌(軒)은 앞부분이 들려서 물러나는 듯이 뒤로 가는 것이니, 앞에서 보면 앞부분이 숙인 듯하고 뒤에서 보면 앞부분이 들린 듯하면 〈수레의 가는 모습이〉 꼭 알맞은 것이다. 길(佶)은 할(劼)과 통하니, 건장한 모양이다.

길보(吉甫)가 잔치하여 기뻐하니	吉甫燕喜
이미 복을 많이 받았도다	旣多受祉

찬하고 저술하였다.

13 앙앙(央央) : 【집전】 선명한 모양〔鮮明貌〕

14 계행(啓行) : 【집전】 계(啓)는 엶이요, 행(行)은 길이니, 발정(發程 출발함)이란 말과 같다.

호(鎬) 땅으로부터 돌아오니　來歸自鎬
우리가 길을 떠난 지 오래되었도다　我行永久
주연을 베풀어 여러 벗들을 맞이하니　飮御諸友
자라를 삶고 잉어를 회쳤도다　炰鼈膾鯉
누가 이 자리에 있는고　侯誰在矣
효도하고 우애하는 장중(張仲)이로다　張仲孝友

《집전》에 말하였다. 부이다. 아(御)[15]는 맞이함이다. 후(侯)는 어조사이다. '효도하고 우애하는 장중'은 이 잔치에 참여한 자가 또한 어짊을 말하였으니, 윤길보를 찬미한 것이다.

이상은 〈유월〉 6장이니, 장마다 8구이다.

채기 采芑

잠깐 쓴 나물을 뜯기를　薄言采芑
저 신전(新田)에서 하며　于彼新田
이 일 년 묵은 밭에서 하도다　于此菑畝
방숙(方叔)이 임하니　方叔涖止
그 수레가 삼천 대이니　其車三千
군사들이 적을 막는 것을 익히도다　師干之試
방숙이 통솔하니　方叔率止

15 아(御) : 【집전】 음식을 올림〔進〕

네 필의 기마(騏馬)를 탔도다	乘其四騏
네 필의 기마가 질서정연하니	四騏翼翼
노거(路車)가 붉게 빛나도다	路車有奭
대자리로 만든 휘장과 어피(魚皮)로 만든 화살통이며	簟茀魚服
가슴걸이와 가죽 고삐가 있도다	鉤膺鞗革

《집전》에 말하였다. 흥이다. 기(芑)는 쓴 나물이니, 잎을 따면 흰 즙이 나오는데, 바로 지금의 고매채(苦蕒菜)이다. 개간한 지 1년이 된 밭을 치(菑)라 하고, 2년이 된 밭을 신전(新田)이라 하고, 3년이 된 밭을 여(畬)라 한다. 방숙(方叔)은 선왕(宣王)의 경사(卿士)이다. 이(涖)는 임함이다. 병거(兵車) 1승(乘)에 갑사(甲士)가 3명이고 보졸(步卒)이 72명이고 또 25명이 짐수레를 끌고 뒤에 있어서 모두 100명이다. 사(師)는 무리요, 간(干)은 막음이요, 시(試)는 익힘이다. 익익(翼翼)은 여럿이 정돈된 모양이요, 혁(奭)[16]은 혁연(赫然)함이다. 점불(簟茀)은 대자리로 수레의 가리개를 만든 것이다. 구응(鉤膺)은 바로 누응(鏤膺)이니, 갈고리로 연결하여 장식한 것이다.[17]
○쓴 나물을 뜯는 것으로 공을 이룸을 말하였다. '저 신전에서 하며 이 일 년 묵은 밭에서 함'은 정벌하는 나라가 한 나라에 그치지 않는 것이니, 형만(荊蠻)이 잇달아 배반하자 선왕이 방숙에게 명하여 이들을 정벌하게 한 것이다.

16 혁(奭) : 【집전】 붉은 모양〔赤貌〕

17 구응(鉤膺)은……것이다 : 《집전》에는 "구응은 말에 매는 것으로, 아래턱 부분에는 구(鉤 갈고리)가 있고 응(膺 가슴)에는 번(樊)과 영(纓)이 있으니, 번은 말의 큰 띠이고, 영은 앙(鞅 가슴걸이)이다."라고 하였다. 누응(鏤膺)은 〈진풍(秦風) 소융(小戎)〉에 보이는데, 심대윤은 "금박(金箔)을 박아 장식하여 가슴에 댄 것이다."라고 하여 구응을 한 가지로 보았다.

잠깐 쓴나물을 뜯기를 薄言采芑
저 신전에서 하며 于彼新田
이 택전(宅田)에서 하도다 于此中鄕
방숙이 임하니 方叔涖止
그 수레가 삼천이니 其車三千
기조(旂旐)가 선명하도다 旂旐央央
방숙이 통솔하니 方叔率止
묶어 놓은 수레 바퀴통이며 문채 나는 형(衡)이며 約軝錯衡
여덟 방울이 창창히 울리도다 八鸞瑲瑲
명복(命服)을 입으니 服其命服
붉은 슬갑(膝甲)이 휘황찬란하며 朱芾斯皇
푸른 패옥이 창창하게 울리도다 有瑲蔥珩

《집전》에 말하였다. 흥이다. 약(約)은 묶음이다. 기(軝)는 수레의 바퀴통이니, 가죽으로 수레의 바퀴통을 묶은 것이다. 착(錯)은 무늬가 섞여 있는 것이다. 말의 재갈 양 곁에 각각 하나의 방울〔鸞〕을 매단다. 창창(瑲瑲)은 소리이다. 황(皇)은 황(煌)과 통한다. 총(蔥)은 푸른빛이 파와 같은 것이다.
○중향(中鄕)은 백성들이 거주하는 곳의 택전(宅田)[18]이다.

빠르게 나는 저 새매여 鴥彼飛隼
날아서 하늘에 이르며 其飛戾天
또한 앉을 곳에 앉도다 亦集爰止
방숙이 임하니 方叔涖止

18 택전(宅田) : 집 사이에 뽕나무, 채소, 과일나무를 심는 전지(田地)를 가리킨다.

그 수레가 삼천이니 其車三千
군사들이 적을 막는 것을 익히도다 師干之試
방숙이 통솔하니 方叔率止
징을 치고 북을 치거늘 鉦人伐鼓
군사들을 진열하고 훈계하도다 陳師鞠旅
드러나고 진실한 방숙이여 顯允方叔
둥둥 북을 치며 伐鼓淵淵
가득 메운 군사들을 사열하도다 振旅闐闐

《집전》에 말하였다. 흥이다. 정(鉦)은 〈군대의 후퇴를 지시하는〉 쇠(징)이다. 국(鞠)은 국(鞫 다함)과 통하니, 말을 다하여 고하는 것이니, 군사들에게 맹세하여 고함을 이른다.

○진려(振旅)[19]는 군대를 사열하는 것이요, 전전(闐闐)[20]은 여럿이 가득 메운 모양이다. 나는 새매가 하늘에 이르나 내려앉음이 있음으로써, 군사의 위엄이 진동하고 빛나나 유순하게 하여 복종함에 그칠 뿐임을 비유하였으니, 그 무용을 지극하게 하지 않은 것이다.

미련한 저 만형(蠻荊)이 蠢爾蠻荊
대국(大國)을 원수로 삼도다 大邦爲讎
방숙이 크게 늙었으나 方叔元老
그 계책은 씩씩하도다 克壯其猶
방숙이 통솔하니 方叔率止

19 진려(振旅) : 【집전】 진(振)은 그침이요, 여(旅)는 군사이니, 싸움을 마치고 군사들을 그치게 하여 들어옴을 말한 것이다.

20 전전(闐闐) : 【집전】 북소리이다. 혹자는 성한 모양이라 한다.

신문(訊問)할 괴수(魁首)를 붙잡고 무리들을 사로잡도다 執訊獲醜
융거(戎車)가 많으니 戎車嘽嘽
많고 성하여 嘽嘽焞焞
천둥 같고 우레 같도다 如霆如雷
드러나고 진실한 방숙이여 顯允方叔
험윤(玁狁)을 정벌하니 征伐玁狁
만형이 와서 외복(畏服)하도다 蠻荊來威

《집전》에 말하였다. 부이다. 준(蠢)은 움직이기만 하고 무지(無知)한 모양이다. 유(猶)는 유(猷 계책)와 통한다. 탄탄(嘽嘽)은 많고 성한 모양이고, 퇴퇴(焞焞)는 성함이다. 방숙이 일찍이 북쪽을 정벌하는 공을 세우니, 남쪽 사람들이 그의 위엄스러운 명성을 두려워하여 와서 복종한 것이다.

이상은 〈채기〉 4장이니, 장마다 12구이다.

거공 車攻

우리 수레가 이미 수리되었으며 我車既攻
우리 말이 이미 똑같아 我馬既同
네 필의 말이 충실하니 四牡龐龐
이것을 타고서 동도(東都)로 가도다 駕言徂東

《집전》에 말하였다. 부이다. 공(攻)[21]은 다스림이다. 농롱(龐龐)은 충실한 모양이다. 동(東)은 동도(東都 낙읍(洛邑))이다. 선왕(宣王)이 제후들을 동도에 모으고 인하여 사냥을 하니, 시인이 이것을 찬미한 것이다.

사냥 수레가 이미 좋으니 田車既好
네 필의 말이 심히 성대하도다 四牡孔阜
동도에 보초(甫草)가 있거늘 東有甫草
말을 타고 가서 사냥하도다 駕言行狩

《집전》에 말하였다. 부이다. 보초(甫草)는 보전(甫田)으로, 뒤에 정(鄭)나라 땅이 되었으니, 지금의 개봉부(開封府) 중모현(中牟縣) 포전택(圃田澤)이 이곳이다.

이 사람이 사냥하니 之子于苗
거도(車徒)를 세는 소리가 시끄럽도다 選徒囂囂
깃발을 꽂고 깃발을 설치하여 建旐設旄
오(敖) 땅에서 짐승을 잡도다 搏獸于敖

《집전》에 말하였다. 부이다. 묘(苗)는 사냥의 이름이다. 효효(囂囂)는 떠드는 소리이다. 오(敖)는 지명이니, 형양(滎陽)과 가깝다.

저 네 필의 말을 멍에하니 駕彼四牡
네 필의 말이 혁혁(奕奕)하도다 四牡奕奕
붉은 슬갑에 금으로 장식한 신으로 赤芾金舃

21 공(攻) : 【집전】 견고함〔堅〕

회동하기를 연속하여 하도다 會同有繹

《집전》에 말하였다. 부이다. 혁혁(奕奕)[22]은 높고 큰 모양이다. '붉은 슬갑에 금으로 장식한 신'은 제후의 예복이다. 때로 뵙는 것을 회(會)라 하고, 여럿이 뵙는 것을 동(同)이라 한다. 역(繹)은 연속(聯屬)함이다.

깍지와 팔찌가 이미 나란하며 決拾既佽
궁시(弓矢)가 이미 고르게 갖추어지니 弓矢既調
사부(射夫)들이 이미 함께하여 射夫既同
우리를 도와 쌓아놓은 짐승을 들도다 助我擧柴

《집전》에 말하였다. 부이다. 결(決)은 코끼리의 뼈로 만들어서 오른손 큰 손가락에 착용해서 활시위를 당긴다. 습(拾)은 가죽으로 만들어 왼쪽 팔에 착용한다. 차(佽)는 나란함이다. 자(柴)는 《설문해자(說文解字)》에 자(㧘)로 되어 있으니, 짐승을 쌓아 놓은 것이다.
○자(柴)는 마땅히 자(胔)가 되어야 하니, 살이 붙어 있는 뼈를 자(胔)라 한다.

네 필의 황마(黃馬)를 이미 멍에하니 四黃既駕
두 참마(驂馬)가 기울지 않도다 兩驂不猗
치구(馳驅)하는 법을 잃지 않거늘 不失其馳
화살을 발사함에 깨뜨리는 듯하도다 舍矢如破

22 혁혁(奕奕) : 【집전】 연이어 흩어져 퍼져 있는 모양[連絡布散之貌]

부이다. 의(猗)는 마땅히 의(倚)가 되어야 하니, 한쪽으로 기운 것이다.

한가로운 말의 울음소리이며	蕭蕭馬鳴
아득히 늘어선 깃발이로다	悠悠旆旌
보졸(步卒)과 어자(御者)가 놀라지 아니하며	徒御不驚
대포(大庖)가 차지 않았도다	大庖不盈

부이다. 소소(蕭蕭)는 말이 우는 소리이다. 유유(悠悠)는 멀리 보이는 모양이다.[23] '놀라지 않음'은 고요하여 시끄럽지 않은 것이다. 대포(大庖)는 군주의 푸줏간이다. 사냥할 때에 군주는 30마리의 짐승을 취하고 그 나머지는 택궁(澤宮)에서 활을 쏘아서 맞춘 자가 얻는다. '대포가 차지 않음'은 취하기를 많이 하지 않음을 말한 것이다.

이 사람이 가니	之子于征
간다는 소문만 있고 가는 소리가 없도다	有聞無聲
진실로 군자여	允矣君子
진실로 대성(大成)하도다	展也大成

부이다. 군사가 행군한다는 소문만 듣고 그 소리를 듣지 못함은 정숙(靜肅)함을 말한 것이다.

이상은 〈거공〉 8장이니, 장마다 4구이다.

23 소소(蕭蕭)는……모양이다 : 《집전》에는 소소와 유유를 모두 '한가로운 모양〔閑暇之貌〕'이라고 하였다.

길일 吉日

길일인 무일(戊日)에 吉日維戊
이미 마조(馬祖)에게 기도하니 既伯既禱
사냥 수레가 이미 좋으며 田車既好
네 필의 말이 매우 성대하거늘 四牡孔阜
저 큰 언덕에 올라가 升彼大阜
짐승 무리를 찾도다 從其群醜

《집전》에 말하였다. 부이다. 백(伯)은 마조(馬祖)이니, 천사(天駟) 방성(房星)의 신(神)이다. 추(醜)[24]는 종류이니, 새와 짐승은 같은 종류끼리 서로 무리 짓는다. 이 또한 선왕(宣王)의 시이다.

길일인 경오일(庚午日)에 吉日庚午
이미 내 말을 골라 既差我馬
짐승들이 모여 있는 곳에 獸之所同
우록(麀鹿)이 우글거리는 麀鹿麌麌
칠저(漆沮)에서 좇음이여 漆沮之從
천자께서 사냥하는 곳이로다 天子之所

《집전》에 말하였다. 부이다. 차(差)는 가림이다. 암사슴을 우(麀)라 한다. 우우(麌麌)는 많음이다. 칠(漆)과 저(沮)는 두 물의 이름이니, 서도(西都 호경(鎬京))에 있다.[25]

24 추(醜) : 【집전】 많음이니, 짐승의 떼가 많음을 이른다.

25 칠(漆)과……있다 : 《집전》에는 "칠저(漆沮)는 물 이름이니, 서도의 기내(畿內)

저 언덕 가운데를 보니 瞻彼中原
큰 짐승이 매우 많도다 其祁孔有
여럿이 가기도 하며 모여 있기도 하고 儦儦俟俟
떼 지어 가기도 하며 줄지어 가기도 하거늘 或群或友
좌우(左右)를 모두 거느려 悉率左右
천자를 즐겁게 하도다 以燕天子

《집전》에 말하였다. 부이다. 기(祁)는 큼이다. 표표(儦儦)는 여럿이 가는 모양이고, 사사(俟俟)는 여럿이 모여 있는 모양이다.[26] 우(友)[27]는 나란히 가는 것이다.

이미 내 활을 당기고 既張我弓
이미 내 화살을 끼우고서 既挾我矢
저 작은 멧돼지를 쏘아 맞히며 發彼小豝
이 큰 외뿔소를 잡아서 殪此大兕
빈객에게 올리고 以御賓客
또 단술을 떠서 올리도다 且以酌醴

부이다.

경수(涇水)와 위수(渭水)의 북쪽에 있으니, 이른바 낙수(洛水)이다."라고 하였다. 칠수(漆水)와 저수(沮水)가 만나서 흐르다가 위수(渭水)로 들어가는데, 옛날에는 칠저가 낙수와 합하여 위수로 들어갔으므로 칠저를 낙수라고도 부른 것이다.《中國古今地名大辭典》 경문의 칠저는 두 물이 합하여 흐르는 유역이라 볼 수 있다.

26 표표(儦儦)는……모양이다 : 《집전》에는 표표는 빨리 달림이고, 사사는 걸어감이라고 하였다.

27 우(友) : 【집전】 짐승 세 마리를 군(群)이라 하고, 두 마리를 우(友)라 한다.

이상은 〈길일〉 4장이니, 장마다 6구이다.

홍안 鴻雁

홍안(鴻雁)이 날아가니 鴻雁于飛
쉬익쉬익 날갯짓하도다 肅肅其羽
이 사람이 길을 가니 之子于征
들에서 몹시 수고하도다 劬勞于野
이에 긍휼하는 사람에 이르니 爰及矜人
이 환과(鰥寡)를 애처롭게 여기도다 哀此鰥寡

흥이다. 긍(矜)은 불쌍하게 여겨 긍휼(矜恤)하는 것이다. 늙어서 아내가 없는 것을 환(鰥)이라 하고, 늙어서 남편이 없는 것을 과(寡)라 한다. 여왕(厲王)의 때에 주나라 사람으로서 학정을 피하여 제후의 나라에 간 자가 이 시를 지어서[28] 홍안(鴻雁)이 추위를 피하고 따뜻함을 따르는 것으로써 흥을 하였다. 급(及)은 지(至)와 같으니, 환과를 긍휼하는 사람의 나라에 이른 것이다.[29]

홍안이 날아가니 鴻雁于飛

28 여왕(厲王)의……지어서 : 《집전》에는 주나라 왕실이 중간에 쇠하여 백성들이 이산(離散)하였는데, 선왕(宣王)이 백성들을 돌아오게 하여 안정시키자 유민(流民)들이 기뻐하여 이 시를 지었다는 구설을 인용하고, 선왕의 시인지 알 수 없다고 하였다. 선왕은 여왕의 뒤에 즉위하였다.

29 긍휼하는……것이다 : 《집전》에는 긍(矜)을 '가련함〔憐〕'이라고 하였으니, '及矜人'은 '가련한 사람에게 미치다'로 해석된다.

못 가운데 앉았도다　　集于中澤
이 사람이 담을 쌓으니　　之子于垣
백도(百堵)를 모두 일으키도다　　百堵皆作
비록 몹시 수고로우나　　雖則劬勞
끝내는 편안한 집을 얻으리로다　　其究安宅

흥이다. '못 가운데'는 능히 중도(中道)를 행하는 나라를 말한 것이다. 1장(丈)의 담을 판(板)이라 하고, 5판을 도(堵)라 한다.[30] 구(究)는 끝이다.

홍안이 날아가니　　鴻雁于飛
기럭기럭 슬피 울도다　　哀鳴嗸嗸
이 명철한 사람은　　維此哲人
나더러 몹시 수고한다 이르거늘　　謂我劬勞
저 어리석은 사람은　　維彼愚人
나더러 교만을 떤다 이르도다　　謂我宣驕

흥이다.[31] 오오(嗸嗸)는 슬퍼하고 원망하는 소리이다. '명철한 사람'은 다다른 나라의 사람을 이르고 '어리석은 사람'은 여왕(厲王)을 이른다. 이 시를 지은 자는 아마도 군자일 것이다. 근심하면서도 능히 즐거

30 1장(丈)의……한다 : 이는 모형(毛亨)의 전(傳)의 내용이다. 판은 판축(板築)에 사용되는 널판으로 담의 넓이를 표시한 것이고, 도(堵)는 5개의 판을 포개어 쌓은 담의 넓이이다. 공영달(孔穎達)의 소에 의하면 판은 높이가 1장, 너비가 2척이고 5판의 도는 높이가 1장, 너비가 1장이다. 판과 도는 그 설이 일정하지 않다.

31 홍이다 : 《집전》에는 비로 보아, 유민(流民)들이 홍안이 슬피 욺으로써 자신들을 비유하였다고 하였다.

워하고, 원망하면서도 말하지 않고, 수고로우면서도 괴로워하지 않으니, 군자가 아니면 누가 능히 이와 같겠는가. 이 편은 풍(風)이다.

이상은 〈홍안〉 3장이니, 장마다 6구이다.

정료 庭燎

밤이 얼마나 되었는고	夜如何其
밤이 아직 한밤중이 못되었으나	夜未央
정료(庭燎)가 빛나도다	庭燎之光
군자가 이르니	君子至止
방울 소리가 장장(鏘鏘)히 울리도다	鸞聲將將

부이다. 《집전》에 말하였다. 앙(央)은 가운데이다. 정료(庭燎)는 횃불이니, 새벽에 조회하게 되면 뜰에 진설한다. 장(將)은 마땅히 장(鏘 쇠가 울리는 소리)이 되어야 한다.

○왕은 잠을 편안히 자지 못하고서 일찍 일어나 밤이 얼마나 되었는가 묻고, 조회하는 자들은 이미 왔으니, 군주와 신하가 근심하고 부지런하여 감히 스스로 편안하지 못함을 말한 것이다.

밤이 얼마나 되었는고	夜如何其
밤이 다하지 않았으나	夜未艾
정료가 희미하도다	庭燎晣晣
군자가 이르니	君子至止
방울 소리가 느리게 울리도다	鸞聲噦噦

부이다. 애(艾)는 다함이다. 제제(晣晣)는 조금 밝음이요, 홰홰(噦噦)는 소리가 느린 것이다.

밤이 얼마나 되었는고 夜如何其
밤이 새벽을 향하는지라 夜鄉晨
정료가 불빛이 스러지도다 庭燎有煇
군자가 이르니 君子至止
그 깃발을 보도다 言觀其旂

부이다. 향신(鄉晨)은 〈새벽이 되어〉 날이 밝을 때이고, 유휘(有煇)는 겨우 빛이 있는 것이다. 그 깃발을 볼 수 있으면 이미 색깔을 구별할 수 있는 것이다. 이는 선왕(宣王)이 처음에는 근심하고 부지런하여 중흥의 기업(基業)을 세웠는데, 뒤에는 점점 태만해지고 안일하였으므로 그 공렬(功烈)이 낮아지고 기업이 오래가지 못함을 풍자한 것이다. 태자 진(晉)이 영왕(靈王)에게 간하기를 "우리 선군이신 여왕(厲王)·선왕·유왕(幽王)·평왕(平王) 때부터 하늘의 화(禍)를 초래하여 지금까지 그 화가 그치지 않고 있습니다."라고 하였으니,[32] 선왕이 처음에는 부지런하였으나 끝에는 향락에 빠졌음을 알 수 있다. 이 편은 풍이다.

이상은 〈정료〉 3장이니, 장마다 5구이다.

32 태자……하였으니 : 이 내용은 《국어(國語)》 〈주어 하(周語下)〉에 보인다. 여왕은 폭정으로 쫓겨났고, 유왕은 포사(褒姒)를 총애하여 서주(西周)를 멸망하게 하였고, 평왕은 낙읍으로 천도하여 선조의 기업을 회복하려 하지 않았다. 선왕은 주나라의 중흥(中興)을 이루었다고 일컫지만, 적전(籍田)을 몸소 갈지 않은 일, 강융(姜戎)에게 패한 일, 군사를 잃고서 인구 조사를 한 일에 대한 비판이 《국어》에 보인다.

면수 沔水

넘실넘실 흐르는 저 유수(流水)여	沔彼流水
바다에 조종(朝宗)하도다	朝宗于海
빨리 날아가는 저 새매여	鴥彼飛隼
곧 날며 곧 그치도다	載飛載止
아! 우리 형제의	嗟我兄弟
방인(邦人)과 여러 벗들이	邦人諸友
난리를 염려하는 자가 없으니	莫肯念亂
누가 부모가 없으리오	誰無父母

비이고 부이다.[33] 면(沔)은 물이 가득한 모양이다. 조종(朝宗)은 조근(朝覲)[34]과 같다. 종(宗)은 종묘이니, 조당(朝堂)에서 조(朝)하고 종

33 비이고 부이다 : 《집전》에는 흥으로 보았으니, 이하의 장도 같다.

34 조근(朝覲) : 조근에 대하여 《예기》 〈곡례 하(曲禮下)〉에 "천자가 의(依 호(戶)와 유(牖) 사이의 병풍)를 등지고 서 있을 적에 제후가 다 같이 북향하여 천자를 뵙는 것을 근(覲)이라 하고, 천자가 저(宁 문가리개)를 등지고 서 있을 적에 제공(諸公)은 동향하고 제후는 서향하여 뵙는 것을 조(朝)라 한다.〔天子當依而立, 諸侯北面而見天子, 曰覲. 天子當宁而立, 諸公東面, 諸侯西面, 曰朝.〕"라고 보인다. 심대윤은 이를 잘못된 것으로 보아 "제후가 조정에서 천자를 뵙는 것을 조(朝)라 하고, 종묘에서 뵙는 것을 근(覲)이라 한다. 조정에서 뵙는 것은 군신 간의 바른 예이고, 종묘에서 뵙는 것은 외숙(이성(異姓)의 제후)과 숙부(동성(同姓)의 제후)의 친함을 펴는 것이다. 제후가 오면 조를 한 번 하고 근은 일정한 수가 없다. 북향하여 뵙는 것은 조례(朝禮)인데 근례(覲禮)라고 잘못 말하였으며, 제공은 서향하고 제후는 동향하는 것은 내외의 귀한 신하를 함께하여 기뻐하는 것으로 근례인데 조례라고 잘못 말하였다. 전(傳)에 '봄에 뵙는 것을 조(朝)라 하고, 가을에 뵙는 것을 근(覲)이라 한다.'라고 하였는데, 《서경》 〈주관(周官)〉에 '6년에 오복(五服)이 한 번 조회한다.'라고 하였으니, 진실로 1년에 두 번 천자에게 오는 경우는 없다. 설사 두 번 오더라도 어찌 봄과 가을에 대하여 조와 근이라는 다른 이름을

묘에서 근(覲)을 한다. 그러므로 조종이라 하였으니, 물이 바다로 달려 감은 마치 제후가 왕에게 조종함과 같은 것이다. 물도 오히려 조종할 줄을 알고 새매도 오히려 그치는 곳이 있는데, 지금 우리 형제들의 나라가 왕실을 생각하지 않고 관료인 벗들이 왕의 마음을 그치게 하지 않음은 어째서인가. 군주와 신하는 일심동체여서 기쁨과 근심을 함께 하니, 어찌 부모가 함께 그 재앙을 입음을 생각하지 않는가. 이 시는 아마도 유왕(幽王)과 여왕(厲王)의 때에 신하가 난을 근심한 말인 듯하다.

넘실넘실 흐르는 저 유수여	沔彼流水
그 흐름이 성하고 성하도다	其流湯湯
빨리 날아가는 저 새매여	鴥彼飛隼
곧 날며 곧 솟구쳐 오르도다	載飛載揚
저 도(道)를 따르지 않음을 염려하여	念彼不蹟
곧 일어나며 곧 길을 가노라	載起載行
마음의 근심함이여	心之憂矣
생각을 풀어 버리고 잊을 수가 없도다	不可弭忘

비이고 부이다. 이는 물이 바다에 조종을 하지 않고 새매도 그치는

쓰겠는가. 《춘추》에 노(魯)나라 공과 제후들이 왕을 뵈는 기사에 모두 '조'라 하고 '근'이라 하지 않았으니, 조와 근은 봄과 가을로 인하여 구별하는 것이 아님을 알 수 있다.〔見於朝曰朝, 見於廟曰覲. 見於朝, 正君臣之禮也; 見於廟, 展舅叔之親也. 諸侯來, 則一朝而覲無數耳. 北面而見者, 朝禮也, 而誤曰覲; 諸公西面, 諸侯東面, 合內外之貴臣而爲歡, 覲禮也, 而誤曰朝. 傳曰: '春見曰朝, 秋見曰覲.' 《周官》'六年五服一朝', 固未有一年而再來者也. 設或再來, 何以春、秋而朝、覲異名乎? 《春秋》魯公及諸侯見王, 皆書曰朝, 而不曰覲, 知朝、覲非因春、秋而別也.〕"라고 하였다. 《禮記正解》

곳이 없음을 말한 것이다. 부적(不蹟)은 도를 따르지 않는 것이다. 미(弭)[35]는 풀림이다.

빨리 날아가는 저 새매여	鴥彼飛隼
저 언덕 가운데를 따르도다	率彼中陵
백성들의 유언비어를	民之訛言
어찌하여 징계하는 자가 없는고	寧莫之懲
우리 벗들이 공경한다면	我友敬矣
참소하는 말이 일어날 수 있겠는가	讒言其興

비이고 부이다. 이는 오로지 관료(官僚)를 책망하였으므로 〈제후를 비유한〉 면수(沔水)를 말하지 않은 것이다. '언덕 가운데'는 중도(中道)가 있음을 말한 것이다. 와(訛)는 거짓이다.

백성들의 유언비어가 비등하여 난의 조짐이 나타났는데, 어찌하여 이것을 징계하지 않는가. 조정의 신하들이 모두 죄를 두려워하여 감히 바로잡지 못하고 있으나, 만약 능히 그 중도를 얻어 공경을 다하면 거의 왕을 깨우칠 수 있으니, 어찌 참소하는 말을 두려워하는가. 왕이 능하지 못하다고 그만두지 않고 오히려 신하의 도리가 극진히 선하지 못함을 자책하였으니, 충후함이 지극하다. 만약 조정의 신하들이 마음을 함께하여 충성을 다하고 제후들이 돕는다면 비록 걸왕(桀王)·주왕(紂王)과 같은 포악한 군주라도 나라가 전복됨에 이르지 않을 것이다.

이상은 〈면수〉 3장이니, 두 장은 장마다 8구이고 한 장은 6구이다.

35 미(弭) : 【집전】 그침〔止〕

학명 鶴鳴

학(鶴)이 구고(九皐)에서 울거든 鶴鳴于九皐
소리가 들에 들리느니라 聲聞于野
물고기가 잠겨 깊은 못 속에 있으나 魚潛在淵
혹은 물가에도 있느니라 或在于渚
즐거운 저 동산에 樂彼之園
심겨진 박달나무가 있는데 爰有樹檀
그 아래에는 낙엽이 떨어져 있느니라 其下維蘀
타산(他山)의 돌이 他山之石
숫돌이 될 수 있느니라 可以爲錯

비이다.[36] 구고(九皐)[37]는 그윽하고 깊음을 말한 것이니, '학이 구고에서 울거든 소리가 들에 들림'은 은미한 것이 드러남[38]을 말한 것이다. 군자가 집에 있으면서 덕을 닦으면 천 리 밖에서도 응하고 하늘과 땅이 바루어져 자손이 번성하고 백대 동안 공경받는다. '물고기가 잠겨 깊은

36 비이다 : 《집전》에는 이 시를 지은 연유는 알 수 없으나 교훈이 되는 좋은 말을 진술하여 바친 것이라 하였다.

37 구고(九皐) : 【집전】 못 가운데에 물이 흘러나와서 생긴 구덩이이니, 밖으로부터 세어 아홉에 이름은 심원(深遠)함을 비유한 것이다.

38 은미한 것이 드러남 : 《중용》에 "《시경》에 이르기를 '신(神)의 이르름을 예측할 수 없으니, 하물며 신을 싫어할 수 있겠는가.' 하였으니, 은미한 것이 드러나니, 성(誠)의 가릴 수 없음이 이와 같구나.〔《詩》曰: '神之格思, 不可度思, 矧可射思?' 夫微之顯, 誠之不可揜, 如此夫!〕"라고 보이는데, 심대윤은 '은미한 것이 드러남'은 바로 신독(愼獨)의 '은미한 일보다 드러남이 없음〔莫顯乎微〕'이라 하였고, 또 '은미한 일보다 드러남이 없음'은 "귀신을 감응시켜 재앙과 경사를 부름을 말한 것이다.〔言感應鬼神而召殃慶也.〕"라고 하였다. 《中庸訓義》

못 속에 있으나 혹은 물가에도 있음'은 비(費)와 은(隱)이 일치함[39]을 말한 것이니, 바로 솔개는 하늘에 날고 물고기는 연못에서 뛰논다[40]는 뜻이다. '즐거운 저 동산에 심겨진 박달나무가 있는데 그 아래에는 낙엽이 떨어져 있음'은 좋아함과 미워함, 옳음과 그름, 이로움과 해, 화와 복, 가난함과 부유함, 귀함과 천함, 영광과 치욕, 근심과 즐거움이 서로 짝하여 행해짐을 말한 것이다. '즐거운 저 동산'이라고 한 것은 즐거움 속에 근심이 있고 근심 속에 즐거움이 있음을 말한 것이다. '타산의 돌이 숫돌이 될 수 있음'에서 착(錯)은 숫돌이니, 군자와 소인이 서로 의뢰하여 쓰임이 됨을 말한 것이다. 군자(벼슬아치)가 아니면 소인(백성)을 다스릴 수가 없고 소인이 아니면 군자를 봉양할 수가 없으며, 소인이 없으면 군자를 쓸 곳이 없고 군자가 없으면 소인을 보유(保有)할 수가 없다. 노자(老子)가 "불선한 사람은 선한 사람이 의뢰하는 바이다."[41]라고 하였으니, 이것을 말한 것이다.

이 시의 뜻은 《주역》과 《중용》을 읽어야 비로소 알 수 있다. 군자는

39 비(費)와 은(隱)이 일치함 : 비와 은은 《중용》에 보이는데, 심대윤은 《중용훈의(中庸訓義)》에서 "비(費)는 광대함이고, 은(隱)은 간약(簡約)하고 작음이니, 필부필부가 참예하여 알 수 있는 것은 '은'이고 성인도 알지 못하고 능하지 못하는 것은 '비'이다."라고 하였고, 〈제풍(齊風) 보전(甫田)〉에서 "큰 것은 큰 것에 있지 아니하여 작은 것에 있고, 먼 것은 먼 것에 있지 아니하여 가까운 것에 있으니, 《중용》의 비은(費隱)이 이것을 말한 것이다."라고 하였다. 〈제풍 보전〉의 각주 15) 참조.

40 솔개는……뛰논다 : 《중용》에 "《시경》에 이르기를 '솔개는 날아 하늘에 이르는데 물고기는 연못에서 뛰논다.' 하였으니, 위아래에 이치가 밝게 드러남을 말한 것이다.〔《詩》云'鳶飛戾天, 魚躍于淵', 言其上下察也.〕"라고 보이는데, 심대윤은 이에 대하여 "위로 통달하고 아래로 통달하며 비(費)하고 은(隱)함을 말한 것이다.〔言徹上徹下, 費而隱也.〕"라고 하였다. 《中庸訓義》

41 불선한……바이다 : 이는 《도덕경(道德經)》에 "선한 사람은 불선한 사람의 스승이요, 불선한 사람은 선한 사람이 의뢰하는 바이다.〔善人者, 不善人之師; 不善人者, 善人之資.〕"라고 보인다.

밖에서 구하지 않고 스스로 닦을 뿐이요, 군자는 먼 것에 힘쓰지 않고 아래로 배울 뿐이다. 군자는 복을 구차히 얻으려 하지 않고 해로움을 구차히 면하려 하지 않아서, 편안하여도 위태로움을 잊지 않고 근심하면서도 즐거움을 잃지 않으니, 편안히 분수를 지키고 천명을 순히 따를 뿐이다. 군자가 소인에 대해서는 마치 대인(大人)이 어린아이를 길러 주는 것과 같아서, 강압(强壓)하지 않고 장엄하며,[42] 노하지 않고 교화시켜서 성심으로 방도를 구하여 그들을 보전할 뿐이다.【하늘과 땅의 이치는 반드시 한 치가 자라면 한 치가 줄어들어, 한 가지로서 완전한 경우는 없다. 그러므로 군자의 도는 절제하여 중도(中道)를 취해서 양쪽의 극단에 빠지지 않으니, 자라남도 없고 줄어듦도 없어서 유구한 복을 누리는 것이다.】

학이 구고에서 울거든	鶴鳴于九皐
소리가 하늘에 들리도다	聲聞于天
물고기가 물가에 있으나	魚在于渚
혹은 잠겨 깊은 못에 있느니라	或潛在淵
즐거운 저 동산에	樂彼之園
심겨진 박달나무가 있는데	爰有樹檀
그 아래에는 닥나무가 있도다	其下維穀
타산의 돌이	他山之石
옥을 갈 수 있느니라	可以攻玉

42 강압(强壓)하지 않고 장엄하며 : 원문 '不惡而嚴'은 《주역》 〈돈괘(遯卦)〉 대상전(大象傳)에 "소인을 멀리하되 강압하지 않고 장엄하게 한다.〔遠小人, 不惡而嚴.〕"라고 보이는데, 심대윤은 "원(遠)은 친압하지 않음이다. 불악(不惡)은 억눌러 꺾지 않는 것이다. 엄(嚴)은 장엄하고 공경하여 저절로 다스려지는 것이다.〔遠, 不狎也. 不惡, 不加逆折也. 嚴, 莊敬而自治也.〕"라고 풀이하였다. 《周易象義占法》

비이다. 곡(穀)은 나쁜 나무이다. 공(攻)은 다스림이다. 이 편은 풍(風)이다.

이상은 〈학명〉 2장이니, 장마다 9구이다.

이상은 〈동궁지십〉이다.

기보지십 祈父之什

기보 祈父

기보(祈父)야　祈父
나는 왕의 발톱과 이빨인데　予王之爪牙
어찌하여 나를 근심에 전전하여　胡轉予于恤
머물러 살 곳이 없게 하는고　靡所止居

《집전》에 말하였다. 부이다. 기(祈)는 마땅히 기(圻)가 되어야 한다. 기보는 사마(司馬)이니, 국경의 무리를 관장하였다. 그러므로 기보라 하였으니, 《서경》 〈주고(酒誥)〉에 '명을 어기는 자를 감독하는 기보'[1]가 이것이다. 군사들이 부역이 끝나지 않음을 원망하여 이 시를 지었는데, 사마를 책망한 것은 감히 왕을 지척하지 못해서이다.

기보야　祈父
나는 왕의 조아(爪牙)와 같은 군사인데　予王之爪士
어찌하여 나를 근심에 전전하여　胡轉予于恤
이르러 그칠 곳이 없게 하는고　靡所底止

1 명을……기보 : 원문은 '圻父薄威'인데, 《서경》에 의하면 위(威)는 위(違)가 되어야 할 듯하다. 채침(蔡沈)은 박위(薄違)를 '명을 어기는 자를 축출함〔迫逐違命〕'으로 해석하였는데, 심대윤은 '명을 어기는 자를 급박히 감독함〔董迫違命〕'으로 해석하였다. 《書經集傳》 《書經蔡傳辨正》

부이다.

기보여 祈父
진실로 총명하지 못하도다 亶不聰
어찌하여 나를 근심에 전전하여 胡轉予于恤
어머니가 음식을 주관하게 하는고 有母之尸饔

부이다. 옹(饔)은 익은 밥이다. 백성들은 나라의 근본이고, 군사는 백성 중에 뽑힌 자이다. 군사들이 원망하면 나라의 근본이 흔들리니, 무엇을 믿고 나라를 다스리겠는가.

이상은 〈기보〉 3장이니, 장마다 4구이다.

백구 白駒

깨끗하고 깨끗한 흰 망아지 皎皎白駒
우리 마당의 벼 싹을 먹는다 하여 食我場苗
발을 동여매고 고삐를 매어 縶之維之
오늘 아침을 더 오래 있게 하여 以永今朝
이른바 그 분이 所謂伊人
여기에서 소요하게 하리라 於焉逍遙

부이다. '우리 마당의 벼 싹을 먹음'은 군주의 녹을 먹음을 말한 것이다. 주나라의 말세에 어진 신하가 나라가 장차 위태로울 것을 알았으나 어찌할 방법이 없었기 때문에 녹을 사양하고 떠나가니, 이를 애석히 여기는 자가 이 시를 읊어 그를 조금 더 머무르게 하여 조정이 그에 의뢰하기를 바란 것이다.

깨끗하고 깨끗한 흰 망아지　　皎皎白駒
우리 마당의 콩잎을 먹는다 하여　　食我場藿
발을 동여매고 고삐를 매어　　縶之維之
오늘 저녁을 더 머무르게 하여　　以永今夕
이른바 그분이　　所謂伊人
여기에서 아름다운 손님이 되게 하리라　　於焉嘉客

부이다.

깨끗하고 깨끗한 흰 망아지　　皎皎白駒
빛나게 타고 오면　　賁然來思
그대를 공(公)으로 삼고 그대를 후(侯)로 삼아　　爾公爾侯
편안하고 즐거움을 무한하게 하리라　　逸豫無期
그대 우유(優游)하기를 삼가며　　愼爾優游
그대 은둔하려는 생각을 힘써 재고할지어다　　勉爾遁思

부이다. 비연(賁然)은 광채가 나는 모양이다. 떠남을 결행함에 과감한 것을 혐의하였으므로 "그대 우유하기를 삼가며 그대 은둔하려는 생각을 힘써 재고할지어다."라고 하였으니, 우유에 빠지지 말고 삼가며, 떠나갈 뜻을 과감히 결행하지 말고 힘써 다시 한번 생각하는 것이다.[2]

신하의 거취는 가벼이 할 수가 없고 대의(大義)는 뉘우칠 수가 없으니, 한번 나아가면 다시 떠나갈 수가 없고 한번 떠나가면 다시 돌아올 수가 없는 것이다. 아내가 남에게 시집갔다가 다시 돌아옴을 재가(再嫁)에 견주고, 신하가 군주를 버리고 갔다가 다시 돌아옴을 배반한 역적에 견주니, 대의(大義)가 한번 정해지면 바꿀 수가 없는 것이다.【공자가 노(魯)나라를 떠나 천하에 군주를 구하였으나 합한 자가 있지 못하였다. 그러므로 노나라에 돌아올 수는 있으나 또한 다시 벼슬할 수는 없었던 것이다. 후세에 학사(學士)들이 여러 나라에 오고가기를 베틀에 북 나들 듯이 함은 패란한 행위이다.】

신하는 군주를 떠나가는 의리가 없고 아내는 남편을 떠나가는 예(禮)가 없으니, 군주가 군주 노릇을 하지 못하고 남편이 남편 노릇을 하지 못한 뒤에야 비로소 떠나갈 수 있는 것이다. 이미 군주 노릇을 하지 못하고 남편 노릇을 하지 못하였다면 어찌 다시 돌아와 나아가겠는가. 그에게 다시 나아가면 다른 사람에게 나아가는 것과 다름이 없고 재가한 여인과 배반한 역적과 다름이 없다. 떠나가는 자가 그 의리를 얻었는데도 오히려 삼가고 힘써 재고하기를 바란 것은 사랑함이 지극하고 충성함이 지극한 것이다.【만약 군주를 떠났으나 다른 나라에 뜻이 맞는 자가 있지 않았는데, 옛 군주가 과연 자기 잘못을 후회하고 다시 등용하고자 하여 성심으로 맞이하면 또한 다시 돌아올 수가 있다.】

깨끗하고 깨끗한 흰 망아지	皎皎白駒
저 빈 골짜기에 있는데	在彼空谷
싱싱한 꼴 한 다발을 주노니	生芻一束
그 사람은 옥처럼 아름답도다	其人如玉
그대의 음성을 금옥같이 아껴서	毋金玉爾音
멀어진 마음을 두지 말지어다	而有遐心

2 떠나갈……것이다 : 《집전》에는 '면이둔사(勉爾遁思)'의 면(勉)에 대하여 '결단하지 말라는 것이다.〔無決也.〕'라고 하였다.

부이다. 3장의 '빛나게 타고 옴'은 이미 떠나감을 말한 것이요, 이 장의 '저 빈 골짜기에 있음'은 이미 멀어짐을 말한 것이다. '싱싱한 꼴한 다발을 줌'은 떠난 자가 스스로 노력하여 밥을 먹어서 남의 녹을 받지 않고, 물러가 은둔하여 때가 깨끗해지기를 기다림을 말한 것이니, 떠나가서 다시 군주를 구하는 것이 아니다. '그대의 음성을 금옥 같이 아껴서 멀어진 마음을 두지 말지어다'는 그가 군주를 잊지 아니하여 바로잡을 방법을 생각하기를 여전히 바라는 것이다.[3]

이상은 〈백구〉 4장이니, 장마다 6구이다.

황조 黃鳥

황조야 황조야	黃鳥黃鳥
닥나무에 앉지 말아	無集于穀
내 곡식을 쪼아 먹지 말지어다	無啄我粟
이 나라 사람들이	此邦之人
나를 기꺼이 잘 대우하지 않을진댄	不我肯穀
곧바로 돌아가서	言旋言歸
우리 방족(邦族)에 돌아가리라	復我邦族

비이고 부이다.[4] 황조(黃鳥)는 아름다운 새이다. 닥나무와 2장의 뽕

3 그대의……것이다 : 《집전》에는 현자를 친히 할 수가 없으나 소식을 서로 전하기를 바랐으므로 그대의 음성을 금옥처럼 귀중히 하여 나를 멀리하는 마음을 두지 말라고 한 것이라 하였다.

나무와 3장의 도토리나무는 모두 높거나 크지 않고 잎이 많거나 촘촘하지 않아 새가 깃들기에 좋지 못한 나무이다. 나의 곡식을 쪼아 먹는다는 것은 스스로 밥을 먹어서 남의 녹을 먹지 않는 것이다. 황조를 가지고 스스로 비유하여 말하기를 무도(無道)한 나라에 살지 말고 스스로 밥을 먹으라고 한 것이니, 이는 다만 녹을 먹어서는 안 될 뿐이 아니라 그 들에서 스스로 농사지어 먹어서도 안 되는 것이다.

세상이 혼란하여 현자가 이미 벼슬하지 않으면 좋은 나라를 가려서 거처하기를 자사(子思)가 위(衛)나라에 거처하듯이 하여야 한다.[5] 비록 녹을 먹고 지위에 거하지는 않으나 때때로 말할 만한 것을 군주에게 말하여 지극히 적은 부분을 도와주어 겨우 입에 풀칠하여야 하니, 감히 풍족함을 구해서는 안 된다. 또 이것도 불가하면 위태롭지 않은 나라를 가려서 거처하여 몸소 농사지어 스스로 먹을 것이요, 감히 공(功)이 없이 군주의 밥을 받아서는 안 된다. 만약 가려서 거처하는 나라가 부모(고향)의 나라만 못하면 타국에서 기류(寄留)하기보다는 차라리 내 나라에 머물고, 다른 나라에서 농사짓기보다는 차라리 내 나라에서 농사지어야 한다. 큰 덕이 있는 사람으로 갈아도 얇아지지 않고 검은

4 비이고 부이다 : 《집전》에는 비로 보았으니, 이하의 장도 같다. 《집전》에는 백성들이 다른 나라에 가서 살 곳을 얻지 못하였으므로 지은 시라고 하였다.

5 자사(子思)가……한다 : 자사의 위나라 관련 문헌에 의하면, 자사는 위나라 군주와 문답하며 조언하였으나 높은 지위나 중요한 직책에 있지는 않았던 듯하다. 《맹자》 〈이루 하(離婁下)〉에 제(齊)나라가 위나라를 침략하였을 적에 혹자가 어찌 떠나가지 않느냐고 하니, 자사는 "만일 내가 떠나가면 임금이 누구와 더불어 지키시겠는가."라고 하였다. 이에 대하여 맹자는 "증자(曾子)는 스승이며 부형이었고 자사는 신하이며 미천하였다."라고 하였다. 또 《설원(說苑)》 〈입절(立節)〉에는 자사가 위나라에서 허름한 옷을 입고 20일에 아홉 끼만 먹으면서 전자방(田子方)의 도움을 거절한 일이 보인다. 《자치통감(資治通鑑)》 권1에는 자사가 위나라 군주에게 인재를 선발할 때 단점을 버리고 장점을 취해야 한다는 등의 가르침을 주는 고사가 보인다.

물을 들여도 검어지지 않아서[6] 능히 변화하여 권도(權道)를 행할 수 있는 자라면 천하를 두루 돌아다니면서 그 도를 행하기를 구하는 것이 가하다.

황조야 황조야 黃鳥黃鳥
뽕나무에 앉지 말아 無集于桑
내 기장을 쪼아 먹지 말지어다 無啄我粱
이 나라 사람들이 此邦之人
더불어 나의 뜻을 밝힐 수 없을진댄 不可與明
곧바로 돌아가서 言旋言歸
우리 제형(諸兄)에게 돌아가리라 復我諸兄

비이고 부이다. '더불어 나의 뜻을 밝힐 수 없다'는 것은 '더불어 말하기가 어렵다'는 것과 같다.

6 갈아도……않아서 : 《논어》 〈양화(陽貨)〉에 진(晉)나라에서 반란을 일으킨 필힐(佛肹)이 공자를 부르자 공자께서 가려고 하니, 자로(子路)가 말하기를 "옛날에 제가 부자께 들으니, 직접 그 몸에 불선(不善)을 한 자는 군자가 그 무리에 들어가지 않는다고 하셨습니다. 필힐이 지금 중모(中牟)를 가지고 반란하였는데, 부자께서 가려고 하심은 어째서입니까?" 하였다. 이에 공자께서 "그렇다. 그런 말이 있다. 단단하다고 말하지 않겠는가. 갈아도 얇아지지 않는다. 희다고 말하지 않겠는가. 검은 물을 들여도 검어지지 않는다. 내가 어찌 뒤웅박과 같아서 한 곳에 매달려 있어 먹지 못하는 것과 같겠는가?"라고 말씀한 것이 보이는데, 심대윤은 이에 대하여 "다른 사람에 있어서는 그런 말이 있으나, 나에게는 그렇지 않다. 뒤웅박이 먹을 수 없고 줄에 매여 기둥과 벽에 붙어 있으니, 내가 어찌 그와 같이 매여서 쓰이지 않겠느냐고 말한 것이다. 능히 권도를 행하여 시중(時中)을 한다는 말이다.〔在他人則有是言也, 而我則不然也. 匏瓜不可食而有繩繫懸於柱壁, 言吾豈若是繫而不用哉. 言能行權而時中也.〕"라고 풀이하였다.

황조야 황조야	黃鳥黃鳥
도토리나무에 앉지 말아	無集于栩
내 기장을 쪼아 먹지 말지어다	無啄我黍
이 나라 사람들이	此邦之人
더불어 거처할 수 없을진댄	不可與處
곧바로 돌아가서	言旋言歸
우리 제부(諸父)에게 돌아가리라	復我諸父

비이고 부이다. 방족을 말하고 제형을 말하고 제부를 말한 것은 소원한 사람을 버리고 친한 사람으로 나아감을 밝힌 것이다.

이상은 〈황조〉 3장이니, 장마다 7구이다.

아행기야 我行其野

내가 들을 가니	我行其野
개똥나무가 우북하더라	蔽芾其樗
혼인한 연고로	昏姻之故
그대의 거처에 나아가니	言就爾居
그대가 나를 길러주지 않을진댄	爾不我畜
우리 방가(邦家)로 돌아가리라	復我邦家

비이고 부이다.[7] 저(樗)는 나쁜 나무이다. 이 시는 〈황조〉와 뜻이 같은데 거듭 취한 것은 그 뜻이 은미하여 알기 어렵기 때문에 서로

취하여 분명히 드러나게 한 것이다. 들을 간다면 군주의 녹을 먹는 자가 아니다. '개똥나무가 우북함'은 의탁할 수 없음을 말한 것이다.

내가 들에 가서	我行其野
소루쟁이 나물을 뜯노라	言采其蓫
혼인한 연고로	昏姻之故
그대에게 가서 유숙을 하니	言就爾宿
그대가 나를 길러주지 않을진댄	爾不我畜
돌아가서 고국(故國)으로 돌아가리라	言歸思復

비이고 부이다. 축(蓫)은 《집전》에 "우퇴(牛蘈 소루쟁이)이니 나쁜 풀이다."라고 하였다.

내 들에 가서	我行其野
잔 무우를 뜯노라	言采其葍
옛 혼인을 생각하지 않고	不思舊姻
나의 새 특출한 인척을 찾음은	求我新特
진실로 많이 있는 일이 아니요	誠不以富
다만 특이한 일이 될 뿐이다	亦秖以異

비이고 부이다. 《집전》에 말하였다. 복(葍)은 부(蕾 무)이니, 나쁜 채소이다. 특(特)[8]은 고특(孤特 특출함)이다. 옛 인척으로서 고국에 있

7 비이고 부이다 : 《집전》에는 부로 보았으니, 이하의 장도 같다. 《집전》에는 백성들이 다른 나라에 가서 사돈에게 의탁하려 하였으나 구제받지 못하였므로 지은 시라고 하였다.

는 자가 많으나 그들을 생각하지 않고 도리어 새로운 인척으로 타국의 특출한 자에게 나아감은 진실로 많이 있는 일이 될 수가 없고 다만 특이한 일이 될 뿐이다.【옛 인척의 많은 자를 버리고 새 인척의 특출한 자에게 나아감은 많이 있는 일이 아니요, 많음을 버리고 적음에 나아감은 실제로는 유익함이 없고 다만 특이한 일이 될 뿐이다.】 부(富)는 많음이다.

이상은 〈아행기야〉 3장이니, 장마다 6구이다.

사간 斯干

질서정연한 이 대나무 섬이요 秩秩斯干
깊고 깊은 남산(南山)이로다 幽幽南山
대나무가 총생(叢生)하는 듯하고 如竹苞矣
소나무가 무성한 듯하도다 如松茂矣
형과 아우가 兄及弟矣
서로 좋아할 것이요 式相好矣
서로 잘못을 본받지 말아야 하느니라 無相猶矣

부이다. 사(斯)는 어조사이다. 간(干)[9]은 물 가운데 높고 건조한 땅이다. 질질(秩秩)은 순서가 있음이요, 유유(幽幽)는 깊음이다. 형제의 많고 성하여 질서정연함이 섬의 대나무가 점점 자라 총생함과 같고, 깊음이 산의 소나무가 매우 무성함과 같다. 유(猶)[10]는 '같이 함〔如〕'이

8 특(特) :【집전】 짝〔匹〕

9 간(干) :【집전】 물가〔水涯〕

니, 형제간에 서로 본받아서 잘못을 해서는 안 되는 것이다. 형이 비록 우애하지 않더라도 아우가 이것을 본받아서 공경하지 않아서는 안 되고, 아우가 비록 공경하지 않더라도 형이 이것을 본받아서 우애하지 않아서는 안 된다. 형제간에 서로 미워함은 허물을 본받음에 연유하니, 그렇지 않으면 서로 사랑하지 않는 자가 있지 않다. 형제가 서로 좋아하여 다투지 않은 뒤에야 편안히 살고 실가(室家)를 보전할 수 있다. 그러므로 형제의 도를 먼저 말하였다. 이는 집을 짓고서 낙성한 것이다.

조비(祖妣)와 조고(祖考)를 이어서 似續妣祖
집 백도(百堵)를 쌓고는 築室百堵
그 창문을 서쪽으로 내고 남쪽으로 내었으니 西南其戶
여기에서 거하고 여기에서 처하며 爰居爰處
여기에서 웃고 여기에서 말하리로다 爰笑爰語

부이다. 사(似)는 이음이다.

판자를 서로 맞물리게 묶으며 約之閣閣
흙을 탁탁 다져서 椓之橐橐
비바람을 제거하며 風雨攸除

10 유(猶) : 《집전》에는 '도모함〔謀〕'이라 하고, 또 다른 설로 다음과 같은 장자(張子)의 말을 인용하였다. "유(猶)는 '똑같게 함〔似〕'이다. 인정이 대저 베풀어 주었는데 보답하지 않으면 그만둔다. 그러므로 은혜를 끝까지 마치지 못하니, 형제간에는 각기 자기가 마땅히 베풀어야 할 것을 다할 뿐이요, 상대방이 보답하지 않는 것을 배워 은혜를 폐하지 말아야 한다. 군신 간과 부자간과 붕우 간에도 또한 이 도를 쓰지 않음이 없어서 자기의 도리를 다할 뿐이다." 심대윤은 장자의 설을 취한 것으로 보인다.

새와 쥐를 제거하였으니 鳥鼠攸去
군자가 거주하실 곳이로다 君子攸芋

부이다. 《집전》에 말하였다. 약(約)은 판자를 묶음이다. 각각(閣閣)은 판자의 위아래가 서로 맞물림이다. 탁(椓)은 흙을 다짐이요, 탁탁(橐橐)은 절굿공이로 흙을 다지는 소리이다.
◯우(芋)는 마땅히 우(宇)가 되어야 한다.[11]

사람이 몸을 곧게 세워 공경함과 같으며 如跂斯翼
화살이 곧게 날아감과 같으며 如矢斯棘
새가 솟구쳐 오름과 같으며 如鳥斯革
꿩이 날아가는 것과 같으니 如翬斯飛
군자가 올라가서 정사(政事)를 다스릴 곳이로다 君子攸躋

부이다. 《집전》에 말하였다. 기(跂)는 곧게 세움이요, 익(翼)은 공경함이니, 엄숙히 서 있는 모양이다. 화살이 빠르면 곧게 날아간다. 혁(革)은 고침이니, 새가 모습을 고쳐서 높이 솟구쳐 오르는 것이다. 휘(翬)는 꿩이니, 처마가 색채가 화려하면서도 네 귀가 높이 들린 것이 마치 꿩이 날아가는 것과 같은 것이다.

판판하고 반듯한 그 뜰이며 殖殖其庭
높고 큰 그 기둥이며 有覺其楹

11 우(芋)는……한다 : 왕인지(王引之)도 우(芋)를 우(宇)로 읽고, 우(宇)는 '거주함〔居〕'이라 하였다. 《經義述聞 毛詩中》《집전》에는 "후(芋)는 존대(尊大)함이니, 군자가 거처하는 곳이라서 높고 또 크다고 한 것이다."라고 하였다.

넓고 밝은 그 정면(正面)이며　噲噲其正
깊고 넓은 그 어두운 곳이니　噦噦其冥
군자가 편안히 계실 바로다　君子攸寧

부이다. 식식(殖殖)은 평평하고 바름이요, 각(覺)은 높고 큼이다. 쾌쾌(噲噲)는 쾌쾌(快快)[12]와 같고, 정(正)은 밝은 빛을 향하는 곳이다. 홰홰(噦噦)는 깊고 넓은 모양이요, 명(冥)은 실(室)의 서남쪽과 동남쪽 모퉁이의 사이이다.

아래는 부들자리요 위에는 대자리이니　下莞上簟
여기에서 잠이 편안하리로다　乃安斯寢
자고 일어나　乃寢乃興
내 꿈을 점쳐보니　乃占我夢
길몽은 무엇인가　吉夢維何
곰과 큰곰과　維熊維羆
큰 뱀과 뱀이로다　維虺維蛇

부이다. 《집전》에 말하였다. 완(莞)은 부들자리이다. 비(羆)는 곰과 비슷한데 힘이 세어 나무를 뽑을 수 있다. 훼(虺)는 큰 뱀이다.

태인(太人)이 꿈을 점치니　大人占之
곰과 큰곰의 꿈은　維熊維羆
남자를 낳을 상서요　男子之祥

12 쾌쾌(快快) : 정현의 전(箋)에 '넓고 밝은 모양〔寬明之貌〕'이라 하였다.

큰 뱀과 뱀의 꿈은 維虺維蛇
여자를 낳을 상서로다 女子之祥

부이다. 태인은 태복(太卜 점치는 관원의 우두머리)이다.

이에 남자를 낳아서 乃生男子
평상에 재우며 載寢之牀
치마를 입히며 載衣之裳
구슬을 희롱하게 하니 載弄之璋
우는 소리가 우렁차며 其泣喤喤
붉은 슬갑(膝甲)이 휘황하여 朱芾斯皇
실가(室家)를 소유하며 군왕이 되리로다 室家君王

부이다. 《집전》에 말하였다. 규(圭)의 절반을 장(璋)이라 한다.[13] 황황(喤喤)은 큰 소리이다. 황(皇)은 마땅히 황(煌)이 되어야 한다.

이에 여자를 낳아서 乃生女子
땅에 재우며 載寢之地
포대기를 입히며 載衣之裼
기왓장을 희롱하게 하니 載弄之瓦
잘못함도 없고 잘함도 없는지라 無非無儀
오직 술과 밥을 의논하여 唯酒食是議

13 규(圭)의……한다 : 규(圭)와 장(璋)은 천자나 제후가 의식을 거행할 때에 사용하던 옥으로 만든 예기(禮器)인바, 일종의 신표(信標)였다. 규는 전체적으로 길쭉한 형태인데 위는 삼각형으로 뾰족하고 아래는 네모나며, 장은 규를 세로 방향으로 절반을 자른 모양이다.

부모에게 근심을 끼침이 없으리로다 無父母詒罹

부이다. 《집전》에 말하였다. 석(裼)은 포대기요, 와(瓦)[14]는 기와 조각이다. 맹자(孟子)의 어머니가 말하기를 "부인의 예는 다섯 가지 밥을 정갈하게 짓고 술과 장을 잘 간수하고 의상(衣裳)을 꿰맬 뿐이다. 그러므로 규문(閨門)의 닦음은 있고 경외(境外)로 진출하여 공명(功名)을 세우려는 뜻은 없다."[15]라고 하였다.

이상은 〈사간〉 9장이니, 네 장은 장마다 7구이고, 다섯 장은 장마다 5구이다.

무양 無羊

누가 너더러 양이 없다 하리오 誰謂爾無羊
삼백으로 떼를 지었도다 三百維群
누가 너더러 소가 없다 하리오 誰謂爾無牛
검은 입술의 소가 90마리나 되도다 九十其犉
네 양이 오니 爾羊來思
그 뿔이 평화롭게 모여 있도다 其角濈濈
네 소가 오니 爾牛來思

14 와(瓦) : 《집전》에는 길쌈할 때 쓰는 방추(紡錘)라고 하였다.

15 부인의……없다 : 이 내용은 유향(劉向)의 《열녀전(列女傳)》 권1 〈모의전(母儀傳) 추맹가모(鄒孟軻母)〉에 보인다. '다섯 가지 밥'은 봄에는 보리밥, 여름에는 콩밥과 피〔稷〕밥, 가을에는 깨〔麻〕밥, 겨울에는 기장밥이니, 《예기》 〈월령(月令)〉에 보인다. 《詩傳通釋》

그 귀가 촉촉이 젖어 있도다　　　其耳濕濕

부이다. 《집전》에 말하였다. 누런 소에 입술이 검은 것을 순(犉)이라 한다. 즙즙(濈濈)[16]은 뿔이 모여 있는 모습이고, 습습(濕濕)[17]은 윤택한 모양이다.
◯이는 우관(虞官 산택(山澤)을 관장하는 관원)을 연회하는 악가이다.[18]

혹은 언덕에서 내려오며　　　或降于阿
혹은 못에서 물을 마시며　　　或飮于池
혹은 자고 혹은 움직이도다　　　或寢或訛
네 목인(牧人)이 오니　　　爾牧來思
도롱이를 메고 삿갓을 썼으며　　　何蓑何笠
혹은 그 마른 밥을 메고 오니　　　或負其餱
색깔이 30가지나 되는지라　　　三十維物
네 희생이 모두 갖추어졌도다　　　爾牲則具

부이다. 와(訛)는 움직임이다. 색깔에 따라 구별한 것을 물(物)이라 하니, 소와 양의 색깔이 30가지인 것이다.

네 목인이 오니　　　爾牧來思

16 즙즙(濈濈) : 《집전》에는 양들이 뿔을 모으고 쉬는 모습이 즙즙한 것이니, 즙즙은 "화(和)함이다. 양은 잘 떠받는 것을 염려한다. 그러므로 화함을 말했으니, 서로 모여 있음에 떠받지 않음을 말한 것이다."라고 하였다.

17 습습(濕濕) : 【집전】 소는 병들면 귀가 건조하고 편안하면 귀가 윤택하다.

18 이는……악가이다 : 【집전】 이 시는 짐승을 먹이는 일이 이루어짐에 소와 양이 많음을 말한 것이다.

거친 풀을 베고 가는 풀을 베며　以薪以蒸
암놈을 잡고 수놈을 잡도다　以雌以雄
네 양이 오니　爾羊來思
씩씩하고 얌전하며　矜矜兢兢
뛰어오르지 않고 떨어지지 않도다　不騫不崩
손으로 지휘하니　麾之以肱
모두 와서 다 우리로 올라가도다　畢來既升

부이다. 신(薪)과 증(蒸)으로 양을 먹이는 것이니, 거친 섶을 신이라 하고 가는 섶을 증이라 한다. 자웅(雌雄)은 소와 양의 암컷과 수컷이다.【웅호(雄狐)라 하고 자룡(雌龍)이라 하니, 짐승도 암수를 자웅이라 하는 것이다.】 긍긍(矜矜)은 강성한 모양이고, 긍긍(兢兢)은 멋대로 날뛰지 않는 뜻이다.[19] 건(騫)은 뛰어올라 달아남이요, 붕(崩)은 떨어짐이다.[20]

목인이 꿈을 꾸니　牧人乃夢
물고기가 많으며　衆維魚矣
조(旐)가 여(旟)가 되도다　旐維旟矣
태인(太人)이 점을 쳐보니　大人占之
물고기가 많음은　衆維魚矣
실로 풍년들 조짐이요　實維豐年
조가 여가 됨은　旐維旟矣
실가(室家)가 많아질 조짐이로다　室家溱溱

19 긍긍(矜矜)은……뜻이다 : 【집전】 긍긍긍긍(矜矜兢兢)은 견강(堅强)함이다.

20 건(騫)은……떨어짐이다 : 【집전】 건은 이지러짐이요, 붕(崩)은 떼 지어 병드는 것이다.

부이다. 진진(溱溱)은 성하고 많은 모양이다. '중유어의(衆維魚矣)'[21]는 물고기가 많은 것이다.

이상은 〈무양〉 4장이니, 장마다 8구이다.

절남산 節南山

높은 저 남산(南山)이여	節彼南山
돌이 높이 쌓였도다	維石巖巖
혁혁한 태사(太師) 윤씨(尹氏)여	赫赫師尹
백성들이 모두 너를 보도다	民具爾瞻
마음에 근심하여 열병이 난 듯하며	憂心如惔
감히 농담도 못하니	不敢戲談
나라가 이미 마침내 끊기게 되었거늘	國旣卒斬
어찌하여 살펴보지 않는고	何用不監

《집전》에 말하였다. 흥이다. 절(節)은 높은 모양이고, 암암(巖巖)은 돌이 쌓여 있는 모양이다. 사윤(師尹)은 태사(太師) 윤씨(尹氏)이다. 태사는 삼공(三公)이니, 윤씨는 아마도 윤길보(尹吉甫)의 후손인 듯하다. 구(具)는 마땅히 구(俱)가 되어야 한다. 졸(卒)은 '마침내'이다. ○담(惔)은 마음에 열병이 나는 것이다. 남산은 사람들이 우러러보는 것인데 돌이 높이 쌓여 험하니, 이로써 태사 윤씨가 백성들이 모두

21 중유어의(衆維魚矣) : 《집전》에는 중(衆)을 사람으로 보아 '사람이 물고기가 됨'으로 해석하였다.

우러러보는 바가 되어서 불선함이 이와 같음을 흥하였다. 구설에 유왕(幽王)의 시라고 하였다. 정직하게 말하고 곧바로 간하였으니, 동쪽 낙읍(洛邑)으로 천도한 이후에 지은 시가 아님이 분명하다.[22]

높은 저 남산이여　節彼南山
아름다운 열매가 있도다　有實其猗
혁혁한 태사 윤씨여　赫赫師尹
공평하지 않으니 일러 무엇하리오　不平謂何
하늘이 막 거듭 병을 내린지라　天方薦瘥
상란(喪亂)이 크고 많으며　喪亂弘多
백성들의 말이 아름다움이 없거늘　民言無嘉
마음이 잔인해서 징계하고 서글퍼하지 않는구나　憯莫懲嗟

《집전》에 말하였다. 흥이다. 천(薦)은 천(荐 거듭)과 통한다. 채(瘥)는 병이다. 참(憯)[23]은 잔인하여 마음을 움직이지 않는 뜻이다.
○의(猗)는 아름다움이다. 남산에는 아름다운 열매가 있는데,[24] 어찌

22 구설에……분명하다 : 《모시서》에는 주나라 대부 가보(家父)가 유왕을 풍자한 시라 하였다. 《집전》에도 가보(家父)가 지은 것이니, 왕이 윤씨를 등용하여 난을 이룸을 풍자한 것이라고 하고, 또 "《춘추》 환공(桓公) 15년에 가보가 와서 수레를 요구한 일이 있는데, 주나라에 있어서 환왕(桓王)의 시대이니 유왕이 별세한 것과는 이미 75년의 간격이 있는바, 같은 인물인지 모르겠다. 대저 《모시서》에 시가 지어진 시대를 말한 것은 모두 믿을 수 없으니, 이제 우선 빼놓는 것이 가할 것이다."라고 하였다.

23 참(憯) : 【집전】 일찍〔曾〕

24 의(猗)는……있는데 : 《집전》에는 "유실기의(有實其猗)는 그 뜻이 상세하지 않다. 모형(毛亨)의 전(傳)에 '실(實)은 가득함이요, 의(猗)는 긺이다.'라고 하였고, 정현의 전(箋)에는 '의(猗)는 의지함이니, 초목이 산의 옆에 가득하여 골짜기에 의지한 것이다.'라고 하였으며, 혹자는 '초목의 열매가 의의(猗猗)한 것이다.'라고 하였으니,

하여 태사 윤씨는 공평하지 않은가 한 것이다.

윤씨 태사가 尹氏太師
주나라의 근본이라 維周之氐
나라의 공평함을 잡고 있을진댄 秉國之均
사방을 유지하며 四方是維
천자에 의지하여 天子是毗
백성들이 혼미하지 않게 해야 하거늘 俾民不迷
구휼하지 않는 하늘이여 不弔昊天
우리 무리들을 실망하게 해서는 안되느니라 不宜空我師

《집전》에 말하였다. 부이다. 저(氐)는 마땅히 저(柢)가 되어야 하니, 뿌리이다. 균(均)은 균평함이다. 유(維)는 유지함이다. 비(毗)[25]는 의지함이다.

○구휼하지 않는 하늘은 우리 무리를 허망하게[26] 해서는 안 되니, 사람이 한 것인데 하늘이라고 말한 것은 매우 애석하게 여기는 말이다.

몸소 하지 않으며 친히 하지 않아 弗躬弗親
서민들이 믿지 않으니 庶民不信
묻지도 않고 일해 보지도 않은 사람으로 弗問弗仕
군자를 속이지 말지어다 勿罔君子

모두 그리 통하지 못한다."라고 하였다.

25 비(毗) : 【집전】 도움〔輔〕

26 허망하게 : 경문에 보이는 공아사(空我師)의 공을 심대윤은 허(虛)로 해석하였고, 《집전》에는 궁(窮 곤궁)으로 해석하였다.

마음을 공평히 해서 소인들을 그만두게 하여　式夷式已
소인 때문에 국가를 위태롭게 하지 말지어다　無小人殆
쇄쇄(瑣瑣)한 인아(姻亞)는　瑣瑣姻亞
큰 벼슬을 시키지 말아야 하느니라　則無膴仕

부이다. 사(仕)는 일이다. 몸소 하지 않고 친히 하지 않으며 묻지도 않고 일해 보지도 않아서 백성들이 믿지 않는데, 더구나 윗사람을 속일 수 있겠는가. 이는 직접 정사를 하지 않고 소인에게 맡김을 말한 것이다. 이(夷)는 평(平 공평함)이요, 이(已)는 그침이다. 인아(姻婭)는 혼인한 인척이다. 무(膴)는 후함이다.

호천(昊天)이 시행하지 아니하여　昊天不傭
이 심한 두려움을 내리며　降此鞠訩
호천이 순하지 아니하여　昊天不惠
이 큰 괴려(乖戾)를 내리셨도다　降此大戾
군자의 마음이 이르면　君子如屆
백성들의 나쁜 마음 그치게 하며　俾民心闋
군자의 마음이 공평하면　君子如夷
백성들의 미움과 노여움이 멀어지리라　惡怒是違

부이다. 용(傭)[27]은 마땅히 용(庸)이 되어야 하니, 용(用 시행함)이다. 불용(不傭)은 해야 하는 바를 시행하지 않는 것이다. 흉(訩)[28]은 흉하고 두려움이다. 계(屆)는 이름이니, 여계(如屆)는 마음이 이르는

27 용(傭) : 【집전】 균(均 균평함)
28 흉(訩) : 【집전】 난(亂)

바가 있는 것이요,[29] 여이(如夷)는 마음이 공평한 바가 있는 것이다. 결(闋)은 그침이다.

구휼하지 않는 하늘이여 不弔昊天
난이 진정되지 아니하여 亂靡有定
다달이 생겨나서 式月斯生
백성들이 편안하지 못하게 하는구나 俾民不寧
마음에 근심하기를 술병이 든 듯이 하니 憂心如酲
누가 나라의 공평함을 잡고 있기에 誰秉國成
스스로 정사를 다스리지 아니하여 不自爲政
마침내 백성들을 수고롭게 하는고 卒勞百姓

부이다. 정(酲)은 술병이다. 성(成)은 공평함이다.

저 네 필의 말을 타니 駕彼四牡
네 필의 말이 목이 크건마는 四牡項領
내 사방을 보니 我瞻四方
위축되어 달려갈 곳이 없도다 蹙蹙靡所騁

《집전》에 말하였다. 부이다. 항(項)은 큼이다. 축축(蹙蹙)은 위축되어서 펴지 못하는 모양이다.

네 악(惡)을 성하게 할 때에는 方茂爾惡

29 계(屆)는……것이요 : 《집전》에는 '君子如屆'를 '군자가 구차히 하는 바가 없어 그 지극함을 쓴다면〔君子無所苟而用其至〕'이라고 하여 계(屆)를 지극함으로 해석하였다.

네 창을 들어 싸울 듯이 하더니 相爾矛矣
이미 화평하고 이미 기뻐하자 既夷既懌
서로 술잔을 권하듯이 하도다 如相酬矣

부이다. 네 창을 들어 보임은 서로 싸워서 창으로 찌를 듯함을 말한 것이니, 네가 막 악함을 성하게 할 때에는 나를 대하기를 장차 싸워서 창으로 찌를 듯이 하고, 마음이 화평하고 기쁠 때에는 서로 술잔을 권하듯이 하는 것이다

호천이 공평하지 못한지라 昊天不平
우리 왕이 편안하지 못하시거늘 我王不寧
그 마음을 징계하지 아니하고 不懲其心
도리어 그 바로잡는 사람을 원망하는구나 覆怨其正

부이다. 네가 끝내 네 마음을 징계하지 아니하여 나를 원망함이 더욱 심하다면 화평하고 기뻐함을 바랄 수 없는 것이다.

가보(家父)가 송(誦)을 지어서 家父作誦
왕이 두려워하실 단서를 구명(究明)하노니 以究王訩
네 마음을 변화하여 式訛爾心
만방을 길러줄지어다 以畜萬邦

부이다. 왕흉(王訩)은 왕이 두려워할 만한 단서이다. 와(訛)는 변화함이다. 휵(畜)은 기름이다.

이상은 〈절남산〉 10장이니, 여섯 장은 장마다 8구이고, 네 장은

장마다 4구이다.

정월 正月

정월에 된서리가 내리는지라　正月繁霜
내 마음에 근심하고 서글퍼하거늘　我心憂傷
백성의 유언비어가　民之訛言
또한 심히 행해지도다　亦孔之將
생각건대 나만이 홀로　念我獨兮
마음에 쓸쓸히 근심하니　憂心京京
슬프다 내 소심함이여　哀我小心
속으로 근심하여 애통해하노라　癙憂以痒

부이다. 정월은 하정(夏正) 4월이니, 정양(正陽)의 달[30]이므로 정월이라고 한 것이다. 장(將)[31]은 행함이니, 《서경》에 하늘의 위엄을 받들어 행한다[32]고 하였다. 경경(京京)은 마땅히 踪踪[33]이 되어야 한다.

30 정양(正陽)의 달 : 《주역》의 괘(卦)를 1년 12개월에 배정하면 4월은 건괘(乾卦 ䷀)로 순양(純陽)이므로 말한 것이다. 이것을 벽괘(辟卦)라 하는바, 11월의 동지(冬至)에서 양효(陽爻) 하나가 처음 생겨 복괘(復卦 ䷗)가 되고 12월에는임괘(臨卦 ䷒), 정월에는 태괘(泰卦 ䷊), 2월에는 대장괘(大壯卦 ䷡), 3월에는 쾌괘(夬卦 ䷪), 4월에는 건괘(乾卦 ䷀)가 되며, 5월에는 음효(陰爻)가 하나 생겨 구괘(姤卦 ䷫)가 되고 6월에는 둔괘(遯卦 ䷠), 7월에는 비괘(否卦 ䷋), 8월에는 관괘(觀卦 ䷓), 9월에는 박괘(剝卦 ䷖), 10월에는 곤괘(坤卦 ䷁)가 되었다가 다시 복괘가 된다.

31 장(將) : 【집전】 큼〔大〕

32 하늘의……행한다 : 《서경》 〈태서 상(泰誓上)〉에 "황천(皇天)이 진노하여 우리

서(癙)는 속으로 근심함이다. 양(痒)은 애통해함이다.

부모가 나를 낳으심이여 父母生我
어찌하여 나를 병들게 하셨는고 胡俾我瘉
나보다 먼저도 아니며 不自我先
나보다 뒤도 아니로다 不自我後
좋은 말도 입에서 나오며 好言自口
나쁜 말도 입에서 나오는지라 莠言自口
마음에 더더욱 근심하여 憂心愈愈
이 때문에 업신여김을 받노라 是以有侮

부이다. 유(瘉)는 병듦이다. 부모를 부르면서 말한 것은 아픔이 심한 것이다. 유언(莠言)은 왕안석(王安石)이 "나쁜 말이니, 곡(穀 곡식)은 선함이 되고 유(莠 가라지)는 악함이 된다."[34]라고 하였다. 좋은 말도 입에서 나오고 나쁜 말도 입에서 나와서 기뻐함과 노여워함에 일정함이 없으면 그의 좋은 말도 또한 믿을 것이 못 된다.【《집전》에 나쁜 말이 마음에서 나오지 않고 입에서만 나왔다고 하니,[35] 이는 우주에 없는 이치이다. 또 악한

문고(文考)에게 명하시어 엄숙히 하늘의 위엄을 받들어 행하게 하셨다.〔皇天震怒, 命我文考, 肅將天威.〕"라고 보인다.

33 踉踉 : 踉의 뜻은 자세하지 않다. 한국문집총간에는 踉踉을 '우우량량(踽踽涼涼)'의 涼涼의 뜻으로 쓴 용례들이 보이니, 涼涼은 《맹자집주》에 "남에게 친후함을 받지 못하는 것이다.〔不見親厚於人也.〕"라고 하였다.

34 나쁜……된다 : 《시전대전》의 소주에 임천 왕씨(臨川王氏 왕안석)가 "유(莠)는 악함이다. 곡(穀)을 선함이라 하니, 유는 악함임을 알 수 있다.〔莠, 惡也. 穀謂之善, 則莠惡可知.〕"라고 하였다.

35 집전에……하니 : 【집전】 유언비어를 하는 사람들이 진실하지 못하고 이랬다저랬

사람이 아니면 또한 이에 가깝지 않겠는가.】 유유(愈愈)는 더욱 심한 뜻이니, 나의 말이 이미 받아들여지지 못하고 다만 모욕을 받을 뿐인 것이다.

마음에 근심을 네 홀로 하여 憂心惸惸
내 복이 없음을 생각하노라 念我無祿
죄 없는 백성들이 民之無辜
모두 신복(臣僕)이 되리로다 幷其臣僕
슬프다 우리 사람들은 哀我人斯
어디에서 복을 받을까 于何從祿
저 까마귀가 앉는 곳을 보건대 瞻烏爰止
누구의 지붕에 앉을까 于誰之屋

부이다. 경경(惸惸)[36]은 고독함이다. 신복(臣僕)은 나라가 망하여 남의 포로가 되는 것이니, 《서경》에 "나는 남의 신복이 되지 않을 것이다."[37]라고 한 것이 이것이다.

저 숲속을 보건대 瞻彼中林
우거진 숲이 장차 베어져 땔감이 되리로다 侯薪侯蒸
백성들이 이제 막 위태롭거늘 民今方殆
하늘을 보건대 흐리멍덩하도다 視天夢夢
하늘이 이미 정해짐이 있으면 旣克有定

다하여 좋고 나쁜 말이 모두 마음속에서 나오지 않고, 다만 입에서 나올 뿐이다.

36 경경(惸惸) : 【집전】 근심하는 뜻〔憂意〕

37 나는……것이다 : 이 내용은 《서경》 〈미자(微子)〉에 보이니, 상(商)나라가 망할 적에 기자(箕子)가 한 말이다.

사람을 이기지 못함이 없을 것이니 靡人弗勝
위대하신 상제가 有皇上帝
누구를 미워하시리오 伊誰云憎

흥이고 부이다.[38] 숲속의 섶나무가 지금 비록 울창하나 장차 베어져 땔감이 될 것이다. 몽몽(夢夢)은 마땅히 몽몽(懜懜)이 되어야 하니, 어둡고 불분명한 것이다. 네가 막 포악한 짓을 하는데 하늘을 봄에 어둡고 불분명하다는 것은 바로 천도(天道)가 아직 정해지지 않은 것이니, 천도가 이미 정해지면 사람을 이기지 못함이 없을 것이다.[39] 하늘이 사람을 사랑하고 미워함이 있는 것이 아니니, 네가 스스로 화를 불렀을 뿐이다.

산이 낮다고 하나 謂山蓋卑
산마루가 되고 구릉이 되느니라 爲岡爲陵
백성의 원망하는 말을 民之訛言
편안히 여겨 징계하지 않도다 寧莫之懲
저 고로(故老)들을 부르며 召彼故老
점몽관(占夢官)에게 물어보니 訊之占夢
모두 말하기를 내가 성인(聖人)이라 하나니 具曰予聖

38 흥이고 부이다 : 《집전》에는 흥으로 보았다.

39 천도가……것이다 : 천도는 선한 자에게 복을 내리고 악한 자에게 화를 내리는 것으로, 춘추시대 초(楚)나라의 신포서(申包胥)는 "사람이 많으면 하늘을 이기지만 천도가 정해지면 능히 사람을 물리친다.〔人衆者勝天, 天定亦能破人.〕"라고 하였다. 《史記 卷66 伍子胥列傳》 이는 천도가 아직 정해지지 않으면 악한 자들이 제멋대로 악행을 저질러 사람이 하늘을 이기지 못하는 것처럼 보이지만 오랜 뒤에 천도가 안정되면 결국 하늘이 사람을 이겨 선과 악의 보답이 이루어진다는 말이다.

누가 까마귀의 암수를 알까 誰知烏之雌雄

흥이고 부이다.[40] 산이 비록 낮으나 산등성이가 되고 구릉이 되며 백성이 비록 낮으나 업신여길 수가 없는데, 백성들의 유언비어를 어찌 징계하지 않는가. 고로(故老)는 노성(老成)한 신하로 일을 아는 자이고, 점몽(占夢)은 꿈의 길흉을 아는 자이다. '모두 말하기를 내가 성인이라 함'[41]은 똑같은 목소리로 나를 성인이라 하여 감히 나의 잘못을 바로잡지 못하는 것이니, 왕을 지척하지 않고자 하였으므로 '나'라고 하여 자신을 해당시킨 것이다. '누가 까마귀의 암수를 알까'는 옳고 그름을 변별하지 못함을 말한 것이다. 자사(子思)가 위(衛)나라 군주에게 말씀하기를 "군주와 신하가 이미 스스로 어질다고 하는데, 신하들이 똑같은 목소리로 그를 어질다고 하니, 《시경》에 '모두 말하기를 내가 성인이라 하나니 누가 까마귀의 암수를 알까.'라고 하였으니, 이는 또한 군주의 군신(君臣)과 같을 것입니다."[42]라고 하였다.

하늘이 높다고 하나	謂天蓋高
감히 몸을 굽히지 않을 수 없으며	不敢不局
땅이 두텁다고 하나	謂地蓋厚
발자국을 작게 떼지 않을 수 없노라	不敢不蹐
불러서 고하는 이 말이	維號斯言

40 흥이고 부이다 : 《집전》에는 부로 보았다.

41 모두……함 : 《집전》에는 "모두 저마다 스스로 성인이라고 한다."라고 하여, 여(予)를 고로와 점몽관 자신으로 보았다.

42 군주와……것입니다 : 이 내용은 《공총자(孔叢子)》 〈항지(抗志)〉에 보이며, 《자치통감(資治通鑑)》 권1에 인용되어 있다.

조리가 있고 주장이 있거늘 有倫有脊
슬프다 지금 사람들은 哀今之人
어찌하여 독충(毒蟲)의 행위를 하는고 胡爲虺蜴

부이다. 국(局)은 몸을 움츠림이요, 척(蹐)은 발을 움츠림이다. 호(號)[43]는 불러서 고하는 것이다. 《장자(莊子)》에 "나라 안의 사람들을 불러서 고했다.〔號於國中〕"[44]라고 한 것이 이것이니, 옛사람이 불러서 고한 말이다. 윤(倫)은 윤리(倫理 조리)요, 척(脊)은 주장함이다. 척(蜴)은 도마뱀이니, 해독을 부림을 말한 것이다.

저 척박한 밭을 보건대 瞻彼阪田
무성하게 혼자 자라는 벼 싹이 있거늘 有菀其特
하늘이 나를 흔듦이여 天之扤我
마치 나를 이기지 못할 듯이 하는구나 如不我克
저가 나의 법을 구할 적엔 彼求我則
마치 나를 얻지 못할 듯이 안달하여 如不我得
나를 붙잡기를 마치 제짝처럼 하였으나 執我仇仇
또한 나를 등용함에 힘쓰지 않는구나 亦不我力

《집전》에 말하였다. 흥이다. 판전(阪田)은 척박한 밭이다. 특(特)은 우뚝이 난 벼 싹이다.

43 호(號) : 【집전】 길게 말함이다.〔長言之也.〕

44 나라……고했다 : 이 내용은 《장자》 〈전자방(田子方)〉에 보이니, 《경전석문(經典釋文)》에 "호(號)는 호령(號令)이다."라고 하였다. 심대윤이 불러서 고한다고 한 것은 많은 사람을 불러 훈계나 명령을 고함을 말한다.

○척박한 판전에도 오히려 우뚝이 난 벼 싹이 있는데, 지금 어찌하여 나 한 사람을 용납하지 못하느냐고 하였다. 올(扤)은 요동함이다. 구구(仇仇)는 짝으로 합함〔配合〕의 뜻이다. 나의 법을 구할 적에는[45] 마치 얻지 못할 듯이 하여 나를 붙잡기를 마치 제짝처럼 하였으나[46] 또한 나를 등용하지 않는 것이다. 역(力)은 힘을 씀이다.

마음의 근심함이여	心之憂矣
혹 맺혀 있는 듯하도다	如或結之
지금의 정사는	今茲之正
어찌 이리도 사나운고	胡爲厲矣
불길이 한창 성함을	燎之方揚
누가 박멸할 수 있으리오	寧或滅之
혁혁한 종주(宗周)를	赫赫宗周
포사(褒姒)가 멸하리로다	褒姒威之

부이다. 정(正)은 정사(政事)이다. 혈(威) 또한 멸함이다. 불길이 한창 성함을 가지고 포사(褒姒)가 용사(用事)함을 비유하였으니, 〈시월지교〉에 "염처(艶妻 포사)가 불을 일으키며 그대로 있도다."라고 한 것이 이것이다.

종말을 길이 생각해 보니	終其永懷
또한 음우(陰雨)에 곤궁하리로다	又窘陰雨

45 나의……적에는 : 《집전》에는 '求我則'을 '나를 구하여 법으로 삼다'로 해석하였다.

46 나를……하였으나 : 《집전》에는 '執我仇仇'를 "나를 붙잡기를 견고히 하여 원수처럼 한다.〔執我堅固, 如仇讐然.〕"라고 해석하였다.

그 수레에 짐을 싣고　　其車旣載
마침내 보(輔)를 버리니　　乃棄爾輔
네 짐을 떨어뜨리고서야　　載輸爾載
백(伯)에게 나를 도우라 하리라　　將伯助予

비이다. 《집전》에 말하였다. 오랫동안 비가 오면 수레가 진흙에 빠진다. 보(輔)는 지금 사람이 복(輻 바퀴살)에 막대기를 묶어서 복을 보강하는 것과 같다. 수(輸)는 떨어뜨림이다.
○장(將)[47]은 훗날을 바라는 말이다.

네 보(輔)를 버리지 아니하여　　無棄爾輔
네 복(輻)에 덧대고　　員于爾輻
여러 번 네 마부를 돌아보면　　屢顧爾僕
네 짐을 떨어뜨리지 아니하여　　不輸爾載
마침내 절험(絶險)을 넘어갈 수 있거늘　　終踰絶險
일찍이 이것을 생각하지 않는도다　　曾是不意

비이다. 《집전》에 말하였다. 운(員)은 더함이다.
○일찍이 이것을 가지고 생각하지 않는 것이다.[48]

47 장(將) : 【집전】 청함〔請〕

48 일찍이……것이다 : 경문의 '終踰絶險, 曾是不意'에 대하여 《집전》에는 "절험을 넘어가기를 애당초에 생각지도 못한 것처럼 쉽게 할 수 있을 것이다.〔踰於絶險, 若初不以爲意者.〕"라고 해석하고, 또 다른 설로 "왕은 일찍이 이것을 뜻하지 않는가.〔王曾不以是爲意乎?〕"라는 해석도 언급하였다.

고기가 못에 있으니	魚在于沼
또한 능히 즐겁지 못하도다	亦匪克樂
물에 잠겨서 엎드려 있으나	潛雖伏矣
또한 심히 밝게 보이도다	亦孔之炤
마음에 근심하기를 심히 하여	憂心慘慘
나라의 포악함을 염려하노라	念國之爲虐

비이다. 작(炤)은 《중용》에 소(昭)로 되어 있으니, 자신이 못에 있는 물고기가 환히 보이는 것과 같아서 화를 피할 곳이 없음을 말한 것이다.

저 소인들은 맛있는 술이 있으며	彼有旨酒
또 아름다운 안주를 장만하여	又有嘉殽
그 이웃들과 화합하고 친애하며	洽比其鄰
혼인한 인척도 그러하거늘	昏姻孔云
생각건대 나만이 홀로	念我獨兮
마음에 근심하기를 간절히 하노라	憂心慇慇

부이다. 흡비(洽比)는 화합하여 친히 함이요, 공운(孔云)[49]은 역운(亦云)이라는 말과 같으니, 그 이웃을 화합하여 친히 하고 혼인한 인척도 그러한 것이다. 은은(慇慇)[50]은 간절함이다.

49 공운(孔云) : 《집전》에는 운(云)을 '주선함〔旋〕'이라 하여, 공운을 '매우 주선하다'로 해석하였다.

50 은은(慇慇) : 【집전】 아파함〔疾痛〕

간들거리는 저 소인들은 집을 소유하며 佌佌彼有屋
팔랑거리는 소인들은 녹(祿)을 소유하거늘 蔌蔌方有穀
지금 복이 없는 사람들은 民今之無祿
하늘이 화를 내려서 해치도다 天夭是椓
부자들은 괜찮지만 哿矣富人
이 경독(惸獨)이 애처롭도다 哀此惸獨

부이다. 차차(佌佌)[51]는 춤추는 소매가 너울거리는 모습이요, 속속(蔌蔌)[52]은 바람에 잎이 나부끼는 모습이니, 경망(輕妄)한 소인들이 모두 지위가 있고 녹이 있는데, 현자만 홀로 가난함을 말한 것이다. 요(夭)는 화(禍)이고, 탁(椓)은 해침이고, 가(哿)는 가함이다.

이상은 〈정월〉 13장이니, 여덟 장은 장마다 8구이고, 다섯 장은 장마다 6구이다.

시월지교 十月之交

시월의 해와 달이 서로 만나는 十月之交
초하루 신묘일에 朔日辛卯
해가 먹힘이 있으니 日有食之
또한 심히 추악하도다 亦孔之醜
저 달은 이지러질 수 있지만 彼月而微

51 차차(佌佌) : 【집전】 작은 모양〔小貌〕

52 속속(蔌蔌) : 【집전】 가난하고 누추한 모양〔窶陋〕

이 해의 이지러짐이여 此日而微
이제 하민(下民)들이 今此下民
또한 심히 가엾도다 亦孔之哀

부이다. 시월은 하정(夏正) 시월이다. 교(交)는 해와 달이 서로 만남이다. 한 해에 달이 해와 만나는 것이 12번이니, 만나면 그믐이 된다. 해와 달이 같은 궤도에 있어서 달이 해를 가리면 일식이 되고, 해가 운행하는 궤도가 아래로 빠져 산에 가리어 달을 비추지 못하면 월식이 되니,[53] 해와 달의 운행이 모두 일정한 도수(度數)가 있다. 그러므로 일식과 월식을 미루어 미리 알 수 있는 것이다. 《집전》에 잘 다스려지고 태평한 세상에는 양기(陽氣)가 성하여, 달이 운행 중에 해를 만날 적에 항상 해를 피하여 일식이 일어나지 않는다고 하였으니, 이 말이 옳다. 태백성(太白星 금성(金星))은 해보다 먼저 나와서 오방(午方)에 가까워지면 항상 사방(巳方)에 머물러 있다가 해가 오방을 지나기를 기다린 뒤에 비로소 운행하여 해보다 늦게 진다.[54] 태백성은 금(金)이고 해는 화(火)이고 오방은 화가 왕성한 방위이니, 해가 오방에 이르러 왕성하면 금이 화를 두려워하여 피하는 것이다. 이것을 가지고 살펴보면 양이 성할 적에 달의 음이 감히 해의 양을 가리지 못함이 분명하다고 할 수 있다.

53 해와……되니 : 《집전》에는 일식·월식에 대하여 "그믐과 초하루에 해와 달이 합할 적에 동서의 도수(度數)가 같고 남북의 길이 같으면, 달이 해를 가려서 일식(日食)이 되고, 보름에 해와 달이 마주 대할 적에 도수가 같고 길이 같으면 달이 해를 항거하다가 월식이 되니, 이는 모두 일정한 도수가 있는 것이다."라고 설명하였다.

54 태백성(太白星)은……진다 : 이는 금성의 운행이 해보다 조금 앞서거나 조금 뒤에 있어서, 금성이 새벽과 초저녁에만 보이고 한밤중에 보이지 않는 현상을 설명하기 위한 것으로 보인다.

오제(五帝)·삼왕(三王)의 세대에는 일식이 적었다. 이 때문에 《서경》에 해와 달의 위차(位次)가 방수(房宿)에서 이루어지지 않은 것을 큰 변고로 여겼고,[55] 《시경》에도 '이 해의 이지러짐'을 큰 이변으로 여겼으니, 이는 일찍이 보지 못하다가 처음으로 본 것이다.【춘추 시대 242년 동안에 일식이 36번이었고, 당(唐)나라 290년에 일식이 100여 번[56]이었다.】

해와 달이 흉함을 알려서 日月告凶
그 길을 따르지 않으니 不用其行
사방 나라에 정사가 없어서 四國無政
선량한 사람을 쓰지 않도다 不用其良
저 달이 먹힘은 彼月而食
떳떳한 일이지만 則維其常
이 해가 먹힘이여 此日而食

55 서경에……여겼고 : 《서경》 〈윤정(胤征)〉에 "희화(羲和)가 덕을 전복하고 술에 빠져 문란하여 관직을 버리고 자리를 떠나서 비로소 천기(天紀)를 어지럽혀 맡은 일을 멀리 버려서 계추(季秋)의 초하루에 '해와 달의 위차(位次)가 방수(房宿)에서 이루어지지 않았다.〔辰弗集于房〕' 그리하여 악사(樂師)가 북을 울리고 색부(嗇夫)가 달리며 서인(庶人)들이 분주한데도 희화는 관직을 지키기만 하여 듣고 앎이 없어 천상(天象)에 혼미해서 선왕의 주벌을 범하였으니, 정전(政典)에 이르기를 '때보다 먼저 하는 자도 죽여 용서하지 말며, 때에 미치지 못하는 자도 죽여 용서하지 말라.' 하였다."라고 보인다. 심대윤은 집(集)에 대하여 "이룸이니, 대명(大命)을 이룸, 일을 이룸의 '집'이 이것이다.〔成也, 集大命, 集事之集, 是也.〕"라고 하였고, 또 주자를 인용하여 "왕자가 덕을 닦으면 일식이 일어나야 할 때에 달이 항상 해를 피한다. 나라에 선한 정치가 없어 음이 성하고 양이 쇠미하면 달이 해를 피하지 않아 일식이 일어나야 할 때에 반드시 일식이 일어난다.〔王者修德, 則日當食而月常避之. 國無善政, 陰盛陽微, 月不避日, 當食必食也.〕"라고 하였다. 《書經蔡傳辨正》

56 일식이 100여 번 : 《신당서(新唐書)》 〈천문지(天文志)〉에 일식이 93번이라고 하였다.

어찌하여 좋지 못한고 于何不臧

부이다. 해와 달의 운행이 아홉 길[57]이 있으니, 해와 달이 운행하는 길이 모두 아래로 빠져서 산에 가리어지면 월식이 된다. 이는 해와 달의 떳떳한 운행이니, 바꿀 수가 없는 것이므로 '떳떳한 일'이라고 하였지만, 달이 해를 피하지 않아 일식이 됨은 양이 쇠한 연고이므로 "어찌하여 좋지 못한고."라고 한 것이다.

번쩍이는 천둥 벼락이 爗爗震電
편안하지 못하며 좋지 못하도다 不寧不令
백천(百川)이 비등하며 百川沸騰
산마루의 높은 곳이 무너져서 山冢崒崩
높은 언덕이 골짝이 되고 高岸爲谷
깊은 골짝이 구릉이 되거늘 深谷爲陵
슬프다 지금 사람들은 哀今之人
어찌하여 일찍이 징계하지 않는고 胡憯莫懲

부이다. 영(令)은 좋음이다. 산마루를 총(冢)이라 한다. 줄(崒)은 높음이니, 줄붕(崒崩)은 높은 곳에서 아래로 떨어지는 것이다.

황보(皇父)가 경사(卿士)이고 皇父卿士
번씨(番氏)가 사도(司徒)이고 番維司徒

57 아홉 길 : 황도(黃道)의 북쪽으로 나오는 흑도(黑道), 황도의 남쪽으로 나오는 적도(赤道), 황도의 서쪽으로 나오는 백도(白道), 황도의 동쪽으로 나오는 청도(靑道)의 각각 두 길과 황도를 가리킨다. 《漢書 卷26 天文志》

가백(家伯)이 소재(少宰)가 되고 家伯爲宰
중윤(仲允)이 선부(膳夫)가 되고 仲允膳夫
추자(棸子)가 내사(內史)가 되고 棸子內史
궤씨(蹶氏)가 추마(趣馬)가 되었고 蹶維趣馬
우씨(楀氏)가 사씨(師氏)가 되었거늘 楀維師氏
염처(豔妻)가 불을 일으키며 그대로 있도다 豔妻煽方處

부이다. 육경(六卿)[58]을 경사(卿士)[59]라 하고, 총재(冢宰)를 재사(宰士)라 한다.【《춘추공양전(春秋公羊傳)》에 재훤(宰咺)을 일러 재사라 하였다.[60]】 황보의 경사는 아마도 총재인 듯하다. 그러므로 사도의 위에 있는 것이다. 재(宰)[61]는 소재(少宰)이니, 총재의 부관이다. 사도의 아래에 있으면 그가 소재가 됨을 알 수 있다. 내사(內史)[62]는 왕의 말씀과 행동을

58 육경(六卿) : 총재(冢宰)·사도(司徒)·종백(宗伯)·사마(司馬)·사구(司寇)·사공(司空)을 가리킨다. 육경이 맡은 관직을 육관(六官)이라 하니, 각각 천관(天官)·지관(地官)·춘관(春官)·하관(夏官)·추관(秋官)·동관(冬官)이다.

59 경사(卿士) : 【집전】 경사는 육경 이외에 다시 도관(都官)을 두어 육관(六官)의 일을 총괄하게 한 것이다. 혹자는 말하기를 '경사는 경(卿)의 사(士)이니, 《주례》에 태재(太宰)의 관속(官屬)에 상사(上士)·중사(中士)·하사(下士)가 있으며, 《춘추공양전(春秋公羊傳)》에 이른바 재사(宰士)와 《춘추좌전》에 이른바 주공(周公)이 채중(蔡仲)을 자기의 경사로 삼았다는 것이 이것이다.' 하였으니, 재(宰)의 등속으로서 육관을 겸하여 총괄하니, 지위는 낮되 권력은 중한 자이다.

60 재훤(宰咺)을……하였다 : 《춘추공양전》 은공(隱公) 원년 조에 "천왕이 재훤(宰咺)을 노(魯)나라에 보내어 혜공(惠公)과 중자(仲子)의 봉(賵 부의)을 주었다. 재(宰)는 무엇인가? 관리의 호칭이다. 훤(咺)은 무엇인가? 사람의 이름이다. 어찌하여 관리의 호칭을 성씨로 하였는가? 재(宰)는 천자의 사(士)이기 때문이다.〔天王使宰咺來歸惠公、仲子之賵. 宰者何? 官也. 咺者何? 名也. 曷爲以官氏? 宰, 士也.〕"라고 보이는데, 심대윤은 '宰士也'를 "재사(宰士)이기 때문이다."라고 해석한 듯하다.

61 재(宰) : 《집전》에는 총재(冢宰)로 보았다.

기재함을 관장하고, 추마(趣馬)는 왕의 수레와 말을 관장한다. 사씨(師氏)는 무엇을 관장하였는지 알 수 없다.【《주례》〈지관(地官)〉에 "사씨가 선한 도(道)로써 왕에게 고함을 관장한다."라고 한 것은 망령된 것으로 보이니, 해설이 《주례산정(周禮刪正)》에 보인다.[63]】 의심컨대 춘관(春官)[64]의 등속인 듯하니, 왕의 동정(動靜)을 관장하여 왕에게 예의를 고하는 자인 듯하다. 염처는 포사(褒姒)이다. 선(煽)은 치성(熾盛)함이다. 방처(方處)는 막 그곳에 있는 것이다. 황보(皇父)·번(番)·가백(家伯)·중윤(仲允)·추자(棸子)·궤(蹶)·우(楀)는 모두 그 이름이거나 자(字)이다.[65]

이 황보가 抑此皇父
어찌 때가 아니라고 하리오마는 豈曰不時
어찌 우리의 고을을 옮기면서 胡爲我作
나에게 와서 상의하지 아니하고 不卽我謀

62 내사(內史) : 《집전》에는 "내사는 중대부(中大夫)이니, 작록(爵祿)을 내리고 관직을 파면하고 배치하며 사람을 주살하고 사형을 사면하며 하사하고 박탈하는 법을 관장하는 자이다."라고 하였으니, 이는 《주례》〈춘관(春官)〉의 내용이다.

63 주례산정(周禮刪正)에 보인다 : 심대윤은 《주례》의 내용에 대하여 "도를 왕에게 고하는 것은 삼공(三公 태사(太師)·태부(太傅)·태보(太保))과 삼소(三少 소사(少師)·소부(少傅)·소보(少保))가 있고, 항상 좌우에서 모시는 것은 보(輔)·필(弼)·의(疑)·승(丞)이 있으니, 이들은 육관(六官)의 밖에 있는 자들이다. 어찌 다시 사씨와 보씨(保氏)의 교관(教官)을 두겠는가. 이는 삼공과 삼소를 교관이라고 잘못 생각한 것이다.〔以道詔王, 則有三公、三少矣, 常侍左右, 則有輔、弼、疑、丞矣, 此在六官之外者也, 何更有師氏、保氏之教官哉? 蓋誤以公、孤爲教官也.〕"라고 하였다. 《周禮刪正》《집전》에는 《주례》를 인용하여 "사씨는 또한 중대부이니, 왕조의 득실(得失)의 일을 관장한 자이다."라고 하였다.

64 춘관(春官) : 육관(六官)의 하나로 예법과 제사를 관장한다.

65 황보……자(字)이다 : 《집전》에는 황보·가백·중윤은 자이고 번·추·궤·우는 씨라고 하였다.

나의 담장과 지붕을 철거하여　徹我墻屋
농토가 모두 물이 차고 쑥밭이 되게 하고는　田卒汚萊
말하기를 내가 그대를 해치는 것이 아니라　曰予不戕
예에 당연한 것이라 하는구나　禮則然矣

부이다. 작(作)은 일어나 그 고을을 옮긴 것이다. 즉(卽)은 나아감이다. 오(汚)는 물에 잠김이요, 내(萊)는 잡초가 무성한 것이다. 장(戕)은 해침이다.

황보가 스스로 매우 성스럽다 하여　皇父孔聖
상(向) 땅에 사사로운 도읍을 만들고는　作都于向
삼유사(三有事)를 선택하되　擇三有事
진실로 부유한 사람으로 하며　亶侯多藏
억지로라도 한 원로(元老)를 남겨두어　不憖遺一老
우리 왕을 지키게 하지 않고　俾守我王
거마(車馬)를 소유한 부자를 가려서　擇有車馬
상 땅에 가 거주하게 하도다　以居徂向

부이다. 공성(孔聖)은 스스로 자기가 성인이라고 하는 것이다. 삼유사(三有事)[66]는 바로 《서경》의 삼사(三事)이다.【백성에게 임하여 다스리는 자와 맡은 직책이 있는 자와 법을 집행하는 자를 삼사라 한다.[67]】 다장(多藏)은

66 삼유사(三有事) : 《집전》에는 '세 명의 경(卿)'이라 하였다. 《시전대전》의 소주에 공영달의 소를 인용하여 "황보가 기내(畿內)에 봉해져 마땅히 경이 둘이어야 하는데, 지금 세 명의 경을 세워 열국에 견준 것이다.〔皇父封圻內, 當二卿, 今立三卿, 以比列國也.〕"라고 하였다.

부유한 사람이다. 은(憖)은 억지로 힘씀이다. '이거조상(以居徂向)'은 상 땅에 가서 거주하는 것이다. 황보가 망령되이 스스로 높이고 분수를 넘어서 큰 도읍을 상 땅에 만들어 사읍(私邑)으로 삼고는 조정에 직책을 맡은 자들을 선택하여 데리고 가서 거주하게 함을 말한 것이다. 상 땅은 《집전》에 "지금의 맹주(孟州) 하양현(河陽縣)이다."라고 하였다.

억지로 힘써 일에 종사하여	黽勉從事
감히 수고로움을 말하지 못하노라	不敢告勞
죄도 없고 허물도 없거늘	無罪無辜
참소하는 말이 시끄럽게 떠들도다	讒口囂囂
아래 백성들의 재앙은	下民之孼
하늘로부터 내려오는 것이 아니라	匪降自天
면전에서 아첨을 늘어놓다가 등지고 미워하기 때문이니	噂沓背憎
오로지 재앙에 힘씀은 사람이니라	職競由人

부이다. 준답(噂沓)[68]은 면전에서 아첨하고 말이 많은 모양이요, 배

67 백성에게……한다 : 《서경》 〈입정(立政)〉에 "왕의 좌우에 있는 신하는 상백(常伯)과 상임(常任)과 준인(準人)과 철의(綴衣)와 호분(虎賁)이다.〔王左右, 常伯、常任、準人、綴衣、虎賁.〕"라고 한 것에 대하여 심대윤은 "상백은 백성에게 임하여 다스리는 자이고, 상임은 맡은 직책이 있는 자이고, 준인은 법을 공평하게 집행하는 자이다.〔常伯, 有臨者也; 常任, 有職守者也; 準人, 執法平者也.〕"라고 하였다. 또 〈입정〉에 "정사를 세움에 임인(任人)과 준부(準夫)와 목(牧)을 삼사(三事)로 삼았다.〔立政, 任人、準夫、牧, 作三事.〕"라고 한 것에 대하여 심대윤은 "삼사는 육경에 소속되어 백성과 나라를 맡아 다스리는 자이다. 많아서 모두 다 말할 수 없으므로 삼사라고 말하여 총괄하여 든 것이다.〔三事, 六卿之所屬, 掌治民國之事者也. 多不可勝言, 故言三事以摠擧之也.〕"라고 하였다. 위의 〈입정〉의 경문에서 상백·상임·준인은 각각 목·임인·준부에 해당한다. 《書經蔡傳辨正》

증(背憎)은 등지고 미워하는 것이니, 혹은 긴밀하게 아첨하여 붙거나 혹은 성내고 원망하여 알력을 일으키는 것은 소인의 본래 모습이다. 직(職)은 오로지 주장함이요, 경(競)은 힘써 하는 것이다. 그 재앙이 하늘에서 내려오는 것이 아니니, 힘을 오로지하여 재앙을 만드는 것은 사람에게 연유할 뿐이다.[69]

유유(悠悠)한 내 마을이여	悠悠我里
또한 심히 병들었도다	亦孔之痗
사방이 풍족하거늘	四方有羨
나만이 홀로 근심에 있으며	我獨居憂
남들은 편안하지 않은 이가 없거늘	民莫不逸
나만이 홀로 쉬지 못한다	我獨不敢休
천명은 공평하지 못하니	天命不徹
내 감히 우리 벗의 편안함을 본받지 못하노라	我不敢傚我友自逸

부이다. 매(痗)는 병듦이니, 그 마을이 황보에게 해침을 당하여 병든 것이다. 선(羨)은 풍족함이요, 철(徹)은 균평함이다. 자신의 분수를 편안히 여김으로써 끝마친 것이다.

내가 〈절남산〉·〈정월〉·〈시월지교〉·〈우무정〉의 여러 편을 보니, 신하들이 숨기지 않고 직언하여 노래와 시에 나타난 것이 이와

68 준답(噂沓) : 《집전》에는 준(噂)은 모임〔聚〕이고 답(沓)은 거듭함〔重複〕이라 하여, 준답을 모여서 말을 많이 함으로 해석하였다.

69 힘을……뿐이다 : 이는 '職競由人'에 대한 해석인데, 《집전》에는 "모여서 거듭 말을 많이 해서 서로 좋아하다가 등을 돌리면 서로 미워하니, 오로지 이것을 힘쓰는 것은 모두 참소하는 사람 때문이다."라고 하여 '오로지 힘쓰는' 대상이 심대윤의 해석과 다르다.

같이 많다. 그렇다면 대면하여 아뢰고 조정에서 간쟁한 자가 또 어찌 한정이 있겠는가. 그런데도 왕이 조금도 잘못을 고치거나 깨닫지 못하여 망함에 이르렀으니, 유왕(幽王)의 심함을 알 수 있다. 그러나 신하가 숨기지 않고 직언할 적에 왕이 심하다고 해서 간하고 경계함을 잊지 않았고 왕이 심하였지만 말한 자를 죄주지 않은 것은 문왕과 무왕의 남은 가르침이 사람들에게 깊이 들어가 있어서 오래도록 없어지지 않은 것이니, 연릉 계자(延陵季子)의 이른바 '아직도 선왕의 유민(遺民)이 있다는 것'[70]은 이것을 말함일 것이다. 진(秦)나라가 이를 인하여 강성하고 한(漢)나라가 이를 인하여 흥기하였는데,[71] 그 뒤에 점점 사라져 다 없어졌다.

이상은 〈시월지교〉 8장이니, 장마다 8구이다.

우무정 雨無正

넓고 큰 호천(昊天)이　　　　浩浩昊天

70 아직도……것 : 이는 연릉 계자가 〈소아(小雅)〉를 듣고 평한 말에 "문왕(文王)과 무왕(武王)의 덕을 생각하여 당시의 왕에게 두 마음을 품지 않고, 당시의 왕을 원망하면서도 원망을 말하지 않으니, 아마도 주나라의 덕이 쇠했을 때의 시일 것이다. 그러나 아직도 선왕의 유민이 있기에 이와 같은 것이다."라고 보인다. 〈소아〉의 서문 참조.

71 진(秦)나라가……흥기하였는데 : 진나라와 한나라가 서주(西周)의 옛 땅인 옹주(雍州) 지역을 소유하여 주나라 선왕의 교화에 힘입었다는 말이다. 진나라는 주나라가 견융(犬戎)을 피하여 동쪽 낙읍(洛邑)으로 천도한 뒤에 견융을 축출하고 그 지역을 소유하였고, 한나라의 유방(劉邦)은 관중(關中)을 지키던 항우(項羽)의 세 장수를 공격하여 그 지역을 점령하고 이곳에 도읍하고는 장안(長安)이라 개칭하였다.

그 은덕을 크게 하지 않으사 不駿其德
기근을 내려 나라를 망하게 해서 降喪饑饉
사방의 나라를 참벌(斬伐)하시나니 斬伐四國
민천(旻天)이 포악한지라 旻天疾威
사려(思慮)하지 않고 도모하지 않도다 弗慮弗圖
저 죄가 있는 자들은 舍彼有罪
이미 죄를 받은 것이니 그만이지만 旣伏其辜
이 죄 없는 자들은 若此無罪
어찌하여 함께 빠져서 두루 미치는고 淪胥以鋪

《집전》에 말하였다. 부이다. 호(昊)는 광대한 뜻이다. 준(駿)은 준(俊)과 통하니, 큼이다. 곡식이 성숙하지 않음을 기(饑)라 하고, 채소가 성숙하지 않음을 근(饉)이라 한다. 질위(疾威)는 포악한 정사로 두렵게 하는 것이다. 윤서(淪胥)는 서로 빠짐[72]이다. 포(鋪)는 '두루'이다. 죄가 있는 자가 이미 그 죄를 받음은 버려두고 말하지 않지마는 죄 없는 자가 함께 빠져서 두루 미침은 어째서냐고 말한 것이다. 무릇 하늘을 말한 것은 천자를 가리킨 것이다.

주나라 종족이 이미 멸하여 周宗旣滅
그쳐 정할 곳이 없으며 靡所止戾
정대부(正大夫)들이 피하여 거주해서 正大夫離居
나의 수고로움을 알지 못하며 莫知我勩
삼사(三事)와 대부가 三事大夫

72 서로 빠짐 : 《집전》에 '서로 더불어 사망에 빠짐〔相與而陷於死亡〕'으로 해석하였다.

밤낮으로 일하려 하지 아니하며　莫肯夙夜
방군(邦君)과 제후들이　邦君諸侯
즐겨 조석으로 봉직(奉職)하려 하지 않기에　莫肯朝夕
행여 왕이 선을 할까 바랐는데　庶曰式臧
도리어 나와서 악행을 하는구나　覆出爲惡

부이다. '주나라 종족이 이미 멸함'은 화가 이미 이루어짐을 말한 것이다. 여(戾)는 정함이요, 예(勩)는 수고로움이다. 정대부(正大夫)가 기미를 보고 피하여 거주하는 자가 많은 것이다. 행여 왕이 잘못을 고쳐 선을 할까 바랐는데, 도리어 나와서 악행을 한 것이다.

어찌할까 호천아　如何昊天
법도에 맞는 말을 믿지 아니하니　辟言不信
저 길을 감에　如彼行邁
이를 곳이 없음과 같도다　則靡所臻
모든 군자들은　凡百君子
각기 네 몸을 공경할지어다　各敬爾身
어찌 서로 두려워하지 않으리오　胡不相畏
하늘이 두렵지 않은가　不畏于天

부이다. 벽언(辟言)은 법도에 맞는 말이다.

병란(兵亂)이 나도 악행이 물러가지 않으며　戎成不退
기근이 들어도 선행이 나아가지 않아　飢成不遂
우리 가까이 모시는 신하들이　曾我䙈御
근심에 날로 병들거늘　憯憯日瘁

모든 군자들은 凡百君子
기꺼이 위문하려 하지 않고 莫肯用訊
말을 들으려 하면 대답만 하며 聽言則答
참소하는 말이 이르면 물러가는구나 譖言則退

《집전》에 말하였다. 부이다. 병란이 이미 이루어졌는데도 왕의 악행이 물러가지 않고, 기근이 이미 이루어졌는데도 왕이 선으로 옮김이 나아가지 않는 것이다. 설어(暬御)는 가까이 모시는 자이다. 참참(憯憯)은 근심하는 모양이요, 췌(瘁)는 병듦이다. 신(訊)[73]은 물음이니, 내가 날로 병드는데 기꺼이 위문하지 않는 것이다. 말을 들으려 하면 대답만 할 뿐이요 기꺼이 말을 다하려고 하지 않으며, 참소하는 말이 이르면 물러가서 기꺼이 일을 다 행하려고 하지 않으니, 나랏일에 마음을 다하지 않고 자기의 지조만 아낌을 책망한 것이다.

가엾다 말을 잘하지 못하는 이여 哀哉不能言
혀를 놀려 아첨하지 못하니 匪舌是出
몸이 이에 병들도다 維躬是瘁
가(可)하다 말을 잘하는 이여 哿矣能言
말을 잘해서 물 흐르듯이 하여 巧言如流
몸을 편안한 곳에 처하게 하도다 俾躬處休

부이다. '혀에서만 나오지 못함'[74]은 〈진심으로 하지 않고〉 혀에서만

73 신(訊) : 《집전》에는 '아룀〔告〕'이라고 하여 왕에게 아뢰는 것으로 보았다.

74 혀에서만 나오지 못함 : 《집전》에는 '입에서 말을 낼 뿐만 아니라〔非但出諸口〕'로 해석하였다.

나오는 아첨을 하지 못하는 것이니, 마음은 정직한 것이다. 이미 대부들이 조정을 떠나감을 책망하고 다시 조정이 이와 같아서 벼슬하기가 어려움을 민망히 여긴 것이다.

사람들은 가서 벼슬할 것이라 하나 維曰于仕
형세가 심히 급박하고 위태롭도다 孔棘且殆
부릴 수 없다고 일컬어지는 자는 云不可使
천자에게 죄를 얻고 得罪于天子
부릴 수 있다고 일컬어지는 자는 亦云可使
원망이 붕우에 이르도다 怨及朋友

부이다. 가서 벼슬할 것이라고 하나 화란(禍亂)의 기미가 보여 심히 급박하고 위태로운 것이다.

너에게 왕도(王都)로 옮겨오라고 하면 謂爾遷于王都
나는 집을 장만하지 못했다 하여 曰予未有室家
속으로 근심하고 피눈물을 흘려 鼠思泣血
말을 애통히 하지 않음이 없나니 無言不疾
옛날 네가 나가서 거주할 때에는 昔爾出居
누가 네 집을 지어 주었던고 誰從作爾室

부이다. 서(鼠)는 서(癙 속으로 근심함)와 같다. 말마다 아프지 않음이 없는 것이니, 지금 사람들의 말을 들어 보면 모두 마음속의 실정(實情)에서 나오지 않으므로 아프지 않음이 없는 것이다. 이미 벼슬하기가 어려움이 저와 같음을 말하고서 다시 떠나간 자들을 불러서 돌아오게 하는 것은, 근심으로 마음이 불안하고 의지할 곳이 없어서 행여 돌아오기를 바란 것이다. 이 시는 가까이 모시는 신하가 난이 장차 일어나게 되자 대부들이 흩어져 떠나감을 보고서, 떠나고자 하여도 차마 결정할 수가 없고 머물고자 하여도 불가하여 마음에 정한 바가 없으므로 그 말이 이와 같은 것이다.

이상은 〈우무정〉 7장이니, 두 장은 장마다 10구이고, 두 장은 장마다 8구이고, 세 장은 장마다 6구이다.

아마도 본래 8장으로 첫 번째 장에 '우무정(雨無正)'이란 말이 있었기 때문에 이로써 편을 이름하였는데 지금 그 장이 없어져 다만 7장이 있는 것이다.[75]

이상은 〈기보지십〉이다.

75 아마도……것이다 : 시의 제목이 〈우무정〉인 것에 대하여 《집전》에는 구양수(歐陽脩)의 의심스러운 바는 빼놓아야 한다는 말을 인용하였다. 또 원성 유씨(元城劉氏)가 《한시(韓詩)》에는 '우무기극 상아가색(雨無其極傷我稼穡)'의 여덟 자가 더 있었다고 한 것을 언급하고, 그 말이 일리가 있기는 하나 시의 준례와 내용에 맞지 않는다고 하였다.

소민지십 小旻之什

소민 小旻

민천(旻天)의 포악함이　旻天疾威
하토(下土)에 퍼져서　敷于下土
도모함이 올바르지 못하니　謀猶回遹
어느 날에나 이것이 그칠까　何日斯沮
계책 중에 좋은 것은 따르지 않고　謀臧不從
좋지 못한 것을 도리어 따르니　不臧覆用
내 계책을 보건대　我視謀猶
또한 심히 해롭도다　亦孔之邛

부이다.[1] 유(猶)는 유(猷 계책)와 통한다. 휼(遹)[2]은 마땅히 휼(譎 속임)이 되어야 한다. 저(沮)는 그침이고, 공(邛)은 병(病 폐해)이다.

서로 화합하다가 서로 비방하니　潝潝訿訿
또한 심히 애처롭도다　亦孔之哀
계책 중에 좋은 것은　謀之其臧
모두 어기고　則具是違

1 부이다 :《집전》에 왕이 간사한 계책에 혹하여 선을 따르지 못하므로 대부가 이 시를 지었다고 하였다.

2 휼(遹) :【집전】편벽됨〔辟〕

계책 중에 좋지 못한 것은　　謀之不臧
모두 따르니　　則具是依
내 계책을 보건대　　我視謀猶
어디에 이르러 안정될꼬　　伊于胡底

부이다. 흡흡(潝潝)은 화합함이고, 자자(訿訿)는 비방함이니, 바로 〈시월지교(十月之交)〉의 '면전에서 아첨을 늘어놓다가 등지고 미워함〔噂沓背憎〕'의 뜻이다. 지(底)는 이름이다.

내 거북이 이미 염증을 낸지라　　我龜旣厭
나에게 계책을 말해주지 않으며　　不我告猶
모사(謀士)가 매우 많은지라　　謀夫孔多
이 때문에 이루지 못하도다　　是用不集
말하는 자가 뜰에 가득하니　　發言盈庭
누가 감히 그 허물을 책임질꼬　　誰敢執其咎
길을 가지 않고 도모함과 같은지라　　如匪行邁謀
이 때문에 길에 도달하지 못하도다　　是用不得于道

부이다. 집(集)은 이룸이다. 말을 하는 사람이 뜰에 가득하여 사람마다 모두 자기가 옳다고 하니, 누가 감히 그 옳지 않음을 밝히겠는가. 이는 마치 길을 가지 않고 앉아서 도모하는 것과 같아서 길에 나아갈 수 없는 것이다.

가엾다 계책을 내는 자들이여　　哀哉爲猶
선민(先民)을 법으로 삼지 아니하며　　匪先民是程
대도(大道)를 떳떳이 따르지 않고　　匪大猶是經

오직 천근한 말만 들으며　維邇言是聽
천근한 말만 다투나니　維邇言是爭
집을 지으면서 길 가는 사람과 도모함과 같은지라　如彼築室于道謀
이 때문에 집중하여 완성하지 못하도다　是用不潰于成

부이다. 《집전》에 말하였다. 궤(潰)[3]는 주(注 물을 모음, 집중함)이다. 마치 길가에 집을 지으면서 길 가는 사람과 도모함과 같기 때문에 집중하여 완성하지 못하는 것이다. 옛말에 이르기를 "길가에서 집을 지으면 3년이 되어도 완성하지 못한다."라고 하였으니, 이 뜻이다.

군주가 비록 그치는 바가 없으나　國雖靡止
혹 성스럽기도 하며 혹 그렇지 못하기도 하며　或聖或否
인민이 비록 후하지 않으나　民雖靡膴
혹 명철하기도 하며 혹 지모가 있기도 하며　或哲或謀
혹 엄숙하기도 하며 혹 다스려진 이도 있으니　或肅或艾
저 흐르는 물과 같아서　如彼流泉
빠져서 서로 패하지 않을까　無淪胥以敗

부이다. 비록 군주가 그치는 바가 없으나[4] 만약 마음을 다하여 한다면 잘하기도 하고 잘못하기도 함을 말한 것이니, 잘하기도 하고 잘못하기도 함을 일러 '그치는 바가 없다'고 한 것이다. 백성들이 비록 후하지 않으나 그중에 또한 쓸 만한 자가 있으니, 마치 샘물이 아래로 흐르는

3 궤(潰) : 【집전】 이룸〔遂〕

4 비록……없으나 : 이는 '國雖靡止'를 해석한 것인데, 《집전》에는 '국론이 비록 정해지지 않았으나〔國論雖不定〕'로 해석하였다.

것처럼 위로 나아감에 마음을 쓰려 하지 않아 함께 패하지 말아야 한다. 애(艾)는 마땅히 예(乂 다스려짐)가 되어야 한다. 윤서(淪胥)는 무리가 함께 빠지는 것이다.

감히 범을 맨손으로 잡지 못함과 不敢暴虎
감히 황하(黃河)를 맨몸으로 건너지 못함을 不敢馮河
사람들은 그 한 가지만 알고 人知其一
다른 것은 알지 못하도다 莫知其他
전전(戰戰)하고 긍긍(兢兢)하여 戰戰兢兢
깊은 못에 임하듯이 하며 如臨深淵
얇은 얼음을 밟듯이 하노라 如履薄氷

부이다. 《집전》에 말하였다. 맨손으로 때려잡는 것을 포(暴)라 하고 맨몸으로 건너는 것을 빙(馮)이라 한다. 사람들이 맨손으로 호랑이를 때려잡고 맨몸으로 황하를 건너는 것이 환난이 됨을 아나 실패하여 국가를 잃는 화는 알지 못하는 것이다.

이상은 〈소민〉 6장이니, 세 장은 장마다 8구이고 세 장은 장마다 7구이다.

소씨(蘇氏)가 말하였다. 소아(小雅)에 있는 〈소민〉·〈소완(小宛)〉·〈소반(小弁)〉·〈소명(小明)〉의 시 이름에 모두 소(小) 자를 붙여서 대아(大雅)와 구별하였고, 대아에 있는 시는 〈소민(召旻)〉·〈대명(大明)〉·〈완(宛)〉·〈반(弁)〉이라고 하였다.

소완 小宛

완연(宛然)히 보이는 저 명구(鳴鳩)여 宛彼鳴鳩
날개로 날아 하늘에 이르도다 翰飛戾天
내 마음에 근심하고 서글퍼하는지라 我心憂傷
옛 선인(先人)을 생각하노라 念昔先人
날이 새도록 잠을 이루지 못하여 明發不寐
부모 두 분을 생각하노라 有懷二人

비이고 부이다.[5] 완(宛)[6]은 눈으로 보는 모양이다. 명구(鳴鳩)는《집전》에 반구(斑鳩)라고 하였다. 명구가 하늘에 날아오름을 눈으로 보고서, 덕을 닦으면 성인이 될 수 있음을 비유하였다. 명발(明發)은 날이 장차 밝으려 하여 밝은 빛이 나타나는 것이다. 선인(先人)과 이인(二人)은 다 부모를 이르니, 거듭 말한 것은 생각이 그치지 않음을 밝힌 것이다. 이는 형제가 서로 권면한 시이다.

공경하고 성스러운 사람은 人之齊聖
술을 마시되 온량(溫良)함으로 이겨내거늘 飮酒溫克
저 혼우(昏愚)하여 알지 못하는 자들은 彼昏不知
한결같이 취함이 날로 많아지도다 壹醉日富
각기 네 위의(威儀)를 공경할지어다 各敬爾儀
천명은 또다시 오지 않느니라 天命不又

5 비이고 부이다 :《집전》에는 흥으로 보았다.

6 완(宛) : 【집전】 작은 모양〔小貌〕

부이다. 제(齊)는 공경하고 삼감이다. 온극(溫克)은 온량(溫良)함으로 자신을 이기는 것이다. 일취(壹醉)는 취함에 한결같은 것이다. 일부(日富)[7]는 날로 많아지는 것이다. 불우(不又)는 가면 다시 오지 않는 것이다.

언덕 가운데 콩이 있거늘	中原有菽
서민들이 거두도다	庶民采之
명령(螟蛉)이 새끼를 두자	螟蛉有子
과라(蜾蠃 나나니벌)가 업어가도다	蜾蠃負之
네 아들을 잘 가르쳐서	教誨爾子
선(善)을 써서 너와 똑같게 하라	式穀似之

홍이다. 중원(中原)은 중덕(中德)을 비유하였다. 언덕 가운데에 콩이 있으면 사람들이 스스로 거두고 명령이 새끼를 두면 과라가 스스로 업어 가니,【이는 두 번 거듭 홍한 것이다.[8]】 사람이 중덕이 있으면 그 자제(子弟)가 저절로 교화됨을 홍한 것이다. 자기 몸을 닦아서 남에게 모범이 되면 이는 네 자식을 잘 가르침이 되는 것이니, '선을 써서 너와 똑같게 하라'는 것은 저절로 교화됨을 말한 것이다. 《집전》에 "명령은 뽕나무 위의 작은 푸른 벌레이니, 보굴(步屈 자벌레)과 비슷하다. 과라는 땅벌

7 일부(日富) : 《집전》에는 "부(富)는 심(甚)과 같다."라고 하여 '날로 심해짐'으로 해석하였다.

8 이는……것이다 : 《집전》에는 "언덕 가운데 콩이 있으면 서민들이 이것을 거둠으로써 선한 도(道)를 사람들이 모두 행할 수 있음을 홍하였고, 명령이 새끼를 두면 과라가 업어감으로써 불초(不肖)한 자를 가르쳐서 훌륭한 사람과 똑같게 할 수 있음을 홍하였다."라고 하여 1·2구와 3·4구가 서로 다른 내용을 홍한 것으로 본 반면에 심대윤은 같은 내용을 거듭 홍하였다고 본 것이다.

이다."라고 하였다. 《집전》에 과라가 명령을 변화시켜 새끼로 삼는다고 한 것은 터무니없는 말이다. 《본초(本草)》에 "과라가 흙을 물어다가 집을 짓고서 그 가운데 새끼 알을 붙이고 뽕나무 벌레를 업어다가 넣으면 새끼가 뽕나무 벌레를 먹고 점점 자라는 것이요, 벌레가 변하여 벌이 된 것이 아니다."라고 하였는데, 내가 시험해 보니 참으로 그러하였다. 과라가 명령을 얻음으로 인하여 새끼를 기르므로 시인이 이로써 사람이 덕이 있어 자식을 교화함을 흥한 것이다.

저 척령(脊令 할미새)을 보니	題彼脊令
곧 날며 곧 울도다	載飛載鳴
내 날로 매진하거든	我日斯邁
너도 달로 나아가라	而月斯征
일찍 일어나고 밤늦게 자서	夙興夜寐
너를 낳아주신 분을 욕되게 하지 말지어다	無忝爾所生

흥이다. 《집전》에 말하였다. 제(題)는 봄이요, 첨(忝)은 욕됨이다. ◯척령이 날기도 하고 울기도 하면서 짝을 불러 함께 가는 것을 가지고 형제가 권면하여 나아감을 흥하였다.

이리저리 나는 상호(桑扈)여	交交桑扈
마당을 따라 곡식을 쪼아 먹도다	率場啄粟
가엾은 우리 병들고 과약(寡弱)한 자여	哀我塡寡
안옥(岸獄)에 마땅하다 하도다	宜岸宜獄
곡식을 한 움큼 쥐고 나와 점을 치면서	握粟出卜
어떻게 하여야 선(善)할꼬 묻노라	自何能穀

흥이다. 《집전》에 말하였다. 상호는 절지(竊脂 콩새)이니, 육식을 하고 곡식을 먹지 않는데 지금 마당을 따라 곡식을 쪼아 먹는다고 하였다. 전(塡)은 전(瘨 병듦)과 통한다. 병들고 과약한 자는 감옥에 있는 것이 마땅하지 않은데 지금 마땅하다고 하였다. 안(岸)은 《한시(韓詩)》에는 안(犴)으로 되어 있으니, 이 또한 감옥이다.

○세상이 혼란하여 항상 이치에 맞지 않는 화가 많으니, 더욱 공경하고 삼가서 두루 방비하지 않으면 안 됨을 말하였다. '곡식을 한 움큼 쥐고 나와 점을 침'은 엉뚱한 화가 옴을 알 수 없다는 말이다.

온순하고 공손한 사람이	溫溫恭人
나무에 앉은 듯 불안해하며	如集于木
두려워하고 두려워하는 소심한 자가	惴惴小心
골짜기에 임한 듯하다	如臨于谷
전전(戰戰)하고 긍긍(兢兢)하여	戰戰兢兢
살얼음을 밟는 듯하노라	如履薄氷

부이다.

이상은 〈소완〉 6장이니, 장마다 6구이다.

소반 小弁

날개 치는 저 갈까마귀여	弁彼鸒斯
제집으로 돌아가면서 한가롭게 날도다	歸飛提提
다른 사람들은 불행한 이가 없거늘	民莫不穀

나만 홀로 근심하노라 我獨于罹
하늘에 무슨 죄를 지었는고 何辜于天
내 죄가 무엇인고[9] 我罪伊何
마음에 근심함이여 心之憂矣
어찌하리오[10] 云如之何

부이다.[11] 《집전》에 말하였다. 반(弁)은 날면서 날개를 치는 모양이다. 여(鸒)는 갈까마귀이니, 작고 무리가 많으며 배 아래가 희다. 시시(提提)는 편안하고 느린 모양이다. 구설에 유왕(幽王)이 신(申)나라에 장가들어 태자 의구(宜臼)를 낳았는데, 포사(褒姒)를 얻자 그녀를 총애하여 백복(伯服)을 낳고는 참언을 믿어서 신후(申后)와 태자를 폐출하니, 태자의 사부가 이 시를 지었다고 하였다.[12]
○갈까마귀가 떼로 날면서 편안하고 느린 것을 보고 부러워하여 자신이 갈까마귀만 못함을 탄식한 것이다.

걷기 힘든 큰길이여 踧踧周道

9 하늘에……무엇인고 : 《집전》에는 이를 《맹자》에 순(舜)임금이 하늘을 향하여 울부짖으며 말하기를 "부모가 나를 사랑하지 않음은 나에게 무슨 죄가 있어서인고?" 한 것처럼 '원망하고 사모한 것〔怨而慕〕'이라 풀이하였다.

10 마음에 근심함이여 어찌하리오 : 《집전》에는 이를 "어쩔 방법이 없음을 알고는 이를 편안히 여긴 말이다."라고 풀이하였다.

11 부이다 : 《집전》에는 1장에서 6장까지 흥으로 보았다.

12 태자의……하였다 : 《모시서》에 태자의 사부가 지었다고 하였고, 공영달의 소에 태자가 시를 지어 아버지를 풍자할 수 없으므로 사부의 생각으로 태자의 말을 서술하여 풍자한 것이라고 하였다. 《집전》에는 태자가 이 시를 지었다고 하고, 《모시서》가 무엇을 근거한 것인지 알지 못하겠다고 하였다.

풀이 자라 무성한 풀밭이 되었도다 鞫爲茂草
내 마음의 우상(憂傷)함이여 我心憂傷
서글픔이 방아질하는 듯하노라 惄焉如擣
가매(假寐)하는 중에 길이 탄식하여 假寐永歎
근심 때문에 늙으니 維憂用老
마음에 근심하는 지라 心之憂矣
병듦이 머리가 아픈 듯하노라 疢如疾首

비이고 부이다. 축축(踧踧)[13]은 걷지 못하는 모양이다. 국(鞫)[14]은 기름이다. 큰길에 풀이 길러져 무성한 것을 가지고 부자(父子)와 부부간의 인륜이 망하여 사람의 도가 폐해짐을 비유하였다. 가매(假寐)[15]는 앉아서 조는 것이니, 편안히 잠자지 못함을 말한 것이다.

뽕나무와 추자나무도 維桑與梓
반드시 공경하거든 必恭敬止
우러러볼 것이 아버지 아님이 없으며 靡瞻匪父
의지할 것이 어머니 아님이 없도다 靡依匪母
터럭에도 연결되지 않으며 不屬于毛
가슴속에 걸리지도 않는가 不離于裏
하늘이 나를 낳음이여 天之生我
내가 태어난 때가 나쁜 것인가 我辰安在

13 축축(踧踧) : 【집전】 평이(平易)함

14 국(鞫) : 《집전》에는 '막힘[窮]'이라고 하여, 1・2구를 "평탄한 큰 길이 장차 막혀 무성한 풀밭이 될 것이다."라고 해석하였다.

15 가매(假寐) : 【집전】 의관(衣冠)을 벗지 않고 자는 것

부이다. 《집전》에 말하였다. 뽕나무와 추자나무(가래나무)는 집 주변에 심은 나무이니, 부모가 심은 것이므로 이조차 공경하는 것이다. 우러러볼 것이 아버지 아님이 없고 의지할 것이 어머니 아님이 없으니, 어찌 공경하지 않겠는가. 내가 부모의 터럭에도 연결되지 않으며 부모의 가슴속에 걸리지도 않는가. 어찌하여 나를 사랑하지 않는가. 어쩌면 내가 태어난 때가 좋지 못한 것인가.

무성한 저 버드나무에　　菀彼柳斯
매미가 맴맴 울며　　鳴蜩嘒嘒
깊은 연못에　　有漼者淵
갈대가 바람에 나부끼도다　　萑葦淠淠
비유하건대 저 배의 흐름이　　譬彼舟流
이를 곳을 알지 못함과 같으니　　不知所屆
마음에 근심하는지라　　心之憂矣
가매(假寐)할 겨를도 없노라　　不遑假寐

부이다. 이 또한 물건을 보고 부러워하여 그들만 못함을 탄식한 것이다. 울(菀)은 무성함이다. 최(漼)는 깊은 모양이다. 패패(淠淠)[16]는 바람을 따라 나부끼는 모양이다.

사슴은 도망갈 적에도　　鹿斯之奔
새끼를 기다리느라 발걸음이 느릿느릿하며　　維足伎伎
꿩은 아침에 울 적에도　　雉之朝雊

16 패패(淠淠) : 【집전】 많음〔衆〕

오히려 그 암놈을 찾거늘　　尙求其雌
비유하건대 저 병든 나무가　　譬彼壞木
병 때문에 가지가 없음과 같으니　　疾用無枝
마음에 근심함을　　心之憂矣
어찌 알지 못하는고　　寧莫之知

부이다. 《집전》에 말하였다. 기기(伎伎)는 느린 모양이니, 그 무리를 기다리는 것이다. 질(疾)은 병듦이다.
○사슴이 새끼를 거느리고 꿩이 암컷을 구하는 것을 보고서 왕은 그렇지 않음을 탄식한 것이다. 나는 홀로 병든 나무가 병들어 가지가 없는 것과 같은 것이다.[17]

저 달려드는 토끼를 보고도　　相彼投兎
오히려 먼저 빠져나가게 해주며　　尙或先之
길가에 죽은 사람이 있거든　　行有死人
오히려 혹 이를 묻어주나니　　尙或墐之
군자의 마음가짐은　　君子秉心
잔인하기도 하도다　　維其忍之
마음에 근심하는지라　　心之憂矣
눈물을 이미 떨어뜨리노라　　涕旣隕之

17 사슴이……것이다 : 《집전》에는 "사슴은 달아날 적에도 발걸음이 느릿느릿하며 꿩은 아침에 울 적에도 또한 그 배필을 구할 줄 알거늘 지금 나는 홀로 버림과 축출을 당하였으니, 상하고 병든 나무가 초췌하여 가지가 없는 것과 같다."라고 하여 1~4구에서 기흥(起興)하고 5~8구에서 시인 자신에 대하여 말한 것으로 본 반면에 심대윤은 1~4구를 왕에 대하여 말한 것으로 보았다.

부이다. 《집전》에 말하였다. 토끼가 쫓기다가 사람에게 달려들면 사람이 오히려 혹 놓아주어 먼저 가게 해 준다. 근(墐)은 묻음이다.

군자가 참소하는 말을 믿음이 君子信讒
혹 권하는 술잔을 받아 마시듯 하며 如或酬之
군자가 사랑하지 않는지라 君子不惠
서서히 살피지 아니하도다 不舒究之
나무를 벨 적에는 밑부분을 잡고 쓰러뜨리며 伐木掎矣
장작을 쪼갤 적에는 결을 따르거늘 析薪杝矣
저 죄 있는 자를 버려두고 舍彼有罪
타인(他人)인 나를 죄주도다 予之佗矣

부이다.[18] 《집전》에 말하였다. 〈참소하는 말을 듣기를〉 술을 권하면 번번이 마시듯이 하는 것이다. 서구(舒究)는 서서히 살핌이다. ○기(掎)[19]는 발을 잡고 쓰러뜨리는 것이다. 치(杝)는 나뭇결에 따라 나누는 모양이다. 베는 대상은 마땅히 나무에 있어야 하고 쪼개는 대상은 마땅히 섶나무에 있어야 하는데, 이제 마침내 죄가 있는 참소하는 사람을 버려두고 죄주는 대상이 타인[20]인 나에게 있음을 말하였다. 타인은 죄 없는 사람을 말한 것이다.

18 부이다 : 《집전》에는 부이고 흥으로 보았다.

19 기(掎) : 《집전》에는 "기댐이니, 물건을 나무 꼭대기에 기대어 받치는 것이다.〔倚也, 以物倚其巓也.〕"라고 하였는데, 공영달의 소에 나무가 넘어지는 것을 염려하여 물건을 나무 꼭대기에 기대는 것이라고 하였다.

20 타인 : 심대윤은 경문의 타(佗)를 타인(他人)으로 해석하였는데, 《집전》에는 "타는 가함〔加〕이다."라고 하여 '予之佗矣'를 '나에게 죄를 가하다'로 해석하였다.

높은 것은 산 아님이 없으며	莫高匪山
깊은 것은 샘 아님이 없도다	莫浚匪泉
군자가 내는 말을 함부로 하지 말지어다	君子無易由言
귀가 담장에 붙어 있느니라	耳屬于垣
내 어량(魚梁)에 가지 말아	無逝我梁
내 통발을 꺼내지 말았으면 하건마는	無發我笱
내 몸도 살피지 못하거늘	我躬不閱
하물며 내 떠난 뒤를 돌아보랴	遑恤我後

비이고 부이다.[21] 높은 것은 산 아님이 없고 깊은 것은 샘 아님이 없으니, 이는 사람의 마음이 험악함을 말한 것이다.[22] 촉(屬)은 접함이다. 왕이 홀로 스스로 궁구하고 생각해서 포사(褒姒)와 백복(伯服)에게 고하지 말기를 바란 것이다.[23] 소인들이 나의 일을 행하지 못하게 하라고 왕에게 고하고 싶으나 내가 떠난 뒤를 돌아볼 겨를이 없는 것이다. 이는 해설이 〈패풍(邶風) 곡풍(谷風)〉에 자세히 나왔으니,[24] 마땅

21 비이고 부이다 : 《집전》에는 부이고 비로 보았다.

22 높은……것이다 : 《집전》에는 "산이 지극히 높되 그 꼭대기에 오를 수 있으며, 샘물이 지극히 깊되 그 밑에 들어 갈 수 있다. 그러므로 군자가 그 말을 함부로 하지 않는다."라고 하여 사람들이 보고 참소할 수 있음을 말한 것으로 본 반면에 심대윤은 사람의 마음에 대한 비유로 본 것이다.

23 왕이……것이다 : 《집전》에는 3·4구를 군자가 말을 함부로 하지 않으니, 담에 귀를 붙이고 있는 자가 눈치를 보고 참소하는 말을 할까 염려하기 때문이라고 풀이하였다.

24 이는……나왔으니 : 〈곡풍〉 3장에 '無逝我梁……遑恤我後'와 같은 구절이 나오는데, 소인이 군자의 거처에 거하여 군자의 행함을 하면 그가 반드시 군주의 일을 폐할까 두려워하여 군주에게 경계하고자 한 것이나 스스로 살피지 못하여 하직하고 떠남에 이르니, 비록 지극히 충후(忠厚)한 마음이 있으나 베풀 곳이 없는 것이라고 풀이하였다.

히 참고해 보아야 한다.

이상은 〈소반〉 8장이니, 장마다 8구이다.

어버이의 허물이 크면 원망하지 않고 허물이 작으면 원망하니, 어떻게 하면 허물이 큰 것인가. 허물이 이미 이루어져서 다시 고칠 수 없는 것을 이것을 일러 크다고 하고, 허물이 아직 끝나지 않아서 행여 고칠 수 있는 것을 이것을 일러 작다고 한다. 허물이 작은데도 원망하지 않으면 이는 어버이를 버리는 것이요, 허물이 큰데 원망하면 이것은 어버이를 욕되게 하는 것이다. 그런데 〈소반〉의 마지막 장은 허물을 행여 고치기를 바란 것이다.[25]【시의 뜻이 얕고 깊지 못하니, 평왕(平王 태자 의구(宜臼))의 스승과 벗 중에는 훌륭한 사람이 없었던 듯하다.】

교언 巧言

유유(悠悠)한 호천(昊天)이	悠悠昊天
부모이시니	曰父母且
나는 죄도 없고 잘못도 없거늘	無罪無辜

25 어버이의……것이다 : 이는 《맹자》 〈고자 하(告子下)〉에 "〈소반〉의 원망은 어버이를 친히 한 것이다.……〈패풍(邶風) 개풍(凱風)〉은 어버이의 허물이 작은 것이요 〈소반〉은 어버이의 허물이 큰 것이니, 어버이의 허물이 큰데도 원망하지 않는다면 이는 더욱 소원해지는 것이요 어버이의 허물이 작은데도 원망한다면 이는 어버이가 자식을 건드릴 수 없는 것이니, 더욱 소원함도 불효요 건드릴 수 없음도 또한 불효이다."라고 하여 어버이의 허물이 클 때 원망한다고 한 것에 대한 반박이다. 《집전》에 《맹자》를 인용하였다.

난(亂)이 이와 같이 심하단 말인가　亂如此憮
호천의 위엄이 너무 심하나　昊天已威
내 살펴보건대 죄가 없으며　予愼無罪
호천의 위엄이 심히 크나　昊天泰憮
내 살펴보건대 잘못이 없도다　予愼無辜

부이다.[26] 호(憮)는 마땅히 무(膴 큼)가 되어야 한다. 신(愼)은 살핌이다. 이(已)는 심함이다.

난이 처음 생겨남은　亂之初生
불신(不信)의 단서를 포용해주기 때문이며　譖始旣涵
난이 다시 생겨남은　亂之又生
군자가 참언을 믿기 때문이니라　君子信讒
군자가 참언을 듣고 만일 노한다면　君子如怒
난이 행여 빨리 그칠 것이며　亂庶遄沮
군자가 마음 씀이 만일 화평하다면　君子如祉
난이 행여 빨리 종식되리라　亂庶遄已

부이다. 함(涵)은 포용함이요, 노(怒)는 노여워하여 죄주는 것이다. 지(祉)[27]는 화평함이다. 노하면 참언을 용납하지 않고, 마음 씀이 화평하면 참언을 믿지 않을 것이다. 천(遄)은 빠름이다.

26 부이다 : 《집전》에 대부가 참소에 해를 당하여 하소연할 곳이 없어서 하늘에 하소연하는 말이라고 하였다.

27 지(祉) : 《집전》에는 희(喜)와 같다고 하여, '如祉'를 '현자의 말을 보고 만일 기뻐하여 받아들인다면'으로 해석하였다.

군자가 자주 맹약을 하는 지라	君子屢盟
난이 이 때문에 조장되며	亂是用長
군자가 참인(讒人)을 믿는지라	君子信盜
난이 이 때문에 심해지며	亂是用暴
참언을 매우 달게 여기는지라	盜言孔甘
난이 이 때문에 음식처럼 공양(供養)되도다	亂是用餤
음식 공양을 그치지 않으니	匪其止共
왕의 병통에 말미암도다	維王之邛

부이다. 자주 맹약함은 믿지 않는 것이니, 사람을 믿지 않으면 참언이 일어난다. 참언하는 사람이 보이지 않는 곳에서 남을 해쳐서 이익을 취함은 도둑이 남의 재물을 훔쳐서 스스로 후하게 하는 것과 같다. 그러므로 참언하는 사람을 도(盜)라 한 것이다. 담(餤)[28]은 음식을 올리는 것이니, 참언을 좋아하기를 맛있는 음식을 좋아하는 것처럼 하므로 난을 일으킴이 음식을 올리는 것과 같은 것이다. 공(共)은 공양(供養)함이다. 올린 음식을 먹음으로 인하여 그 공양을 그치지 않음을 말하였으니, 그치지 않고 참언을 올림을 말한 것이다. '유왕지공(維王之邛)'은 왕의 병통에 말미암은 것이다.

크고 큰 침묘(寢廟)를	奕奕寢廟
군자가 만들었으며	君子作之
질서정연한 큰 도(道)를	秩秩大猷
성인이 정하셨느니라	聖人莫之

28 담(餤) : 《집전》에는 '나아감〔進〕'이라고 하여 '亂是用餤'을 '난이 이 때문에 진전된다'로 해석하였다.

타인이 가지고 있는 마음을　　他人有心
내가 헤아리노니　　予忖度之
펄쩍펄쩍 뛰는 교활한 토끼가　　躍躍毚兎
개를 만나면 잡히느니라　　遇犬獲之

부이고 비이다.[29] 혁혁(奕奕)은 큰 모양이다. 막(莫)은 정함이다. 적(躍)[30]은 마땅히 적(趯 뜀)이 되어야 한다. 참(毚)은 교활함이다. 소인의 마음을 헤아리기를 그의 폐부(肺腑)을 보듯이 하니, 이는 교활한 토끼를 잡는 것처럼 쉬움을 말한 것이다. 너의 얕은 마음과 좁은 국량으로 능히 군자와 성인의 일을 하겠는가.【《집전》에 위의 네 구를 흥이라 하였다.[31] 물건을 가지고 일을 흥한 경우는 있지만 일을 가지고 일을 흥한 경우는 있지 않으니, 그 무분별함이 심하다고 이를 만하다.】

유연하고 부드러운 나무를　　荏染柔木
군자가 심었으며　　君子樹之
오고가는 행언(行言)을　　往來行言
마음에 하나하나 살피느니라　　心焉數之
편안하고 느린 훌륭한 말은　　蛇蛇碩言
입으로부터 나오지만　　出自口矣
공교로운 말은 생황(笙簧)처럼 울리니　　巧言如簧

29 부이고 비이다 : 《집전》에는 흥이고 비로 보았다.

30 적(躍) : 《집전》에는 '빨리 뛰는 모양〔跳疾貌〕'이라고 하였는데, 이때의 음은 '적'이다. '뜀'의 뜻일 때의 음은 '약'인데 심대윤은 '적〔他歷反〕'으로 음훈을 달았다.

31 집전에……하였다 : 《집전》에 위의 네 구로써 '타인이 간직한 마음을 내가 헤아릴 수 있음'을 흥하였다고 하였다.

얼굴을 붉히도다 顔之厚矣

비이고 부이다.[32] 임염(荏染)은 마땅히 임염(荏冉)이 되어야 하니, 부드러운 모양이다. 이로써 '유순하고 아첨하는 소인을 왕이 총애함'을 비유하였다. 행언(行言)[33]은 사람에 베풀고 일에 베푸는 말이다. 왕래(往來)는 속담에 "오는 말이 좋으면 가는 말이 아름답다."라는 것이 이것이다. 수(數)는 하나하나 세어서 살핌이다. 이이(蛇蛇)는 편안하고 느림이다. '입으로부터 나옴'은 속마음에서 말미암아 나옴을 말한 것이다. '생황과 같음'은 말이 치아의 사이에서 나오는 것이 생황의 소리가 금엽(金葉 쇠로 만든 얇은 떨림판)에서 나옴과 같은 것이다. '안지후(顔之厚)'[34]는 〈부끄러워〉 얼굴빛이 붉어짐을 보는 것이다.

저 어떤 사람인고[35] 彼何人斯
하수(河水)의 가에 살도다 居河之麋
지혜도 없고 용맹도 없으면서 無拳無勇
오로지 난의 계제(階梯)를 만들도다 職爲亂階
이미 미약하고 붓는 병이 났으니 旣微且尰
네 용맹이 무엇인고 爾勇伊何
도모할 나랏일이 장차 많은데 爲猶將多

32 비이고 부이다 : 《집전》에는 흥으로 보았다.

33 행언(行言) : 【집전】 길가의 근거 없는 말〔行道之言〕

34 안지후(顔之厚) : 【집전】 완악(頑惡)하여 부끄러워할 줄을 모르는 것

35 어떤 사람인고 : 【집전】 '어떤 사람'은 참인(讒人)을 지척(指斥)한 것이니, 이는 반드시 지적한 상대가 있는 것인데, 그를 천히 여기고 미워하기 때문에 그 성명(姓名)을 모르는 것처럼 하여 어떤 사람이라고 말한 것이다.

부이다. 미(麋)는 미(尾)이니, 《춘추좌전》의 '맹저의 가장자리〔孟諸之麋〕'[36]가 이것이다. 권(拳)[37]은 권(權)과 통하니, 권도(權道)가 없다는 것은 지혜가 없음을 말한 것이다. 미(微)[38]는 미약함이다. 종(尰)[39]은 파리하고 부종(浮腫)이 있는 것이다. '위유장다(爲猶將多)'는 나라를 위하여 도모할 일이 장차 많음을 말한 것이다.【지금 마땅히 해야 할 나랏일이 많은 것이다.】 네가 처리하는 것이 한갓 얼마나 되는가. 거(居)는 일을 처리함이다. 네가 일을 처리하는 것이 얼마 되지 않는다는 것은 지혜가 없음을 말한 것이니, 용맹이 없고 지혜가 없으면서 오로지 난의 계제를 만들 뿐인 것이다.【《집전》에 그와 함께 거처하는 무리가 얼마 되지 않는다고 말하였으니, 이는 참언하는 사람이 도리어 적은 것이다. 이 편 전체에서 참언을 이루 다 헤아릴 수가 없다고 말하였는데 여기서 갑자기 참언하는 자가 적다고 말하여 뒤집었겠는가.】

이상은 〈교언〉 6장이니, 장마다 8구이다.

36 맹저의 가장자리 : 이는 《춘추좌전》 희공(僖公) 28년 조에 초(楚)나라의 영윤(令尹)인 자옥(子玉)이 진(晉)나라와 전쟁을 벌이기 전에 꾼 꿈에 하수(河水)의 신이 나타나서 자옥에게 "〈네가 가지고 있는 옥으로 장식한 모자와 갓끈을〉 나에게 달라. 나는 너에게 맹저의 미(麋)를 주겠다.〔畀余! 余賜女孟諸之麋.〕"라고 한 것에 보인다. 두예(杜預)의 주에 "맹저는 송나라의 소택지이다. 물과 풀이 교차하는 곳을 미(麋)라고 한다.〔孟諸, 宋藪澤. 水草之交曰麋.〕"라고 하였고, 주신(朱申)의 주에는 지세가 유리한 곳을 주어 전쟁에 이기도록 돕겠다는 뜻이라고 하였다. 《집전》의 미(麋)에 대한 주석은 두예의 주와 같다.

37 권(拳) : 【집전】 힘〔力〕

38 미(微) : 【집전】 정강이가 병든 것〔骭瘍〕

39 종(尰) : 【집전】 발이 부은 것〔腫足〕

하인사 何人斯

저 어떤 사람인고	彼何人斯
그 마음이 몹시 험하도다	其心孔艱
어찌하여 내 어량(魚梁)에 가되	胡逝我梁
내 문에 들어오지 않는고	不及我門
저 누구를 따르는고	伊誰云從
포공(暴公)이라 하도다	維暴之云

부이다. 간(艱)은 험함이다. 구설에 포공이 소공(蘇公)[40]을 참소하니 소공이 이 시를 지었다고 하였다.

◯이 편은 풍(風)이다. 이는 포공이 소공을 참소하여 그 지위를 대신하니, 소공이 지위를 잃었으나 이것을 지척하여 말하고 싶지 않았다. 그러므로 먼저 수행하는 사람을 말하고 〈2장에서〉 "누가 이 화를 만들었는고."라고 하여 말을 어지럽게 하였으나 그 실제는 오로지 포공을 가리킨 것이요 또 포공이 한 바를 알지 못하여 의심한 것이 아니다. 또 〈6장에서〉 그가 한 번 오기를 바란다고 말한 것은 실제로 한 번 오기를 바란 것이 아니요 감정을 풀고 다시 옛 우호를 닦음을 말한 것이니, 이는 모두 가탁한 말이다.

두 사람이 따라 걸어가니	二人從行
누가 이 화(禍)를 만들었는고	誰爲此禍
어찌하여 내 어량에 가되	胡逝我梁

40 소공(蘇公) : 【집전】 아(我)는 구설에 소공이라 하였고, 포(暴)는 포공(暴公)이라 하였으니, 모두 기내(畿內)의 제후이다.

나에게 들어와 위문하지 않는고 不入唁我
처음에는 지금처럼 始者不如今
나를 불가(不可)하다고 하지는 않았었느니라 云不我可

부이다. 언(唁)은 지위를 잃음을 위문하는 것이다. '내 어량에 감'은 나의 지위를 대신함을 가탁하여 말한 것이다.

저 어떤 사람인고 彼何人斯
어찌하여 내 뜰아래 길을 가는고 胡逝我陳
내 그 소리만 듣고 我聞其聲
그 몸은 보지 못하였노라 不見其身
사람에게는 부끄럽지 않거니와 不愧于人
하늘에게도 두렵지 아니한가 不畏于天

부이다. 《집전》에 진(陳)은 당 아랫길[41]이라고 하였으니, 또한 나의 지위를 대신함을 가탁하여 말한 것이다. 소리만 듣고 몸을 보지 못함은 은폐되고 어두워서 명백하지 않음을 말한 것이다.

저 어떤 사람인고 彼何人斯
그 표풍(飄風)이로다 其爲飄風
어찌하여 북(北)으로부터도 아니하며 胡不自北
어찌하여 남(南)으로부터도 아니하고 胡不自南
어찌하여 내 어량에 가는고 胡逝我梁

41 당 아랫길 : 【집전】 당 아래로부터 문에 이르는 길

다만 내 마음을 혼란하게 하도다　祇攪我心

부이다. 표풍[42]은 오고감에 흔적이 없어서 은밀하여 알 수 없음을 말한 것이다. 북으로부터도 오지 않고 남으로부터도 오지 않아서 나와 서로 만나게 된 것이다.

네가 느릿느릿[43] 갈 때에도　爾之安行
또한 머무를 겨를이 없었거니　亦不遑舍
네가 빨리 가면서　爾之亟行
네 수레에 기름칠할 겨를이 있겠는가　遑脂爾車
한 번만 와준다면　壹者之來
어찌하여 이처럼 멀리 바라보겠는가　云何其盱

부이다. 네가 느리게 걸어갈 때에도 또한 나에게 머무를 겨를이 없었는데, 더구나 빨리 가면서 어느 겨를에 네 수레를 멈추어 나를 만나보겠는가.[44] 수레가 멈추면 수레바퀴에 기름을 칠하니, 수레바퀴에 기름을 칠하면 수레가 멈춘 것이다. 이는 네가 평소에도 나를 시기하는 마음이 있었는데, 더구나 지금 나를 참소하여 나의 지위를 빼었으니 어찌 다시 나를 좋아할 이치가 있겠느냐고 가탁하여 말한 것이다. 이와 같음을 알면서도 그가 다시 옛 우호를 닦을 것을 바랐으니, 군자의

42 표풍 : 《집전》에는 폭풍(暴風)이라 하고, 왕래함이 빠름을 말한 것이라 하였다.

43 느릿느릿 : 《집전》에 安은 '느림〔徐〕'이라 하였다.

44 네가……보겠는가 : 【집전】 네가 평상시 느리게 갈 때에도 오히려 쉴 겨를이 없었거든 하물며 빨리 간다면 어느 겨를에 수레에 기름을 칠하겠는가. 그런데 이제 수레에 기름을 치니, 이는 급한 것이 아니다. 그런데 마침내 급히 간다고 칭탁하여 들어와 나를 만나보지 아니하니, 이는 그 실정(實情)이 아닌 것이다.

마음 씀이 공평하여 남과 잘잘못을 따지지 아니하여 남과 다툼이 없는 것이다. 우(盱)는 멀리 봄이니, 만약 옛 우호를 잃지 않으면 내가 또 어찌 멀리 바라보겠느냐고 말한 것이다. 이는 오직 대신(大臣)이 알지 못함을 근심하고, 참소와 무함으로 지위를 뺏음을 원망하지 않은 것이다.

네가 돌아가다가 들어온다면	爾還而入
내 마음 기뻐질 것이어늘	我心易也
돌아갈 때에도 들어오지 아니하니	還而不入
네가 나를 미워함을 알기 어렵지 않도다	否難知也
한 번만 온다면	壹者之來
나로 하여금 편안하게 하리로다	俾我祇也

부이다. '부난지(否難知)'[45]는 네가 나를 원수로 대함을 알기 어렵지 않은 것이니, 이와 같음을 알면서도 오히려 그가 오기를 바란 것이다. 기(祇)는 편안함이다.

백씨(伯氏)가 질나발을 불거든	伯氏吹壎
중씨(仲氏)는 젓대를 부는지라[46]	仲氏吹篪
너와 더불어 한 꿰미에 있는 듯하노니	及爾如貫

45 부난지(否難知) : 《집전》에는 "너의 마음을 내가 알 수 없다."라고 풀이하였다.

46 백씨(伯氏)가……부는지라 : 《집전》에 "백(伯)과 중(仲)은 형제이니, 함께 왕의 신하가 되었으면 형제간의 의리가 있는 것이다."라고 하고, "백씨가 질나팔을 불거든 중씨는 젓대를 분다는 것은 그 마음이 서로 친애하고 소리가 서로 호응하여 어울림을 말한 것이다."라고 하였다.

진실로 나를 모른다고 할진댄 諒不我知
이 세 물건을 꺼내어 出此三物
너와 맹약하리라 以詛爾斯

비이고 부이다.[47] 《집전》에 말하였다. 악기 중에 흙으로 만든 것을 훈(壎)이라 하니, 크기가 거위알 만하고 위가 뾰족하고 밑이 평평하며 구멍이 여섯 개이다. 대나무로 만든 것을 지(篪)라 하니, 길이가 1척 4촌이고 구멍이 여덟 개이다. 이는 친애하고 화답하여 응함을 말한 것이다. 여관(如貫)은 물건이 끈에 꿰어 연결됨과 같은 것이다. '세 물건'은 개와 돼지와 닭이다.
○귀신을 속일 수 없고 스스로 지은 재앙을 피할 수 없음을 가탁하여 말한 것이다.

귀신이 되고 물여우[48]가 된다면 爲鬼爲蜮
볼 수가 없거니와 則不可得
부끄러이 얼굴을 들어 有靦面目
사람을 봄이 다함이 없도다 視人罔極
이 좋은 노래를 지어서 作此好歌
너의 반측(反側)하는 모양을 다 말하노라 以極反側

부이다. 네가 귀신과 물여우처럼 형체를 숨길 수 없으니, 이는 사람

47 비이고 부이다 : 《집전》에는 부로 보았다.

48 물여우 : 【집전】 역(蜮)은 단호(短狐)이니, 장강(長江)과 회수(淮水)에 모두 있는데, 모래를 머금어 물속에 비치는 사람의 그림자를 쏘면, 그 사람은 곧 병이 드나 그 형체를 볼 수가 없다.

이 자신을 엄폐할 수 없음을 말한 것이다. 전(靦)[49]은 부끄러워하면서 얼굴을 드는 모양이다. 반측[50]은 번복함이다.

이상은 〈하인사〉 8장이니, 장마다 6구이다.

항백 巷伯

화려한 문채로 萋兮斐兮
이 자개 무늬 비단을 이루도다 成是貝錦
저 남을 참소하는 자여 彼譖人者
또한 너무 심하도다 亦已大甚

비이다. 처(萋)[51]는 번성함이다. 비(斐)는 문채 나는 모양이다. 패금(貝錦)은 조개 무늬로 비단을 짠 것이니, 이로써 참소하는 사람이 충신(忠信)한 바탕이 없고 문식으로 교묘하게 참소를 얽어서 만듦을 비유하였다.[52]

입을 벌려 과장함으로 哆兮侈兮

49 전(靦) : 【집전】 얼굴을 들어 남을 쳐다보는 모양〔面見人之貌〕

50 반측 : 【집전】 번복하여 정직하지 않은 것

51 처(萋) : 【집전】 작은 무늬 모양〔小文之貌〕

52 참소하는……비유하였다 : 【집전】 작은 무늬의 형상을 인하여 문채를 내어 자개 무늬의 비단을 이룸을 말하여, 남을 참소하는 자가 사람의 작은 허물로 인하여 큰 죄를 꾸며 이룸을 비유한 것이다.

남기성(南箕星)을 이루도다	成是南箕
저 남을 참소하는 자여	彼譖人者
누구를 주장하여 함께 꾀하는고[53]	誰適與謀

비이다. 치(哆)는 입을 벌림이요, 치(侈)[54]는 과장함이다. 남기성(南箕星)은 별이 넷인데 두 별은 키〔箕〕의 발이 되고 두 개는 키의 혀가 되니, 발은 좁고 혀는 벌려 있는바, 이로써 참소하는 사람이 실제 형세가 없으면서 한갓 입을 벌려 남을 모함함을 비유한 것이다.

얽어 넣고 농간을 부려	緝緝翩翩
남을 참소하고자 하는구나	謀欲譖人
네 말을 삼갈지어다	愼爾言也
너더러 거짓말한다 이르리라	謂爾不信

부이다. 집집(緝緝)[55]은 연결하여 얽은 모양이요, 편편(翩翩)[56]은 농간하는 모양이다. '너더러 거짓말한다 이름'은 남에게 죄를 얻는 것이다.

막힘없는 말솜씨로 번복하여	捷捷幡幡
꾀해서 참언을 하고자 하는구나	謀欲譖言

53 누구를……꾀하는고 : 《집전》에 그 꾀가 비밀스러움을 말한 것이라고 하였다.

54 치(侈) : 《집전》에 치(哆)와 치(侈)는 '조금 벌어진 모양〔微張之貌〕'이라 하였다.

55 집집(緝緝) : 【집전】 남의 입에 오르내리는 소리이다. 혹은 말하기를 집(緝)은 남의 죄를 얽어 만드는 것이라 하고, 혹은 조리가 있는 모양이라 하니, 모두 통한다.

56 편편(翩翩) : 【집전】 왕래하는 모양〔往來貌〕

어찌 너의 참언을 받아들이지 않으리오마는 豈不爾受
이윽고 너에게 옮겨가리라 旣其女遷

부이다. 첩첩(捷捷)[57]은 구변이 좋아 말을 잘하는 모양이요, 번번(幡幡)은 번복하는 모양이다. '이윽고 너에게 옮겨감'[58]은 하늘에 죄를 얻는 것이다.

교만한 사람은 즐겁고 즐겁거늘 驕人好好
수고로운 사람은 초라하고 초라하도다 勞人草草
창천아, 창천아 蒼天蒼天
저 교만한 사람을 살피시어 視彼驕人
이 수고로운 사람을 불쌍히 여기소서 矜此勞人

부이다. 초초(草草)[59]는 추하고 용렬한 모양이다. 교만한 사람은 참소가 행해져서 뜻을 얻고, 수고로운 사람은 참소를 당하여 권세를 잃은 것이다.

저 남을 참소하는 자여 彼譖人者
누구를 주장하여 함께 꾀하는고[60] 誰適與謀

57 첩첩(捷捷) : 【집전】 빠른 모양〔儇利貌〕

58 이윽고 너에게 옮겨감 : 【집전】 윗사람이 참언을 좋아하면 진실로 장차 너의 말을 받아줄 것이다. 그러나 윗사람이 참언을 좋아하고 그치지 않는다면 참소를 만나는 화(禍)가 또한 이미 옮겨가 너에게 미칠 것이다.

59 초초(草草) : 【집전】 근심함〔憂〕

60 저……꾀하는고 : 【집전】 '저 참소하는 자여 누구를 주장하여 함께 꾀하는고.' 하고 다시 말한 것은 심히 미워하기 때문에 거듭 말한 것이다. 혹자는 연문(衍文)이라 한다.

저 참소하는 자를 취하여	取彼譖人
시호(豺虎)에게 던져 주리라	投畀豺虎
시호가 먹지 않거든[61]	豺虎不食
북방의 불모지에 던져 주리라	投畀有北
북방이 받아주지 않거든	有北不受
하늘에게 던져 주리라	投畀有昊

부이다. 유북(有北)은 불모지이다. '하늘에게 던져 줌'은 끝내 하늘이 죽이고 멸하는 바가 된다는 말이다.

양원(楊園)의 길이여	楊園之道
무구(畝丘)로 뻗어 있도다	猗于畝丘
시인(寺人)인 맹자(孟子)가	寺人孟子
이 시를 짓노니	作爲此詩
모든 군자들은	凡百君子
공경하여 들을지어다	敬而聽之

비이다.[62] 양원은 낮고 습한 땅이다. 의(猗)[63]는 뻗어서 도달한 모양이다. 무(畝)는 밭이랑이고 구(丘)는 분묘(墳墓)이니, 모두 높고 건조한 땅이다.[64] 양원의 길이 밭이랑과 분묘로 뻗어서 도달한 것을 가지고,

61 먹지 않거든 : 【집전】 먹지 않고 받아주지 않는다는 것은 참소하는 사람은 물건이 함께 미워하는 바임을 말한 것이다.

62 비이다 : 《집전》에는 흥으로 보았다.

63 의(猗) : 《집전》에는 '가함〔加〕'이라고 하여, "양원의 길이 무구(畝丘)에 얹혀 있음을 가지고 천한 자의 말이 혹 군자에게 보탬이 있음을 흥한 것이다."라고 하였다.

참언이 뜻을 얻으면 장차 두루 여러 사람에게 미쳐서 점점 존귀한 사람을 침해할 것이요 단지 미천한 자를 중상(中傷)함에 그치지 않음을 비유하였다. 시인(寺人)은 궁중의 작은 신하이다. 이는 참소를 당하고 시를 지어서 조정의 신하를 경계한 것이다. 맹자는 그의 자(字)이다.

이상은 〈항백〉 7장이니, 네 장은 장마다 4구이고, 한 장은 5구이고, 한 장은 8구이고, 한 장은 6구이다.

항(巷)은 궁중의 영항(永巷 궁중의 긴 복도)이다. 항백(巷伯)은 궁중 신하의 우두머리로 궁중 도로의 청소를 관장하는 자이니, 바로 시인(寺人)인 맹자이다.

곡풍 谷風

따뜻하다가 서늘해지는 산골짜기 바람이여	習習谷風
바람과 비로다	維風及雨
두려워할 적에는	將恐將懼
나와 너뿐이더니	維予與女
안락하게 되어서는	將安將樂
네 도리어 나를 버리는가	女轉棄予

64 양원은……땅이다 : 《집전》에는 양원은 '낮은 지역〔下地〕'이고 무구는 '높은 지역〔高地〕'이라고 하였다. 또 모형(毛亨)의 전(傳)에는 양원은 '동산의 이름〔園名〕'이고 무구는 '언덕의 이름〔丘名〕'이라고 하였다.

홍이다.[65] 습습(習習)[66]은 따뜻하고 또 서늘한 것이다. 산골짜기의 바람[67]은 가을과 겨울에는 따뜻하고 봄과 여름에는 서늘하다. 차가움과 따뜻함이 바뀌는 바람과 또 겸하여 내리는 비로써 신실함이 없는 사람이 한 사람의 몸에 사랑하고 미워함과 친하고 소원함을 겸하여 소유해서, 사랑하다가 다시 미워하며 친하다가 다시 소원함을 비유하였다. 장(將)은 '또〔且〕'이다.

군자가 사람에 대하여 앞에는 어짊을 보고 뒤에는 악함을 보았다면 이는 자신이 사람을 앎에 밝지 못한 것이니, 앞뒤로 본 것 중에 무엇이 옳고 무엇이 그른지 스스로 기필할 수 있겠는가. 마땅히 삼가 살펴 실제를 알아서 과연 그가 악하면 감히 스스로 결단하지 말고 여러 사람과 상의해야 한다. 그리고 앞에는 악함을 보고 뒤에는 어짊을 보았다면 이는 자신이 사람을 앎에 밝지 못한 것이니, 앞뒤로 본 것 중에 무엇이 옳고 무엇이 그른지 스스로 기필할 수 있겠는가. 마땅히 삼가 살펴 실제를 알아서 과연 그가 어질면 감히 스스로 결단하지 말고 여러 사람과 상의해야 한다. 군자가 감히 자신의 밝음을 스스로 믿지 않는데 하물며 밝지 못하면서 〈사람을 앎에 대하여〉 자신을 믿겠는가.

한 사람의 몸이 잠시 어질고 잠시 악하게 보이니, 어찌 한 사람의 몸이 잠시 어질고 잠시 악하겠는가. 이는 바로 자신의 밝음이 그 실제를 얻지 못한 것이니, 또 어찌 자신을 믿어 스스로 결단하겠는가. 더구나 전날의 어짊이 공로에 드러난다면 어찌 오늘날 잘못이 있다 하여 그 덕을 가릴 수 있겠는가. 더구나 전날의 악함이 형적(形迹)에 드러난

65 홍이다 : 《집전》에는 붕우 간에 서로 원망한 시로 보았다.

66 습습(習習) : 【집전】 화하고 고른 모양〔和調貌〕

67 산골짜기의 바람 : 경문의 곡풍(谷風)을 《집전》에는 동풍(東風)으로 본 반면에 심대윤은 '산골짜기의 바람〔山谷之風〕'으로 보았다.

다면 어찌 오늘날 사랑한다 하여 그 큰 악을 방치할 수 있겠는가. 이것이 시인이 경계한 것이다.

따뜻하다가 서늘해지는 산골짜기 바람이여　習習谷風
바람과 돌아 내려오는 바람이로다　維風及頹
두려워할 적에는　將恐將懼
나를 품 안에 두더니　寘予于懷
안락하게 되어서는　將安將樂
나를 버리기를 잊은 듯이 하도다　棄予如遺

홍이다. 퇴(頹)는 《집전》에 바람이 빙빙 돌면서 아래로 내려오는 것[68]이라고 하였다.【회오리바람과 반대이다.】 치(寘)는 치(置)와 같다.

따뜻하다가 서늘해지는 산골짜기 바람이　習習谷風
산 높은 곳에서 불어오나　維山崔嵬
죽지 않는 풀이 없으며　無草不死
시들지 않는 나무가 없나니　無木不萎
나의 큰 은덕을 잊고　忘我大德
나의 작은 원망을 생각하는가　思我小怨

68 빙빙……것 : 원문은 분륜(焚輪)으로 공영달의 소에 "분륜은 폭풍이 위에서 내려오는 것이니, 이를 퇴(頹)라 한다. '퇴'는 내려감이다. 부요(扶搖 회오리바람)는 폭풍이 아래에서 올라가는 것이다. 그러므로 표(猋)라 하니, '표'는 오름이다.〔焚輪, 暴風從上來降, 謂之頹. 頹, 下也. 扶搖, 暴風從下升上, 故曰猋. 猋, 上也.〕"라고 하고, 또 "빙빙 도는 바람이 위에서 내려오는 것을 퇴(頹)라 하고 빙빙 도는 바람이 아래에서 올라가는 것을 표(猋)라 한다.〔迴風從上下曰頹, 迴風從下上曰猋.〕"라고 하였다.

흥이다.[69] 바람이 산 높은 곳에서 불어오나 시들지 않는 초목이 없으니, 큰 덕은 산처럼 움직일 수 없는 것인데 지금 덕을 버림을 말한 것이다.[70]

이상은 〈곡풍〉 3장이니, 장마다 6구이다.

육아 蓼莪

길고 긴 좋은 쑥이라 여겼더니 蓼蓼者莪
좋은 쑥이 아니라 저 나쁜 쑥[71]이로다 匪莪伊蒿
슬프고 슬프다 부모여 哀哀父母
나를 낳으시느라 몹시 수고하셨도다 生我劬勞

흥이다.[72] 육(蓼)은 길고 큰 모양이다. 이 시는 어떤 일을 행하고 실패를 당한 자가 삼가지 아니하여 부모에게 누를 끼침을 스스로 애통해하여 큰 불효라고 여겼다. 그러므로 '좋은 쑥이 아니라 저 나쁜 쑥이

69 흥이다 : 《집전》에는 비로 보았다.

70 바람이……것이다 : 《집전》에 "부드러운 동풍이 산의 높은 곳에서 불어오면 바람이 미치는 곳이 넓다. 그러나 오히려 죽지 않는 풀이 없고 시들지 않는 나무가 없으니, 하물며 붕우 사이에 큰 은덕을 잊고 작은 원망을 생각하는가."라고 하여 동풍을 큰 은덕, 시드는 초목을 작은 원망의 비유로 보았다. 반면에 심대윤은 산바람이 초목을 시들게 하는 것으로 덕을 버림을 기흥하였다고 본 것이다.

71 나쁜 쑥 : 《집전》에 아(莪)는 맛있는 나물〔美菜〕이고, 호(蒿)는 천한 풀〔賤草〕이라 하였다. 호는 《집전》 〈녹명(鹿鳴)〉에 제비쑥〔菣〕이니, 바로 청호(靑蒿)라고 하였다.

72 흥이다 : 《집전》에는 비로 보았으니, 아래 2·3장도 같다.

로다'로 흥하여 자기가 어질지 못한데 부모가 양육에 헛되이 수고하였음을 말한 것이다.[73]

대저 몸이란 것은 어버이가 남겨 준 몸이다. 군자가 공경하지 않음이 없으나 몸을 공경함이 가장 큰 것이 되니,[74] 자기 몸이 영화로우면 부조(父祖) 또한 영화롭고, 몸이 욕되면 부조 또한 욕되며, 몸이 창성하면 부조 또한 창성하고, 몸이 망하면 부조 또한 망하여 부조와 자기 몸은 형세가 일치한다. 뿌리가 마르면 가지가 따라서 시들고 가지가 쇠잔하면 뿌리가 인하여 쇠하는 것이다.【나무는 가지가 없으면 뿌리가 자라지 않는다.】 이 때문에 어버이를 사랑하는 자는 자기 몸을 사랑하고 어버이를 공경하는 자는 자기 몸을 공경하는 것이니, 자기 몸을 사랑하지 않는 자는 어버이를 사랑하지 않는 자이고 자기 몸을 공경하지 않는 자는 어버이를 공경하지 않는 자이다. 어버이를 도(道)에 깨우쳐서 뜻을 봉양하고 몸을 편안하게 함은 효도의 시작이요, 몸을 예(禮)로 세워서 이름을 드날려 어버이를 드러냄은 효도의 끝이니, 시작만 있고 끝이 없으면 시작이 따라서 망하고, 시작이 없이 끝을 도모하면 끝이 생길 수가 없는 것이다.【어버이를 잘 섬기지 못하고 자기 몸을 선하게 하려는 것은 될 수 없는 것이다.】 이 때문에 자식이 된 자는 부모가 살아계시면 부모에게

73 이 시는……것이다 : 【집전】 부모가 나를 낳으실 때에는 아름다운 재질이 있어서 의뢰하여 몸을 마칠 수 있다고 생각했었는데, 이제 그 봉양을 얻지 못하여 죽음을 비유한 것이다.

74 군자가……되니 : 이 내용은 《예기》 〈애공문(哀公問)〉의 공자의 말씀에 "군자가 공경하지 않음이 없으나 몸을 공경함이 가장 큰 것이 됩니다. 몸이라는 것은 어버이의 가지이니 감히 공경하지 않을 수 있겠습니까. 자기 몸을 공경하지 않으면 이는 어버이를 상(傷)하게 하는 것이요, 어버이를 상하게 하면 이는 뿌리를 상하게 하는 것이니, 뿌리가 상하면 가지가 따라서 죽습니다.〔君子無不敬也, 敬身爲大. 身也者, 親之枝也, 敢不敬與? 不能敬其身, 是傷其親. 傷其親, 是傷其本. 傷其本, 枝從而亡.〕"라고 보인다.

공경을 다하고 부모가 별세하시면 자기 몸에 공경을 다하는 것이다. 자기 몸은 부모의 몸이니, 부모의 몸을 사용하는데 감히 공경하지 않을 수 있겠는가. 이 때문에 자식이 된 자는 젊었을 때부터 죽는 날까지 잠시라도 효를 잊는 때가 없으며, 어버이가 생존하고 별세한 것에 따라 절개를 바꾸지 않는다.

《예기》에 "장차 선한 일을 하려 할 적에는 부모에게 좋은 명예를 끼칠 것을 생각하여 반드시 결행하며, 장차 선하지 못한 일을 하려 할 적에는 부모에게 수치와 욕을 끼칠 것을 생각하여 반드시 결행하지 말아야 한다."[75]라고 하였으니, 이와 같이 한 뒤에야 능히 효도를 하였다고 이를 수 있고 어버이를 배반하지 않았다고 이를 수 있는 것이다.

길고 큰 좋은 쑥이라 여겼더니　蓼蓼者莪
좋은 쑥이 아니라 저 제비쑥이로다　匪莪伊蔚
슬프고 슬프다 부모여　哀哀父母
나를 낳으시느라 몹시 수고롭고 병드셨도다　生我勞瘁

흥이다. 위(蔚)는 《집전》에 제비쑥〔牡菣〕이라고 하였다.

작은 병이 텅 빔이여　缾之罄矣
큰 병의 수치로다　維罍之恥
덕이 없는 백성의 삶이여　鮮民之生
죽음만 같지 못한 지가 오래되었도다　不如死之久矣
아버지가 없으면 누구를 믿으며　無父何怙

75 장차……한다 : 이 내용은 《예기》 〈내칙(內則)〉에 보인다.

어머니가 없으면 누구를 믿을꼬　無母何恃
나가면 근심을 품고　出則銜恤
들어오면 마음 가는 바가 없노라　入則靡至

비이고 부이다. 큰 병의 술을 작은 병에 나누어 담아서 술잔을 돌리고 작은 병의 술이 다하면 다시 큰 병에서 술을 가져오니, 지금 작은 병이 빈 것은 큰 병의 술이 다하여 더이상 나누어 줄 수가 없기 때문이다. 그러므로 큰 병의 수치가 됨을 가지고 자손의 불선이 부조(父祖)의 누가 됨을 비유하였다.【《집전》에 "부모가 제자리를 얻지 못함은 바로 자식의 수치이다."라고 하였으니, 이는 패륜의 말이다. 부모가 편안하지 못한데 자식이 생각하지 않는다면 이것은 바로 천지간에 용납할 수 없는 흉역(凶逆)이다. 이는 인간으로서 모르는 이가 없는 것인데, 도리어 주자가 가르쳐 주어서 부끄러움을 알게 하겠는가. 이는 큰 인륜의 경중을 알지 못한 것이다. 자기 어버이를 버리는 사람을 보고서 그에게 이르기를 "어버이를 버려서는 안 되니, 남들이 장차 너를 수치로 여길 것이다."라고 하면 이것이 과연 가르침이 되겠는가. 반드시 그의 목을 자르고 사지를 잘라 버린 뒤에야 비로소 인륜을 밝히는 것이 되니, 이 어찌 조용히 말하여 불가함을 가르칠 뿐이겠는가. 지금 사람들에게 "부모가 제자리를 얻지 못함을 돌아보지 않음은 바로 자식의 수치이다."라고 가르치면 어찌 이와 다르겠는가. 부모가 제자리를 얻지 못함이 자식의 수치가 될 뿐이겠는가. 큰 인륜의 지극히 소중한 것을 밝히지 않을 수가 없으므로 특별히 분변하는 것이다.】

선(鮮)[76]은 적음이니, 선민(鮮民)은 덕이 적은 사람이다. 살아서 부모에게 욕을 끼치므로 죽어서 없는 것만 못한 것이다. 사람이 믿고 살아가는 것은 부모이니, 어찌 공경함을 잊고서 누를 끼치겠는가. 미지

76 선(鮮) : 《집전》에는 '적음〔寡〕'이라고 하여, 선민(鮮民)을 '곤궁하고 외로운 백성〔窮獨之民〕'으로 해석하였다.

(靡至)[77]는 마음이 이르는 바가 없음을 말한 것이다.

아버지여 나를 낳으시고 父兮生我
어머니여 나를 길러 주시니 母兮鞠我
나를 어루만지고 나를 길러주시며 拊我畜我
나를 자라게 하고 나를 키워주시며 長我育我
나를 돌아보고 나를 다시 돌아보시며 顧我復我
출입할 때에 나를 품에 안으시니 出入腹我
그 은덕을 갚고자 할진댄 欲報之德
하늘처럼 다함이 없도다 昊天罔極

부이다. 부(拊)는 무(撫 어루만짐)와 같다. 복(復)은 거듭함이요, 복(腹)은 품에 안음이다. 거듭 말하여 줄이지 않고 번다하게 쓴 것은 부모가 품에 안고 키워 준 3년의 사랑을 이루 말할 수 없음을 밝힌 것이다. 부모의 은혜가 3년뿐이 아니지만 3년의 사랑을 더욱 이루 말할 수 없으니, 자식이 이것을 생각하여 마음속에 서글퍼한다면 어찌 효를 잊고서 어버이에게 욕을 끼치겠는가.

남산(南山)의 날씨 차가운데 南山烈烈
표풍(飄風)이 그치지 않도다 飄風發發
남들은 잘못하는 이가 없거늘 民莫不穀

77 미지(靡至) : 《집전》에는 '돌아갈 데가 없는 것과 같은 것〔如無所歸〕'이라 하였으니, 이는 《맹자》에 "순(舜)은 부모에게 순(順)하지 못하였으므로 곤궁한 사람이 돌아갈 데가 없는 것처럼 여겼다.〔爲不順於父母, 如窮人無所歸.〕"라고 한 뜻이고, 심대윤의 해석은 망연자실의 뜻인 듯하다.

나만이 홀로 어찌 해를 당하는고 我獨何害

흥이다. 열렬(烈烈)[78]은 차가운 기운이 성한 것이요, 발발(發發)[79]은 바람이 그치지 않는 것이다. 남산의 날씨가 차가운데 회오리바람이 따라서 부는 것을 가지고 사람이 스스로 잘못하여 치욕과 화가 닥침을 비유하였다. 자신이 남만 못하여 모욕과 실패를 불러서 어버이에게 누가 됨을 스스로 한탄한 것이다.

남산의 날씨 차가운데 南山律律
표풍이 쌩쌩 불도다 飄風弗弗
남들은 효를 끝마치지 않는 이가 없거늘 民莫不穀
나만이 홀로 끝마치지 못하노라 我獨不卒

흥이다. 율률(律律)[80]은 차가움이 성한 것이다. 불(弗)은 마땅히 불(拂)이 되어야 한다.[81] 부졸(不卒)은 효를 잘 끝마치지 못함을 말한 것이다. 이 시를 지은 자는 아마도 몸을 공경할 줄 알았을 것이요, 아마도 효도를 잘 끝마쳤을 것이다. 스스로 능하지 못하다고 여기는 자는 바로 능한 자이고, 스스로 능하다고 여기는 자는 바로 능하지 못한 자이다.

78 열렬(烈烈) : **【집전】** 높고 큰 모양〔高大貌〕

79 발발(發發) : **【집전】** 빠른 모양〔疾貌〕

80 율률(律律) : 《집전》에는 열렬(烈烈)과 같다고 하여 '높고 큰 모양'으로 보았다.

81 불(弗)은……한다 : 《집전》에는 불불(弗弗)에 대하여 발발(發發)과 같다고 하여 '빠른 모양'으로 보았다. 심대윤의 불불(拂拂)은 물건이 날릴 정도로 바람이 부는 모양이다.

이상은 〈육아〉 6장이니, 네 장은 장마다 4구이고 두 장은 장마다 8구이다.

대동 大東

그릇에 가득한 밥이요　有饛簋飧
굽은 가시나무 수저로다　有捄棘匕
주도(周道)가 숫돌처럼 판판하니　周道如砥
그 곧음은 화살과 같도다　其直如矢
군자[82]가 밟는 바요　君子所履
소인들이 우러러보는 바이니　小人所視
이 길을 돌아보고　睠焉顧之
눈물을 줄줄 흘리노라　潸焉出涕

흥이고 비이다.[83] 몽(饛)은 밥이 그릇에 가득한 모양이다. 구(捄)는 굽은 모양이다. 극비(棘匕)는 솥의 고기를 담아 도마에 올리는 데 쓰는 것이다. 지(砥)는 숫돌[84]이다. 권(睠)은 되돌아봄이다. 산(潸)은 눈물이 흐르는 모양이다. '그릇에 가득한 밥'은 실제의 덕이 성함을 말한 것이요, '굽은 가시나무 수저'는 백성이 받들어 추대함을 말한 것이다. 평평하고 바른 큰 도(道)를 군자가 밟고 소인이 본받으니, 이는 주나라의 성할 때에 이와 같았는데 지금은 다시 볼 수가 없으므로 되돌아보고

82 군자 : 【집전】 지위에 있는 자

83 홍이고 비이다 : 《집전》에는 홍으로 보았다.

84 숫돌 : 《집전》에 숫돌의 평평함을 말한 것이라 하였다.

슬퍼함을 말한 것이다. 구설에 제후들이 부역에 시달리니 담(譚)나라의 대부가 이 시를 지어 풍자했다고 하였다.

동방의 작고 큰 나라에　小東大東
북과 바디가 모두 비었도다　杼柚其空
촘촘히 엮은 칡 신이여　糾糾葛屨
서리를 밟을 수 있도다　可以履霜
경박한 공자(公子)가　佻佻公子
저 큰길을 가서　行彼周行
이미 갔다가 이미 오니　既往既來
내 마음 병들게 하도다　使我心疚

부이고 흥이다.[85] 소동(小東)・대동(大東)은 동방의 나라이니, 주나라의 제후국은 대부분 동쪽에 있었다. 북은 씨줄을 잡아 주는 것이요, 바디는 날줄을 받는 것이다. 칡 신으로 서리를 밟음은 치밀한 작은 재주가 때의 변화에 응하지 못함을 말한 것이다.[86] 조조(佻佻)는 경박한 모양이니, 경박한 공자는 큰길을 갈 수 없는 것이다. 이는 제후들에게 가서 요구하는 주나라의 사신이 모두 소인으로 지식이 얕고 성질이

85 부이고 흥이다 : 《집전》에는 부로 보았다.

86 칡……것이다 : 심대윤은 〈위풍(魏風) 갈구(葛屨)〉 1장에서 칡 신이 비록 치밀하나 이것을 신고 서리를 밟으면 떳떳함만 지키고 때의 변화를 알지 못하는 자라고 하였다. 《집전》에는 "동방의 작고 큰 나라에 북과 바디가 모두 이미 비었다. 그리하여 칡 신으로써 서리를 밟음에 이르렀다."라고 하여 재물이 없음을 말한 것으로 풀이하였다. 《시전대전》의 소주에도 "'촘촘히 엮은 칡 신으로 서리를 밟을 수 있음'은 심한 경우를 들어 말한 것이다. 칡 신으로 서리를 밟는다면 겨울 갖옷을 갖추지 못함을 알 수 있다."라고 하였다.

조급한 무리여서 때에 따라 변통하여 제후국의 부담을 덜어 주지 못함을 말한 것이다. '이미 갔다가 이미 옴'은 부역과 재물의 공납(貢納)을 요구함이 번거로운 것이다.[87]

차가운 궤천(氿泉)에	有冽氿泉
베어 놓은 섶을 적시지 말지어다	無浸穫薪
근심과 괴로움에 잠 깨어 탄식하니	契契寤歎
가엾은 우리 곤궁한 사람이로다	哀我憚人
섶을 이미 베었을진댄	薪是穫薪
행여 싣고 돌아와야 할 것이며	尙可載也
가엾은 우리 곤궁한 사람일진댄	哀我憚人
또한 쉬게 하여야 할 것이니라	亦可息也

흥이다. 《집전》에 말하였다. 옆에서 나오는 샘을 궤천(氿泉)이라 한다. 확(穫)은 벰이다. 계계(契契)는 근심하고 괴로워함이다. ○탄(憚)[88]은 마땅히 탄(癉)이 되어야 하니, 탄인(癉人)은 곤궁하여 고갈된 사람이다. 나무 섶을 베었는데 샘물로 적시면 떠내려가니, 이는 제후가 곤궁하면 장차 배반함을 말한 것이다. '상가재(尙可載)'는 실어서 떠내려가지 않게 함을 말한 것이요, '역가식(亦可息)'은 쉬게 하여 이반(離叛)하지 않게 함을 말한 것이다.[89]

87 이는……것이다 : 심대윤이 경문의 '공자'를 주나라 사신으로 본 반면에, 《집전》에는 공자를 제후의 귀한 신하로 보아 "귀척(貴戚)의 신하들도 분주히 왕래하여 그 수고로움을 이기지 못해서 나로 하여금 마음에 근심하여 병들게 했다."라고 풀이하였다.

88 탄(憚) : 【집전】 수고로움〔勞〕

89 나무……것이다 : 【집전】 섶을 이미 베었는데 다시 물에 적시면 썩을 것이요, 백성이 이미 수고로운데 다시 일을 시키면 병들 것이다. 그러므로 이미 베었으면 행여 싣고

동인(東人)[90]의 자식은 東人之子
오로지 수고하여 돌아오지 못하고 職勞不來
서인(西人)의 자식은 西人之子
선명하고 선명한 의복을 입었도다 粲粲衣服
주인(舟人)의 자식은 舟人之子
곰 가죽으로 갖옷을 만들어 입고 熊羆是裘
사인(私人)의 자식은 私人之子
백관(百官)에 등용되도다 百僚是試

부이다. 수고로움을 도맡아 하여 돌아오지[91] 못함은 노역이 그치지 않음을 말하였으나 또한 은어(隱語)를 쓴 것이니, 장차 배반하고 왕에게 오지 않음을 말한 것이다. '선명하고 선명한 의복'은 밖은 잘 꾸몄으나 실제가 없음을 말한 것이다. 물가에 사는 사람[92]이 도리어 산에 있는 곰의 가죽옷을 입고[93] 조례(皀隷 천역(賤役))[94]의 무리가 도리어 백관에 등용되니, 이는 어진 자와 어리석은 자가 처지가 뒤바뀌어 귀한 자와 천한 자가 거꾸로 됨을 말한 것이다.

와서 쌓아두어야 할 것이요, 이미 수고로우면 행여 쉬어 편안하게 해야 할 것이다.

90 동인(東人) : 《집전》에 동인은 제후의 사람이고 서인은 경사(京師)의 사람이라 하였다.

91 돌아오지 : 《집전》에는 내(來)를 '위로하고 어루만짐〔慰撫〕'이라고 한 반면에 심대윤은 '돌아옴'으로 해석하였다.

92 물가에 사는 사람 : 이는 경문의 주인(舟人)을 말한 것인데, 《집전》에는 '뱃사람〔舟楫之人〕'으로 풀이하였다.

93 곰의 가죽옷을 입고 : 《집전》에는 부유함을 말한 것이라 하였다.

94 조례(皀隷) : 《집전》에 사인(私人)은 사가(私家)의 조례의 등속이고, 주인(舟人)과 사인은 다 서인(西人)이라 하였다.

혹 술을 주더라도	或以其酒
장(漿)물로도 여기지 않으며	不以其漿
길게 늘어진 패옥을	鞙鞙佩璲
길다고 여기지 않도다	不以其長
하늘에 은하수가 있으니	維天有漢
굽어봄에 단지 빛만 있으며	監亦有光
갈라진 저 직녀성(織女星)은	跂彼織女
종일토록 일곱 필(匹)을 이루도다	終日七襄

비이다.[95] 《집전》에 말하였다. 현현(鞙鞙)은 긴 모양이다. 수(璲)는 패옥이다. 한(漢)은 은하수요, 직녀(織女)는 별 이름이다.

○감(監)은 감찰하여 굽어봄이다. 기(跂)[96]는 갈라짐이다. '혹 술을 주더라도 장물로도 여기지 않음'[97]은 실제 행실이 있는 사람을 귀하게 여기지 않음이 마치 술을 장물만도 못하게 여김과 같다고 말한 것이요, '길게 늘어진 패수를 길다고 여기지 않음'은 위의와 명성이 아름다운 자를 어질다고 여기지 않음을 말한 것이다. 은하수는 오로지 빛으로 아래를 굽어볼 뿐 적셔 주는 은택이 없고, 갈라진 직녀성은 하루에

95 비이다 : 《집전》에는 부로 보았으니, 이하의 장도 같다.

96 기(跂) : 《집전》에는 '모퉁이 모양〔隅貌〕'라고 하여 직녀성의 세 별이 삼각형의 모퉁이가 됨을 말한 것으로 보았다. 반면에 심대윤은 중앙의 밝은 별에서 두 별이 뻗어 나온 모양이므로 갈라졌다고 한 듯하다.

97 혹……않음 : 《집전》에는 "동인(東人)이 혹 술을 주더라도 서인(西人)은 일찍이 장물로도 여기지 않으며, 동인이 혹 길게 늘어진 패옥을 주더라도 서인은 일찍이 길다고 여기지 않는다."라고 풀이하였는데, 《시전대전》의 소주에 "제후국에서 왕에게 부역을 바치는 것은 본디 그 직책이다. 그러나 왕은 마땅히 그 처지를 이해하여 가엾게 여겨서 감히 가벼이 여기고 경솔히 쓰지 않는 것이 옳다.〔侯邦供王賦役, 固其職也. 然爲王者當有以體恤之, 不敢易視而輕用之可也.〕"라고 하였다.

일곱 필을 이루나 다만 헛된 명성이 있을 뿐이다. 양(襄)은 이룸이니, 칠양(七襄)은 필(匹)을 이룬 비단이 일곱인 것이다. 낮과 밤의 길이가 같을 때에 직녀성이 유시(酉時)에 나타났다가 묘시(卯時)에 져서 모두 일곱 시진(時辰)을 얻는다.[98] 한 시진에 한 필을 짜면 일곱 필이 되니, 이는 당시 풍속에 이러한 말이 있으므로 사용한 것이다.【지금 직녀가 칠석에 견우를 만난다는 따위와 같은 것이다.】 이는 어진 이를 등용하지 못하고 헛된 명성의 실제가 없는 사람을 등용함을 말한 것이다.[99]

비록 일곱 필을 이루나	雖則七襄
보답해 줄 비단을 이루지 못하며	不成報章
반짝이는 저 견우성(牽牛星)은	睆彼牽牛
수레에 멍에하지 못하도다	不以服箱
동쪽에 계명성(啓明星)이 있고	東有啓明
서쪽에 장경성(長庚星)이 있으며	西有長庚
굽은 천필성(天畢星)이 있지만	有捄天畢
항렬에 베풀 뿐이로다	載施之行

98 칠양(七襄)은……얻는다 : 《집전》에는 '칠양'은 미상(未詳)이라 하고, 또 정현의 전(箋)을 인용하여 별이 머무는 위차(位次)를 바꾸는 것을 양(襄)이라 하니, 별이 하루에 동쪽의 묘방(卯方)에서 서쪽의 유방(酉方)까지 일곱 위차(位次)를 지나는 것을 '칠양'이라고 하였다. 반면에 심대윤은 초저녁의 유시(酉時)에서 새벽의 묘시(卯時)까지 일곱 시진 동안 일곱 필의 비단을 이루는 것을 '칠양'이라고 하였다. 심대윤이 '낮과 밤의 길이가 같을 때'라고 한 것은 단지 낮과 밤이 각각 여섯 시진일 때 시작부터 끝까지 세면 일곱 시진임을 설명하기 위한 것이지, 춘분이나 추분을 말한 것은 아니다.

99 이는……것이다 : 《집전》에는 "'하늘에 은하수가 있으면 행여 나를 볼 수 있고, 직녀성이 일곱 번 자리를 바꾸면 행여 문장을 이루어 나에게 보답할 수 있다.' 하였으니, 달려가 하소연할 곳이 없어서 오직 하늘이 행여 나를 구휼할 것이라고 말한 것이다."라고 하였다.

비이다. 보(報)는 보답하여 공효를 바침이다. 장(章)은 비단의 무늬이니, 비단을 이룸을 장(章)이라 하니, 한갓 일곱 필을 이루었다는 이름만 있고 보답하여 바칠 비단이 없는 것이다. 환(睆)은 광채가 나는 모양이다. 상(箱)은 거상(車箱)이다. 태백성(太白星)이 해가 뜨기 전에 나오는 것을 계명성(啓明星)이라 하니, 이는 해의 밝음을 열어 준다는 뜻이요, 해가 진 뒤에 지는 것을 장경성(長庚星)이라 하니, 경(庚)은 바뀜이니, 긴 밤으로 바뀌는 것이다. 필(畢)은 별 이름이니, '필'은 그물이다. 모두 이름만 있고 실제가 없어서 다만 하늘의 항렬에 베풀어져 있을 뿐이다.

남쪽에 기성(箕星)이 있으나	維南有箕
쭉정이를 까불러 날리지 못하며	不可以簸揚
북쪽에 두성(斗星)이 있으나	維北有斗
술과 장물을 뜨지 못하도다	不可以挹酒漿
남쪽에 기성이 있으니	維南有箕
곧 그 혀를 놀리지 않으며	載翕其舌
북쪽에 두성이 있으니	維北有斗
서쪽으로 자루를 들고 있도다	西柄之揭

비이다. 기성(箕星)은 두성(斗星 남두(南斗))의 남쪽에 있고 두성은 기성의 북쪽에 있다. 흡(翕)은 수축(收縮)하여 합함이니, '그 혀를 놀리지 않음〔翕其舌〕'은 충성스러운 말과 아름다운 계책을 듣지 못하는 것이다. '서쪽으로 자루를 들고 있음'은 천하 제후의 권병(權柄)을 잡고 있는 것이다. 제후의 곤궁함이 저와 같은데도 구휼하지 않고, 등용하여 정사를 다스리게 한 자가 이와 같이 실제가 없으니,[100] 주나라가 쇠망할 적에 제후를 잃음이 당연하다. 이 편은 풍(風)이다

이상은 〈대동〉 7장이니, 장마다 8구이다.

사월 四月

사월에 여름이 되거든 四月維夏
유월에 더위가 물러가느니라 六月徂暑
선조는 사람이 아니신가 先祖匪人
어찌하여 나를 차마 이렇게 하시는고 胡寧忍予

비이고 부이다.[101] 물건을 길러 주는 시절이 이미 지나서 쇠퇴하는 운이 이름을 말하였다. '선조는 사람이 아니신가 어찌하여 나를 차마 이렇게 하시는고'는 천운이 이와 같은 것이요 내가 악을 쌓아서 재앙을 부름이 아님을 말한 것이다. 이는 아마도 남쪽 나라의 제후가 유왕(幽王)의 포악함을 감내하지 못하여 이반(離叛)할 마음을 가지고 있었으므로 이 시를 지은 것이다.

제후의 의리는 신하와 다르니, 신하는 비록 군주가 걸왕(桀王)・주

100 등용하여……없으니 : 심대윤은 이와 같은 비유로 본 반면에, 《집전》에는 하늘을 보며 원망하는 말로 보아 "남쪽의 기성은 이미 겨와 쭉정이를 까불러 날리지 못하고, 북두성은 이미 술과 음료를 뜨지 못하여, 기성은 혓바닥을 늘어뜨리고 있어서 도리어 삼키려는 바가 있는 듯하고, 두성은 서쪽으로 자루를 들고 있어서 도리어 동쪽에서 떠서 취하려는 바가 있는 듯하니, 이는 하늘이 나를 다만 어떻게 해줄 수 없을 뿐만 아니라, 또한 서인(西人)을 도와주어서 도리어 곤궁함을 당하게 하려는 듯하니, 심히 원망한 말이다."라고 하였다.

101 비이고 부이다 : 《집전》에는 1장에서 6장까지 흥으로 보았다. 《집전》에는 난을 만나 스스로 서글퍼한 시라고 하였다.

왕(紂王)과 같이 포악하더라도 떠날 수는 있으나 배반할 수는 없다. 군주의 총애와 녹작(祿爵)을 빌려서 도리어 군주를 해치면 이는 역적이다. 제후는 선왕이 나누어 준 나라를 받아서 대대로 그 종묘와 사직을 지켜서 스스로 백성에게 얻어먹고 왕의 녹봉을 먹지 않으니, 왕실의 울타리가 되어 호위할 책임은 있으나 난리에 목숨을 바칠 의리는 없다. 그러므로 제후는 자국의 종묘와 사직을 위하여 스스로 목숨을 바치고 왕을 위하여 목숨을 바치지 않는다. 이는 나라를 '선왕'에게 받았으니 후왕(後王)을 위하여 죽을 수가 없고, 선왕에게 '나라'를 받았으니 능력으로 물건을 준 은혜에 보답하고 죽음으로 보답하지 않는 것이다.[102]【땅을 분봉(分封) 받아서 자기 사직을 책임지고 왕의 사직을 책임지지 않으니, 왕의 사직을 위해 죽을 수 있는 의리가 없는 것이다.】

의리상 마땅히 충성을 다하고 힘을 바쳐서 한마음으로 왕실을 도와야 하니, 패풍(邶風)의 〈일월(日月)〉과 〈종풍(終風)〉, 당풍(唐風)의 〈보우(鴇羽)〉와 같이 한다면 괜찮다.[103] 왕이 걸왕・주왕처럼 군주 노릇 하지 못함에 이르지 않으면 제후가 왕을 칠 수가 없고, 왕의 포악함이 제후가 자국의 종묘를 보전하지 못하고 자신의 목숨을 보전하지 못할 정도에 이르지 않으면 왕을 배반할 수가 없다. 만약 죄 없이 죽거나 망하게 되면 배반할 수 있고, 왕이 걸왕・주왕과 같다면 칠 수 있다.

102 능력으로……것이다 : 이는 《국어(國語)》 〈진어(晉語)〉에 "살게 해 준 은혜에는 죽음으로 보답하며 물건을 준 은혜에는 자신의 능력으로 보답한다.〔報生以死, 報賜以力.〕"라고 보인다. 왕의 녹봉을 받았다면 이는 '살게 해 준 은혜'이므로 죽음으로 보답하는 것이다.

103 패풍(邶風)……괜찮다 : 〈일월〉은 제후가 왕에게 총애를 잃었으나 이반하는 뜻을 품지 않고 충성하는 시이며, 〈종풍〉은 여왕(厲王)이 악하였으나 위(衛)나라 임금이 두 마음을 품지 않고, 충언을 올리지 못함을 한탄하는 시이며, 〈보우〉는 제후가 왕실이 평안하지 못함을 근심한 시이다.

제후는 군주이니, 신하는 절개를 지키고 군주는 권도를 행한다. 이것이 그 의리가 다른 이유이다.

유왕의 때에 제후 중에 포학한 기염에 휩싸여 자신의 종묘와 목숨을 보전하지 못하는 자가 있었으니, 이는 배반하여 생존을 도모할 수 있는 경우이다. 이 때문에 〈대동(大東)〉과 〈사월〉의 의리를 취한 것이나, 〈사월〉처럼 반드시 생존할 수 없는 경우가 아니면 또한 배반할 수가 없는 것이다.【은(殷)나라의 제후들이 주왕(紂王)을 배반하고 문왕(文王)에게 귀의한 것은 그 의리가 바르다. 그러므로 문왕이 이들을 받아 준 것이니, 만약 의리가 바르지 못해서 군주를 배반한 역적이 되는데 문왕이 이들과 함께하였다면 문왕도 배반한 무리가 되는 것이다.】

가을날이 쌀쌀해지는지라 秋日淒淒
온갖 초목이 모두 병들도다 百卉具腓
난리를 만나 병드니 亂離瘼矣
어디로 가서 돌아갈꼬 爰其適歸

【원(爰)은 다른 책에 해(奚)로 되어 있다.[104]】

비이고 부이다. 비(腓)는 마땅히 비(痱 병(病))가 되어야 하니, 세상의 운이 더욱 나빠져서 재앙이 더욱 깊어짐을 말한 것이다.

겨울 날씨가 차갑거늘 冬日烈烈
표풍(飄風)이 그치지 않도다 飄風發發
남들은 불행한 사람이 없거늘 民莫不穀
나만이 홀로 어찌 해를 당하는고 我獨何害

104 원(爰)은……있다 : 《공자가어(孔子家語)》 〈변정(辨政)〉에 보인다.

비이고 부이다. 이에 이르면 고통이 더욱 심하여 지탱할 수가 없으니, 또 어찌 나에게만 취하는가. 여름이 지나 가을이 되고 겨울이 됨[105]은 주나라 덕이 날로 쇠하여 극에 이름을 말한 것이다.

산에 아름다운 나무가 있으니 　山有嘉卉
밤나무와 매화나무로다 　侯栗侯梅
변하여 잔적(殘賊)한 사람이 되니 　廢爲殘賊
그 허물을 알지 못하도다 　莫知其尤

비이다. '밤나무와 매화나무'는 주나라에 왕이 있고 신하가 있는데, 이제 도리어 변하여 잔적한 사람이 됨은 어째서냐고 말한 것이다.

저 흐르는 샘물을 보건대 　相彼泉水
맑았다 흐렸다 하도다 　載淸載濁
나는 날마다 화(禍)를 만나니 　我日構禍
언제나 좋아질 수 있겠는가 　曷云能穀

부이다. 샘물도 한번 맑고 한번 탁할 때가 있는데, 주나라는 여왕(厲王)·선왕(宣王)으로부터 유왕(幽王)에 이르기까지 화가 그치지 않으니, 어찌 평안함으로 돌아가기를 기대하겠는가.

도도한 장강(長江)과 한수(漢水)가 　滔滔江漢
남국(南國)의 강기(綱紀)가 되느니라 　南國之紀

105 여름이……됨 : 《집전》에는 화란(禍亂)이 날로 진전되어서 쉴 때가 없음을 말한 것이라고 하였다.

힘을 다해 병들도록 일하거늘 盡瘁以仕
어찌하여 나를 기억해 주지 않는고 寧莫我有

비이고 부이다. 장강과 한수가 남국의 강기[106]라고 한 것은 스스로 자기 나라가 남방 제후의 우두머리가 됨을 비유한 것이다. 진췌(盡瘁)는 힘을 다하여 병든 것이다. 사(仕)는 일함이다.

보라매도 아니요 매도 아니거니 匪鶉匪鳶
나래로 날아 하늘에 이를까 翰飛戾天
전어도 아니요 상어도 아니거니 匪鱣匪鮪
못에 잠겨 도망할까 潛逃于淵

부이다. 이는 어쩔 수가 없어서 반드시 생존할 수 없음을 말한 것이다.

산에는 고사리가 있거늘 山有蕨薇
습지에는 기나무와 산대추나무가 있도다 隰有杞桋
군자가 노래를 지어 君子作歌
슬픔을 말하노라 維以告哀

비이고 부이다.[107] 《집전》에 말하였다. 기(杞)는 구계(枸檵)이고, 이(桋)는 적색(赤楝 산대추나무)이다.
○위에 천자가 있으면 아래에 제후가 있지만 천자가 천자 노릇을 하지

106 강기 : 《집전》에 기(紀)는 강기이니, 가로지르고〔經帶〕 감싸고〔包絡〕 있음을 말한다고 하였다.

107 비이고 부이다 : 《집전》에는 흥으로 보았다.

못하면 제후가 어떻게 제후 노릇을 하겠느냐고 말하였으니, 이는 장차 배반할 것임을 은미하게 말한 것이다.[108]

이상은 〈사월〉 8장이니, 장마다 4구이다.

이상은 〈소민지십〉이다.

108 위에……것이다 : 《집전》에는 "산에는 고사리가 있고 습지에는 기나무와 산대추나무가 있다. 군자가 노래를 지음은 슬픔을 말하려 함일 뿐이다."라고 풀이하였다.

북산지십 北山之什

북산 北山

저 북산에 올라가 陟彼北山
기(杞)나물을 뜯노라 言采其杞
건장한 사자(士子)들이 偕偕士子
조석(朝夕)으로 종사하니 朝夕從事
왕사(王事)가 견고하지 못한지라[1] 王事靡盬
우리 부모를 근심하게 하노라 憂我父母

흥이다.[2] '기나물을 뜯음'은 공을 이룸을 말한 것이다. 해해(偕偕)는 《집전》에 '강하고 건장한 모양'이라 하였다. 제후의 대부(大夫)가 주나라에 부역을 할 적에 부역이 균평(均平)하지 못함을 원망하여 이 시를 지은 것이다.

1 왕사(王事)가 견고하지 못한지라 : 《집전》에는 '왕사미고(王事靡盬)'를 "왕사(王事)를 부지런히 하지 않을 수가 없어서이다."라고 해석하였으나, 심대윤은 〈당풍(唐風) 보우(鴇羽)〉에 나오는 '왕사미고'에 대하여 "지금 왕실이 능히 스스로 평안하지 못해서 제후가 수고하여 왕실을 평안하게 한다.……'왕사미고'는 왕실이 평안하고 견고하지 못함을 말한 것이다."라고 하였다.

2 흥이다 : 《집전》에는 부로 보았으니, 부역에 종사하는 자들이 실제로 기나물을 뜯어 먹는 것으로 해석한 것이다. 《집전》에 사자(士子)는 시인 자신이니, 대부가 부역을 가서 이 시를 지은 것이라 하였다.

너른 하늘 아래가　溥天之下
왕의 땅 아닌 곳이 없으며　莫非王土
온 땅의 해내(海內)가　率土之濱
왕의 신하 아님이 없거늘　莫非王臣
대부가 균평하지 못한지라　大夫不均
나만 종사하게 하여 홀로 어질다 하도다　我從事獨賢

부이다. 보(溥)[3]는 보(普)와 통하니, 넓음이다. 솔(率)[4]은 다함이다. '대부가 균평하지 못함'은 왕을 곧바로 지척(指斥)하지 않고자 하여 대부를 일컬은 것이다.

네 필의 말이 쉬지 않고 달리니[5]　四牡彭彭
왕사가 차례로 이 몸에 이르도다　王事傍傍
내 아직 늙지 않은 것을 가상히 여기며　嘉我未老
내 막 길을 가는 것을 아름답게 여겨　鮮我方將
여력(旅力 체력)이 강한지라　旅力方剛
사방을 경영할 수 있다 하도다　經營四方

부이다. 방방(傍傍)[6]은 차례차례로 이끌어 미치는 뜻이다. 선(鮮)[7]

3 보(溥) : 【집전】 큼〔大〕

4 솔(率) : 【집전】 따름〔循〕

5 쉬지 않고 달리니 : 방방(彭彭)은 《집전》에 '彭彭然不得息也'라 하여 쉬지 못하는 모양으로 풀이하였다.

6 방방(傍傍) : 【집전】 그칠 수 없음〔不得已〕

7 선(鮮) : 【집전】 적음이니, 적어서 얻기가 어렵다고 여기는 것이다.

은 아름다움이다. 방장(方將)[8]은 '막 길을 가는 것'이다. 여(旅)는 여(膂)와 통한다. 그 뜻은 대략 천하의 젊고 건장한 자가 어찌 나만 있느냐고 한 것이다.

혹은 편안히 거처하며 쉬거늘 或燕燕居息
혹은 수고로움을 다하여 나라에 일하며 或盡瘁事國
혹은 편안히 누워 상(牀)에 있거늘 或息偃在牀
혹은 길 가기를 그치지 않도다 或不已于行

부이다.[9] 연연(燕燕)은 편안함이다.

혹은 소리쳐 부르짖는 것을 모르거늘 或不知叫號
혹은 서글피 수고하며 或慘慘劬勞
혹은 집에서 편안히 누웠다 일어났다 하거늘 或栖遲偃仰
혹은 왕사가 겹치도다 或王事鞅掌

부이다. '소리쳐 부르짖는 것을 모름'은 깊이 거처하여 사람의 소리를 듣지 못하는 것이다. 앙장(鞅掌)[10]은 중첩됨이 여섯 가닥 고삐[11]가

8 방장(方將) : 《집전》에는 장(將)은 '건장함〔壯〕'이라고 하였다.

9 부이다 : 《집전》에 "역사(役使)가 균평하지 못함을 말했으니, 아랫장도 이와 같다."라고 하였다.

10 앙장(鞅掌) : 【집전】 모양을 잃는 것이니, 일이 번거롭고 수고로워 모양을 낼 겨를이 없음을 말한 것이다.〔失容也, 言事煩勞, 不暇爲儀容也.〕

11 여섯 가닥 고삐 : 수레를 끄는 4마리 말에 여덟 가닥의 고삐가 있는데, 그 중 바깥쪽 두 말의 안쪽 고삐는 식(軾 수레에 타는 자가 의지하는 가로 나무)에 매고 여섯 가닥의 고삐를 손에 잡는다. 〈진풍(秦風) 사철(駟驖)〉 1장의 주석 참조.

손안에 있는 것과 같은 것이다.

혹은 즐거워하여 술을 마시거늘 或湛樂飮酒
혹은 서글피 허물을 두려워하며 或慘慘畏咎
혹은 출입하며 담론만 하거늘 或出入風議
혹은 하지 않는 일이 없도다 或靡事不爲

부이다. 풍의(風議)[12]는 풍유(諷諭)하여 논의함이니, 한갓 담론만 하고 일을 하지 않음을 말한 것이다.

원망은 균평하지 못함에서 생기고 절도가 없음에서 생기니, 절도가 없음은 그만둘 수 있는데도 그만두지 않는 것이요, 하지 않을 수 없어서 하는 것이 아니다. 부리는 것이 절도가 없고 또다시 균평하지 못하면 원망이 모이는 것이니, 후세의 군자가 감계(鑑戒)로 삼아야 할 것이다.

이상은 〈북산〉 6장이니, 세 장은 장마다 6구이고, 세 장은 장마다 4구이다.

무장대거 無將大車

큰 수레를 떠밀고 가지 말지어다 無將大車
다만 스스로 먼지를 뒤집어쓰리라 祇自塵兮

12 풍의(風議) : 【집전】 '출입풍의(出入風議)'는 군주의 친근하고 신임 받는 신하로서 종용(從容)함을 말한 것이다.

온갖 근심을 생각하지 말지어다 無思百憂
다만 스스로 병들리라 祇自疷兮

흥이다. 장(將)은 붙잡고 가는 것이다. '큰 수레'는 《집전》에 "평지에서 짐을 싣는 수레이니, 소를 메운 것이다."라고 하였다. 저(疷)는 마땅히 민(痻)이 되어야 하니, 민(痻 병듦)과 같다.

◯큰 수레가 가면 먼지가 많이 일어남을 가지고, 번거로운 근심이 마음의 지혜를 가림을 흥한 것이다.[13] 공자가 군자는 생각하되 근심하지 않는다[14]고 하셨으니, 생각한다는 것은 잘하는 방법을 생각하는 것이요, 근심하지 않는다는 것은 마음을 동요하여 기운을 손상하지 않는 것이다. 환난이 위급한 때를 당하여 만약 속을 태우며 두려워하고 의혹해서 정신을 혼란하게 하고 심기(心氣)를 소진하면 다만 생명을 손상하고 지혜를 소모할 뿐이니, 다만 무익할 뿐만이 아니요 환난을 더욱 심하게 하는 것이다. 만약 전혀 살펴보지 않고 아무런 염려가 없어서 이기지 못함을 보되 이기는 것처럼 여기며 눈동자가 찔려도 흔들리지 않고 피부가 찔려도 움직이지 않는다면 이것은 맹시사(孟施舍)와 북궁유(北宮黝)가 용맹을 기른 것이니,[15] 또한 잘한 것이 못 된다.

13 번거로운……것이다 : **【집전】** 부역을 나가 노고(勞苦)해서 근심하는 자가 지은 것이다.

14 군자는……않는다 : 이 내용은 공자의 말씀을 직접 인용한 것은 아니다. 공자가 군자는 근심하지 않는다고 한 것은 《논어》 〈안연(顏淵)〉에 "군자는 근심하지 않고 두려워하지 않는다.〔君子不憂不懼.〕"라고 보이고, 군자의 생각에 대한 것은 《논어》 〈계씨(季氏)〉에 "군자는 아홉 가지 생각함이 있다.〔君子有九思.〕"라고 한 것과 《효경(孝經)》 〈사군(事君)〉에 "군자가 임금을 섬김에 나아가서는 충성을 다할 것을 생각하며, 물러나서는 임금의 과실을 바로잡을 것을 생각한다.〔君子之事上也, 進思盡忠, 退思補過.〕"라고 한 것 등이 보인다.

15 이기지……것이니 : 맹시사(孟施舍)와 북궁유(北宮黝)는 고대의 용사(勇士)로,

이 두 가지는 혹은 근심으로 생명을 해치고 혹은 일에 임하여 염려함이 없는 것이니, 모두 반드시 실패하는 방도이다. 오직 군자는 천명이 있음을 알기 때문에 마음에 의혹하지 않고, 혈기가 사라져 다 없어졌기 때문에 마음이 항상 편안하고 고요하여, 두려워하고 근심하는 정이 기운을 동요하지 못하니, 이 때문에 능히 생각하되 근심하지 않는 것이다. 여기에서 '온갖 근심을 생각하지 말라'고 말했으니, 생각하지 않는 것이 아니요 다만 근심을 생각하지 않는 것이다. 근심을 생각하지 않은 뒤에야 능히 잘하는 방법을 생각할 수 있으니, 이 시를 지은 자는 아마도 생각하되 근심하지 않을 줄을 아는 자였을 것이다.

큰 수레를 떠밀고 가지 말지어다 無將大車
먼지가 자욱하리라 維塵冥冥
온갖 근심을 생각하지 말지어다 無思百憂
근심에서 벗어나지 못하리라 不出于熲

흥이다. 경(熲)[16]은 근심이니, 근심을 생각하면 더욱 근심을 면치 못한다.

《맹자》〈공손추 상(公孫丑上)〉에 "북궁유가 용맹을 기름은 피부가 찔려도 움츠리지 않으며 눈동자가 찔려도 피하지 않았다.〔北宮黝之養勇也, 不膚撓, 不目逃.〕"라고 하였고, "맹시사가 용맹을 기름은 이기지 못함을 보되 이기는 것처럼 여겼다."라고 하였다. 저본에 '피할 도(逃)'가 挑로 되어 있는데, 挑에 '흔들리다', '돌리다'의 뜻도 있으므로 글자를 고치지 않았다.

16 경(熲) : 《집전》에는 "경(熲)은 경(耿)과 같으니, 조금 밝음이다. '不出于熲'은 근심하는 속에 있어서 불안하여 벗어날 수가 없는 것이다."라고 하여, 경(熲)을 불안함을 떨칠 수 없는 근심으로 풀이하였다.

큰 수레를 떠밀고 가지 말지어다 無將大車
먼지가 몸을 가리리라 維塵雝兮
온갖 근심을 생각하지 말지어다 無思百憂
다만 스스로 거듭하리라 祇自重兮

흥이다. 옹(雝)은 마땅히 옹(擁)이 되어야 하니, 가림이다. 중(重)[17]은 거듭함이니, 또다시 한 근심을 더하는 것이다.

이상은 〈무장대거〉 3장이니, 장마다 4구이다.

소명 小明

밝고 밝은 상천(上天)이 明明上天
하토(下土)를 비추고 굽어보시느니라 照臨下土
내 길을 떠나 서쪽으로 가서 我征徂西
구야(艽野)에 이르니 至于艽野
2월 초하루였는데 二月初吉
추위와 더위를 겪었도다 載離寒暑
마음의 근심함이여 心之憂矣
그 독이 너무도 쓰도다 其毒大苦
저 공손한 사람을 생각하여 念彼共人
눈물을 비 오듯이 흘리노라 涕零如雨

17 중(重) : 《집전》에는 누(累)와 같다고 하였다.

어찌 돌아감을 생각하지 않으리오마는　豈不懷歸
이 죄망(罪網)을 두려워해서이니라　畏此罪罟

부이다.[18] '밝고 밝은 상천이 하토를 비추고 굽어보심'은 수고로움이 있고 없음에 따라 화와 복을 속일 수 없음을 말한 것이다. 구야(艽野)[19]는 지명이다. 공(共)은 공(恭)과 통하니, 공인(恭人)[20]은 충성을 다하여 국사를 도모하는 신하이다. 이는 이미도 주나라 말세에 대부 중에 능히 수고로움을 다하여 명을 공손히 수행하는 자가 있어서 이 시를 지어 첫 번째로 하늘을 속일 수 없음을 말하였고, 다음은 부역이 수고롭고 괴로워도 감히 원망하지 못함을 말한 것이다. 옛날의 공손한 사람을 생각하였으나 지금의 세상에서 볼 수가 없기 때문에 근심하고 서글퍼한 것이다. 내가 수고롭고 괴로운데도 돌아감을 생각하지 않는 것은 돌아갈 생각이 없는 것이 아니라 그 죄망을 두려워하는 것이다.

이 시의 대의는 대략 신하가 되어서 노고(勞苦)를 피하면 남의 형벌을 받고 노고에 복무하여 원망하고 탓함이 없으면 하늘의 복을 받음을 말한 것이다. 경강(敬姜)이 말하기를 "군자가 능히 노고하면 후세에 계승됨이 있다."[21] 하였고, 《주역》에 이르기를 "노고하면서도 겸손한

18 부이다 : 【집전】 대부가 2월에 서쪽으로 가서 한 해가 저물어도 돌아올 수가 없었다. 그러므로 하늘을 불러 하소연하였다.

19 구야(艽野) : 《집전》에 지명으로 '먼 변경의 황량한 땅[遠荒之地]'이라 하였다.

20 공인(恭人) : 《집전》에는 共人은 '편안히 거처하는 동료[僚友之處者]'라고 하였다.

21 경강(敬姜)이……있다 : 이 내용은 경강이 노(魯)나라 대부 계강자(季康子)에게 한 말로 《국어(國語)》 〈노어 하(魯語下)〉에 보인다. 경강은 공보문백(公父文伯)의 모친이고 계강자의 종조숙모(從祖叔母 조부 형제의 처)이다. 심대윤은 원문 '君子能勞'의 노(勞)에 세 가지 뜻이 있으니, 근로(勤勞)·공로(功勞)·위로(慰勞)라고 하였다.

군자는 만민이 복종한다."[22] 하였으니, 하늘이 사람에게 노고를 명할 적에 능히 노고하는 자는 복을 받고 노고하지 않은 자는 재앙을 받는다.【이 뜻은 경전에 자세히 나와 있으니, 지금 간략히 든다.[23]】 이는 하늘의 일정한

《國語定論》

22 노고하면서도……복종한다 : 이 내용은 《주역》 〈겸괘(謙卦) 구삼(九三) 상전(象傳)〉에 보인다.

23 이……든다 : 여기의 '경전'은 《국어(國語)》를 가리킨다. 《국어정론(國語定論)》에서 심대윤은 위에 인용한 경강의 말과 《주역》 〈겸괘(謙卦)〉를 언급하고 "태만하고 편안히 놀아서 하는 일 없이 따뜻하게 입고 배부르게 먹는 것은 천도(天道)가 심한 재앙을 내리는 바이니, 능히 노고(勞苦)하면 이런 일이 없다. 말을 꾸미고 위의(威儀)를 익혀 실제가 없이 헛된 명성이 있음은 천도가 심한 재앙을 내리는 바이니, 능히 노고하면 이런 일이 없다. 경박하고 들떠 있어서 굳게 지키고 오래 견디지 못함은 천도가 심한 재앙을 내리는 바이니, 능히 노고하면 이런 일이 없다. 군자는 마음을 수고롭게 하고 소인은 힘을 수고롭게 하니, 마음을 수고롭게 하는 자는 방탕한 뜻이 없고, 힘을 수고롭게 하는 자는 선한 마음이 생긴다. 힘을 수고롭게 하는 자는 음식과 재물을 남에게 미치고, 마음을 수고롭게 하는 자는 공덕을 백성에게 베푼다. 이는 하늘이 사람에게 명하여 직책을 준 것이니, 명을 버리고 직책을 폐기하면 하늘이 온갖 재앙을 내리고, 명을 순히 따르고 직책을 받들어 행하면 온갖 복을 내린다. 능히 노고한 뒤에 능히 겸손할 수 있는데, 능히 노고하고 겸손함은 하늘의 마음을 순히 따르는 것이다. 성(誠)은 하늘의 도이고 겸손은 땅의 덕이며 노고는 성(誠)의 일이고 겸손을 돕는 것이다.〔夫怠惰逸遊, 無事而溫飽, 天道之所甚禍也, 能勞則無是矣. 飾言習儀, 無實而虛名, 天道之所甚禍也, 能勞則無是矣. 傲慢荒誕, 矜功而虛願, 天道之所甚禍也, 能勞則無是矣. 輕薄浮露, 不能堅忍而耐久, 天道之所甚禍也, 能勞則無是矣. 君子勞心, 小人勞力, 勞心者, 無淫志, 勞力者, 善心生. 勞力者, 食貨及於人; 勞心者, 功德加于民. 是天之所命於人而授之職也, 棄命廢職, 降之百殃, 順命共職, 降之百祥. 能勞然後能謙, 能勞而謙, 順天心矣. 誠者, 天之道也, 謙者, 地之德也, 勞者, 誠之事而謙之助也.〕"라고 하였다. 또 노(勞)에 대하여 "노(勞)의 자훈은 근로이고 공로이고 위안(慰安)이다. 자신이 힘을 쓰지 않으면 근로라고 할 수 없고, 남에게 미치지 못하면 공로라고 할 수 없고, 남을 업신여기고 남의 장점을 가리면 위안이라고 할 수 없다. 세 가지가 충족되어야 노고가 온전해진다.〔勞之爲訓, 勤也, 功也, 慰安也. 不力於己, 不可謂勤; 不及於人, 不可謂功; 淩犯而掩人, 不可謂慰安也. 三者足而勞全矣.〕"라고 하였다.

이치이다. 그러므로 '밝고 밝은 상천'을 편 머리에 놓은 것이다.

옛날 내가 갈 때에는	昔我往矣
일월(日月)이 막 바뀌더니	日月方除
언제나 돌아갈꼬	曷云其還
이 해가 저물었도다	歲聿云莫
생각건대 나 혼자이거늘	念我獨兮
내 일이 심히 많도다	我事孔庶
마음에 근심함이여	心之憂矣
내 겨를이 없음을 꺼리노라	憚我不暇
저 공손한 사람을 생각하여	念彼共人
애지중지[24] 생각하여 돌아보노라	睠睠懷顧
어찌 돌아감을 생각하지 않으리오마는	豈不懷歸
이 죄책을 두려워해서이니라	畏此譴怒

부이다. '일월방제(日月方除)'는 2월 초하루에 정월이 막 지나감을 말한 것이다. 일을 꺼리지 않고 자신이 겨를이 없음을 꺼렸으니,[25] 일이 너무 많은데 홀로 하면 제때에 끝마치지 못할까 두려워한 것이다.

옛날 내가 갈 때에는	昔我往矣
일월이 막 따뜻해지더니	日月方奧
언제나 돌아갈꼬	曷云其還

24 애지중지 : 권권(睠睠)은 《집전》에 '근후(勤厚)'의 뜻이라고 하였다.

25 자신이……꺼렸으니 : 이는 경문의 '憚我不暇'를 해석한 것인데, 《집전》에는 탄(憚)을 '수고로움〔勞〕'으로 보아, '수고로워 내 겨를이 없다'로 해석하였다.

정사가 더욱 촉박해지도다　政事愈蹙
이 해가 저무는지라　歲聿云莫
쑥을 뜯고 콩을 수확하노라　采蕭穫菽
마음의 근심함이여　心之憂矣
스스로 근심을 끼치도다[26]　自詒伊戚
저 공손한 사람을 생각하여　念彼共人
일어나서 나가 잠을 자노라　興言出宿
어찌 돌아감을 생각하지 않으리오마는　豈不懷歸
이 반복함을 두려워해서이니라　畏此反覆

부이고 비이고 부이다.[27] 욱(奧)은 마땅히 욱(燠 따뜻함)이 되어야 한다. 축(蹙)은 촉박함이다. '쑥을 뜯고 콩을 수확함'으로써 일하는 바가 한 가지가 아니어서 때가 급함을 비유하였다. '일어나서 나가 잠을 잠'은 편안히 잠을 자지 못하는 것이다. '이 반복함[28]을 두려워함'은 번복하여 불의를 저지르는 사람이 될까 두려워하는 것이다.

아! 너희 군자[29]들은　嗟爾君子
편안히 거처함을 떳떳하게 여기지 말지어다　無恒安處
안정하여 네 직책을 공손히 수행하여　靖共爾位
정직한 사람을 도와주면　正直是與

26 스스로 근심을 끼치도다 : 《집전》에 기미를 보고 멀리 떠나지 못해서 스스로 이런 근심을 끼쳤다고 하였다.

27 부이고 비이고 부이다 : 《집전》에는 부로 보았다.

28 반복함 : 反覆은 《집전》에 '동요함이 일정하지 않은 뜻〔傾側無常之意〕'이라 하였다.

29 군자 : 《집전》에 요우(僚友)를 가리킨 것이라 하였다.

신이 네 소원을 들어주어　神之聽之
복록을 너에게 주리라　式穀以女

부이다. 정공(靖共)은 스스로 안정하여 그 직책을 공손히 수행하는 것이다. 정직(正直)은 조문(條文)만 따르면서 일을 회피하지 않고 질박함과 정직함으로 수고로운 일을 하는 것이다. '식곡이여(式穀以汝)'[30]는 너에게 선을 주는 것이니, 선은 복록을 이른다.

아! 너희 군자들은　嗟爾君子
편안히 쉼을 떳떳하게 여기지 말지어다　無恒安息
네 지위를 조용히 하고 공손히 하여　靖共爾位
정직한 사람을 좋아하면　好是正直
신이 네 소원을 들어주어　神之聽之
큰 복을 지켜 주리라　介爾景福

부이다. 개(介)[31]는 좌우에서 지키는 것[32]이다. 경(景)은 큼이다. 〈진풍(秦風) 거린(車鄰)〉은 환난이 안락함이 됨을 안 것이요,[33] 〈소

30 식곡이여(式穀以汝) : 《집전》에 以는 與와 같다고 하여, '봉록을 너에게 줌〔以穀祿與女〕'으로 풀이하였다.

31 개(介) : 【집전】 큼〔大〕

32 좌우에서 지키는 것 : 원문은 협개(夾介)로 〈빈풍(豳風) 칠월(七月)〉 6장의 주석 참조.

33 진풍(秦風)……것이요 : 심대윤은 〈거린〉 2장의 "이미 군자를 만났기에 함께 앉아 비파를 타노라. 지금 즐거워하지 않으면 세월이 흘러가 늙어지리라."라고 한 것에 대하여, '함께 비파를 타는 것'을 군주와 신하가 힘을 함께하여 환난을 막는 것으로 해석하여, 환난을 즐거움으로 여기는 것이라 하였다.

명〉은 노고가 복록이 됨을 안 것이니, 모두 군자의 원대한 식견이다.

이상은 〈소명〉 5장이니, 세 장은 장마다 12구이고 두 장은 장마다 6구이다.

고종 鼓鍾

종을 치는 소리 장장(鏘鏘)하거늘 鼓鍾將將
회수(淮水)는 넘실넘실 흐르니 淮水湯湯
마음에 근심하고 또 슬퍼하노라 憂心且傷
선인(善人)인 군자여 淑人君子
그 덕을 생각하고 도를 믿어 진실로 잊지 못하도다 懷允不忘

부이다.[34] 장(將)은 마땅히 장(鏘 금옥이 울리는 소리)이 되어야 하니, '고종장장(鼓鍾鏘鏘)'은 화락하게 소리가 진동하는 것이다. '회수상상(淮水湯湯)'[35]은 베푸는 은택이 깊고 긴 것이다. 회(懷)는 그 덕을 생각함이요, 윤(允)은 그 도를 믿음이다.[36]

《주역》에 "선왕이 사방을 순시해서 백성을 살펴보아 가르침을 베푼

34 부이다 : 【집전】 이 시의 뜻은 상세하지 않다. 왕씨(王氏)는 말하였다. "유왕(幽王)이 회수 가에서 종을 치며 유련(流連)의 즐거움을 하여 오래도록 돌아올 줄을 모르니, 듣는 자가 근심하고 서글퍼하여 옛 군자를 그리워해서 잊지 못한 것이다."

35 회수상상(淮水湯湯) : 《집전》에 湯湯은 '물결이 넘실거리는 모양〔沸騰之貌〕'이라 하였다.

36 회(懷)는……믿음이다 : 《집전》에는 회(懷)는 사(思)이고 윤(允)은 신(信)이라고 하여, '懷允不忘'을 '그리워하여 진실로 잊지 못하도다.'로 해석하였다.

다."[37]라고 하였으니, 순수(巡狩)라는 것은 왕자(王者)의 큰 정사요, 교화의 중요한 수단〔大柄〕이다. 천자가 순수를 하면 제후의 군주와 신하들이 돌아보고 두려워하는 바가 있어서 감히 나쁜 짓을 하지 못하고, 공경하고 본받는 바가 있어서 감히 스스로 멋대로 행동하지 못하고, 의지하고 믿는 바가 있어서 두려워하지 않고, 즐거워하고 흡족한 바가 있어서 잊지 않는다.【천자가 와서 보고 견책할까 두려워하므로 감히 나쁜 짓을 하지 못하고, 천자가 이르러서 덕을 펴고 은혜를 베풀면 제후들이 본받아서 감히 스스로 방자하지 못하고, 천자가 육군(六軍)을 거느리고 와서 제후들이 모이면 약소국이 그 위엄을 믿고서 두려워하지 않고, 천자가 빈주(賓主)의 예를 행하면 제후국의 군주와 신하들이 그 안색을 접견하고 위문을 받아서 모두 기뻐하고 감동하여 잊지 않는 것이다.】 백성들은 천자의 위의(威儀)의 아름다움과 덕음(德音)의 밝음을 보고는 기뻐하고 공경하며 사모하지 않는 이가 없다. 천하의 군주와 신하들과 여러 백성들이 천자에게 마음을 두기를 여러 별이 북극성을 향하는 것과 같으니, 능히 천자 한 사람의 몸으로 억조 만백성을 감동시키는 것은 이 방법이 있기 때문이었다.

37 선왕이……베푼다 : 이 내용은 《주역》 〈관괘(觀卦) 대상전(大象傳)〉에 보인다. 이에 대하여 심대윤은 "'사방을 순시해서 백성을 살펴봄'이 바로 가르침을 베푸는 것이니, 다른 훈계를 함을 말한 것이 아니다. 무릇 순수에 법률을 똑같이 하고 나무를 불태워 사방 산악에 망제(望祭)를 지내는 일이 있으니, 이것이 바로 정사를 닦는 일이요, 백성을 관찰하기 위해 순수하는 것이 아니다. 백성을 살펴보는 도는 용모와 위의가 긴요하니, 위의에 허물이 없음은 백성들이 본받고 경외하고 사랑하는 바이다. 만일 위의가 없어 백성들이 살펴볼 수 없다면 아랫사람들이 오만하고 불경할 것이니, 어찌 오로지 믿어 교화되겠는가. 선왕이 사방을 순시해서 백성을 살펴볼 적에 백성들이 위의를 보고 모두 기뻐하고 존경하고 심복하며 사모하여 교화되었으니, 이것이 가르침을 베푸는 것이다.〔省方觀民, 卽所以設敎也, 匪謂有他敎戒也. 凡巡狩而有同律、柴望之事, 乃修政也, 匪爲觀也. 夫觀之道, 容止威儀爲切要焉. 威儀不愆, 民之所則象畏愛也. 苟无威儀, 民无以觀瞻, 則其下輕慢而不敬, 豈肯專信而化之哉? 先王省方, 民見威儀, 而莫不欣悅敬服, 慕而化之, 此所以設敎也.〕"라고 풀이하였다. 《周易象義占法》

주나라의 중엽으로부터 순수하는 예가 폐지되니, 천하의 군주와 신하들이 돌아보고 두려워하는 바가 없고, 공경하고 본받는 바가 없고, 의지하고 믿는 바가 없고, 즐거워하고 흡족한 바가 없고, 오직 부역을 징발하러 오고 공물을 바치러 가는 것만 보아서 그 마음이 날로 천자에게서 떠나게 되었다. 그리고 천하의 백성들이 천자의 덕을 보지 못하고, 오직 부역을 징발하러 오고 공물과 세금을 바치러 간다는 말만 들어서 그 마음이 날로 천자를 잊게 되었다. 백성들이 천자가 있음을 알지 못하기 때문에 나라의 군주가 백성들과 더불어 반란을 일으킬 수가 있고, 백성들이 천자를 적으로 여기기 때문에 나라의 군주가 백성들과 더불어 천자를 공격할 수 있는 것이다. 만약 백성들이 천자가 자신들의 군주가 되어서 의리상 배반할 수 없음을 안다면 어찌 이런 일이 있겠는가. 그러므로 순수는 왕자의 큰 정사요 교화의 중요한 수단이라고 말한 것이다.

이 시는 회수 가의 제후가 왕이 순수하지 못함을 서글퍼하고 주나라의 성할 때의 일을 추억한 것이다. '그 덕을 생각하고 도를 믿어 진실로 잊지 못함'은 천하 사람들이 천자에게 마음을 둠을 말한 것이다. '종을 치는 소리 장장하거늘 회수는 넘실넘실 흐름'은 천자의 화락한 용모와 음성의 아름다움과 덕택이 베풀어짐을 말한 것이니, 이 때문에 천자를 잊지 못하는 것이다. 만약 일찍이 천자의 용모를 보고 목소리를 듣고 은택을 입지 못했다면 어떻게 흠모하고 우러러보는 이치가 있겠는가.

【한(漢)나라 고조가 초(楚)나라와 형양(滎陽)과 성고(成皐)에서 대치하고 있었을 적에 여가가 없었으나 오히려 때때로 관중(關中)에 들어가서 백성들을 위로하고 물건을 하사하였으니, 비록 이것은 영웅이 신하를 의심하는 마음에서 나온 것이나[38] 또한 원대

38 한(漢)나라……것이나 : 이는 《사기》 〈소상국세가(蕭相國世家)〉와 〈고조본기(高祖本紀)〉에 다음과 같이 보인다. 한나라 고조 유방(劉邦)은 형양 남쪽에서 초나라

한 생각이라고 이를 수 있다.】

종을 치는 소리 장장하거늘 鼓鍾喈喈
회수가 넘실넘실 흐르니 淮水湝湝
마음에 근심하고 또 슬퍼하노라 憂心且悲
선인인 군자여 淑人君子
그 덕이 간사하지 않도다 其德不回

부이다. 해해(湝湝)는 흐르는 모양이다. 회(回)는 회호(回互 간사하고 굽음)이다.

종을 치고 큰 북을 치거늘 鼓鍾伐鼛
회수에 세 모래섬이 있으니 淮有三洲
마음에 근심하고 또 일어나노라 憂心且妯
선인인 군자여 淑人君子
그 덕이 범상치 않도다 其德不猶

부이다. 고(鼛)는 큰 북이다. 주(洲)는 물 가운데의 모래섬이니, '회수에 세 모래섬이 있음'은 덕택이 물건을 두루 감쌈을 말한 것이다.[39]

항우(項羽)와 서로 대치하고 있으면서 수차례 사람을 보내 관중에 있는 승상 소하(蕭何)를 위로하였다. 포생(鮑生)이라는 자가 소하에게 말하기를, 왕이 자주 사람을 보내 위로하는 것은 그대의 마음을 의심하기 때문이니, 자손과 형제들 중에 싸울 수 있는 자들은 모두 군으로 보내야 한다고 하였다. 소하가 이 계책을 따르자 유방이 크게 기뻐하였다. 또 유방은 항우와 대치하다가 부상을 입고 성고로 들어갔다가, 병이 낫자 관중으로 들어가 당시 도읍이었던 역양(櫟陽)에 이르러 부로(父老)들을 위문하고 술자리를 베풀기도 하였다.

추(妯)[40]는 마땅히 추(抽)가 되어야 하니, 마음이 일어나려고 하는 것이다. 불유(不猶)[41]는 비범(非凡)이라는 말과 같다.

종을 치는 소리 흠모(欽慕)하거늘　鼓鍾欽欽
비파를 타고 거문고를 타며　鼓瑟鼓琴
생(笙)과 경(磬)이 음(音)을 함께 하니[42]　笙磬同音
이아(二雅)와 이남(二南)과　以雅以南
약무(籥舞)가 어긋나지 않도다　以籥不僭

부이다.[43] 흠흠(欽欽)[44]은 사람들이 그 소리를 듣고서 기뻐하여 흠모하는 뜻이다. 남(南)은 〈주남(周南)〉·〈소남(召南)〉이다. 참(僭)[45]은 어긋남이다. 불참(不僭)은 화합하고 한결같음을 말한 것이니, 이는 천하가 같은 풍습으로 융화하여 화합함을 말한 것이다.

천자가 능히 한 사람의 몸으로 억조 만백성을 감동시킴은 순수하는

39 회수에……것이다 : 《집전》에는 소철(蘇轍)의 설로 "처음에 상상(湯湯)을 말한 것은 물이 성함이요, 중간에 해해(湝湝)를 말함은 물이 흐름이요, 마지막에 세 모래섬을 말한 것은 수위(水位)가 떨어져 모래섬이 나타난 것이니, 유왕(幽王)이 회수 가에 오래 있음을 말한 것이다."라고 하였다.

40 추(妯) : 【집전】 동(動)함

41 불유(不猶) : 【집전】 유(猶)는 '같음〔若〕'이니, 지금 왕의 방탕함과 같지 않음을 말한 것이다.

42 음(音)을 함께 하니 : 《집전》에 화(和)함을 말한 것이라 하였다.

43 부이다 : 《집전》에는 소철(蘇轍)의 설로 "유왕의 부덕함이 어찌 음악이 옛 음악이 아니기 때문이겠는가. 음악은 그 음악이지만 사람은 그 사람이 아님을 말한 것이다."라고 하였다.

44 흠흠(欽欽) : 【집전】 의성어〔聲〕

45 참(僭) : 【집전】 어지러움〔亂〕

방도가 있었기 때문인데, 주나라 중엽 이래로 지금까지 수천 년 동안 이 예가 마침내 폐해져 거행되지 못해서 천하의 군주가 원대한 덕이 있지 아니하여 백성들과 서로 단절되니, 천하의 마음을 통일하여 사해의 바람을 자기 한 몸에 두고자 하나 어려운 것이다. 시인이 이 때문에 애석히 여겼고 성인이 이 때문에 이 시를 취하였으니, 뜻이 있구나! 뜻이 있구나! 이 편은 풍이다.

이상은 〈고종〉 4장이니, 장마다 5구이다.

초자 楚茨

고운 띠 가운데	楚楚者茨
가시나무를 제거함은	言抽其棘
예로부터 어째서 그러하였는고	自昔何爲
우리에게 서직(黍稷)을 심게 하려 해서였네	我蓺黍稷
내 기장이 들쭉날쭉하며	我黍與與
내 피가 가지런하여	我稷翼翼
내 창고가 이미 가득하며	我倉旣盈
내 노적(露積)이 수없이 많거늘	我庾維億
술과 밥을 장만하여	以爲酒食
향례(饗禮)로써 제사하며	以饗以祀
편안히 모시고 권하여	以妥以侑
큰 복을 지키도다	以介景福

부이다.[46] 초초(楚楚)[47]는 곱고 성한 모양이다. 자(茨)[48]는 모자(茅茨 띠)이다. 추(抽)는 제거함이다. 여여(與與)는 낮고 높은 모양이요, 익익(翼翼)은 여럿이 정돈된 모양이다.[49] 향(饗)[50]은 제사에 향례(饗禮)를 사용하는 것이다.[51] 타(妥)는 편안히 자리에 있도록 함이요, 유(侑)는 밥을 먹음을 권하는 것이니,[52] 이는 제사가 끝남에 시(尸)[53]를 당

46 부이다 : 《집전》에는 "이 시는 공경(公卿)으로서 전록(田祿)을 소유한 자가 농사에 힘써서 종묘의 제사를 받듦을 기술하였다."라고 하였다. 소주에 인용한 주자의 말에, 이 편이 〈소아〉에 있어 천자의 시가 아니므로 다만 공경으로 말할 수 있다고 하고 아마도 기내(畿內)의 제후일 것이라 하였다. 반면에 심대윤은 왕의 제사를 기술한 것으로 보았다.

47 초초(楚楚) : 【집전】 성하고 빽빽한 모양〔盛密貌〕

48 자(茨) : 【집전】 질려(蒺藜)

49 여여(與與)는……모양이다 : 《집전》에는 "여여(與與)와 익익(翼翼)은 모두 번성한 모양이다."라고 하였는데, 심대윤 역시 기장과 피가 번성한 모양을 말한 것으로 보인다.

50 향(饗) : 【집전】 올림〔獻〕

51 제사에……것이다 : 향례는 일반적으로 빈(賓)을 대하는 예이다. 심대윤은 제례에서 귀신에게 연향하는 예와 부모를 섬기는 예를 함께 사용한다고 하여, 조상의 신을 빈으로 대하기도 하고 주인으로 대하기도 하며, 신으로 공경하기도 하고 조상으로 가까이 하기도 한다고 하였다. 《의례정론(儀禮正論)》에서 "사자(嗣子)가 주인이 되어 제향을 올리면 신이 빈의 자리에 있으니, 신의 도는 높고 멀기 때문에 사자가 주인으로서 신을 빈으로 대하는 것이다. 그러나 부조(父祖)를 끝내 빈으로 대할 수 없기 때문에 빈으로서 신을 주인으로 대하는 것이다. 신을 섬기는 도는 엄숙함과 공경이 있고 즐거움과 사랑이 없으며, 의리와 높임이 있고 은혜와 친함이 없다. 이는 사람을 섬기는 도와 다른 것이므로 친하지만 신으로 대하는 것이다. 그러나 부조를 끝내 신으로 대할 수 없기 때문에 신이지만 친히 하는 것이다. 제사에 연향의 예를 쓰는 것은 빈으로 대하는 것이다.……신을 섬김에 한결같이 산 사람의 도를 쓸 수 없으므로 귀신의 도를 섞어 쓰는 것이다.〔嗣子爲主人而致饗則神當賓位, 神道尊而遠, 故主而賓之也. 父祖不可以遂賓之也, 故賓而主之也. 事神之道, 有肅敬而無愉愛, 有義尊而無恩親. 蓋異於人也, 故親而神之也. 父祖不可以遂神之也, 故神而親之也. 祭用饗燕之禮, 賓之也.……事神不可壹用生人之道, 故亦參用鬼道也.〕"라고 하였다.

위에서 연향하는 악가이다. 제사하면서 농사에 근본한 것은 농사를 중하게 여긴 것이니, 농사가 제대로 이루어지지 않으면 제사를 보전할 수가 없는 것이다.

용의(容儀)가 성한지라	濟濟蹌蹌
네 마리의 소와 양을 정갈히 마련하여	絜爾牛羊
가서 증제(烝祭)를 지내며 상제(嘗祭)를 지내니	以往烝嘗
혹은 짐승의 가죽을 벗기고 혹은 희생을 삶으며	或剝或亨
혹은 해체하여 진설하고 혹은 받들어 올리도다	或肆或將
축(祝)이 팽(祊)에서 제사하니	祝祭于祊
제사하는 일이 심히 갖추어져[54]	祀事孔明
선조가 이에 크게 강림하시며	先祖是皇
신보(神保)가 이에 흠향하시도다	神保是饗
효손(孝孫)이 경사가 있어	孝孫有慶
무궁한 복으로써 갚아주니	報以介福
만수무강하리로다	萬壽無疆

52 유(侑)는……것이니 : 【집전】 시(尸)가 혹시라도 배부르지 못할까 두려워하여 축(祝)이 권하기를 "황시(皇尸)가 충만하지 못하시다."라고 한다.

53 시(尸) : 《집전》에는 "족인(族人)의 아들을 점쳐 시로 삼는다."라고 하였다. 반면에 심대윤은 "신하가 있는 자는 신하를 시로 삼고, 신하가 없는 자는 친척 중에 항렬이 낮은 자를 시로 삼는다.〔有臣者, 以臣爲尸, 無臣者, 以親戚之行卑者爲尸.〕"라고 하였다. 《儀禮正論》《예기》〈증자문(曾子問)〉에 "시(尸)는 반드시 손자로 한다.〔尸必以孫.〕"에 근거하여 대개 시를 시동(尸童)으로 번역하나, 《춘추공양전》의 하휴(何休)의 주에는 "예에 천자는 경을 시로 삼고, 제후는 대부를 시로 삼고, 경대부 이하는 손자를 시로 삼는다."라고 하는 등 옛 기록에는 어린아이가 아닌 시가 있었다.

54 갖추어져 : 《집전》에 明은 "비(備)와 같고, 저(著)와 같다."라고 하였다.

부이다. '제제창창(濟濟蹌蹌)'은 용의(容儀)가 성함을 말한 것이다. 사(肆)는 희생의 사지를 해체하여 진설함이요, 장(將)은 받들어 올림이다. 증(烝)과 상(嘗)은 이로써 선왕에게 제향하는 것이다. 팽(祊)은 자리가 사당의 문밖 행신(行神 길의 신)의 옆에 있으니, 단을 쌓아서 선군(先君)을 수행하는 신하를 제사하는 것이다.[55] 황(皇)은 큼이다. '선조가 이에 크게 강림하시며 신보가 이에 흠향함'은 제사가 끝나면 시(尸)에게 연향하는 것이다. 시는 신의 예를 대행하고 도와주므로 신보(神保)[56]라 하였다. 개복(介福)은 신이 좌우에서 지켜 주어서 없어지지 않는 복이다. 팽에서 제사하는 것을 역제(繹祭)라 하니, 종묘에서 제사한 다음날에 이를 행한다. 이 시(詩)는 대개 제사를 지낸 뒤에 시(尸)에게 연향함을 말하였으므로 또한 역제를 말한 것이다.[57]【역제에

55 팽(祊)은……것이다 : 《집전》에는 "팽은 사당 문안이니, 효자가 신이 계신 곳을 알지 못하므로 축관으로 하여금 사당 문안에 빈객을 기다리는 곳에서 널리 찾게 하는 것이다."라고 하였다. 팽에 대한 진호(陳澔)의 주를 정리하면 다음과 같다. 사당의 문을 팽이라 하는데, 사당 문안의 제사를 설행하는 곳도 팽이라 하고, 사당 문밖의 서쪽에서 설행하는 제사도 팽이라 한다. 사당 문안의 제사는 정제(正祭)를 지내는 날과 같은 날에 하는 것이며, 사당 문밖의 제사는 정제를 지낸 다음날의 역제(繹祭)를 이르는데, 《시경》 〈소아 초자〉의 팽은 사당 문안이다. 《禮記集說 郊特牲, 禮器》 반면에 심대윤은 이곳의 팽을 사당 문밖의 제사를 설행하는 곳으로 보았고, 《예기정해(禮記正解)》 〈예기(禮器)〉에는 "제사를 지낸 다음날 사당 문밖에서 역제를 지내는 것은 선군을 수행한 자를 제향하는 것이다. 그러므로 행신에 가까운 사당 문밖의 서쪽에서 하는 것이다.【신이 올 때에 마땅히 수행하는 자가 있으니, 제향하지 않을 수 없다.】〔祭之明日, 繹于門外者, 蓋饗先君之從行者也, 故在廟門外之西近於行神也.【神之來也, 應有從行者, 而不可不饗也.】〕"라고 하였다.

56 신보(神保) : 【집전】 보(保)는 편안함이니, 신보는 시의 아름다운 칭호이다.

57 제사를……것이다 : 제사를 지낸 뒤에 시를 빈으로 모시고 연향하는 예를 빈시(儐尸)라고 한다. 천자와 제후는 제사를 지낸 다음날에 팽에서 역제를 지내고 빈시의 예를 행하고, 경대부 이하는 역제를 지내지 않고 제사 당일에 빈시를 행한다. 반면에 이 시의 주석과 《의례정론(儀禮正論)》에 의하면 심대윤은 천자도 제사 당일에 빈시를 하

는 한 명의 시(尸)와 한 명의 빈(賓)이 있을 뿐이다.[58]】

밥 짓는 일을 잡기를 공경히 하여　執爨踖踖
조(俎)에 담은 제육(祭肉)이 매우 크니　爲俎孔碩
혹은 고기를 굽고 혹은 간(肝)을 구우며　或燔或炙
군부(君婦)가 그윽하고 고요하니　君婦莫莫
두(豆)에 담기를 매우 많이 하였도다　爲豆孔庶
빈과 객이 된 자들이　爲賓爲客
번갈아 술잔을 권하니[59]　獻酬交錯
예의가 모두 법도에 맞으며　禮儀卒度
웃고 말함이 모두 마땅하기에[60]　笑語卒獲
신보가 이에 강림하시는지라　神保是格
무궁한 복으로써 보답하니　報以介福
만수(萬壽)로 갚는 바로다　萬壽攸酢

는 것으로 보고 있다.

58 역제에는……뿐이다 : 심대윤은 정제(正祭)의 경우 "시 · 빈 · 부헌(副獻)의 수는 사당의 신주의 수를 따른다.【일곱 신주인 경우는 또한 7명씩이고, 다섯 신주인 경우는 또한 5명씩이다.】〔尸、賓、副獻, 視廟主.【七主者亦七, 五主者亦五.】〕"라고 하고, 역제는 한 명의 시와 한 명의 빈이 있으니, 이는 마치 향음주례에서 중빈(衆賓)의 예를 합하여 한 빈이 예를 홀로 행하는 것과 같다고 하였다. 《儀禮正論》

59 번갈아 술잔을 권하니 :【집전】주인이 빈에게 술을 따라 권함을 헌(獻)이라 하고, 빈이 주인에게 술을 마시게 함을 작(酢)이라 하며, 주인이 〈빈이 준 술을 마시고서〉 또 스스로 술을 마시고 다시 빈에게 술을 마시게 함을 수(酬)라 한다. 빈이 이것을 받아서 자리 앞에 놓아두고 마시지 않다가 〈정제(正祭)가 끝나고〉 여수(旅酬)에 이른 뒤에야 젊은이와 어른이 서로 권하여 교차하여 번갈아 두루 술잔을 올리는 것이다.

60 마땅하기에 : 《집전》에 획(獲)은 '그 마땅함을 얻는 것'이라 하였다

부이다. 찬(爨)은 불을 때어 밥을 지음이다. 적적(踖踖)은 공경함이다. 조(俎)는 희생을 올려놓는 것이다. 번(燔)과 적(炙)[61]은 두(豆)에 담는 것이다. 군부(君婦)[62]는 왕후이다. 막막(莫莫)[63]은 막막(漠漠)과 같으니, 그윽하고 고요하고 심원한 뜻이다. 제사의 인(酳)[64]의 절차에서 왕은 희생을 가르고[65] 왕후는 진미(珍味)를 담은 두를 올리니, 먼 지방에서 온 진미를 하나의 두에 뒤섞어 담기 때문에 '매우 많이 하였다'고 말한 것이다. 당 위의 연향은 제찬(祭饌)을 거두어 당에 진설하므로 그 음식이 구비함을 말한 것이다. 시는 상빈(上賓)이 되고 좌식(佐食)[66]은 부개(副介)가 된다. 그러므로 '빈과 객이 되었다'고 말한 것이다. 삼헌(三獻)[67]이 이미 끝나면 이에 모두 앉아서 여수(旅酬)를 하는

61 번(燔)과 적(炙) :【집전】《의례》〈특생궤사례(特牲饋食禮)〉에 주인이 시에게 술을 올리거든 빈장(賓長)이 구운 간을 따라 올리며, 주부가 시에게 술잔을 올리거든 형제 중 연장자가 구운 고기를 따라 올린다고 한 것이 이것이다.

62 군부(君婦) :【집전】 주부(主婦 주인의 부인)

63 막막(莫莫) :【집전】 깨끗하고 고요하여 공경이 지극한 것이다.

64 인(酳) :《의례》에서는 시(尸)가 정제(正祭)에서 음식을 먹은 뒤에 주인이 시에게 술을 올려 입을 헹구게 하는 것을 인(酳)이라 한다. 그러나 심대윤은《의례》를 따르지 않고, 제사에서 일헌(一獻)의 예를 마친 뒤에 왕이 술과 희생, 수저를 차례로 올리고 물러나 묘실(廟室)의 문안에 있고, 왕후가 술과 진미(珍味)를 담은 두를 올리고 물러나 왕의 왼쪽에 이르는데, 이것이 인(酳)이며 지금은 이를 유식(侑食)이라 한다고 하였다.《儀禮正論》 지금의 유식은 삼헌(三獻)을 마친 뒤 밥에 숟가락을 꽂고 술잔에 술을 더 붓고서 모든 제관(祭官)이 밖으로 나와 문을 닫고 서서 신이 충분히 흠향하기를 기다리는 절차이다.

65 왕은 희생을 가르고 : 심대윤은 "집사가 희생을 갈라서 왕에게 주면 왕이 이를 시에게 올리고 시가 희생의 앞에 올린다.〔執事割牲以授王, 王以獻尸, 尸奠于牲前.〕"라고 하였다.《儀禮正論》

66 좌식(佐食) : 정현(鄭玄)은 '빈으로서 시가 음식 먹는 것을 돕는 자'라고 하였는데, 심대윤은 친척을 빈으로 삼을 때 빈이라 하지 않고 좌식이라 한다고 하였다.《儀禮 特牲饋食禮》,《儀禮正論》 168쪽 각주 90) 참조.

데, 시가 자리를 따로 하고 앉아서, 지위에 따라 서열하고[68] 모발의 색깔에 따라 앉는 차례를 정하는데 참여하지 않음은 시를 공경하는 것이다. 그러나 시가 술을 마시고 음식을 먹고 웃고 말하는 것을 여러 신하와 함께하므로 '웃고 말함이 모두 마땅하다'고 한 것이다. 작(酢)은 갚음이다.

내 힘이 심히 다하였으나[69]	我孔熯矣
예를 행함에 어그러짐이 없기에	式禮莫愆
공축(工祝)이 신(神)의 뜻을 전하여 아뢰기를	工祝致告
신이 효손(孝孫)에게 하사함을 이루시니	徂賚孝孫
향기로운 효사(孝祀)에	苾芬孝祀
신이 음식을 즐긴지라	神嗜飲食
너에게 백복(百福)을 내리되	卜爾百福
제때를 잃지 않고 일정한 법식으로 삼으며	如幾如式
이미 정제(整齊)하고 이미 공경하며	旣齊旣稷
이미 바로 하고 이미 삼갔으므로	旣匡旣勅
길이 너에게 극(極)을 주되	永錫爾極
이에 만억(萬億)으로 한다 하시니라	時萬時億

부이다. 연(熯)은 《집전》에 "다함이다."라고 하였다. 일을 맡은 자를

67 삼헌(三獻) : 《의례》에는 주인 · 주부 · 빈의 순서로 초헌(初獻) · 아헌(亞獻) · 종헌(終獻)을 하는 반면에, 심대윤은 빈 · 주인 · 주부의 순서로 헌주한다고 하였다. 《儀禮正論》

68 지위에 따라 서열하고 : 원문은 '서작(序爵)'으로 《중용》에 보이는데, 심대윤은 작(爵)은 등위(等位)라고 하였다. 《中庸訓義》

69 내……다하였으나 : 【집전】 예를 행하기를 이미 오래하여 근력(筋力)이 다하였다.

공(工)[70]이라 한다. 조(徂)는 '나아가 성취함〔進就〕'이니, 《서경》에 비조(棐徂)[71]라고 한 것이 이것이다. 필분(苾芬)은 향기로움이다. 기(幾)는 기한이고 식(式)은 일정한 법식이니, 여기(如幾)는 제때를 잃지 않는 것이요 여식(如式)은 일정한 법식으로 삼는 것이다. 직(稷)[72]은 마땅히 속(謖)이 되어야 하니, 공경함이다. '기제기속(既齊既謖)'은 왕이 자신을 다스림이요, '기광기칙(既匡既勅)'은 신하를 다스림이다. 극(極)[73]은 중덕(中德)이니, 황극(皇極)이 이것이다.[74] '시만시억(是萬是億)'[75]은 무궁함에 이름을 말한 것이다. '공축치고(工祝致告)'의 아래는

70 공(工) : 【집전】 그 일을 잘하는 것을 공(工)이라 한다.

71 비조(棐徂) : 《서경》 〈주고(酒誥)〉에 '我西土棐徂邦君御事小子'라고 보이는데, 심대윤은 "조(徂)는 감이니, 진취(進就)라는 말과 같다. 비조(棐徂)는 주나라의 진취하는 공업을 도운 것이다.〔徂, 往也, 猶言進就也. 棐徂, 輔成周之進就之業也.〕"라고 풀이하여, 《서경》의 경문을 '우리 서토(西土)에서 주나라의 성취한 공업을 돕던 방군(邦君)·어사(御事)·소자(小子)'라고 해석하였다. 반면에 채침(蔡沈)은 조(徂)를 '지난날〔往日〕'로 해석하였다. 《書經蔡傳辨正》, 《書經集傳》

72 직(稷) : 【집전】 빠름〔疾〕

73 극(極) : 《집전》에는 '여러 선의 지극함〔衆善之極〕'으로 해석하였다.

74 극(極)은……이것이다 : 황극은 《서경》 〈홍범(洪範)〉에 "다섯 번째 황극(皇極)은 군주가 극(極)을 세움이니, 이 오복(五福)을 거두어서 여러 백성들에게 복을 펴서 주면 이 여러 백성들이 너의 극(極)과 같이 하여 너에게 극을 보존함을 줄 것이다."라고 보이는데, 이에 대하여 심대윤은 "극(極)은 중(中)이 지위를 얻어서 쓰는 것이므로 황극(皇極)이라 하였다.……'너에게 극을 보존함을 줌'은 백성의 선이 바로 군주의 선인 것이다."라고 풀이하였다. 〈녹명지십(鹿鳴之什) 천보(天保)〉 5장의 주석 참조.

75 시만시억(是萬是億) : 《집전》에 "네가 예를 행하는 모습이 장엄하고 공손하므로 너에게 여러 선의 지극함으로써 보답하여, 너로 하여금 한 가지 일이라도 여기에서 뜻을 얻지 못함이 없게 하여 각기 그 일에 따라 그 종류로써 보답할 것이다.〔爾禮容莊敬, 故報爾以衆善之極, 使爾無一事而不得乎此, 各隨其事而報之以其類也.〕"라고 하였는데, 소주에 "'禮容莊敬'은 '既齊既稷, 既匡既敕' 두 구를 풀이한 것이고, '故報爾以衆善之極'은 '永錫爾極' 한 구를 풀이한 것이고, '使爾無一事而不得乎此'는 '時萬時億' 한 구를

복을 전달하는 말이니, 시가 신의 뜻을 전달하면 축이 그 말을 받들어서 고하는 것이다. 복을 받음이 묘실(廟室) 안의 일[76]인 음염(陰厭)[77]의 앞에 있는데, 여기에서는 당 위에서 시에게 연향할 때에 있는 것은 어째서인가. 신은 말을 못하고 시가 전하는 것이므로, 시에게 연향할 때에 언급하여 이로써 시가 군주를 축원한 말로 삼은 것이다.

예의가 이미 구비되며	禮儀既備
종과 북을 이미 울려	鍾鼓既戒
효손이 자리로 가거늘	孝孫徂位
공축이 시(尸)의 뜻을 전하여 고하도다	工祝致告
신이 모두 취하셨다고 하니	神具醉止

풀이한 것이다."라고 하였다.

76 묘실(廟室) 안의 일 : 심대윤은 《의례정론(儀禮正論)》에서 제찬을 거둘 때까지의 절차를 '묘실 안의 일〔室中之事〕'이라 하고 시에게 연향을 하는 것을 '당 위의 일〔堂上之事〕'이라 하였다. 묘실 안의 일은 위의 각주 64)에서 언급한 인(酳) 이후에 왕과 왕후가 음식을 받아서 맛보는 수준(受餕), 축이 복을 전달하는 수하(受嘏), 음염, 제찬을 거둠의 순서로 진행된다.

77 음염(陰厭) : 제사의 절차로 음염과 양염(陽厭)이 있는데, 진호(陳澔)는 음염이란 시동을 맞이해 오기 전에 축이 술잔을 따라 올리고 주인을 위하여 신에게 말씀을 드려서 그 흠향하기를 권면하는 것이고, 양염이란 시동이 제사지내고 나온 뒤에 좌식(佐食)이 시동의 올린 조(俎)를 거두어서 실(室)의 서북쪽 귀퉁이에 다시 진설하는 것이라 하였다. 《禮記集說 曾子問》 반면에 심대윤은 시동을 맞이해 오기 전에 양염을 하고 시동이 제사지내고 나온 뒤에 음염을 하는 것으로 보았다. 양염은 제찬을 진설하고서 동이 틀 무렵에 왕이 동쪽 계단 아래의 자리로 나아가고 왕후가 방(房)에 서 있고 여러 신하들이 반열에 따라 줄지어 선 뒤에, 축이 당 위로 올라가 강신(降神)의 예를 하고 내려오면 축, 왕과 군신, 왕후가 차례로 두 번 절하고 머리를 조아리는 것이라 하였다. 또 음염은 시동이 당에서 내려온 뒤에 묘실의 호(戶)를 닫고 소리를 금하며 한 식경(食頃) 뒤에 축이 올라가 호를 열면 집사가 국을 거두고 물을 올리며 축이 이성(利成)을 고하고 왕과 여러 신하와 왕후가 절하는 것이라 하였다. 《儀禮正論》

황시(皇尸)가 일어나거늘	皇尸載起
종을 쳐[78] 시를 전송하니	鼓鍾送尸
신보가 돌아가시도다	神保聿歸
제재(諸宰)[79]와 군부(君婦)가	諸宰君婦
제상(祭牀)을 치우기를 더디지 않게 하니	廢徹不遲
제부(諸父)와 형제가	諸父兄弟
갖추어 연향하여 사사로운 은혜를 다하도다	備言燕私

부이다. '효손이 자리로 감'은 복을 받음이 끝났을 적에 왕이 당 아래로 내려와 동쪽 계단의 자기 자리로 다시 돌아오면 왕후가 방(房)으로 들어가는 것이다. '신이 모두 취함'은 음염이 이미 끝나면 축(祝)이 이성(利成)을 고하는 것이니,[80] 이는 군주의 제사에 실수가 없음을 시가 축하하는 것이다.

'황시가 돌아감'은 연향이 끝나면 시가 돌아가는 것이다. 시가 돌아갈 때에 여러 신하도 함께 물러가는데, 여기서 시가 돌아갔다고 말하고서 여러 신하에게 연향하는 것은 어째서인가. 시에게 연향하는 것이 여러 신하와 예가 똑같지 않음을 밝히려 하였으므로 시에게 연향함이 이미 끝남을 홀로 말한 뒤에 비로소 여러 신하의 연향을 말한 것이다.[81]

78 종을 쳐 :《집전》에 시(尸)가 출입할 때의 음악인 사하(肆夏)라고 하였다.

79 제재(諸宰) :【집전】 가재(家宰)이니, 한 사람을 말한 것이 아니다.

80 신이……것이니 :《집전》에는 "치고(致告)는 축이 시의 뜻을 전달하여 이성을 주인에게 고하는 것이니, 효자의 이양(利養 공양(供養))이 잘 이루어지고 끝났음을 알리는 것이다. 이에 신이 취하여 시가 일어나거든 시를 전송하여 신이 돌아가는 것이다."라고 하였다. 반면에 심대윤은 '神具醉止'를 축이 이성을 고하는 말로 보았다.

81 시에게 연향하는……것이다 :《집전》에는 "제사를 마치고 빈객의 조(俎)를 집까지 보내주고는 동성(同姓)들은 머물러 함께 잔치하여 사사로운 은혜를 다하니, 빈객을

'제재(諸宰)와 군부(君婦)가 제상을 치우기를 더디지 않게 함'은 신에게 제향함이 이미 끝나서 제찬을 치울 적에는 빨리함을 공손으로 여기는 것이다.[82] 무릇 제찬을 치울 적에 방 가운데에 나누어 보내서 주부로 하여금 여러 부인에게 주게 한다. 그러므로 제재와 군부라고 말한 것이요, 군부가 제재의 일에 참여하는 것은 아니다. 부조(父祖)의 제사에 참여한 자는 조정(朝廷)의 체제(體制)와 달리하므로 모발의 색깔에 따라 앉는 차례를 정하는 예를 행하여 친애한다. 그러므로 제부와 형제라고 말한 것이다.

악기를 모두 들여와 연주하니	樂具入奏
뒤의 복록을 편안히 누리도다	以綏後祿
네 안주를 이미 올리니	爾殽旣將
원망하는 이가 없이 모두 경하(慶賀)하는지라	莫怨具慶
이미 취하고 이미 배불러	旣醉旣飽
크고 작은 사람들이 머리를 조아리고 말하기를	小大稽首
신이 음식을 즐기시어	神嗜飮食
군(君)으로 하여금 수고(壽考)하게 하시도다	使君壽考
심히 순하고 심히 때에 맞아	孔惠孔時
정성을 다하였으니	維其盡之
자자손손이	子子孫孫
중단하지 않고 길이 이어 나가리로다	勿替引之

높이고 육친을 친히 하는 것이다."라고 하여, 빈시(儐尸)의 예를 마치고 친족에게 연향하는 것으로 보았다.

82 빨리함을……것이다 : 【집전】 빨리함을 공경으로 여기는 것이니, 또한 신의 은혜를 머물게 하지 않으려는 뜻이다.

부이다. '악기를 모두 들여와 연주함'[83]은 모든 연례에 이미 앉아서 여수(旅酬)를 하면 일정하게 연주하는 음악이 없어서 오직 마음에 듣고 싶은 것을 듣고, 술을 마심에 일정한 숫자가 없어서 오직 주량에 맞추는 것이다. 이미 제사에서 복을 받고 또 연향에서 복록을 편안히 누린 것이다. '크고 작은 사람들이 머리를 조아림'의 아래는 여러 신하가 군주에게 축원한 말이다. 혜(惠)는 순함이다. 진(盡)은 정성을 다함이다. 인(引)은 차례차례로 이끌어 길게 함이다.

이상은 〈초자〉 6장이니, 장마다 12구이다.

신남산 信南山

진실로 저 종남산(終南山)을	信彼南山
우(禹)임금이 다스리셨도다	維禹甸之
개간된 언덕과 습지를	畇畇原隰
증손(曾孫)[84]이 농사짓는지라	曾孫田之
내 큰 경계를 내고 작은 길을 내니[85]	我疆我理
이랑을 남쪽으로 하고 동쪽으로 하도다[86]	南東其畝

83 악기를……연주함 : 《집전》에는 사당에서 제사하고 정침(正寢)에서 연향하므로 제사 때의 악기를 모두 정침으로 들여와 연주한 것이라고 하였다.

84 증손(曾孫) : 【집전】 제사를 주관하는 자의 칭호

85 큰……내니 : 【집전】 강(疆)은 큰 경계를 만드는 것이요, 이(理)는 도랑과 길을 정하는 것이다.

86 이랑을……하도다 : 《집전》에 지세(地勢)와 수세(水勢)의 마땅한 바를 따른 것이라 하였다.

부이다. 진실로 저 종남산은 우임금이 다스린 것이니, 전(甸)은 경계를 다스린 것이다. 균균(畇畇)[87]은 가지런하고 정돈된 모양이다. 증(曾)은 '거듭'이라는 뜻이니, 손자의 아들 이하를 증손이라 한다. 이는 상제(嘗祭)의 악가이니,[88] 가을에 이미 풍년이 들어서 제사하므로 농사 일을 말한 것이다.

상천(上天)이 일색(一色)으로 먹구름이 낀지라 上天同雲
함박눈이 펄펄 내리거늘 雨雪雰雰
보슬비로써 더하니 益之以霢霂
이미 넉넉하고 충분하며 既優既渥
이미 젖고 흡족하여 既霑既足
우리 백곡(百穀)을 자라게 하도다 生我百穀

부이다. 동운(同雲)[89]은 구름이 한 빛깔인 것이다. 분분(雰雰)은 나부껴 뿌리는 모양이요, 맥목(霢霂)은 가랑비가 적셔 주는 모양이다.

강역(疆埸)이 정연하거늘 疆埸翼翼
서직(黍稷)이 무성하니 黍稷彧彧
증손의 농사로다 曾孫之穡
술과 밥을 만들어 以爲酒食

87 균균(畇畇) : 【집전】 개간된 모양〔墾辟貌〕

88 이는 상제(嘗祭)의 악가이니 : 상제(嘗祭)는 천자와 제후가 종묘에서 지내는 가을 제사이다. 《집전》에는 "이 시의 대지(大指)는 〈초자(楚茨)〉과 대략 같다."라고 하여, 전록(田祿)을 소유한 공경(公卿)이 농사에 힘써서 그 종묘의 제사를 받드는 내용으로 보았다.

89 동운(同雲) : 《집전》에 장차 눈이 올 징후라고 하였다.

우리 시(尸)와 빈에게 올리니　　畀我尸賓
수고(壽考)가 만년을 누리리로다　　壽考萬年

부이다. 욱욱(彧彧)은 무성한 모양이다. 시는 예를 대행하고 빈은 음식 먹는 것을 돕는다. '우리 시와 빈에게 올림'은 모든 술잔과 두(豆)를 올릴 적에 모두 이것을 시에게 주면 시가 받아서 빈에게 올리니, 이렇게 하면 빈이 술잔과 두를 받아서 모두 맛보는 것이다.[90]

밭 가운데 여막(廬幕)이 있고　　中田有廬
강역에 오이가 있거늘　　疆場有瓜
이것을 깎아 김치를 담가서　　是剝是菹
황조(皇祖)에게 올리니　　獻之皇祖
증손이 수고를 누려　　曾孫壽考
하늘의 복을 받으리로다　　受天之祜

부이다. '밭 가운데 여막이 있음'은 《예기》에 이른바 '우표철(郵表畷)'[91]이라는 것이니, 밭 가운데에 초막을 지어 지키면서 농사를 해치는 새와 짐승을 몰아내는 것이다. 강역(疆場)은 정전(井田)의 구역을 경계 짓는 도로이니, 한 구역의 경계 길은 사람들이 통행할 수 있고,

90 빈은……것이다 : 이와 달리 《의례》에는 좌식(佐食 빈으로서 시가 음식 먹는 것을 돕는 자)이 시에게 음식을 주고 시가 맛본다. 심대윤은 빈을 '신을 돕는 자로서 음식 먹는 것을 돕는 자〔神之贊者而佐食者〕'라고 하여 빈의 역할을 《의례》와 다르게 보았다. 《儀禮正論》

91 우표철(郵表畷) : 《예기》 〈교특생(郊特牲)〉에 보이니, 심대윤은 구설을 인용하여 "밭두둑이 서로 연결된 곳에 표시하여 우사(郵舍)를 만든 것이다.〔表田畔相連畷處, 作郵舍也.〕"라고 하였다. 《禮記正解》

한 정(井)의 경계 길은 수레 두 대가 나란히 갈 수 있다.【우리나라 평양(平壤)에 있는 기자(箕子)의 정전[92]을 보면 그러하며, 구혁(溝洫)[93]은 없다.】 벼를 수확할 때에 수레로 싣고 가는데, 봄과 여름에는 채소와 오이를 도로 위에 심어서 땅의 이로움을 다한다. 이 시에서 밭의 수확을 말하였으므로 또한 오이를 언급한 것이다. 저(菹)는 익힌 채소(김치)이다.

청주(淸酒)[94]로써 강신(降神)하고　祭以淸酒
이어 붉은 희생을 올려　從以騂牡
조고(祖考)에게 제향하니　享于祖考
그 난도(鸞刀)를 잡아　執其鸞刀
털이 붙은 고기를 베고　以啓其毛
피와 기름을 취하도다　取其血膋

부이다. 난도(鸞刀)는 방울이 있는 칼이다. 계모(啓毛)[95]는 털이 붙어 있는 채로 고기를 베어 내는 것이다. 혈(血)은 피를 올리는 것이니, 털과 피를 올림[96]은 태고 시대 사람들이 털까지 함께 먹고 피를 마심을

92 기자(箕子)의 정전 : 조선시대 한백겸(韓百謙)의 기전도(箕田圖)와 〈기전설(箕田說)〉에 의하면 기자의 정전은 평양성의 외성(外城)에 위치하며, 정(井) 자가 아니라 전(田) 자로 구역이 나뉘어 있다. 전(田) 내부에는 1무(畝)의 길이 있고, 전 사이에는 3무의 길이 있었다.

93 구혁(溝洫) : 밭 사이의 도랑으로, 밭의 경계를 다스리기 위한 것이다. 100무(畝)를 1부(夫)라 하는데, 10부의 밭 사이에 구(溝)가 있고 100부의 사이에 혁(洫)이 있었다. 《周禮 地官 遂人》

94 청주(淸酒) : 《집전》에 청결한 술이니, 울창주(鬱鬯酒)의 등속이라 하였다.

95 계모(啓毛) : 【집전】 털을 헤쳐 보여 희생이 순색(純色)임을 아뢰는 것

96 피를 올림 : 【집전】 죽임을 아뢰는 것

잊지 않은 것이다. 요(膋)는 기름이니, 기름을 태워 냄새를 피워서 강신하는 것이다.

이에 올리며 이에 제향하니 是烝是享
향기롭고 향기로워 苾苾芬芬
제사가 매우 구비되었거늘 祀事孔明
선조가 이에 크게 강림하사 先祖是皇
무궁한 복으로써 보답하니 報以介福
만수무강하리로다 萬壽無疆

부이다. 증(烝)은 올림이니, 방증(房烝)[97]과 효증(殽烝)[98]이 이것이다.

이상은 〈신남산〉 6장이니, 장마다 6구이다.

보전 甫田

광활한 저 큰 밭에 倬彼甫田
해마다 십천(十千)을 취하도다 歲取十千

97 방증(房烝) : 〈노송(魯頌) 비궁(閟宮)〉에 나오는 대방(大房)과 같은데, 주자는 '희생의 반 토막을 올리는 조〔半體之俎〕'라 하였다. 심대윤은 "희생을 해체하여 조에 올린 것이다."라고 하였고, 또 《예기정해(禮記正解)》 〈상복사제(喪服四制)〉에서 "머리와 네 다리를 쓰고 나머지는 쓰지 않는다.〔用首及四脚而舍其餘.〕"라고 하였다.

98 효증(殽烝) : 심대윤은 절조(折俎)가 바로 효증이라 하고, 절조는 '희생의 관절을 갈라서 조 위에 올린 것〔節解而升俎上〕'이라 하였다. 《禮記正解 喪服四制》

내 묵은 곡식을 취하여　　我取其陳
우리 농부들을 먹이니　　食我農人
예로부터 풍년이로다　　自古有年
이제 남쪽 밭에 가니　　今適南畝
혹은 김매고 혹은 북돋음에　　或耘或耔
서직(黍稷)이 무성하거늘　　黍稷薿薿
보조하고 머무는 곳에　　攸介攸止
우리 준사(俊士)들을 나오게 하여 위로하도다　　烝我髦士

부이다.[99] 탁(倬)[100]은 광활〔曠遠〕한 모양이다.【탁원(踔遠)과 뜻이 같다.】 사방 십 리의 땅은 9만 무(畝)가 되는데, 그중 1만 무가 공전(公田)이 되므로 십천(十千)이라고 한 것이다. 1정(井)의 땅 900무에서 100무가 공전이지만 그중 80무만 정(井)의 전지(田地)가 되어, 1정의 땅 중에 실로 820무는 사전이 되고 80무는 공전이 된다. 노동력을 함께 써서 농사지어서 그 11분의 1을 취하여 나라에 바치고 그 나머지는 백성들이 이랑 수를 계산하여 나눈다. 820무 중의 공전 20무는 백성의 택전(宅田)[101]이 되어서 다 세금을 거두니, 정(井)의 전지와 택전을 통틀어

99 부이다 : 《집전》에는 "이 시는 공경(公卿)으로서 전록(田祿)을 소유한 자가 농사에 힘써서 방(方)과 사(社)와 전조(田祖)의 제사를 받듦을 기술하였다."라고 하였다. 반면에 심대윤은 천자가 근교의 전지를 시찰하고 풍년을 기원한 것으로 보았다.

100 탁(倬) : 【집전】 밝은 모양〔明貌〕

101 택전(宅田) : 집과 그 사이의 뽕나무, 채소, 과일나무를 심는 전지를 아울러 가리킨다. 20무를 나누어 여덟 농부에게 각각 2무 반의 택전을 주는 것인데, 정전에 관한 일반적인 설에서는 이곳에 여막을 만든다고 보지만 심대윤은 집을 짓는다고 본다. 〈위풍(魏風) 십무지간(十畝之間)〉 1장과 〈빈풍(豳風) 칠월(七月)〉 7장의 주석과 각주 참조.

계산해 보면 10분의 1을 세금으로 내는 것이 된다. 여기서 다만 사방 10리의 전지를 말한 것은 근교(近郊)의 땅이기 때문이다.[102] 왕이 유람하고 즐길 적에 봄에는 경작하는 상태를 살펴보고 가을에는 수확하는 상태를 살펴보는 것은 근교의 땅에만 그치니, 근교를 보면 그 나머지를 알 수 있는 것이다. 시찰함은 근교에 그치나 부족한 것을 보조함은 먼 곳까지 똑같으니, 군주가 기내(畿內)의 땅을 두루 다닐 수 없기 때문이다.

진(陳)은 묵은 옛 곡식이니, 묵은 곡식을 흩어서 부족한 것을 보충해 주고 미치지 못하는 것을 도와주는 것이다. 운(耘)은 풀을 제거함이요, 자(耔)는 북을 돋움이다. 의의(薿薿)는 무성한 모양이다. 개(介)[103]는 좌우에서 도움이니, 보조함을 이른다. 지(止)는 머무름이니, 왕이 머무는 곳이다. '증아모사(烝我髦士)'는 농부를 나오게 하여 위로한 것이다. 모(髦)는 준걸스러움이니, 모사(髦士)는 선사(選士)[104]의 호칭이

102 여기서……때문이다 : 근교에서는 사방 100리의 넓은 전지가 없으므로 사방 10리의 전지를 말한 것이라고 본 듯하다. 근교는 성 밖 50리 이내를 가리킨다.

103 개(介) : 《집전》에는 '大'라 하고 '훌륭하게 여김〔美大〕'으로 풀이하였다.

104 선사(選士) : 주나라 때에 뽑았던 인재의 호칭으로 《예기》 〈왕제(王制)〉에 "향(鄕)에 명하여 수사(秀士)를 평가해서 사도(司徒)에게 올리게 하니 이를 선사(選士)라 하고, 사도가 선사 중에서 뛰어난 자를 평가해서 태학(太學)에 올리니 이를 준사(俊士)라 한다. 사도에 오른 자는 향에서 부역을 시키지 않고, 태학에 오른 자는 사도의 부역을 시키지 않으니, 이를 조사(造士)라 한다.〔命鄕論秀士, 升之司徒, 曰選士. 司徒論選士之秀者, 而升之學, 曰俊士. 升於司徒者, 不征於鄕, 升於學者, 不征於司徒, 曰造士.〕"라고 보인다. 심대윤은 이를 잘못 전해진 것이라 하고 "주(州)의 학교인 서(序)에서 향에 올린 자를 선사라 하니 역역(力役)의 구실을 면제하고, 향에서 소학(小學)에 올린 자를 준사라 하니 부역(賦役)의 구실【군부(軍賦)의 구실이다.】을 면제하고, 소학에서 태학에 올린 자를 조사라 하고, 태학에서 왕에게 올린 자를 진사(進士)라 한다.〔州序升於鄕, 曰選士, 而免力役之征. 鄕升於小學, 曰俊士, 而免賦役之征.【軍賦之征也.】 小學升於太學, 曰造士. 太學升之王, 曰進士.〕"라고 하였다. 《禮記正解》

다. 농부는 선비가 아닌데 모사라고 칭한 것은 농사를 중시함을 밝혔기 때문에 농부를 귀하게 여겨서 미천하게 여기지 않은 것이다.[105] 이는 천자가 근교를 시찰하여 경작하고 수확하는 상태를 살필 적에 풍악으로 이 시를 연주하여 농부를 위로한 것이다.

우리 기장과	以我齊明
우리 희생 양(羊)을 가지고	與我犧羊
사(社)에 제사하고 방(方)에 제사하니	以社以方
우리 토지가 이미 좋음이	我田旣臧
농부들의 복이로다	農夫之慶
거문고와 비파를 타며 북을 쳐서	琴瑟擊鼓
전조(田祖)를 맞이하여	以御田祖
단비를 기원하니	以祈甘雨
우리 서직의 생장을 도와	以介我稷黍
우리 사녀(士女)들을 잘 기르리로다[106]	以穀我士女

부이다. 《집전》에 말하였다. 자(齊)는 자(粢)와 같다. 《예기》〈곡례(曲禮)〉에 "메기장〔稷〕을 명자(明粢)라 한다."라고 하였으니, 여기서 자명(粢明)이라고 말한 것은 운(韻)을 맞춘 것이다. 아(御)는 맞이함이다. 전조(田祖)는 선색(先嗇)[107]이다.

105 농부는……것이다 : 【집전】 옛날에 선비는 농부에서 나오고 공인(工人)과 상인(商人)은 참여하지 못하였다. 관중(管仲)이 말하기를 '농부의 아들은 항상 농부가 되어 들에서 처하고 나쁜 짓을 하지 않으니, 그중에 선비가 될 수 있는 빼어난 백성은 반드시 믿을 만하다.' 하였으니, 바로 이것을 말한 것이다.

106 기르리로다 : 《집전》에 곡(穀)은 "기름〔養〕이다. 또는 선함〔善〕이라고 하니, 창고가 꽉 차 있음에 예절을 앎을 말한 것이다."라고 하였다.

○사직의 본 제사는 중춘(仲春)과 중추(仲秋)의 무일(戊日)[108]에 태뢰(太牢)[109]를 사용하여 제사하는데, 여기서 한 마리의 양을 사용한 것은 천자가 전지를 시찰하면서 곡식이 풍년 들기를 기원한 것이요 사(社)의 본 제사가 아니기 때문이다. 방(方)은 사방의 신이다. 사립(四立 입춘·입하·입추·입동)의 날에 각각 그 방위의 제(帝)[110]에게 제사하면서 사방의 신[111]으로 배향한 것이니, 이는 기도하면서 곡식이 풍년 들기를 기원한 것이요, 사방의 신의 본 제사가 아닌 것이다.[112] 선색은

107 선색(先嗇) : 백성에게 처음으로 농사를 가르친 신으로 신농(神農) 또는 후직(后稷)을 이르는데, 심대윤은 《예기》 〈교특생(郊特牲)〉의 주에서 신농이라 하였다. 아래의 각주 113) 참조.

108 무일(戊日) : 심대윤은 《서경》 〈소고(召誥)〉에 "무오일(戊午日)에 새 도읍에서 사제(社祭)를 지냈다.〔越翼日戊午, 乃社于新邑.〕"라고 한 것에 대하여 "무(戊)는 토(土)의 자리이니, 사제는 무일을 쓴다. 무일에 일이 있으면 기일(己日)을 쓴다.〔戊, 土之位也, 社用戊. 戊日有故, 則用己.〕"라고 하였다. 《書經蔡傳辨正》 참고로 정약용(丁若鏞)은 역사서의 기록에 근거하여 사직의 제사에 무일을 쓴 것은 북위(北魏)에서 시작되었으며, 지금의 시헌력(時憲曆)에서 춘분 후 무일에 춘사(春社)를 지내고 추분(秋分) 전 무일에 추사(秋社)를 지내는 것은 새로운 법이라고 하였다. 《春秋考徵 社1》

109 태뢰(太牢) : 《예기》 〈왕제(王制)〉에 "천자는 사와 직의 제사에 모두 태뢰를 사용하고, 제후는 사와 직의 제사에 모두 소뢰(少牢)를 사용한다.〔天子社稷皆太牢, 諸侯社稷皆少牢.〕"라고 보이는데, 심대윤은 천자와 제후가 모두 태뢰를 써야 한다고 하였다. 《禮記正解》

110 방위의 제(帝) : 봄과 동쪽의 제는 태호(太昊), 여름과 남쪽의 제는 염제(炎帝), 가을과 서쪽의 제는 소호(少昊), 겨울과 북쪽의 제는 전욱(顓頊)이다.

111 사방의 신 : 동·남·서·북의 신은 각각 창룡(蒼龍)·주조(朱鳥)·백호(白虎)·현무(玄武)이다. 심대윤은 〈대아 운한(雲漢)〉의 주에서, 사립의 날에 태호(太昊)·염제(炎帝)·소호(少昊)·전욱(顓頊)을 제사하면서 창룡·주조·백호·현무로써 배향하고, 마침내 그날로 사시(四時)의 신인 구망(句芒)·축융(祝融)·욕수(蓐收)·현명(玄冥)을 제사하면서 중(重)·여(黎)·해(該)·희(熙)로써 배향한다고 하였다.

112 본 제사가……것이다 : 《집전》에는 "방(方)은 가을에 사방의 신에 제사하여 만물을 이루어줌에 보답하는 것이니, 《주례》에 이른바 '그물로 짐승을 잡는 것을 중지하고

납제(臘祭)[113]에 제사하니, 여기서 선색을 맞이한 것은 본 제사가 아니다. 모두 한 마리의 양으로 기도하였을 뿐이니, 제례를 갖춘 것이 아니다. 개(介)는 좌우에서 돕는 것이다.

증손(曾孫)이 왔을 때에 曾孫來止
농부가 아내와 자식을 데리고 以其婦子
저 남쪽 밭에 밥을 내가거늘 饁彼南畝
전준(田畯)이 와서 기뻐하여 田畯至喜
좌우(左右)의 것을 취해서 攘其左右
맛이 있는가를 맛보도다 嘗其旨否
벼가 잘 가꾸어져 온 이랑이 한결같으니 禾易長畝
끝내 좋고 또 많은지라 終善且有
증손은 노하지 않으며 曾孫不怒
농부는 민첩히 일하도다 農夫克敏

짐승을 바쳐 사방의 신에 제사한다.'는 것이 이것이다."라고 하였다. 심대윤은 《주례》에 언급한 제사를 사방의 신의 본 제사로 본 듯하다.

113 납제(臘祭) : 섣달에 지내는 제사로, 심대윤은 "《예기》 〈월령(月令)〉에 '납제(臘祭)에 선조와 오사(五祀)의 신에게 제사한다.'라고 한 것은 의의가 없다. 선조와 오사는 시제(時祭)가 있는데, 또 어찌 납제를 지내겠는가. 납제는 짐승을 사냥하여 선우(先虞)에게 제사하고 겸하여 선식(先食)에게 제사하니, 사제(蜡祭)와 비슷한 종류이다. 연말에 농부를 음식으로 위로하면서 제사를 지내지 않고 함부로 주색에 빠질 수 없다. 그러므로 납제와 사제를 지내고 제사를 인하여 모여서 마시고 먹는 것이다.〔《月令》云'臘祀先祖、五祀', 無義也. 先祖、五祀有時祭矣, 又何臘爲? 蓋臘, 獵獸以祭先虞而兼祭先食也, 蜡祭之類也. 歲終勞農以飮食, 而不可無事而荒淫也, 故爲之臘蜡, 因祭而聚會飮食耳.〕"라고 하였다. 《儀禮正論》 선우는 선대의 우인(虞人 산택과 동산을 맡은 관리)이고 선식은 선대에 음식을 만든 자이며, 사제는 섣달에 선색(先嗇 신농(神農)) · 사색(司嗇 전관(田官)) · 농부 · 우표철(郵表畷) · 고양이 · 범 · 제방 · 도랑 · 곤충 · 초목의 여덟 신에게 지내는 제사이다.

부이다. 증손(曾孫)은 종묘에서 제사를 주관하는 자의 칭호이니, 그 할아버지와 하늘에게만 칭하고 다른 신에게는 칭하지 않는다.[114] 천하에서 증손이라 하면 천자를 칭한 것이고, 한 나라에서 증손이라 하면 군주를 칭한 것이니, 만약 경대부 이하로 다만 한 집안의 제사를 주관하는 자는 문밖에서 증손이라고 범연히 칭하지 못한다. 천자가 왔을 적에 농부의 부인과 자식이 농부에게 밥을 내와 먹이는 것을 함께 가서 보았는데, 전준(田畯)이 또한 이르러서 그 음식을 취하여 맛본 것이다. 이(易)는 다스림이요, 장(長)은 끝마침[115]이다.

증손의 농사가	曾孫之稼
이엉과 같고 수레의 끌채와 같으며	如茨如梁
증손의 노적(露積)이	曾孫之庾

114 증손(曾孫)은……않는다 : 이는 《집전》에 "증손은 제사를 주관하는 자의 칭호이니, 종묘에서만 그러한 것이 아니다."라고 한 것을 반박한 것이다. 《집전》에서는 종묘 이외의 제사에서 증손을 칭하는 사례로 《예기》 〈곡례 하(曲禮下)〉의 외신(外神)의 제사에서 '증손 모후모(某侯某)'라 하고, 《서경》 〈무성(武成)〉에서 무왕(武王)이 명산대천의 신에게 기도할 때에 '도(道)가 있는 분의 증손인 주왕(周王) 발(發)'이라 한 것을 언급하였다. 심대윤은 주자가 언급한 〈곡례 하〉의 내용을 잘못된 것으로 보고 "외신의 제사에는 '증신(曾臣) 모(某)'라 하고,【《춘추좌전》에 진(晉)나라 평공(平公)이 황하에 기도할 적에 '증신 표(彪)'라 하였다.】 신하에게 제사할 적에는 '유사후(有嗣侯) 모보(某甫)'라 하는 것이 예이다.〔外事曰'曾臣某',【《左氏》, 晉平公禱河曰'曾臣彪'.】祭於其臣曰'有嗣侯某甫', 禮也.〕"라고 하였다. 또 〈무성〉의 주에서 "하늘에 아뢰기를 진실하고 곧음으로 하여 신실하게 하며 겸손과 꾸밈을 하지 않는다. 그러므로 하늘에 제사할 적에 '도가 있는 분의 증손인 주왕 발' 이라고 할 수 있는 것이다.〔告天以實直, 信而不謙飾也, 故得以祀天而稱'有道曾孫周王'也.〕"라고 하여, 하늘에게 증손이라 칭할 수 있음을 말하였다. 《禮記正解》, 《書經蔡傳辨正》

115 장(長)은 끝마침 : 《집전》에 '長畝'를 '이랑이 끝난 곳까지 한결같음〔竟畝如一〕'으로 해석하였다

섬과 같고 언덕과 같은지라 如坻如京
이에 천 개의 창고를 구하며 乃求千斯倉
만 개의 거상(車箱)을 구하노니 乃求萬斯箱
서직과 도량(稻粱)이 黍稷稻粱
농부의 복이라 農夫之慶
무궁한 복으로써 보답하니 報以介福
만수무강하리로다 萬壽無疆

부이다. 《집전》에 말하였다. 자(茨)는 지붕을 덮는 것이니, 빽빽함을 말한 것이다. 양(梁)은 수레의 끌채처럼 가운데가 올라간 것이다. 지(坻)는 물 가운데의 높은 땅이요, 경(京)은 높은 언덕이다. 상(箱)은 거상(車箱)이다.
○증손에게 무궁한 복으로 보답하는 것이다.[116]【만수무강은 신하에게 쓰는 말이 아니다.】

이상은 〈보전〉 4장이니, 장마다 10구이다.

대전 大田

큰 밭에 심어야 할 벼가 많은지라 大田多稼
이미 씨앗을 가리고 연장을 챙겨 既種既戒
이미 구비하고서 일하도다 既備乃事

116 증손에게……것이다 : 《집전》에는 농부에게 큰 복으로 보답하여 만수무강하게 함이라고 하였다.

나의 날카로운 보습으로 以我覃耜
비로소 남쪽 밭에 일하여 俶載南畝
백곡(百穀)을 파종하니 播厥百穀
자라는 싹이 고르고 또 큰지라 旣庭且碩
증손(曾孫)의 마음을 흡족하게 하도다 曾孫是若

부이다. 염(覃)은 《집전》에 "예리함이다."라고 하였다. 정(庭)[117]은 평(平)이니, 들쭉날쭉함이 없음을 말한 것이다. 이 시는 농부의 농사짓는 노래이다.[118]

이미 껍질이 생기고 굳으며 旣方旣皁
이미 단단하고 아름다우며 旣堅旣好
가라지가 없고 피가 없거든 不稂不莠
명특(螟螣)을 제거하고 去其螟螣
모적(蟊賊)을 제거하여야 及其蟊賊
우리 밭의 어린 벼 싹을 해침이 없을 것이니 無害我田穉
전조(田祖)의 신은 田祖有神
이것을 잡아 불 속에 던질지어다 秉畀炎火

부이다. 《집전》에 말하였다. 방(方)은 방(房)이니, 껍질이 처음 생긴 것이요, 조(皁)[119]는 '굳은 껍질〔殼〕'이다. 낭(稂)과 유(莠)는 잡초

117 정(庭) : 【집전】 곧음〔直〕

118 이……노래이다 : 《집전》에는 "농부의 말을 하여 윗사람을 송축하고 찬미한 것이다."라고 하였다.

119 조(皁) : 【집전】 열매가 덜 여물어 견고하지 못한 것〔實未堅者〕

로서 곡식과 유사한 것이다. 속을 파먹는 해충을 명(螟)이라 하고, 잎을 파먹는 해충을 특(螣)이라 하고, 뿌리를 파먹는 해충을 모(蟊)라 하고, 마디를 파먹는 해충을 적(賊)이라 한다. 치(穉)는 어린 벼이다. 요숭(姚崇)이 황충(蝗蟲)을 잡게 할 적에 이 글을 인용하여 증거로 삼아서 밤중에 불을 피워 놓고 불 가에 구덩이를 파서 불에 다가오는 황충들을 잡아서 묻었으니,[120] 옛날에도 또한 이러한 방법이 있었던 것이다.

구름이 뭉게뭉게 일어나	有渰萋萋
비를 내리기를 서서히 하여	興雨祁祁
우리 공전(公田)에 비를 내리고	雨我公田
마침내 우리 사전(私田)에 미치도다	遂及我私
저기에는 수확하지 않은 어린 벼가 있고	彼有不穫穉
여기에는 거두지 않은 벼 묶음이 있으며	此有不斂穧
저기에는 버려진 볏단이 있고	彼有遺秉
여기에는 남겨 둔 이삭이 있으니	此有滯穗
이것은 과부(寡婦)의 이익이로다	伊寡婦之利

부이다. 엄(渰)은 구름이 일어나는 모양이다. 공전과 사전이 나누어 구획함이 있지 않고, 공전이 사전의 가운데에 있어서 오직 수확한 벼의 11분의 1을 취하는 것이다. 공전에 먼저 비가 내리고 뒤에 사전에 미치는 것이 아닌데 농부의 말이 이와 같은 것은 공(公)을 먼저 하고 사(私)

120 요숭(姚崇)이……묻었으니 : 이 내용은 《구당서(舊唐書)》 〈요숭열전(姚崇列傳)〉에 보인다. 요숭(650~721)은 당(唐)나라의 명재상으로 중종(中宗)·예종(睿宗)·현종(玄宗)에 걸쳐 여러 번 재상이 되어 국정을 바로잡았다.

를 뒤에 하는 마음이 있어서이다. 치(穉)는 벼가 짧아서 미쳐 수확하지 못한 것이요, 제(穧)는 수확하였으나 거두지 않은 것이다. 병(秉)은 볏단이다. 체(滯)는 남겨 둠이다.

증손이 오는지라　曾孫來止
농부가 아내와 자식을 데리고　以其婦子
저 남쪽 밭에 밥을 내가거늘　饁彼南畝
전준(田畯)이 와서 기뻐하도다　田畯至喜
와서 사방의 신에 정결히 제사하여　來方禋祀
붉은 희생과 검은 희생과　以其騂黑
서직(黍稷)을 가지고　與其黍稷
제향을 올리고 제사를 올리니　以享以祀
큰 복을 지키리로다[121]　以介景福

부이다. 인(禋)[122]은 제향이니, 증손이 와서 사방의 신에게 제사한 것이다. 입하(立夏)에 남교(南郊)에서 여름을 맞이하여 염제(炎帝)에게 제사하는데, 남방의 신인 주조(朱鳥)를 배향하여 한 마리의 붉은 희생을 염제에게 사용하고 한 마리의 양을 주조에게 사용한다.[123] 입추(立秋)에 서교(西郊)에서 가을을 맞이하여 소호(少昊)에게 제사하는데, 서방의 신인 백호(白虎)를 배향하여 흰 희생을 소호에게 사용하고

121 큰 복을 지키리로다 : 심대윤은 개(介)를 '좌우에서 지킴'으로 보는 반면에 주자는 '큼'으로 보아 "농부가 증손이 큰 복을 받기를 원한 것이다."라고 풀이하였다.

122 인(禋) : 【집전】 정성스런 마음으로 제향함〔精意以享〕

123 입하(立夏)에……사용한다 : 《집전》에는 "사방에는 각기 방위에 맞는 희생을 사용하는데, 여기에 붉은 희생과 검은 희생만을 말한 것은 남과 북을 들어서 그 나머지를 나타낸 것이다."라고 하여 한때에 사방의 신 모두에게 제사하는 것으로 보았다.

한 마리의 양을 백호에게 사용한다. 제(帝)를 맞이할 뿐이요 보답하는 것도 아니고 기도하는 것도 아니다. 그러므로 다만 한 마리 희생과 자성(粢盛)과 동이 술을 사용할 뿐이요 여러 가지 음식을 사용하지 않는 것이다. 성(騂)은 여름의 제를 맞이하는 붉은 희생이요, 흑(黑)은 겨울의 제를 맞이하는 검은 희생이다.

이상은 〈대전〉 4장이니, 두 장은 장마다 8구이고, 두 장은 장마다 9구이다.

첨피락의 瞻彼洛矣

저 낙수(洛水)를 보건대	瞻彼洛矣
물이 아득히 도도하게 흐르도다	維水泱泱
군자가 이르시니	君子至止
복록이 이엉처럼 쌓였도다	福祿如茨
붉은 슬갑이 짙게 붉으니	韎韐有奭
육사(六師)[124]를 일으키도다	以作六師

흥이다.[125] 앙앙(泱泱)[126]은 멀리 드날리는 모양이니, 덕택이 유원(悠遠)하고 선양됨을 말한 것이다. 이 구절을 세 장에서 바꾸지 않고 똑같이 쓴 것은 한결같은 덕이 순수하여 그치지 않기를 바란 것이다. 자(茨)

124 육사(六師) : 【집전】 육군(六軍)이니, 천자는 육군이다.

125 홍이다 : 《집전》에는 부로 보았으니, 이하의 장도 같다.

126 앙앙(泱泱) : 【집전】 깊고 넓음〔深廣〕

는 지붕을 덮는 것이니, 많이 쌓임을 말한 것이다. 매(韎)[127]는 붉은 물을 들인 가죽이고 갑(韐)은 슬갑이니, 매갑(韎韐)은 군복이다. 혁(奭)은 붉은 모양이니, 군대의 위엄이 있음을 말한 것이다. 작(作)은 일어남이다. 《집전》에 말하였다. 이는 천자가 동도(東都 낙읍(洛邑))에서 제후와 회합하여 무예를 강습할 적에 제후가 왕에게 연향하는 악가이다.

저 낙수를 보건대　　瞻彼洛矣
물이 아득히 도도하게 흐르도다　　維水泱泱
군자가 이르시니　　君子至止
칼집 장식 안에 예리한 칼이 있도다　　鞞琫有珌
군자가 만년토록　　君子萬年
그 가실(家室)을 보전하리로다　　保其家室

흥이다. 병(鞞)은 칼집이요, 봉(琫)은 칼의 장식이다. 필(珌)[128]은 단단하고 치밀한 모양이니, 예리한 병기가 있음을 말한 것이다.

저 낙수를 보건대　　瞻彼洛矣
물이 아득히 도도하게 흐르도다　　維水泱泱
군자가 이르시니　　君子至止
복록이 이미 모였도다　　福祿既同
군자가 만년토록　　君子萬年
그 가방(家邦)을 보전하리로다　　保其家邦

127 매(韎) : 《집전》에는 꼭두서니〔茅蒐〕이니, 염색하는 것이라 하였다.

128 필(珌) : 【집전】 칼집의 아래 장식

흥이다.

이상은 〈첨피락의〉 3장이니, 장마다 6구이다.

상상자화 裳裳者華

상체(常棣)와 상체의 꽃이여 裳裳者華
그 잎이 윤택하도다 其葉湑兮
내 그대를 만나니 我覯之子
내 마음 모두 쏟아놓도다 我心寫兮
내 마음 쏟아놓으니 我心寫兮
이 때문에 즐거움과 편안함이 있도다 是以有譽處兮

흥이다. 동씨(董氏)는 "상(裳)은 고본(古本)에 상(常)으로 되어 있으니, 상체(常棣)이다."[129]라고 하였다. '상체와 상체'라고 거듭 말한 것은 〈패풍(邶風) 연연(燕燕)〉에서 '제비와 제비〔燕燕〕'라고 한 것이 공(公)을 위하고 사(私)를 위한 것과 같으니,[130] 왕실에 충성하면서

129 상(裳)은……상체(常棣)이다 : 《집전》에는 "상상(裳裳)은 당당(堂堂)과 같다."라고 하고, 그 다음에 동씨의 설을 인용하였다. 당당은 빛나고 왕성한 모양으로 공영달(孔穎達)의 소에 '상상'을 '堂堂然光明'으로 해석하였다.

130 패풍(邶風)……같으니 : 〈연연〉에 '제비와 제비의 낢이여〔燕燕于飛〕'라고 보인다. 심대윤은 〈연연〉을 제후가 자기 나라의 출중한 신하를 천자에게 바치고 신하를 전송하는 시로 해석하고, 신하가 왕에게 충성하면서도 자신을 은혜롭게 돌아보기를 바란 것이며, 공(公)을 먼저 하고 사(私)를 뒤로 하면서도 두 가지를 모두 폐하지 않았다고 하였다.

자기 나라를 잘 다스린 것이다. 서(湑)[131]는 윤택한 모양이니, '그 잎이 윤택함'은 친히 따르는 자가 많음을 말한 것이다. 내 마음을 모두 쏟아 놓았으므로 '이 때문에 잔치하여 마시고 편안하여 즐겁게 거처함이 있는 것'이니, 해설이 〈백화지십 육소(蓼蕭)〉에 보인다.[132] 이는 천자가 제후를 연향하는 악가이다.

상체와 상체의 꽃이여　裳裳者華
누런 꽃이 화려하도다　芸其黃矣
내 그대를 만나니　我覯之子
그 문장(文章)이 있도다　維其有章矣
그 문장이 있으니　維其有章矣
이 때문에 경사(慶事)가 있도다　是以有慶矣

흥이다. 운(芸)[133]은 화려하고 성한 모양이다. 장(章)은 위의(威儀)가 아름다운 문장을 이룬 것이다. 문덕(文德)은 문채가 일과 행위에 베풀어지는 것이요, 위의는 문채가 용모에 드러난 것이다. 위의를 잘 길러 복을 얻음은 해설이 〈당풍(唐風) 무의(無衣)〉에 보인다.[134]

131 서(湑) : 【집전】 성한 모양〔盛貌〕

132 해설이……보인다 : '내 마음을 모두 쏟아 놓음'은 군주가 신하를 연향하며 정을 다하는 것이다. 이 장과 비슷한 내용인 〈육소〉 1장에서 심대윤은 "군주와 신하의 분별은 매우 존엄하여 예와 공경으로 서로 대하나 오직 잔치하여 술을 마실 때에는 다정하게 기쁜 마음으로 대하고 담소하여 정을 다한다. 그러므로 '이 때문에 편안하고 즐거운 곳이 있다'고 말한 것이다."라고 하였다.

133 운(芸) : 【집전】 황색이 성한 것이다〔黃盛也.〕

134 위의를……보인다 : 〈무의〉 1장의 주석에 자세히 보이는데, 대략적인 뜻은 위의가 중(中)에 맞으면 편안하고, 위의가 편안하면 사람이 편안하게 여기고, 사람들이

상체와 상체의 꽃이여 裳裳者華
혹 누렇고 혹 희도다 或黃或白
내 그대를 만나니 我覯之子
네 필의 낙마(駱馬)[135]를 탔도다 乘其四駱
네 필의 낙마를 탔으니 乘其四駱
여섯 고삐가 부드럽도다 六轡沃若

흥이다.[136] '혹 누렇고 혹 흼'은 능히 윗사람을 섬기고 아랫사람을 잘 다스림을 말한 것이다. '네 필의 낙마를 탔으니 여섯 고삐가 부드러움'은 능히 아랫사람을 어거함을 말한 것이다.

왼쪽으로 인도하고 왼쪽으로 인도함에 左之左之
군자가 마땅하며 君子宜之
오른쪽으로 인도하고 오른쪽으로 인도함에 右之右之
군자가 가지고 있도다 君子有之
그 모두를 가지고 있는지라 維其有之
이 때문에 그와 같도다 是以似之

부이다. 재주를 구비하여 왼쪽과 오른쪽의 각 방면에 사용함이 모두 마땅함을 말한 것이다. 내면에 소유하였기 때문에 외면에 베푸는 것이 그 중심(中心)과 같지 않음이 없는 것이다.

편안하게 여기는 바에 복이 온다는 것이다.

135 낙마(駱馬) : 검은 갈기의 흰 말인 가리온.

136 흥이다 : 【집전】 그 거마와 위의의 성함을 말한 것이다.

이상은 〈상상자화〉 4장이니, 장마다 6구이다.

이상은 〈북산지십〉이다.

상호지십 桑扈之什

상호 桑扈

이리저리 나는 상호(桑扈)여 交交桑扈
그 깃이 아름답도다 有鶯其羽
군자[1]가 즐거워하니 君子樂胥
하늘의 복을 받으리로다 受天之祜

흥이다. 교교(交交)는 오고 감이 한결같지 않은 모양이다. 상호(桑扈)는 절지(竊脂 콩새)이다. 앵(鶯)은 문채가 있는 모양이니, 문덕(文德)이 아름다움을 비유한 것이다. 서(胥)는 《집전》에 어조사라고 하였다. 문덕이 있으면서 능히 화락하면 중용의 덕이므로 하늘의 복을 받는 것이다. 이는 천자가 제후를 연향하는 악가이다.

이리저리 나는 상호여 交交桑扈
그 목이 아름답도다 有鶯其領
군자가 즐거워하니 君子樂胥
만방의 번병(藩屛)이로다 萬邦之屛

흥이다. 영(領)은 목이니, 능히 통솔함을 말한 것이다. 병(屛)[2]은

1 군자 : 《집전》에 제후를 가리킨다고 하였다.

가리개이다.

번병이 되며 우익(羽翼)이 되니　　之屛之翰
모든 제후들이 법으로 삼도다　　百辟爲憲
거두지 아니할까 공손하지 아니할까　　不戢不難
복을 받음이 길지 아니할까　　受福不那

부이다. 한(翰)[3]은 우익(羽翼)이다. 집(戢)은 거둠이다. 난(難)[4]은 나(娜)와 통한다. 부집(不戢)은 집(戢)이요, 불나(不娜)는 나(娜)이니,[5] 능히 거두고 겸손함을 말한 것이다. 능나(能娜)는 공손함을 이른다.【나(娜)는 부드럽고 아름다운 모양이므로 공손함이라 한 것이다.】 나(那)[6]는 많음이다.

뿔잔이 굽어 있으니　　兕觥其觩
맛있는 술이 부드럽도다　　旨酒思柔
저 사귐에 오만하지 아니하니　　彼交匪敖
만복이 찾아오도다　　萬福來求

2 병(屛) :【집전】 작은 나라의 울타리와 호위가 됨을 말한 것이니, 방백(方伯)과 연수(連帥)의 직책을 맡은 자이다.

3 한(翰) :【집전】 기둥이니, 담의 양쪽에서 흙을 막는 것이다.

4 난(難) :【집전】 신중함〔愼〕

5 부집(不戢)은……나(娜)이니 :《집전》에도 이와 같이 말하고서, 不을 豈不로 풀이하였다.

6 나(那) :【집전】 많음〔多〕

흥이다.[7] 구(觩)는 뿔이 위가 굽어 있는 모양이다. 사(思)는 어조사이다. 뿔잔이 굽어 있어 펴 있지 않음과 술맛이 부드러움을 가지고, 군자가 남에게 굽혀서 남을 범하지 않고 남이 범하여도 따지지 않음[8]을 비유하였다. 오(敖)는 마땅히 오(傲)가 되어야 한다. 위아래 사람과 교제할 적에 오만한 바가 없으면 복이 절로 찾아오는 것이다.

이상은 〈상호〉 4장이니, 장마다 4구이다.

원앙 鴛鴦

원앙새가 나니　鴛鴦于飛
작은 그물[9]로 잡고 큰 그물로 잡도다　畢之羅之
군자[10]는 만년토록　君子萬年
복록이 마땅하리로다　福祿宜之

흥이다. 원앙은 《집전》에 짝을 이루는 새라고 하였다. 원앙은 군주와 신하가 서로 짝함을 말하였다. '작은 그물로 잡고 큰 그물로 잡음'은

7 흥이다 : 《집전》에는 부로 보았다.

8 남이……않음 : 원문은 '不校'로 《논어》 〈태백(泰伯)〉에 "능하면서 능하지 못한 이에게 물으며, 많으면서 적은 이에게 물으며, 있어도 없는 것처럼 여기며, 가득해도 빈 것처럼 여기며, 남이 범하여도 따지지 않았다.〔以能問於不能, 以多問於寡, 有若無, 實若虛, 犯而不校.〕"라고 보이는데, 심대윤은 "이는 겸손한 덕이다."라고 하였다.

9 작은 그물 : 《집전》에 필(畢)은 작은 그물에 긴 자루가 달린 것이라 하였다.

10 군자 : 《집전》에 천자를 가리킨다고 하였다.

붙어서 떨어지지 않음을 말한 것이다. 이는 천자가 순수하여 제후국을 지나가는 손님이 되면 제후가 천자를 연향하는 악가이다.[11]

원앙새가 어량(魚梁)에 있으니 鴛鴦在梁
왼쪽 날개를 접고 있도다 戢其左翼
군자는 만년토록 君子萬年
오랜 복이 마땅하리로다 宜其遐福

흥이다. 《집전》에 말하였다. 두 마리 새가 함께 깃들 적에 하나는 바로 있고 하나는 거꾸로 있어서 왼쪽 날개를 거두어 서로 안에서 의지하고 오른쪽 날개를 펴서 환난(患難)을 밖에서 막는다.

네 필의 말이 마긋간에 있으니 乘馬在廐
여물을 먹이고 곡식을 먹이도다 摧之秣之
군자는 만년토록 君子萬年
복록으로 기르리로다 福祿艾之

흥이다. 좌(摧)는 여물이요, 말(秣)은 곡식이다. 애(艾)는 기름이다.

네 필의 말이 마긋간에 있으니 乘馬在廐
곡식을 먹이고 여물을 먹이도다 秣之摧之
군자는 만년토록 君子萬年

11 이는……악가이다 : 《집전》에는 제후가 〈상호(桑扈)〉에 답한 것이라 하여, 천자가 제후에게 연향을 베풀어 송축함에 제후가 답하는 시로 보았다.

복록으로 편안하리로다 福祿綏之

홍이다.

이상은 〈원앙〉 4장이니, 장마다 4구이다.

기변 頍弁

우뚝한 피변(皮弁)이여 有頍者弁
실로 무엇인고 實維伊何
네 술이 이미 맛있으며 爾酒既旨
네 안주가 이미 아름다우니 爾殽既嘉
어찌 다른 사람이리오 豈伊異人
형제이지 타인이 아니로다 兄弟匪他
겨우살이와 여라(女蘿)가 蔦與女蘿
송백(松柏)에 뻗어 있도다 施于松柏
군자를 보지 못한지라 未見君子
마음에 근심이 많더니 憂心奕奕
이미 군자를 만나보니 既見君子
거의 기쁘리로다 庶幾說懌

홍이고 부이고 비이고 부이다.[12] 기(頍)는 머리를 높이 쳐드는 모양

12 홍이고……부이다 : 《집전》에는 '부이고 홍이고 비'로 보았으니, 이하의 장도 같

이다. 주나라 사람은 국로(國老)를 태학(太學)에서 봉양하고 서로(庶老)를 소학(小學)에서 봉양하니,【국(國)의 안이 향(鄕)이고 밖이 수(遂)이니,[13] 향과 수에는 교(校)가 있었고 육향(六鄕)과 육수(六遂)에는 소학이 있었다.[14]】 국로는 삼공(三公)·삼고(三孤)·대총재(大冢宰)·대사도(大司徒)이니, 삼로(三老)·오경(五更)이라 부르는 자가 이들이며, 천자가 직접 봉양하는 자들이다. 서로는 백관 중에 늙어서 치사(致仕)한 자가 이들이니, 소학의 스승으로 하여금 주인이 되어서 서로를 빈으로 모시고 연향하게 한다.[15] 태학에서는 봉양하는 예(禮)를 쓰고 연향하는 예

다. 《집전》에는 형제와 친척에게 잔치를 베푸는 시라고 하였다.

13 국(國)의……수(遂)이니 : 향과 수에 대한 일반적인 설은, 왕성 밖 100리 이내의 교내(郊內)를 육향(六鄕)으로 나누고, 왕성 밖 100리에서 200리를 육수(六遂)로 나누며, 육향에는 5가(家)의 비(比)에서 12,500가의 향(鄕)까지 비·려(閭)·족(族)·당(黨)·주(州)·향의 구역이 있고 육수에는 5가의 린(鄰)에서 12,500가의 수(遂)까지 린·리(里)·찬(酇)·비(鄙)·현(縣)·수의 구역이 있다는 것이다. 이는 《주례》에 보이는데, 향과 수를 교내와 교외로 구분하는 것은 정현(鄭玄)과 공영달(孔穎達)의 주소(註疏)에 근거한 것이다. 반면에 심대윤은 《예기정해(禮記正解) 왕제(王制)》에서 "국(國)의 안을 향이라 하고, 밖을 수라 한다.〔國內曰鄕, 外曰遂.〕"라고 하였다. 국은 일반적으로 국도를 가리키나, 심대윤이 〈소아 호엽(瓠葉)〉에서 족과 당을 언급한 것을 참조하면 '국의 안'은 국도의 안이 아니고 교내와 유사한 뜻인 듯하다.

14 향과……있었다 : 옛 학교의 명칭에 대하여 《예기》 〈학기(學記)〉에 "여(閭)에는 숙(塾)이 있었고, 당(黨)에는 상(庠)이 있었고, 주(州)에는 서(序)가 있었고, 국도에는 국학(國學)이 있었다.〔家有塾, 黨有庠, 術有序, 國有學.〕"라고 보이는데, 심대윤은 여기에 빠진 글이 있다고 하며 "족(族)에는 숙이 있었고, 당에는 상이 있었고, 주에는 서가 있었고, 향과 수에는 교가 있었고, 육향과 육수에는 소학이 있었고, 국도에는 태학이 있었다.〔族有塾, 黨有庠, 州有序, 鄕、遂有校, 六鄕、六遂有小學, 國有大學.〕"라고 고쳤다. 《禮記正解 學記, 王制》

15 국로는……한다 : 심대윤은 《예기정해(禮記正解)》 〈왕제(王制)〉에서 "육경(六卿) 중에 늙어서 치사(致仕)한 자로서, 천하에서 덕망이 높고 나이가 많고 도가 있는 자를 삼공과 삼고로 삼아 이름하여 삼로·오경이라 한다. 삼공은 천자의 스승이고 삼고는 천자의 벗이니, 이들을 국로라 한다. 대부와 사(士)로서 늙어서 치사한 자를 서로라

를 쓰지 아니하니 천자가 제자로서 스승을 봉양하기 때문이고, 소학에서는 연향하는 예를 쓰고 봉양하는 예를 쓰지 아니하니 주인으로서 빈을 초청하기 때문이다.

이는 소학에서 서로를 연향하는 악가이니, 우뚝한 피변으로 노인이 조정의 관면(冠冕 으뜸)의 지위에 있음을 흥한 것이다. '실로 무엇인고'는 늙어 쓸모가 없어서 나라에 보탬이 없는데 한갓 봉양만 받는다고 노인이 스스로 말한 것이다. 내 술과 내 안주라고 말하지 않고 '네 술'과 '네 안주'라고 한 것은 천자가 시켜서 노인을 봉양하게 한 것이요 소학의 스승이 직접 마련한 것이 아니기 때문이다. '어찌 다른 사람이리오'는 모이는 자가 노인에 그침을 말한 것이다. 서로는 붕우인데 형제라고 말한 것은 친하게 여긴 것이다. 조(蔦)는 《집전》에 "나무 위에 기생(寄生)하니, 잎은 당로(當盧)와 같고, 열매는 복분자와 같은데 붉고 검으며 달고 맛있다."라고 하였다. 여라(女蘿)는 토사(兎絲)이다. 노인이 이미 세상일을 하직하고 세상에 덧붙어 삶은 겨우살이와 여라가 풀과 나무 위에 기생함과 같다. 그런데 지금 국가의 은혜로운 봉양을 받아서

고 한다. 이들은 모두 나라에 공덕이 있고 일을 이룬 자들이므로 국학에서 봉양한다.〔六卿之老而致事者, 天下之尊德也、高年也、有道也, 以爲三公、三孤焉, 命曰三老、五更. 三公, 天子之師; 三孤, 天子之友也, 是謂國老. 自大夫、士之老而致事者, 謂之庶老. 是皆有功德於國而成事者也, 故養於國學.〕"라고 하였다. 《서경》〈주관(周官)〉에 삼공은 태사(太師)·태부(太傅)·태보(太保)이고 삼고는 소사(少師)·소부(少傅)·소보(少保)라 하였는데, 심대윤은 삼로는 삼공이고, 오경(五更)은 삼고에 총재와 사도를 합한 것이며, "천자와 서로 닦고 권면하는 자이므로 경(更)이라 한 것이다.〔天子之所更相修勉者, 故謂之更.〕"라고 하였다. 《書經蔡傳辨正》 반면에 진호(陳澔)는 "국로는 작위와 덕이 있는 노인이고, 서로는 서인(庶人)의 노인과 나랏일에 죽은 자의 부조(父祖)이다."라고 하였다. 또 정현(鄭玄)은 "삼로와 오경은 각각 1명으로 모두 연로하여 일을 경험하고 치사한 자이다."라고 하였는데, 삼로·오경에 대한 설은 분분하다. 《禮記集說 王制》, 《禮記註疏 文王世子》

존귀함과 영화로움을 잃지 않으니, 이는 겨우살이와 여라가 소나무와 측백나무 위에 뻗어 있음[16]과 같은 것이다. 혁혁(奕奕)[17]은 성대한 뜻이다. 선(善)을 하고자 하는 마음이 늙어도 더욱 돈독하여, 물러나 쉬고 죽음에 가까운 나이라고 해서 조금도 게을러지지 않은 것이다.

우뚝한 피변이여	有頍者弁
실로 어찌 그러한가	實維何期
네 술이 이미 맛있으며	爾酒既旨
네 안주가 이미 좋으니	爾殽既時
어찌 다른 사람이리오	豈伊異人
형제가 모두 왔도다	兄弟具來
겨우살이와 여라가 모두	蔦與女蘿
소나무 위에 뻗어 있도다	施于松上
군자를 보지 못한지라	未見君子
마음에 근심이 가득하더니	憂心怲怲
이미 군자를 만나보니	既見君子
행여 좋음이 있으리로다	庶幾有臧

흥이고 부이고 비이고 부이다. 기(期)는 마땅히 기(其)가 되어야 한다.[18] 병병(怲怲)은 근심이 성한 모양이다. 혁혁(奕奕)과 병병은 모

16 겨우살이와……뻗어 있음 : 【집전】 형제와 친척이 서로 감싸주고 의지하여 따르는 뜻을 비유하였다.

17 혁혁(奕奕) : 【집전】 근심이 그치는 바가 없는 것이다.〔憂心無所薄也.〕

18 기(期)는……한다 : 《집전》에는 何期는 1장의 伊何와 같다고 하였다. 伊는 어조사이다.

두 근심이 밖에 있고 안에 있지 않은 것이니, 큰 것에 있고 작은 것에 있지 않은 뜻이다. 노인은 국가에 대한 근심만 있고 자신에 대한 염려는 없는 것이다.

우뚝한 피변이여	有頍者弁
실로 머리에 있도다	實維在首
네 술이 이미 맛있으며	爾酒既旨
네 안주가 이미 많으니	爾殽既阜
어찌 다른 사람이리오	豈伊異人
형제간과 구생(舅甥) 간이로다	兄弟甥舅
저 함박눈이 내림에	如彼雨雪
먼저 싸락눈이 모이는 것과 같은지라	先集維霰
죽을 날이 얼마 남지 않아	死喪無日
서로 만나볼 날이 얼마 없을진댄	無幾相見
오늘 저녁에 술을 즐겨	樂酒今夕
군자가 잔치를 할지로다	君子維宴

흥이고 부이고 비이고 부이다. 형제는 친함을 말한 것이요, 생구(甥舅)[19]는 동성(同姓)이 아님을 밝힌 것이다. 장차 눈이 오려면 싸락눈이 모이는 것으로써, 이미 늙으면 장차 죽게 됨을 비유한 것이다. 무기(無幾)는 얼마 남지 않은 것이다. '오늘 저녁에 술을 즐김'은 화락한 실제의 덕을 더욱 권면하는 것이다. 남은 인생이 짧음을 생각해서 끝을 잘 마무리함을 급하게 여긴 것이니, 분발하여 먹는 것도 잊어서 늙음이

19 생구(甥舅) : 《집전》에는 어머니 · 고모 · 자매 · 처의 집안이라 하였다.

장차 닥쳐오는 줄도 모른다[20]는 것은 이것을 말한 것이다. 그리하여 노인이 나라에 보답함에 있어 마음이 더욱 돈독하고 뜻이 더욱 강한 것이다.

이상은 〈기변〉 3장이니, 장마다 12구이다.

거할 車舝

빼걱거리는 수레의 비녀장이여 間關車之舝兮
아름다운 계녀(季女)[21]를 생각하여 가도다 思孌季女逝兮
굶주려서가 아니며 목말라서가 아니라 匪飢匪渴
덕음(德音)으로 와서 모였으면 하노니 德音來括
비록 좋은 벗이 없으나 雖無好友
잔치하고 또 기뻐할지어다 式燕且喜

부이다. 간관(間關)[22]은 수레가 가는 소리이니, 수레가 가면 바퀴통

20 분발하여……모른다 : 《논어》〈술이(述而)〉에 공자가 자신에 대하여 말씀하기를 "그의 사람됨이 분발하여 먹는 것도 잊고, 즐거워 근심을 잊어서 늙음이 장차 닥쳐오는 줄도 모른다."라고 한 내용이 보인다. 여기에서 인용한 맥락과 달리, 심대윤은 《논어》에서 이를 성인(聖人)의 지성무식(至誠無息)으로 풀이하였다.

21 계녀(季女) : 소녀로, 모형(毛亨)은 〈소남(召南) 채빈(采蘋)〉의 '공경하는 계녀〔有齊季女〕'를 말한다고 하였고, 정현(鄭玄)은 '엄숙하고 공경하는 덕을 지닌 아름다운 소녀〔美好之少女有齊莊之德者〕'로 풀이하였다.

22 간관(間關) : 《집전》에는 수레 축에 비녀장〔舝〕을 설치하는 소리라고 하였다. 비녀장은 수레 축의 머리에 꽂아 바퀴를 고정하는 쇠로서, 《집전》에 "일이 없으면 벗겨놓고 가게 되면 설치한다."라고 하였다.

과 비녀장이 마찰하며 삐걱삐걱 소리가 난다. 아름다운 계녀를 생각하여 간다는 것은 굶주림과 목마름 때문에 온 것이 아니요, 혼인을 허락한 덕음(德音)으로 와서 모이는 것이다.[23] 괄(括)은 모임이다. 이는 신랑의 아버지가 신부의 아버지를 연향하는 악가이니,[24] 이 장은 신랑이 처음 가서 신부를 맞이해 오는 일을 말하였다. '비록 좋은 벗이 없으나'는 신혼을 위하여 연향을 베푼 것이요 좋은 벗을 위한 것이 아님을 뜻하니, 이로써 사이좋은 사돈 간이 친속이 아니나 친속과 같아서, 붕우 간에 도(道)로써 합하고 친속 관계가 없어서 도가 합하지 않으면 교유를 그만둘 수 있는 것과 같지 않음을 밝힌 것이다.【신부의 아버지가 딸을 찾아가 보는 것은 초례(醮禮)한 뒤에 있다.[25]】

무성한 저 평림(平林)에 依彼平林
꿩이 앉아 있도다 有集維鷮
제때에 알맞는 저 석녀(碩女)[26]가 辰彼碩女
좋은 덕으로 와서 가르쳐 주도다 令德來教
잔치하며 또 편안하여 式燕且譽
너를 좋아하기를 끝없이 하노라 好爾無射

23 굶주림과……것이다 : 【집전】 굶주리거나 목말라서가 아니라, 그 덕음으로 와서 모이기를 바라서 마음이 기갈이 든 것과 같은 것이다.

24 이는……악가이니 : 《집전》에는 신혼에 잔치하고 즐거워하는 시라고 하였다.

25 신부의……있다 : 일반적인 초례는 신부가 신랑의 집에 도착한 날에 거행하지만, 심대윤은 신부가 신랑의 집에 온 지 3개월이 된 뒤에 초례를 행하고 비로소 부부가 동침하고 며느리의 예를 행한다고 하였다. 〈소아 담로(湛露)〉1장의 각주 참조.

26 석녀(碩女) : 《집전》에 석(碩)은 '큼〔大〕'이라 하였다. 공영달(孔穎達)의 소에도 碩은 大라 하고 '훌륭한 여인〔美大之女〕'을 말한 것이라 하였다.

흥이다. 의(依)는 의의(依依)와 같으니, 무성하고 짙은 모양이다. 교(鷮)는 작은 꿩이니, 꿩이 숲에 앉아 있는 것을 가지고 신부가 남편의 집에 온 것을 말하였다. 신(辰)은 제때에 미침이다. '와서 가르쳐 줌'은 신부가 와서 규문(閨門) 안의 법도를 주관함이니, 이는 신부가 처음 시집왔을 때의 일을 말한 것이다. 예(譽)는 예(豫)와 통하니, 편안함이다. 역(射)은 싫어함이다.

비록 맛있는 술이 없으나 雖無旨酒
행여 마셔주기를 바라며 式飮庶幾
비록 아름다운 안주가 없으나 雖無嘉殽
행여 먹어주기를 바라며 式食庶幾
비록 그대와 더불 만한 덕이 없으나 雖無德與女
노래하고 또 춤출지어다 式歌且舞

부이다. 여(女)[27]는 손님을 가리킨 것이다. 사돈 간의 의리는 비록 도덕과 명예와 이익을 서로 돕는 것은 없으나 또한 소원히 하고 외면해서는 안 되니, 벗을 사귈 적에 자기보다 못한 자를 벗삼지 말아야 하는 것[28]과는 달라서 친척의 도가 있는 것이다.

저 높은 뫼에 올라가서 陟彼高岡

27 여(女) : 《집전》에는 계녀(季女)를 가리킨 것이라 하였다.

28 자기보다……것 : 원문 '無友不如己者'는 《논어》 〈학이(學而)〉에 보인다. 또 《논어》 〈자장(子張)〉에 자하(子夏)가 벗을 사귐에 "가한 자를 사귀고 불가한 자를 사귀지 말라.〔可者, 與之; 其不可者, 拒之.〕"고 한 것에 대하여 심대윤은 자하의 말이 옳다고 하며 "벗은 유익한 벗과 손해되는 벗을 가려서 자기보다 못한 자를 벗삼지 말아야 한다.〔友者, 擇其損益, 無友不如己.〕"라고 하였다.

갈참나무 장작을 쪼개노라 析其柞薪
갈참나무 장작을 쪼개니 析其柞薪
그 잎이 무성하도다 其葉湑兮
내 너를 만남을 아름답게 여기니 鮮我覯爾
내 마음 모두 쏟아놓도다 我心寫兮

비이다.[29] 작(柞)은 갈참나무이다. 선(鮮)[30]은 아름답고 좋음이니, 《서경》에 "은혜를 베풀어 홀아비와 과부들을 아름답고 좋게 하였다."[31] 라고 한 것이 이것이다. '저 높은 뫼에 오름'은 우러러 바라봄을 말한 것이다. '장작을 쪼갬'은 장작의 말단이 갈라졌으나 근본은 아직도 붙어 있음을 말한 것이니, 이는 남자와 여자가 합하여 하나가 되고 두 집안의 친척이 서로 우애함과 같은데, 이 역시 근본은 붙어 있고 말단이 갈라져 서로 상대가 된 것이다. '그 잎이 무성함'은 딸려 있는 양가 친척이 많아서 오직 신랑의 아버지와 신부의 아버지만 그러함이 아님을 말한 것이다. 선왕이 소원한 사람들을 서로 따르고 합하게 한 뜻이 이와 같은 것이다.

29 비이다 : 《집전》에는 흥으로 보았으니, 아래 장도 같다.

30 선(鮮) : 《집전》에는 '적음〔少〕'이라고 하였으니, '어렵게 여기다', '부족하게 여기다' 등으로 해석할 수 있다.

31 은혜를……하였다 : 이는 《서경》 〈무일(無逸)〉에서 주공(周公)이 문왕(文王)을 찬미한 말이다. 채침(蔡沈)은 "혜선(惠鮮)이라고 말한 것은 홀아비와 과부인 사람들이 머리를 떨구고 기운을 잃고 있는데, 물건을 주고 구휼하여 살 뜻이 있게 한 것이다.〔惠鮮云者, 鰥寡之人, 垂首喪氣, 賚予賙給之, 使之有生意也.〕"라고 하였는데, 심대윤은 선(鮮)을 "여위고 파리한 자에게 신선한 활기를 주어 아름답고 좋게 한 것이다.〔鮮憔悴枯槁者鮮好也.〕"라고 풀이하였다. 《書經集傳》, 《書經蔡傳辨正》

높은 산을 우러러보며 高山仰止
큰길을 가도다 景行行止
네 필의 말이 굳건히 달려가니 四牡騑騑
여섯 고삐가 거문고와 같이 조화롭도다 六轡如琴
네 신혼을 본지라 覯爾新昏
내 마음 위안되노라 以慰我心

비이다. 경행(景行)은 큰길이다. 여금(如琴)은 조화로움이 거문고와 같은 것이다. '높은 산을 우러러 봄'은 그 사람의 덕이 충분히 우러러볼 만함을 말한 것이요, '큰길을 감'은 그 사람의 도가 행할 만함을 말한 것이다.[32] '여섯 고삐가 거문고와 같음'은 양가 친척이 조화로워 서로 합함이 여섯 고삐가 손에 모여 있음과 같다는 말이다.

이상은 〈거할〉 5장이니, 장마다 6구이다.

청승 青蠅

이리저리 날아다니는 청승(青蠅)이여 營營青蠅
울타리에 앉았도다 止于樊
화순(和順)한 군자는 豈弟君子
참소하는 말을 믿지 말지어다 無信讒言

홍이다.[33] 영영(營營)[34]은 오고가며 찾아다니는 모양이다. 번(樊)은

32 높은……것이다 : 《집전》에는 1・2구를 그 이하에 대한 홍으로 본 반면에 심대윤은 비유로 보았다.

울타리이다. 청승(쉬파리)이 탐욕스럽게 찾아다니면서 능히 좋고 나쁨을 변란시킴으로써, 소인들이 참언(讒言)을 좋아함을 비유하였다.[35]

이리저리 날아다니는 청승이여	營營青蠅
가시나무에 앉았도다	止于棘
참소하는 사람이 끝이 없어서	讒人罔極
사방 나라를 교란시키도다	交亂四國

흥이다. 극(極)은 〈끝에〉 이름이다.

이리저리 날아다니는 청승이여	營營青蠅
개암나무에 앉았도다	止于榛
참소하는 사람이 끝이 없어서	讒人罔極
우리 두 사람[36]을 얽어 죄를 만들도다	構我二人

흥이다. 구(構)[37]는 얽어 모아 죄를 만드는 것이다. 참언을 미워하는 시로서 이미 〈소민지십 교언(巧言)〉과 〈소민지십 항백(巷伯)〉을 취하였는데, 또 이 편이 있는 것은 참언이 매우 가증스러움을 나타낸

33 흥이다 : 《집전》에는 비로 보았다.

34 영영(營營) : 【집전】 오고가며 나는 소리〔往來飛聲〕이니, 사람의 청각을 혼란시킨다.

35 청승이……비유하였다 : 【집전】 왕이 참언을 듣기를 좋아하므로 참언을 청승의 나는 소리에 비유하고 왕에게 듣지 말라고 경계한 것이다.

36 두 사람 : 【집전】 자기와 듣는 자가 두 사람이다.

37 구(構) : 【집전】 합함이니, 교란(交亂)과 같다.

것이다. 정치하는 도는 현자를 등용하고 불초한 자를 물리침에 있다. 참소하는 사람을 사랑하고 소원히 하지 아니하여, 입에 공정한 의논이 없어서 현자와 불초한 자의 지위가 뒤바뀌면 천하의 혼란이 여기에서 근본하지 않는 경우가 있지 않다. 공자가 말씀하시기를 "서서히 젖어드는 참소와 피부로 받는 하소연이 행해지지 않으면 밝다고 이를 만하고 멀다고 이를 만하다."[38]라고 하셨다. 저 비방을 들으면 노여워하고 참언을 들으면 믿는 자는 혈기의 사사로움에 가리어서 그림자와 메아리처럼 공허한 것에 현혹되기 때문이다. 혈기에 가리어지면 사사로이 사랑하고 미워함을 면치 못하고, 그림자와 메아리에 현혹되면 실제 형적(形迹)을 보지 못한다. 안으로 사사로움에 가리어지고 밖으로 거짓에 현혹되면, 밝음을 구하려고 하나 어렵고 멂을 구하려고 하나 어려운 것이다. 오직 극기(克己)[39]하여 인심(人心)을 끊고 격물치지(格物致知)[40]하여 인정(人情)을 통해야 하니, 그런 뒤에야 이러한 근심이 없는 것이다.

이상은 〈청승〉 3장이니, 장마다 4구이다.

38 서서히……만하다 : 이는 《논어》 〈안연(顏淵)〉에 보인다. 심대윤은 이에 대하여 "서서히 젖어드는 참소와 피부로 받는 하소연이 행해짐은 사사로움에 이끌리기 때문이다.〔浸潤、膚受之所以行, 由牽於私也.〕"라고 하였다.

39 극기(克己) : 심대윤은 극기를 '인심의 편벽됨을 제거함〔克去人心之偏〕'이라 하였다. 《論語 顏淵》

40 격물치지(格物致知) : 심대윤은 "격물치지는 나의 정으로 외물의 정에 통하는 것이다.〔格致者, 以我之情通物之情也.〕"라고 하였다. 《大學考正》

빈지초연 賓之初筵

빈(賓)이 처음 자리에 나아갈 때는	賓之初筵
좌우가 질서 정연하거늘	左右秩秩
변두(籩豆)가 곱고 성하며	籩豆有楚
안주와 과일이 진열되어 있으며	殽核維旅
술이 이미 조화롭고 아름다워	酒旣和旨
술을 마심을 매우 화목하게 하도다	飮酒孔偕
종과 북을 이미 설치하여[41]	鍾鼓旣設
술잔을 들기를[42] 편안히 하며	擧酬逸逸
대후(大侯)를 이미 펼치고[43]	大侯旣抗
궁시(弓矢)를 이에 준비하니	弓矢斯張
사부(射夫)가 이미 짝을 함께한지라[44]	射夫旣同

41 설치하여 : 《집전》에 설(設)은 "악기를 미리 설치해 놓았다가 다시 당 아래로 옮기는 것이다. 《의례》 〈대사(大射)〉에 악인(樂人)이 미리 악기를 매달아 놓는데, 다음날 장차 활을 쏘게 되거든 마침내 악기를 당 아래로 옮겨 놓아 활 쏘는 자리를 피한다는 것이 이것이다."라고 하였다.

42 술잔을 들기를 : 거수(擧酬)는 《집전》에 "놓아둔 수작(酬爵)을 드는 것이다."라고 하였다. 수작은 주인이 빈에게 권한 술잔으로, 빈이 자리 앞에 놓아두고 여수(旅酬)에 이르기까지 마시지 않는다. 〈북산지십 초자(楚茨)〉 3장의 각주 참조.

43 대후(大侯)를 이미 펼치고 : 【집전】 무릇 활쏘기에 후(侯)를 펼쳐 놓되, 왼쪽 아랫끈을 지지대에 매놓지 않고 〈위쪽으로 비스듬히 올려〉 후의 중앙을 가리어 오른쪽 윗끈에 묶었다가, 장차 활을 쏘게 되어 사마(司馬)가 후를 펼치라고 명하면 자제들이 묶어 놓은 것을 벗기고 마침내 아랫끈을 지지대에 동여매는 것이다.

44 짝을 함께한지라 : 【집전】 사부기동(射夫旣同)은 그 짝을 정하는 것이다. 사례(射禮)에 신하들 중에서 선발하여 세 짝을 만들고, 세 짝 이외의 나머지 사람들은 각자 짝을 취하니 이를 중우(衆耦)라 이른다.

너의 활 쏜 공적을 올려서　　獻爾發功
활을 쏘되 저 과녁을 맞혀　　發彼有的
너에게 벌주(罰酒)를 먹이기를 기원하도다　　以祈爾爵

부이다. 좌우는 연향의 자리 좌우에 있는 사람이다. 질질(秩秩)은 차례가 있음이다. 초(楚)[45]는 곱고 성한 모양이다. 여(旅)는 진열함이다. 해(偕)[46]는 마땅히 해(諧)가 되어야 하니, 화합하고 한결같음이다. 일일(逸逸)[47]은 편안하고 한가로운 모양이다. 대후(大侯)는 군주의 과녁판이니, 천자는 곰 가죽의 과녁판을 쓰고 제후는 큰 사슴 가죽의 과녁판을 쓴다. 대부는 삼베로 만든 과녁판에 범과 표범을 그리고, 사(士)는 사슴과 돼지를 그린다. 항(抗)은 펼침이다. 적(的)은 표적이니, 활을 쏠 때에 정곡(正鵠)을 표적으로 삼는다. 작(爵)[48]은 벌주 잔이다. 이는 연향의 활쏘기로 인하여 술을 마시는 경우를 말한 것이다. 구설에 위(衛)나라 무공(武公)의 시라고 하였으니, 아마도 무공이 여러 신하와 여러 사들을 경계한 듯하다.[49]

약무(籥舞)[50]를 추며 생황(笙簧)을 불어　　籥舞笙鼓

45 초(楚) : 【집전】 진열되어 있는 모양〔列貌〕

46 해(偕) : 【집전】 일치하여 함께함〔齊一〕

47 일일(逸逸) : 【집전】 오고 감에 차례가 있는 것이다.

48 작(爵) : 【집전】 활을 쏘아 맞추지 못한 자가 풍(豊 술잔을 받치는 받침대)위에 있는 술잔을 마시는 것이다.

49 구설에……듯하다 : 【집전】 위나라 무공이 술을 마시고 과오를 뉘우쳐 이 시를 지은 것이다.

50 약무(籥舞) : 피리를 잡고 춤을 춘다고도 하고, 피리 소리에 맞추어 춤을 춘다고도 한다. 문무(文舞)라고도 부른다.

음악을 이미 조화롭게 연주하니	樂旣和奏
나아가 열조(烈祖)를 즐겁게 하여	烝衎烈祖
백례(百禮)에 합하도다	以洽百禮
백례가 이미 지극하니	百禮旣至
위의가 아름답고 성하도다	有壬有林
너에게 큰 복을 내려주니	錫爾純嘏
자손들이 즐겁도다	子孫其湛
그 즐거움이 안락하니	其湛曰樂
각기 너의 능함을 아뢰도다	各奏爾能
빈이 손으로 술을 뜨거늘	賓載手仇
실인(室人)이 들어와 또다시 술잔을 돌려서	室人入又
저 편안한 술잔에 술을 부어	酌彼康爵
너의 연향하는 때에 올리도다	以奏爾時

부이다. 증(烝)은 나아감이다. 임(壬)[51]은 위의가 아름다움이니, 《서경》에 "말을 우아하게 하고 얼굴을 아름답게 하고 동작을 지나치게 삼가는 자"[52]라고 한 것이 이것이다. 임(林)은 성하고 많음이다. '각기 너의 능함을 아룀'[53]은 여수(旅酬)를 하여 모발의 색깔에 따라 차례로

51 임(壬) : 【집전】 큼〔大〕

52 말을……자 : 원문 '巧言令色孔壬'은 《서경》 〈고요모(皐陶謨)〉에 보이는데, 심대윤은 "공(孔)은 심함이고, 임(壬)은 지나치게 공손함이다.〔孔, 甚也, 壬, 足恭也.〕"라고 하였다. 《書經蔡傳辨正》 이는 《논어》 〈공야장(公冶長)〉에 나오는 '巧言令色足恭'과 똑같게 해석한 것인데, 심대윤은 《논어》의 주석에서 "교언(巧言)은 응대하는 말을 우아하게 함이고, 영색(令色)은 얼굴을 아름답게 함이고, 주공(足恭)은 동작을 삼가는 것이다.〔巧言, 嫺辭令也; 令色, 美容顔也; 足恭, 動作愼也.〕"라고 하였다.

53 각기……아룀 : 《집전》에는 이를 "자손들이 각기 술을 부어 시(尸)에게 올리며

앉았을 적에 제사에 참여한 자의 자제들이 각각 부형에게 술잔을 올림을 이른다. 빈(賓)은 시(尸)와 빈을 통틀어 일컬은 것이다.[54] 구(仇)는 《집전》에 구(斛)로 읽는다고 하였으니, 술을 뜨는 것이다. 실인(室人)[55]은 헌(獻)[56]이니, 주인의 예를 돕는 자이므로 실인이라 한 것이다. 빈과 헌이 이미 서로 절하고 술잔을 주고받아,[57] 무릇 삼헌(三獻)의 예가 이루어진 뒤에 앉아서 여럿이 술을 마실 때에는 모두 소신(小臣)

시가 술잔을 돌리고 술잔의 술을 다 마심을 이른다."라고 하였다. 이는 정제(正祭)를 마치고 시에게 연향하는 예를 말한 것으로 보이는바, 소주에 안성 유씨(安成劉氏)의 말로 "《의례》〈특생궤사례(特牲饋食禮)〉에 삼헌(三獻)을 한 뒤에 장형제(長兄弟)가 술잔을 씻어서 시에게 올리며 시가 다 마시고 술잔을 돌리면 장형제가 받아서 술을 다 마신다. 《의례》〈유사철(有司徹)〉의 삼헌을 한 뒤에도 두 사람이 술잔을 씻고 술을 부어 올리는 예가 있다. '각기 너의 능함을 아룀'의 뜻은 이런 종류를 말한 것일 것이다. 〔《特牲》, 三獻之後, 長兄弟洗觶獻尸, 尸飮畢酢之, 長兄弟受而卒爵. 《少牢》下篇, 三獻之後, 亦有二人洗觶酌獻之禮. '各奏爾能'之義, 其謂此類歟.〕"라고 하였다.

54 빈(賓)은……것이다 : 시와 빈에 대한 연향이므로 이렇게 말한 듯하다. 심대윤은 시는 '신을 대신하여 예를 행하는 자〔神之攝禮者〕'이고 빈은 '신을 돕는 자로서 음식 먹는 것을 돕는 자〔神之贊者而佐食者〕'라고 풀이하였다. 《儀禮正論》

55 실인(室人) : 《집전》에는 "묘실(廟室) 안에서 맡은 일이 있는 자이니, 좌식(佐食)을 이른다."라고 하였다. 좌식은 빈으로서 시가 음식 먹는 것을 돕는 자이다.

56 헌(獻) : 심대윤은 "헌(獻)은 주인의 예를 돕는 자이다.【《의례》에 현상(顯相)이라 한 것이 이것이다.】 연향에는 주인이 직접 헌주(獻酒)하지만, 제사에는 사자(嗣子)가 부조(父祖)의 신과 빈주의 예를 주고받을 수 없으므로 헌을 세워 돕게 한다. 신하가 있는 자는 신하를 헌으로 삼고 신하가 없는 자는 가신의 장(長)이나 문객을 헌으로 삼는다. 〔獻者, 主人之相也.【《儀禮》言顯相, 是也.】 燕饗則主人親獻, 而祭則嗣子不可與父祖之神交賓主之禮, 故立獻以相之. 有臣者, 以臣爲獻; 無臣者, 以室老、門客爲獻.〕"라고 하였다. 《儀禮正論》

57 빈과……주고받아 : 〈소아 신남산(信南山)〉 3장의 주석에 '술잔을 올릴 적에 시에게 술잔을 주면 시가 받아서 빈에게 올리고 빈이 술잔을 받아서 맛본다.'고 하였고, 또 《의례정론(儀禮正論)》에서 설명한 제례에 시와 헌, 부헌(副獻)과 빈, 시와 주인·주부(主婦) 간에 헌주하는 절차가 보인다.

이 술잔을 돌리고 빈과 헌이 직접 술을 취하여 마셔서 다시는 서로 절하고 술을 따르고 올리지 않는다. 그러므로 '손으로 술을 뜬다'고 하였고 '들어와 또다시 술잔을 돌린다'고 한 것이다.[58] 강작(康爵)[59]은 편안히 앉아서 술을 마시는 것이다. 시(時)[60]는 예에 마땅히 앉아서 술을 마시는 때이다. 이는 제사로 인하여 술 마시는 경우를 말하였다.[61]

빈이 처음 자리에 나아갈 적엔	賓之初筵
온순하고 공손하도다	溫溫其恭
그 취하지 않았을 때에는	其未醉止
위의(威儀)가 예를 돌아보더니	威儀反反
이미 취해서는	曰旣醉止
위의가 이랬다저랬다 하는지라	威儀幡幡
자기 자리를 놓아두고 옮겨가서	舍其坐遷
자주 덩실덩실 춤추도다	屢舞僊僊
그 취하지 않았을 때에는	其未醉止
위의가 겸손하더니	威儀抑抑
이미 취해서는	曰旣醉止
위의가 꺼림이 없으니	威儀怭怭

58 손으로……것이다 : 【집전】 빈이 손으로 술을 뜨면 실인이 다시 술을 부어 가작(加爵)하는 것이다.

59 강작(康爵) : 《집전》에는 "강(康)은 편안함이니, 술은 몸을 편안히 하는 것이다." 라고 하였다. 반면에 심대윤은 제사를 지낸 뒤 편안히 앉아서 연향할 때의 술잔으로 해석하였다.

60 시(時) : 【집전】 시제(時祭)

61 이는……말하였다 : 【집전】 제사로 인하여 술 마시는 자들이 처음에는 예악의 성함이 이와 같음을 말한 것이다.

이것을 일러 이미 취한지라 是曰既醉
그 차례를 모른다고 하는 것이로다 不知其秩

부이다.[62] 반반(反反)은 예를 돌아봄이요, 번번(幡幡)[63]은 나부끼는 모양이다. '사기좌천(舍其坐遷)'은 자기가 앉았던 자리를 버리고 다른 곳으로 옮겨가는 것이다. 선선(僊僊)은 높이 드는 모양이요, 억억(抑抑)[64]은 겸손하고 억제하는 뜻이다. 필필(怭怭)은 믿고서 꺼림이 없는 뜻이다. 질(秩)[65]은 차례이다.

빈이 이미 취한지라 賓既醉止
곧 고함을 치며 떠들어서 載號載呶
우리 변두(籩豆)를 어지럽혀 亂我籩豆
자주 비틀비틀 춤추니 屢舞僛僛
이것을 일러 이미 취한지라 是曰既醉
그 허물을 모른다고 하는 것이로다 不知其郵
기울어진 관이 삐딱하여 側弁之俄
자주 어지럽게 춤추도다 屢舞傞傞
이미 취하고 나가면 既醉而出
함께 그 복을 받을 것이어늘 竝受其福
취하고도 나가지 않으니 醉而不出

62 부이다 : 【집전】 이는 모든 술을 마시는 자가 항상 다스려짐에서 시작하여 혼란함으로 끝남을 말한 것이다.

63 번번(幡幡) : 【집전】 경망하고 자주하는 것〔輕數〕

64 억억(抑抑) : 【집전】 삼가고 치밀함〔愼密〕

65 질(秩) : 【집전】 떳떳함〔常〕

이를 일러 덕을 해친다고 하는 것이로다　是謂伐德
술을 마심에 매우 아름다움은　飮酒孔嘉
그 좋은 위의를 챙기는 것이니라　維其令儀

부이다. 노(呶)는 시끄럽게 떠듦이다. 기기(僛僛)는 기울어진 모양이다. 우(郵)는 허물과 같다. 아(俄)는 기울어진 모습이다. 사사(傞傞)[66]는 들쭉날쭉 가지런하지 않은 모습이다.

무릇 이 술을 마심에　凡此飮酒
혹 취하고 혹 취하지 않는지라　或醉或否
이미 감(監)을 세우고　旣立之監
혹은 사(史)로 보좌하게 하나니　或佐之史
저 취하여 선(善)하지 않은 자는　彼醉不臧
도리어 취하지 않은 자를 부끄럽게 여기니라　不醉反恥
따라서 술을 권하지 말아서　式勿從謂
너무 태만하게 하지 말라　無俾大怠
할 말이 아닌 것은 말하지 말며　匪言勿言
할 일이 아닌 것은 말하지 말라　匪由勿語
취중에서 나오는 대로 말하는 자에게　由醉之言
새끼 양을 내놓으라 하리라　俾出童羖
세 잔에도 기억하지 못하거니　三爵不識
하물며 감히 또다시 마신단 말인가　矧敢多又

66 사사(傞傞) : 【집전】 그치지 않음

부이다. '혹 취하고 혹 취하지 않음'은 마신 술의 많고 적음이 자기 주량(酒量)에 따라 다른 것이다. 감(監)은 잘못을 규찰하는 자이고 사(史)는 잘못을 책에 쓰는 자이니, 무릇 연향을 하여 장차 여럿이 술을 마시게 되면 감과 사를 세워서 위의를 잃는 자를 바로잡는 것이다. '불취반치(不醉反恥)'[67]는 모든 술 취한 사람의 심정이 반드시 술 취하지 않은 자가 자리에 있는 것을 미워해서 억지로 술 마시도록 권하여 취하게 만들어야 그친다. 그러므로 도리어 취하지 않은 자를 부끄럽게 여긴다고 한 것이다. '식물종위(式勿從謂)'[68]는 취한 자가 취하지 않은 자에게 술 마심을 권하는 것을 볼 적에 술자리에 있는 자가 따라서 함께 권하지 말라고 말한 것이다. 취한 자가 잡담을 좋아하므로 취한 자에게 경계하기를, 마땅히 할 말이 아닌 것은 말하지 말고 마땅히 할 일이 아닌 것은 말하지 말라고 하였다. 동고(童羖)[69]는 새끼 양이니, 술에 취하여 실언한 자에게 벌로 새끼 양을 내도록 해서 부끄럽게 한 것이다. 술이 세 잔에 이르러 벌써 혼몽하여 기억하지 못한다는 것은 주량이 작은 자는 억지로 술을 마시게 해서는 안 됨을 말한 것이니, 주량에 따라서 혼란함에 이르지 않음을 절도로 삼는 것이다.

이상은 〈빈지초연〉 5장이니, 장마다 14구이다.

67 불취반치(不醉反恥) : 《집전》에는 취하지 않은 자가 도리어 취한 자의 불선을 부끄러워한다고 풀이하였다.

68 식물종위(式勿從謂) : 《집전》은 경문 '式勿從謂 無俾大怠'를 "어떻게 하면 따라가 말해 주어서, 너무 태만함에 이르지 않게 할 수 있겠는가."라고 풀이하였다.

69 동고(童羖) : 《집전》에는 '뿔이 없는 숫양〔無角之羖羊〕'이니, 반드시 없는 물건을 가설하여 말해서 위협한 것이라고 하였다.

어조 魚藻

물고기가 마름풀에 있으니 魚在在藻
그 머리가 크기도 하도다 有頒其首
왕이 호경(鎬京)에 계시니 王在在鎬
쾌락하여[70] 술을 마시도다 豈樂飮酒

흥이다. 분(頒)[71]은 마땅히 분(賁)이 되어야 하니, '유분기수(有頒其首)'는 왕의 덕이 큼을 말한 것이다. 재(在)를 거듭 쓴 것은 왕이 영구히 항상 계시기를 바란 것이다.[72] 이는 제후가 왕을 호경에서 연향하는 악가이다.[73]

물고기가 마름풀에 있으니 魚在在藻
그 꼬리가 많기도 하도다 有莘其尾
왕이 호경에 계시니 王在在鎬
술을 마셔 즐거워하시도다 飮酒樂豈

흥이다. 신(莘)[74]은 많고 성한 모양이니, '유신기미(有莘其尾)'는 여

70 쾌락하여 : 개(豈)는 《집전》에 '즐거움〔樂〕'이라 하였다.

71 분(頒) : 【집전】 머리가 큰 모양〔大首貌〕

72 재(在)를……것이다 : 《집전》에는 "왕은 어디에 계신가. 호경에 계시다.〔王何在乎? 在乎鎬京也.〕"라고 하였다. 《시경언해(詩經諺解)》에는 "王이 在ᄒᆞ샴이 鎬에 在ᄒᆞ시니"라고 해석하였다.

73 이는……악가이다 : 《집전》에는 천자가 제후들에게 잔치를 베풂에 제후들이 천자를 찬미한 시라고 하였다.

74 신(莘) : 【집전】 긺〔長〕

려 신하와 자손이 많고 성함을 말한 것이다.

물고기가 마름풀에 있으니	魚在在藻
그 부들에 의지해 있도다	依于其蒲
왕이 호경에 계시니	王在在鎬
장구히 거처하시도다	有那其居

흥이다. 나(那)[75]는 길이다. '그 부들에 의지함'은 군주가 백성에게 의지함을 말한 것이다.

이상은 〈어조〉 3장이니, 장마다 4구이다.

채숙 采菽

콩을 거두고 콩을 거두기를	采菽采菽
네모진 바구니와 둥근 바구니에 하도다	筐之筥之
군자가 와서 조회함에	君子來朝
무엇을 내려줄꼬	何錫予之
비록 줄 것이 없으나[76]	雖無予之
노거(路車)[77]와 승마(乘馬)로다	路車乘馬

75 나(那) : 【집전】 편안함〔安〕

76 비록……없으나 : 【집전】 이와 같이 말한 것은 그 좋아함이 그침이 없어서 생각에 오히려 박하다고 여긴 것이다.

77 노거(路車) : 군주의 수레로, 《집전》에 "금로(金路)는 동성(同姓)에게 하사하고,

또 무엇을 줄꼬 又何予之
현곤(玄袞)과 보(黼)[78]로다 玄袞及黼

흥이고 부이다.[79] 콩을 거두기를 네모진 바구니와 둥근 바구니에 한다는 것은 그 공덕에 힘입은 것이 한두 번이 아님을 말한 것이다.[80] 이는 왕이 제후를 연향하는 악가이다.[81]

용솟음쳐 나오는 함천(檻泉)에 觱沸檻泉
그 미나리를 뜯노라 言采其芹
군자가 와서 조회함에 君子來朝
그 깃발을 보노라 言觀其旂
그 깃발이 펄럭이며 其旂淠淠
그 방울소리가 낭랑히 울리며 鸞聲嘒嘒
참마(驂馬)가 있으며 사마(駟馬)가 있으니 載驂載駟
군자가 이르렀도다 君子所屆

흥이고 부이다. 《집전》에 말하였다. 필불(觱沸)은 샘물이 용솟음쳐

상로(象路)는 이성(異姓)에게 하사한다."라고 하였다.

78 현곤(玄袞)과 보(黼) : 현곤은 검은 웃옷에 권룡(卷龍 몸을 둥글게 말고 있는 용)을 그린 것이고, 보는 치마에 도끼 모양을 수놓은 것이다. 《집전》에 "공(公)들은 곤면(袞冕) 구장(九章)을 입는다."고 하였는데, 용은 구장의 첫째이고 보는 여덟째이다.

79 흥이고 부이다 : 《집전》에는 흥으로 보았으니, 아래 2·4·5장도 이와 같다.

80 콩을……것이다 : 《집전》에는 "콩을 거두고 콩을 거둘 때에는 반드시 네모진 바구니와 둥근 바구니로써 이를 담을 것이요, 군자가 와서 조회하면 반드시 물건을 내려줌이 있어야 한다."라는 뜻의 흥으로 보았다.

81 이는……악가이다 : 《집전》에는 천자가 〈어조(魚藻)〉에 답한 것이라 하였다.

나오는 모양이다. 함천(檻泉)은 위로 곧바로 솟아 나오는 샘이다.
○패패(淠淠)는 바람에 나부끼는 모양이니, '깃발이 펄럭임'은 위의를 찬미한 것이다. '방울소리가 낭랑함'은 명성을 찬미한 것이고, '참마가 있으며 사마가 있음'은 수행한 신하들을 찬미한 것이다.

붉은 슬갑은 다리에 있고	赤芾在股
사핍(邪幅)은 그 아래에 있도다	邪幅在下
저 사귐에 느리지 아니하니	彼交匪紓
천자가 허여하는 바로다	天子所予
즐거운 군자여	樂只君子
천자가 명령하시도다	天子命之
즐거운 군자여	樂只君子
복록으로 거듭하도다	福祿申之

부이다. 사핍(邪幅)은 《집전》에 행전이니 다리에 비스듬히 감는 것으로 지금의 행등(行縢)과 같은 것이라고 하였다.
○서(紓)는 해이하고 느슨함이니, 윗사람과 교제하는 자는 공경하고 부지런해서 행여 미치지 못할까 두려워하는 듯하여 해이하고 느슨한 마음이 없는 것이다. '즐거운 군자여'를 두 번 말한 것은 또한 '콩을 거두고 콩을 거둔다'고 한 뜻[82]이다.

갈참나무 가지여	維柞之枝
그 잎이 무성하도다	其葉蓬蓬

82 콩을……뜻 : 1장의 주석에서 공덕에 힘입은 것이 한두 번이 아니라고 한 것을 가리킨다.

즐거운 군자여 樂只君子
천자의 나라를 진정하리로다 殿天子之邦
즐거운 군자여 樂只君子
만복이 모이는 바로다 萬福攸同
공평한 좌우의 신하들이 平平左右
또한 따라오도다 亦是率從

흥이고 부이다. 봉봉(蓬蓬)은 성한 모양이니, 친히 따르는 자가 많음을 말한 것이다. 전(殿)은 《집전》에 진정(鎭靜)함이라 하였다. 평평(平平)[83]은 공평하고 올바름이니, 《서경》에 "왕의 도가 평평하다."[84]라고 하였다. 이는 따라온 신하들도 모두 다 공평하고 올바름을 말한 것이다.

둥둥 떠 있는 버드나무 배여 汎汎楊舟
동아줄과 끈으로 동여매 있도다 紼纚維之
즐거운 군자여 樂只君子
천자가 헤아리도다 天子葵之

83 평평(平平) : 《집전》에는 '분변하고 다스림〔辯治〕'이라고 하여, '平平左右'를 '분변하고 잘 다스리는 제후의 신하들'로 해석하였다.

84 왕의 도가 평평하다 : 이는 《서경》 〈홍범(洪範)〉에 "편벽됨이 없고 편당함이 없으면 왕의 도가 탕탕(蕩蕩)하며, 편당함이 없고 편벽됨이 없으면 왕의 도가 평평하며, 상도(常道)에 위배됨이 없고 기욺이 없으면 왕의 도가 정직할 것이다.〔無偏無黨, 王道蕩蕩; 無黨無偏, 王道平平; 無反無側, 王道正直.〕"라고 보인다. 심대윤은 이에 대하여 "탕탕은 넓고 큰 모양이고, 평평은 평이함이고, 정직은 사곡(邪曲)함이 없는 것이니, 이는 공(公)을 말한 것이다.〔蕩蕩, 廣大貌. 平平, 平易也. 正直, 無邪曲. 此言公也.〕"라고 풀이하였다. 《書經蔡傳辨正》

즐거운 군자여	樂只君子
복록으로 후히 하도다	福祿膍之
넉넉하고 한가로운지라	優哉游哉
또한 이에 이르렀도다	亦是戾矣

흥이고 부이다. 불(紼)은 굵은 새끼이고 이(纚)[85]는 가는 새끼이니, 천자에 매어 있음을 말한 것이다. 규(葵)는 마땅히 규(揆 헤아림)가 되어야 한다. 비(膍)는 후함이다. 여(戾)는 이름이니, 한가롭게 와서 이름을 감탄한 것이다.

이상은 〈채숙〉 5장이니, 장마다 8구이다.

각궁 角弓

붉은 각궁(角弓)이여	騂騂角弓
안팎이 뒤집혔도다	翩其反矣
형제들과 인척들은	兄弟昏姻
서로 멀리하지 말지어다	無胥遠矣

흥이다. 성성(騂騂)[86]은 동궁(彤弓 붉은 칠을 한 활)의 색깔이다. 활은

85 이(纚) : 【집전】 이(纚)와 유(維)가 모두 동여매는 것이다.

86 성성(騂騂) : 《집전》에는 '활이 조화로운 모양〔弓調和貌〕'이라고 하였다. 정약용(丁若鏞)은 '조화'에 대하여 활의 여섯 가지 재료가 '빈틈없이 결합됨〔調合〕'의 뜻으로 풀이하였다. 《詩經講義 卷3 桑扈之什》

풀어 놓으면 뒤집어진다. 동궁은 활 중의 귀한 것이니, 왕의 동성(同姓)과 인척들이 서로 배반하여 친히 화합하지 않음을 말한 것이다. 이는 왕이 참소하고 탐욕스러운 사람을 믿어서 친척과 제후가 서로 다투어 빼앗고 원망하여 미워하게 만듦을 풍자한 것이다.

네 멀리하면	爾之遠矣
백성들이 서로 그렇게 하며	民胥然矣
네 가르치면	爾之敎矣
백성들이 서로 본받으리라	民胥傚矣

부이다. 아랫사람이 윗사람을 어기고 배반함은 윗사람이 그렇게 만든 것임을 말한 것이다.

이 훌륭한 형제들은	此令兄弟
넉넉히 여유가 있거늘	綽綽有裕
좋지 못한 형제들은	不令兄弟
서로 폐해를 입히도다	交相爲瘉

부이다. 유(瘉)는 병(病)이다.

선량하지 못한 사람은	民之無良
서로 한쪽을 원망하느니라	相怨一方
작위를 받고 사양하지 아니하나니	受爵不讓
끝내 망함에 이르리로다	至于已斯亡

부이다. 《집전》에 '각각 한쪽만을 근거하여 서로 원망한다'고 하였으니, 서로 용서하여 양쪽의 정을 통달할 줄 모르는 것이다. 서로 다투고 빼앗아서 작위를 취하고 사양하지 아니하여 끝내 둘 다 망함에 이르는 것이다. 이(已)는 끝남이다.

늙은 말이 도리어 젊은 말이라고 하여 老馬反爲駒
그 뒤를 돌아보지 아니하도다 不顧其後
밥을 먹음에 마땅히 배부름과 같거늘 如食宜饇
술잔을 듦에 심히 취하는 것과 같도다 如酌孔取

비이다. 늙은 말이 도리어 멍에를 뒤집어엎고[87] 달리는 젊은 말처럼 하여 뒤의 실패를 돌아보지 않는 것이다. 어(饇)는 배부름이니, 밥을 먹을 때에 배부르면 그침이 마땅한 것처럼 해야 하는데, 도리어 술 마실 때 만족하지 않는 것처럼 탐함을 그치지 않는 것이다. 탐욕스러운 사람은 오직 나아가 취함을 힘쓰고 실패를 돌아보지 아니하여, 요행을 좇기를 그치지 않는다.

원숭이에게 나무 타기를 가르치지 말지어다 毋敎猱升木
진흙을 진흙에 붙이는 것과 같으니라 如塗塗附
군자가 아름다운 도(道)를 두면 君子有徽猷
소인들이 붙으리라 小人與屬

비이고 부이다.[88] 노(猱)는 원숭이니, 성질이 나무 타기를 좋아하

87 멍에를 뒤집어엎고 : 원문 '범가(汎駕)'는 '봉가(泛駕)'와 같으니, 통제를 따르지 않음을 비유한다. 봉(泛)은 뒤집어엎음[覆]의 뜻이다.

는데 또다시 나무 타기를 가르친다는 것은, 나아가기를 탐하는 자에게 또다시 욕심을 부리게 해서는 안 됨을 말한 것이다. 진흙을 진흙에 붙인다는 것은 이미 지나치게 두터워 장차 떨어지려 하는데, 또다시 더 보태 주면 반드시 떨어지는 것이다.[89] 왕이 아름다운 계책이 있으면 아랫사람들이 장차 서로 더불어 친근하게 붙어서 배반하지 않을 것이다.

함박눈이 펑펑 내리나 雨雪瀌瀌
햇볕을 받으면 사라지느니라 見晛曰消
폄하하여 버리기를 즐겨하지 않고 莫肯下遺
지위에 거하여 자주 교만하게 하도다 式居婁驕

비이고 부이다. 표표(瀌瀌)는 성한 모양이다. 현(晛)은 햇볕이니, 참소하는 말이 현명한 자를 만나면 저절로 그침을 말한 것이다. 왕이 참소하는 말을 폄하하고 버리려고 하지 않아서 참소하는 사람이 이 때문에 높은 지위에 거하여 자주 교만한 것이다.

함박눈이 펄펄 내리나 雨雪浮浮
햇볕을 받으면 녹아서 흐르느니라 見晛曰流
남만(南蠻)과 같으며 오랑캐와 같은지라 如蠻如髦
내 이 때문에 근심하노라 我是用憂

88 비이고 부이다 : 《집전》에는 비로 보았으니, 이하의 장도 같다.

89 성질이……것이다 : 【집전】 소인은 골육(骨肉) 간의 은혜가 본래 박하거늘 왕이 또 아첨하는 사람을 좋아하여 오게 하니, 이는 원숭이에게 나무타기를 가르치는 것과 같으며, 또 진흙 위에 진흙을 더 붙이는 것과 같은 것이다.

비이고 부이다. 부부(浮浮)[90]는 날아 내려오는 모양이다. 모(髦)는 《서경》에 무(髳)로 되어 있으니,[91] 서남쪽 오랑캐이다. 이는 은혜와 의리가 없음이 만이(蠻夷)와 같음을 말한 것이다.

이상은 〈각궁〉 8장이니, 장마다 4구이다.

울류 菀柳

무성한 버드나무에	有菀者柳
마땅히 쉬어야 하지 않겠는가	不尙息焉
상제가 매우 신령하니	上帝甚蹈
스스로 친압하지 말지어다	無自暱焉
나로 하여금 안정하게 하더니	俾予靖之
뒤에는 나를 곤궁하게 하도다	後予極焉

【도(蹈)는 《전국책(戰國策)》에 신(神)으로 되어 있다.[92]】

비이고 부이다.[93] 무성한 버드나무는 그늘이 쉴 만하니, 또한 마땅히

90 부부(浮浮) : 《집전》에는 표표(瀌瀌 성한 모양)와 같다고 하였다.

91 서경에……있으니 : 《서경》 〈목서(牧誓)〉에 무왕(武王)을 따라 주왕(紂王)을 정벌한 나라로 용(庸)・촉(蜀)・강(羌)・무(髳)・미(微)・노(盧)・팽(彭)・복(濮)을 언급한 것이 보인다.

92 도(蹈)는……있다 : 《전국책》 〈초책(楚策)〉에 이 시의 2장 3・4구를 '上天甚神 無自瘵也'로 인용하였다.

93 비이고 부이다 : 《집전》에는 비로 보았으니, 2장도 같다. 《집전》에 "왕자(王者)가 포학하니 제후들이 조회하지 아니하고 이 시를 지었다. '저 무성한 버드나무에 길가는

머물러 쉬어서 떠나가지 말아야 한다. 나의 능력이 왕실을 안정시킬 수 있는데, 어찌하여 나를 버린단 말인가. 천도(天道)[94]가 매우 신령하니, 친압하고 업신여겨 두려워하지 않아서는 안 된다. 일(暱)[95]은 친압하고 업신여김이다. 예전에 이미 나로 하여금 난을 안정하게 하였는데, 뒤에는 나를 곤궁하게 하는 것이다.[96] 제후 중에 왕실의 난을 안정시킨 자가 왕에게 버림받고서 이 시를 지은 것이다.

무성한 버드나무에	有菀者柳
마땅히 쉬어야 하지 않겠는가	不尙愒焉
상제가 매우 신령하니	上帝甚蹈
스스로 병들게 하지 말지어다	無自瘵焉
나로 하여금 안정하게 하더니	俾予靖之
뒤에는 나를 떠나가도다	後予邁焉

비이고 부이다. 게(愒)는 게(憩 쉼)와 통한다. 채(瘵)는 병이다. 매(邁)[97]는 떠나감이다.

사람들이 어찌 행여 가서 머물러 쉬어 가고자 하지 않겠는가.'라고 말하여, 사람이 누가 왕에게 조회하고 섬기고자 하지 않으리오마는 왕이 심히 위엄스럽고 신령스러워서 사람으로 하여금 두려워 감히 가까이 하지 못하게 함을 비유한 것이다."라고 하였다. 반면에 심대윤은 1·2구를 비로 보고 그 이하는 부로 보았다.

94 천도(天道) : 《집전》에는 "상제(上帝)는 왕을 가리킨다."라고 하였으나, 심대윤은 상제를 천도로 해석하였다.

95 일(暱) : 【집전】 가까이 함〔近〕

96 예전에……것이다 : 심대윤은 극(極)을 궁(窮)으로 해석한 반면에, 《집전》에는 "극은 요구하기를 지극히 하는 것이다."라고 하여, "나로 하여금 조회하고 섬겨 왕실을 안정시키게 하나, 뒤에 반드시 하고자 하는 바를 다하여 나에게 요구할 것이다."라고 풀이하였다.

새가 높이 날면 有鳥高飛
또한 하늘에 이르나니라 亦傅于天
저 사람의 마음은 彼人之心
어디에 이를꼬 于何其臻
어찌 나로 하여금 안정하게 하고는 曷予靖之
흉하여 가련한 처지에 있게 하는가 居以凶矜

흥이고 부이다.[98] 새가 높이 날 때에도 또한 이르는 바가 있는데, 왕의 마음은 홀로 그치는 바가 없으니, 어찌하여 나로 하여금 난을 안정하게 하고는 흉하여 가련한 처지에 있게 하는가.[99] 흉긍(凶矜)은 흉화(凶禍)를 만남이 가련한 것이다.

이 편은 〈패풍(邶風) 일월(日月)〉[100]과 대체로 비슷하니, 덕을 저버리고 공을 잊는 자는 현자와 능력 있는 자가 떠나갈 뿐만이 아니요 또한 천명이 돕지 않는 바임을 말한 것이다. 철인(哲人)은 능히 상고하고 도모하기를 하늘로부터 하는데, 하늘을 저버린다면 이는 또한 하늘을 어기는 것이요, 하늘을 소홀히 하는 것이다. 나라가 장차 망할 때에는 반드시 먼저 현자와 능력 있는 자와 끊어지고, 그 뒤에 명이 마침내 하늘로부터 끊어지는 것이다. 이는 나라만 그러한 것이 아니요, 한 집안과 한 사람에 있어서도 또한 그러하다.

97 매(邁) : 【집전】 '지나침〔過〕'이니, 요구하기를 분에 넘치게 하는 것이다.

98 홍이고 부이다 : 《집전》에는 흥으로 보았다.

99 처지에 있게 하는가 : 【집전】 거(居)는 다만〔徒然〕과 같다.

100 일월(日月) : 심대윤은 〈일월〉에 대하여 "위(衛)나라 군주가 왕실에 훈로(勳勞)가 있어서 왕이 일찍이 높여 하사하고 공경히 대하였는데, 뒤에 다시 예우를 받지 못하였다. 그러므로 이 시를 지어서 풍자한 것이다."라고 하였다.

이상은 〈울류〉 3장이니, 장마다 6구이다.

이상은 〈상호지십〉이다.

도인사지십 都人士之什

도인사 都人士

저 국도(國都)의 인사(人士)여 彼都人士
여우 갖옷이 누렇고 누렇도다 狐裘黃黃
그 용모가 변치 아니하며 其容不改
말을 냄에 문장(文章)이 있도다 出言有章
호경(鎬京)으로 돌아가니 行歸于周
만민이 우러러보도다 萬民所望

부이다. 도(都)[1]는 제후의 국도이다. 황(黃)은 중앙의 색이니, '여우 갖옷이 누렇고 누럼'은 위의가 중도(中道)를 얻음을 가탁하여 말한 것이다. '그 용모가 변치 아니함'은 떳떳한 덕을 가지고 있음을 말한 것이다. 이는 제후국의 현사(賢士)가 천자의 신하로 올라가자 그 군주가 전별연을 베풀면서 노래한 것이다.[2]

저 국도의 인사여 彼都人士
띠풀로 만든 갓에 치포관(緇布冠)이로다 臺笠緇撮
저 군자의 여자여 彼君子女

1 도(都) : 【집전】 왕도(王都)

2 이는……것이다 : 【집전】 난리 뒤에 사람들이 다시는 옛 도읍의 성함과 인물, 의용(儀容)의 아름다움을 보지 못하여 이 시를 지어서 탄식하고 애석히 여긴 것이다.

머리털이 촘촘하고 부드럽고 곧도다 綢直如髮
내 만나보지 못한지라 我不見兮
내 마음에 기쁘지 않노라 我心不說

부이다. 《집전》에 말하였다. 대(臺)는 부수(夫須 띠풀)이니, 갓을 만들 수 있다. 치촬(緇撮)은 치포관이니, 그 체제가 작아서 겨우 상투를 쥘 만하다.

○주(綢)는 치밀함이니, '주직여발(綢直如髮)'[3]은 머리털이 부드럽고 굽지 않은 것이다. '띠풀로 만든 갓에 치포관'은 그가 소박함을 숭상함을 말한 것이다. '군자의 여자'[4]라는 것은 주나라에 귀부(歸附)하여 신하 노릇함이 여자가 남편에게 시집가는 것과 같으므로 가탁하여 말한 것이다. '머리털이 촘촘하고 부드럽고 곧음'은 치밀하고 유순하면서도 간사함과 굽음이 없음을 말한 것이다. 치밀한 자는 간사함에 빠지기 쉽고 유순한 자는 구부러지기 쉬운데, 지금 그렇지 않은 것이다.

저 국도의 인사여 彼都人士
귀막이를 옥돌로 채웠도다 充耳琇實
저 군자의 여자여 彼君子女
크게 길하다고 하도다 謂之尹吉
내 만나보지 못한지라 我不見兮
내 마음에 맺혀 있노라 我心苑結

3 주직여발(綢直如髮) : 【집전】 그 뜻이 상세하지 않다. 그러나 4장과 5장으로 미루어 보면 그 머리털의 아름다움을 말한 것이다.

4 군자의 여자 : 【집전】 왕도에 사는 귀한 집의 딸

부이다. 수실(琇實)은 수(琇 옥과 비슷한 돌)로 귀막이를 만들어 채운 것이니,[5] 아름다운 말과 좋은 계책을 능히 들어서 바르지 않은 말이 들어가지 않음을 말한 것이다. 윤(尹)은 장(長)이니, 윤길(尹吉)[6]은 원길(元吉)이라는 말과 같다. 울(苑)은 마땅히 울(鬱)이 되어야 한다. 【울(鬱)이 잘못 울(菀)이 되었고, 울(菀)이 또 바뀌어 울(苑)이 된 것이다.】

저 국도의 인사여 彼都人士
띠를 드리워 늘어져 있도다 垂帶而厲
저 군자의 여자여 彼君子女
말려 올라간 머리털이 전갈 꼬리와 같도다 卷髮如蠆
내 만나보지 못하나 我不見兮
따라서 그 도를 행하리라 言從之邁

부이다. 여(厲)는 띠가 아래로 드리워진 모양이다. 《집전》에 "권발(卷髮)은 살쩍을 말아 올려서 꾸밈으로 삼은 것이다."라고 하였으니, 바로 〈제풍(齊風) 노령(盧令)〉에 "사람이 아름답고 또 살쩍이 아름답도다."라고 한 것이 이것이다. 채(蠆 전갈)는 쏘는 벌레이니, 꼬리의 끝이 곧추서서 위로 굽어 올라갔다.

5 귀막이를……것이니 : 《시경언해(詩經諺解)》에도 "充耳룰 琇로 實ᄒᆞ엿도다."라고 하여 귀막이를 수(琇)로 채웠다고 해석하였다. 반면에 공영달(孔穎達)의 소에서는 "아름다운 돌로 귀막이를 만들어 귀를 막은 것이다〔以美石爲瑱, 塞實其耳.〕"라고 해석하였다.

6 윤길(尹吉) : 《집전》에는 윤길(尹吉)은 상세하지 않다고 하고, 정현(鄭玄)이 "길(吉)은 길(姞)로 읽으니, 윤씨(尹氏)와 길씨(姞氏)는 주나라 왕실과 혼인하던 세족(世族)의 성이다. 사람들이 도성 인사의 여자를 보고는 모두 윤씨·길씨의 딸이라고 이르니, 예법이 있음을 말한 것이다."라고 한 것을 인용하였다.

○이는 모두 그 문덕(文德)과 위의의 아름다움을 말한 것이다. '언종지매(言從之邁)'[7]는 비록 그 사람을 보지 못하나 그 도를 행할 수 있는 것이다.

띠를 드리우려 한 것이 아니라　匪伊垂之
띠가 남음이 있어서이며　帶則有餘
머리털을 말아 올리려 한 것이 아니라　匪伊卷之
머리털이 저절로 올라갔도다　髮則有旟
내 만나 보지 못하니　我不見兮
어찌 멀리 바라볼 수 있으리오　云何盱矣

부이다. 아름다움이 그 가운데에 있어서 문채가 밖에 드러나기 때문에 자연히 여유가 있는 것이요, 억지로 만든 것이 아님을 말한 것이다. 여(旟)는 드날림이다. 우(盱)는 멀리 바라봄이니, '운하우의(云何盱矣)'[8]는 그 도를 따르고자 하나 끝내 바라볼 수 없음을 말한 것이다. 이 편은 〈패풍(邶風) 연연(燕燕)〉과 그 뜻이 대략 서로 같다.[9] 이 편은 풍(風)이다.

이상은 〈도인사〉 5장이니, 장마다 6구이다.

7 언종지매(言從之邁) : 《집전》에는 "이는 만나볼 수가 없으니 만나본다면 내가 따라가겠다고 말한 것이니, 그리워함이 심한 것이다."라고 풀이하였다.

8 운하우의(云何盱矣) : 《집전》에는 "어찌하여 바라보지 않겠는가."라고 풀이하였다.

9 이……같다 : 〈연연〉도 제후가 자신의 출중한 신하를 천자에게 바치고 그를 전송하는 시이다.

채록 采綠

아침내 왕추(王芻)를 캐었으나 終朝采綠
한 움큼도 채우지 못했노라 不盈一匊
내 머리가 굽고 말렸으니 予髮曲局
잠깐 돌아가 머리 감으리라 薄言歸沐

부이다. 《집전》에 말하였다. 녹(綠)은 왕추(王芻 조개풀)이다. 두 손으로 움켜쥐는 것을 국(匊)이라 한다. 국(局)은 말림이다.

○이는 군주를 섬겨도 인정을 받지 못하는 자가 시를 지어서 풍자한 것이다.[10] '아침내 왕추를 캐었으나 한 움큼도 채우지 못함'[11]은 군주를 섬긴 지가 오래되었으나 도를 행하는 실제 효험을 보지 못하고 단지 매우 적은 보탬이 될 뿐이어서 말할 것이 못 된다고 한 것이다. '내 머리가 굽고 말림'은 재능을 펴지 못함을 말한 것이다. '잠깐 돌아가 머리 감음'[12]은 더욱 스스로 깨끗이 씻고 닦아서 나아감을 말한 것이다.

아침내 쪽을 캐었으나 終朝采藍
한 앞치마에도 채우지 못했노라 不盈一襜
5일로 약속을 하였는데 五日爲期
6일이 되어도 보지 못하노라[13] 六日不詹

10 이는……것이다 : 《집전》에는 남편이 돌아오기를 기다리는 부인의 시로 보았다.

11 아침내……못함 : 《집전》에는 부인이 그리움이 깊어서 일에 전념하지 못했기 때문이라고 하였다.

12 잠깐……감음 : 《집전》에는 머리가 굽고 말렸음을 생각하고는 캐던 것을 버려두고 돌아가 머리를 감아 군자가 돌아오기를 기다린 것이라 하였다.

부이다. 쪽은 푸른색으로 물들이는 것이다. 첨(襜)[14]은 옷자락이 드리워진 것이니, 장자(莊子)가 '옷자락을 짧게 한다'[15]고 한 것이 이것이다. 첨(詹)은 마땅히 첨(瞻)이 되어야 한다. 이는 기대하는 것이 모두 뜻과 같지 못함을 말한 것이다.

그대가 사냥을 하신다면	之子于狩
그 활을 활집에 넣어드리며	言韔其弓
그대가 낚시를 하신다면	之子于釣
낚싯줄을 만들어 드리리라	言綸之繩

부이다. '그 활을 활집에 넣음'은 무사(武事)를 맡기면 무공(武功)이 확립되는 것이요, '낚싯줄을 만들어 드림'은 나라의 경륜(經綸)을 맡기면 경륜이 치밀한 것이다. 이는 문무(文武)의 재주가 있어서 시키는 대로 일을 잘 해냄을 스스로 말한 것이니, 군주가 한 번 등용해 주기를 바란 것이다.[16]

그 낚은 것은 무엇인고	其釣維何

13 5일로……못하노라 : 【집전】 '五日爲期'는 갈 때의 약속이요, '六日不詹'은 기한이 지났는데도 보지 못하는 것이다.

14 첨(襜) : 【집전】 옷으로 앞을 가림을 첨이라 이르니, 바로 폐슬(蔽膝)이다.

15 옷자락을 짧게 한다 : 이는 《장자(莊子)》 〈설검(說劍)〉에 검사(劍士)들이 '뒤가 짧은 옷〔短後之衣〕'을 입는다고 한 것을 가리킨다. 이에 대하여 《경전석문(經典釋文)》에 "일에 편하기 위해서이다."라고 하였고, 《장자구의(莊子口義)》에 "뒤가 짧음은 옷자락을 드리우지 않은 것이다.〔短後, 不襜也.〕"라고 하였다.

16 이는……것이다 : 《집전》에는 부인이 남편을 기다림이 간절하고 그리움이 깊어서 어디를 가든지 함께하려 한 것이라고 하였다.

방어와 연어로다	維魴及鱮
방어와 연어여	維魴及鱮
잠깐 구경하리라	薄言觀者

부이다.[17] '방어와 연어'는 만일 능히 나를 등용하면 그 성공이 크고 또 아름다움을 말한 것이다. '잠깐 구경함'은 실제 공적을 볼 수 있음을 말하고 스스로 기필한 말이다. 군자가 용렬한 군주를 섬기고 어두운 세상에 있을 적에 근근이 잘못된 일을 고치는 바가 있을 뿐이고 도가 크게 시행되지 못하며 소소하게 감복시킬 뿐이고 크게 신임받지 못하여, 아름드리 재목이 문설주로 쓰임에 그치고 직경 1척의 벽옥(璧玉)이 물고기 눈알의 가격에 팔리니, 이는 뛰어난 공인(工人)의 홀로 애쓰는 마음[18]이요, 혼자만 아는 약속[19]이다. 그러나 군자는 이러한 이유 때문에 스스로 폄하하여 자신의 뜻을 잃지 않으니, 그윽한 골짝의 난초가 사람이 없다 하여 향기가 없지 않고 해와 달이 안개가 자욱하다고 하여 어둡지 않다.

공자가 말씀하시기를 "나를 알아주는 이가 없구나. 나를 알아주는

17 부이다 : 【집전】 낚시하여 고기를 잡거든 또 장차 따라가 구경한다 하였으니, 또한 윗장의 뜻이다.

18 뛰어난……마음 : 원문 '良工之苦'는 '良工心苦'의 뜻으로, 두보(杜甫)의 〈제이존사송수장자가(題李尊師松樹障子歌)〉에 "새삼 뛰어난 공인의 홀로 애쓰는 마음 깨닫네.〔更覺良工心獨苦.〕"라고 한 것에 유래하여, 재주가 뛰어난 사람이 마음을 다해 일에 매진함을 표현한 말이다.

19 혼자만 아는 약속 : 이는 《전국책(戰國策)》 〈서주책(西周策)〉에 "지금 임금께서 주최(周最)를 태자로 삼으려 하시는 것은 혼자만 아는 약속이어서 천하에 믿는 자가 없습니다.〔今君之使最爲太子, 獨知之契也, 天下未有信之者也.〕"라고 보이는데, 포표(鮑彪)의 주에 "계(契)는 약속이니, 마땅히 양쪽이 알아야 하는데, 지금 혼자만 아는 것이다.〔契, 約也, 當兩知之, 今則獨.〕"라고 하였다.

것은 하늘이실 것이다."[20] 하셨으니, 비록 때를 만나지 못하고 사람들이 알아주지 않더라도 능히 자기 본성을 온전히 하여 하늘을 순히 따름을 귀하게 여긴다. 등용되든 등용되지 않든 알아주든 알아주지 않든, 내가 보존하는 것이 진실로 변함없고 하늘이 나에게 준 것이 진실로 한결같아서, 지금 알아주지 않으면 후세에 드러나고 자신이 누리지 못하면 자손이 보답을 받는다. 지금이든 후세이든 드러남이 똑같고, 자신이든 자손이든 보답이 똑같다. 오직 그 때의 더디고 빠름이 다를 뿐이니, 그 알아줌은 똑같고 그 보답을 누림은 똑같다. 1장의 '잠깐 돌아가 머리 감음'은 자신을 알아주지 않고 등용하지 않으나 더욱 스스로 몸을 깨끗이 하여 때를 기다리는 것이다. 이 시를 지은 자는 아마도 군자의 뜻을 알았을 것이다. 이 편은 풍(風)이다.

이상은 〈채록〉 4장이니, 장마다 4구이다.

서묘 黍苗

우북한 기장 싹을	芃芃黍苗
음우(陰雨)가 적셔주도다	陰雨膏之
유유(悠悠)한 남쪽 행역(行役)을	悠悠南行
소백(召伯)이 수고하도다	召伯勞之

흥이다. 선왕(宣王)이 신백(申伯)[21]을 사읍(謝邑)에 봉하고 소목공

20 나를……것이다 : 이는 《논어》 〈헌문(憲問)〉에 보인다. 심대윤의 해설은 〈제풍(齊風) 보전(甫田)〉 1장의 각주 참조.

(召穆公)[22]에게 명하여 가서 성읍을 경영하게 하니, 시인이 신백이 소목공을 위로하는 말을 하였으나 실제는 천자의 상공(上公)이 격을 낮추어 제후의 부역을 함이 불가함을 풍자한 것이다.[23] 그러므로 '왕의 마음 편안하시도다'로 끝마쳤으니, 왕이 신백을 지나치게 총애함을 풍자한 것이다. 이 내용이 〈대아 숭고(崧高)〉에 보인다.

우리 짐을 우리 수레에 실으며　　我任我輦
우리 수레를 우리 소에 메우는지라　　我車我牛
우리 행역이 이미 이루어지니　　我行旣集
집으로 돌아갈진저　　蓋云歸哉

부이다. 임(任)은 등에 짐을 지는 것이요, 연(輦)은 사람이 수레를 끄는 것이다.[24]

우리 걷는 자와 수레 탄 자이며　　我徒我御
우리 사(師)와 여(旅)의 무리들이라[25]　　我師我旅

21 신백(申伯) : 강성(姜姓)의 신(申)나라 군주로 선왕(宣王)의 외숙이다. 또 유왕(幽王) 때에는 왕후 신후(申后)의 아버지 신후(申侯)가 있었다. 신백과 신후(申侯)의 관계가 분명하지 않아 여러 설이 분분한데, 심대윤은 〈탕지십 숭고(崧高)〉 8장의 주석에서 신백과 신후를 동일 인물로 보았다.

22 소목공(召穆公) : 소공 석(召公奭)의 후예로 이름은 호(虎)이다. 여왕(厲王)이 폭정으로 쫓겨났을 때 주 정공(周定公)과 함께 정치를 돌보았고, 여왕이 죽자 선왕(宣王)을 옹립하였다.

23 시인이……것이다 : 《집전》에는 부역을 가는 자들이 지은 시라고 하고, '召伯勞之'는 소백이 부역 가는 자들을 위로한 것으로 해석하였다.

24 임(任)은……것이다 : 《시전대전》의 소주에 안성 유씨(安成劉氏)의 말로 '我任我輦'은 "등에 지는 기물을 손수레에 실은 것이다.〔載任器於輦車也.〕"라고 하였다.

우리 행역이 이미 이루어지니　　我行旣集
돌아가 평안히 거처할지니라　　蓋云歸處

부이다.

엄정한 사읍(謝邑)의 일을　　肅肅謝功
소백이 경영하며　　召伯營之
열렬(烈烈)한 부역 가는 무리를　　烈烈征師
소백이 이루도다　　召伯成之

부이다. 《집전》에 말하였다. 숙숙(肅肅)은 엄정한 모양이다. 사읍은 지금의 등주(鄧州) 신양군(信陽軍)에 있었다. 열렬(烈烈)은 무위(武威)가 있는 뜻이다.

원습(原隰)이 이미 평평하며　　原隰旣平
흐르는 샘물 이미 맑아져서[26]　　泉流旣淸
소백이 이룸이 있으니　　召伯有成
왕의 마음 편안하시도다　　王心則寧

25 우리 걷는……무리들이라 : 《집전》에 5백 명을 여(旅)라 하고, 5여를 사(師)라 한다고 하였다. 소주에 공영달(孔穎達)의 말로 "여는 사에 속하며 걷는 자와 수레에 탄 자가 바로 사와 여의 사람들인데 나누어서 말한 것은 일일이 열거하여 윗장과 비슷하게 한 것이다.〔旅屬於師, 徒行、御車乃是師旅之人, 別而言之, 歷數以類上章也.〕"라고 하였다.

26 원습(原隰)이……맑아져서 : 《집전》에 "흙이 다스려진 것을 평(平)이라 하고, 물이 다스려진 것을 청(淸)이라 한다." 하고, 평원과 습지의 적합한 것을 살피고 하천의 이로움을 소통시킨 것으로 풀이하였다.

부이다. 이 편은 풍(風)이다.

이상은 〈서묘〉 5장이니, 장마다 4구이다.

습상 隰桑

습지에 뽕나무가 아름다우니	隰桑有阿
그 잎도 아름답도다	其葉有難
이미 군자를 만나 보니	旣見君子
그 즐거움이 어떠한고	其樂如何

흥이다. 나(難)[27]는 나(娜)가 되어야 하니, 아(阿)와 나(娜)는 모두 부드럽고 아름다운 모양이다. 이는 군자를 친히 따르는 자도 군자와 함께 영광이 있음을 말한 것이다.[28]

습지에 뽕나무가 아름다우니	隰桑有阿
그 잎이 윤택하도다	其葉有沃
이미 군자를 만나 보니	旣見君子
어찌 즐겁지 않으리오	云何不樂

흥이다.

27 나(難) : 【집전】 무성한 모양〔盛貌〕

28 이는……것이다 : 《집전》에는 군자를 만나 봄을 기뻐하는 시라고 하였다.

습지에 뽕나무가 아름다우니 隰桑有阿
그 잎이 짙푸르도다 其葉有幽
이미 군자를 만나 보니 旣見君子
덕음(德音)이 심히 견고하도다 德音孔膠

흥이다. 유(幽)[29]는 짙푸름이다. 교(膠)는 견고함이다.

마음에 사랑하니 心乎愛矣
어찌 충고하지 않으리오마는 遐不謂矣
중심(中心)에 간직하고 있거니 中心藏之
어느 날인들 잊으리오 何日忘之

부이다. 하(遐)는 하(何)가 되어야 한다. 위(謂)[30]는 충고함이니, 《춘추좌전》에 "경극(慶克)을 불러 말하였다."[31]라고 한 것이 이것이다. 군자가 남을 충성으로 사랑할 적에 그를 위하여 깊이 도모해서, 떠밀어 선에 들어가게 하고 직간(直諫)으로 범하여 허물을 멀리하게 한다. '중심에 간직하고 있거니 어느 날인들 잊으리오'는 그를 위하여 깊이 도모해서 충고를 잊지 않는 것이다.[32]

29 유(幽) : 【집전】 검은색〔黑色〕

30 위(謂) : 《집전》에는 고(告)와 같다고 하고, 군자를 진실로 사랑하는 마음을 말하는 것으로 풀이하였다.

31 경극(慶克)을 불러 말하였다 : 제(齊)나라 대부 경극이 영공(靈公)의 어머니 성맹자(聲孟子)와 간통하면서 부인의 복장을 하고 궁중으로 들어갔는데, 국무자(國武子 국좌(國佐))가 이에 대하여 말(충고)하였다. 경극은 이를 성맹자에게 고하면서 "국무자가 나를 꾸짖었다.〔國子謫我.〕"라고 하였다. 《春秋左傳 成公 17年》

32 중심에……것이다 : 【집전】 사랑이 중심에 깊이 뿌리박혀 있기 때문에 더디게 말하

이상은 〈습상〉 4장이니, 장마다 4구이다.

백화 白華

백화(白華)가 왕골이 되거든 白華菅兮
흰 띠풀로 묶느니라 白茅束兮
그대가 나를 멀리함이여 之子之遠
나로 하여금 외롭게 하는구나 俾我獨兮

흥이다.[33] 《집전》에 말하였다. 백화는 야간(野菅)이니, 이미 물에 담궈서 마전한 것을 간(菅)이라 한다. 유왕(幽王)이 신(申)나라 군주의 딸에게 장가들어 왕후로 삼았는데, 뒤에 포사(褒姒)를 총애하여 신후(申后)를 내치자 신후가 이 시를 지은 것이다.
○왕골이 깨끗하면 띠풀로 묶나니, 내가 하자가 없는데 예로써 대우하지 않는다고 말한 것이다.[34]

선명한 흰 구름도 英英白雲
저 왕골과 띠풀에 이슬을 내리는데 露彼菅茅
천운(天運)이 몹시 어렵거늘 天步艱難

고 오래 간직하는 것이다.

33 홍이다 : 《집전》에는 비로 보았으니, 이하의 장도 같다.

34 왕골이……것이다 : 【집전】 백화가 왕골이 되면 흰 띠풀로 묶나니, 두 물건은 지극히 하찮지만 오히려 반드시 서로 필요로 하여 쓰임이 되는데 어찌하여 그대는 나를 멀리해서 나로 하여금 외롭게 하느냐고 말한 것이다.

그대는 구름만 못하도다 之子不猶

흥이다. 영영(英英)[35]은 선명한 모양이다. 천보(天步)는 천운(天運)이다. 유(猶)[36]는 같음이다. 곱고 깨끗한 구름은 그 이슬 또한 곱고 깨끗한 풀에 내리니, 높고 귀한 왕으로서 신분이 비천한 여인과 아래로 짝하는 것이다. 이슬은 구름에서 내리는 것이 아닌데, 특별히 가탁하여 비유한 것이다. 지금 천운이 어려워서 왕실이 날로 낮아지는데 왕은 또 구름이 띠풀에 이슬을 내리는 것만 못하여, 신후가 스스로 자신을 비하한 것이다.[37]

흐르는 못이 북쪽으로 흘러 滮池北流
저 볏논을 적시느니라 浸彼稻田
휘파람 불고 노래하며 서글퍼하여 嘯歌傷懷
저 석인(碩人)[38]을 생각하노라 念彼碩人

흥이다. 표(滮)는 흐르는 모양이다. 못의 물이 볏논을 적시고 나쁜 풀을 적시지 않는데, 왕은 요망한 계집을 총애하고 적후(嫡后)를 총애하지 않는 것이다.[39]

35 영영(英英) : 【집전】 가볍고 밝은 모양〔輕明之貌〕

36 유(猶) : 《집전》에는 "유는 도모함이다. 혹자는 유는 같음이라 한다."라고 하고, 두 뜻을 겸하여 해석하였다. 아래의 각주 37) 참조.

37 지금……것이다 : 【집전】 구름이 물건을 적셔줌이 하찮은 것에도 입혀지지 않음이 없는데, 지금 시운이 몹시 어렵거늘 그대는 나를 위해 도모해 주지 않으니, 흰 구름이 왕골과 띠풀에 이슬을 내리는 것만도 못하다고 말한 것이다.

38 석인(碩人) : 【집전】 존대(尊大)한 이의 칭호이니, 또한 유왕을 이른 것이다.

39 못의……것이다 : 【집전】 작고 하찮은 물의 흐름도 오히려 논밭을 적셔주는데 왕은

저 뽕나무 섶을 채취하여 樵彼桑薪
내 화덕에 불을 때노라 卬烘于煁
저 석인이여 維彼碩人
실로 내 마음을 괴롭게 하도다 實勞我心

흥이다. 홍(烘)은 불을 땜이다. 심(煁)은 《집전》에 말하기를 가마솥이 없는 화덕이니, 불을 땔 수는 있으나 음식을 삶고 요리할 수는 없는 것이라고 하였다. 뽕나무 섶은 음식을 삶고 요리하기에 적당한데 도리어 화덕에 불을 때는 것으로써, 적후가 도리어 비천한 대우를 받음을 비유한 것이다.【이 편은 모두 상반되는 종류에 가탁하여 흥하였는데, 오직 이 장과 아래 8장의 '낮은 이 돌'은 비슷한 종류에 가탁하여 흥하였다.】

종을 궁궐에서 치거든 鼓鍾于宮
소리가 밖에 들리느니라 聲聞于外
그대를 생각하기를 간절히 하거늘 念子懆懆
나를 보기를 건성으로 하는가 視我邁邁

흥이다. 조조(懆懆)는 근심하고 수고하는 뜻이요, 매매(邁邁)는 떠나가고 뒤돌아보지 않는 것이다. 종을 치면 소리가 밖에까지 도달하는데, 나의 성의(誠意)는 왕에게 도달하지 못하는 것이다.

무수리는 어량(魚梁)에 있고 有鶖在梁
학은 숲속에 있도다 有鶴在林
저 석인이여 維彼碩人

존대(尊大)한데도 도리어 그 은택을 통하지 못한다.

실로 내 마음을 괴롭게 하도다 實勞我心

흥이다. 추(鶖)는 무수리이다. 무수리는 어량에 있고 학은 숲속에 있어서 각각 그 처소가 있는데,[40] 지금 처와 첩이 자리가 뒤바뀐 것이다.

원앙새가 어량에 있으니 鴛鴦在梁
그 왼쪽 날개를 거두었도다 戢其左翼
그대가 선량하지 못하여 之子無良
그 덕을 이랬다저랬다 하도다 二三其德

흥이다. 원앙은 자기 짝을 잃지 않는데,[41] 왕은 그렇지 않은 것이다.

낮은 이 돌은 有扁斯石

40 각각……있는데 : 이는 각각 제자리가 있다는 뜻이다. 반면에 《집전》에는 "무수리와 학은 모두 물고기를 먹이로 한다. 그러나 학은 무수리에 비하면 청탁(淸濁)의 차이가 있는데, 지금 무수리는 어량에 있고 학은 숲속에 있으니, 무수리는 배부르고 학은 굶주린 것이다. 유왕이 포사를 올리고 신후를 내치니, 비유하면 무수리를 기르고 학을 버리는 것과 같은 것이다."라고 하였다. 심대윤은 1·2구를 상반되는 종류에 가탁한 흥으로 본 것이고, 《집전》은 비슷한 종류에 가탁한 비유로 본 것이다.

41 원앙은……않는데 : 이는 경문의 1·2구를 말한 것으로 〈상호지십 원앙(鴛鴦)〉 2장에도 똑같은 구절이 있는데, 심대윤은 《집전》을 인용하여 "두 마리 새가 함께 깃들 적에 하나는 바로 있고 하나는 거꾸로 있어서 왼쪽 날개를 거두어 서로 안에서 의지하고 오른쪽 날개를 펴서 환난을 밖에서 막는다."라고 하였다. 이 시의 《집전》에는 "'왼쪽 날개를 거둠'은 그 떳떳함을 잃지 않음을 말한 것이다."라고 하였는데, 소주에 안성 유씨(安成劉氏)는 "왼쪽 날개를 거두어 서로 안에서 의지하고 오른쪽 날개를 펴서 환난을 밖에서 막는 것이니, 이는 새가 짝지어 함께 깃드는 떳떳한 모습이다."라고 하였다.

밟는 이도 낮아지느니라 履之卑兮
그대가 나를 멀리함이여 之子之遠
나로 하여금 병들게 하도다 俾我疷兮

흥이다. 변(扁)은 낮은 모양이다. 저(疷)는 병듦이다. 돌이 낮으면 밟는 자 또한 낮아지고, 여자가 천하면 그를 짝하는 자 또한 천해진다.

이 편은 풍(風)인데, 가탁한 종류를 취한 것이 비근하고 뜻이 멀지 않으니, 부인의 작품임이 분명할 것이다. 구설에 부인의 시라고 한 것이 매우 많으나 내가 모두 따르지 않았는데, 지금 유독 이 시에 구설을 따르는 것은 그 글이 부인의 말에 가깝기 때문에 따르는 것이다.

이상은 〈백화〉 8장이니, 장마다 4구이다.

면만 綿蠻

장원(長遠)하게 우는 황조(黃鳥)가 綿蠻黃鳥
언덕에 앉아 있도다 止于丘阿
갈 길이 멀기도 하니 道之云遠
내 수고로움이 어떠한고 我勞如何
나에게 음식을 먹여 주며 飮之食之
나를 가르쳐 주며 敎之誨之
저 후거(後車)를 명하여 命彼後車
나를 숙련시키고 내 짐을 싣게 하도다 謂之載之

비이다.[42] 이것은 학교 안에서 사용하는 악가이다. 면만(綿蠻)은 소리가 장원(長遠 길고 멀리 들림)한 것이다. 구(丘)는 여러 사람이 의지하여 사는 곳이다. 울음소리가 장원한 아름다운 새가 여러 사람이 의지하여 사는 언덕에 멈춰 있는 것으로써 군자의 도가 지선(至善)에 그침을 비유하였다. 선은 사람이 의지하여 사는 것이니, 지선은 중화(中和)를 이른다.

'갈 길이 멀기도 함'은 책임이 무겁고 갈 길이 멂을 말하였으니, 그 문(門)에 이르러 당(堂)에 오르고 방에 들어가는 자[43]가 적은 것이다. 군자의 도는 천지의 화육(化育)에 참여하고 우주의 성쇠에 관여되니, 책임이 무겁지 않은가. 바라보아도 끝이 없고 우러러도 끝이 없어서 가고 가도 다함이 없고 오르고 올라도 끝을 보지 못하니, 길이 멀지 않은가.

'내 수고로움이 어떠한고'는 힘을 다하지 않을 수 없음을 말한 것이다. 10리(里)를 얻으면 10리의 복리(福利)가 있고 100리를 얻으면 100리의 복리가 있으며, 한 자를 얻으면 나의 한 자가 되고 한 치를 얻으면 나의 한 치가 되는 것이니, 힘을 다하지 않을 수 없는 것이다. 하늘이 사람에게 중화의 덕을 책임 지우고 직책을 주어 수고하게 하였으니, 사람이 중화의 덕을 갖추고 직책에 수고하면 하늘이 온갖 상서를 내려주고, 중화를 하지 못하고 안일하면 온갖 재앙을 내려 준다. 이 때문에 갈 길이 멀다고 알리고서 수고하라고 권면한 것이다. 갈 길이 멂을

42 비이다 : **【집전】** 미천하고 노고하여 의탁할 곳을 생각한 자가 새의 말을 하여 자신을 비유한 것이다.

43 당(堂)에……자 : 이는 《논어》 〈선진(先進)〉에 공자가 제자 자로(子路)에 대하여 "당에는 올랐고 아직 방에 들어오지 못한 것이다.〔升堂矣, 未入於室也.〕"라고 한 것을 인용한 것이다. 심대윤은 이에 대하여 '큰일에는 원만하나 다만 작은 허물이 다 없어지지 않은 것〔大節圓而特有小疵未盡去〕'으로 풀이하였다.

알면 구차한 성취에 편안하지 않을 것이요, 수고가 성공이 되고 안일이 실패가 됨을 안다면 거의 스스로 힘쓸 것이니, 구차한 성취에 편안하지 않고 스스로 힘쓰면 반드시 능히 진취할 것이다.

'음식을 먹여 줌'은 실제 행실을 숭상함을 말한 것이다. 실제 행실을 숭상하여 가르치니, 배움이 헛된 문식(文飾)에 있지 않음을 알 수 있다. '명피후거 위지재지(命彼後車 謂之載之)'는 학문이 이루어지면 관작과 녹봉을 주어서 등용함을 말한 것이다. '위지(謂之)'는 조련하고 숙련시켜 그 재주와 기량(器量)을 이루는 것이니, 군주가 신하의 스승이 되는 것이 이것이다.【내용이 《주남(周南) 관저(關雎)》[44]와 《주역》 〈정괘(鼎卦)〉[45]에 보인다.】 '재지(載之)'는 짐을 수레에 실어서 공효를 바치는 것이다. 선비의 뜻은 지위를 얻어 도를 행함에 있고 학문의 뜻은 몸을 닦고 남을 다스림에 있다. 그러므로 윗사람의 권면함이 또한 여기에 있는 것이다. 주공(周公)이 은(殷)나라의 완악한 백성을 교화할 때에도 또한 말씀하기를 "계도하고 선발하여 왕정(王庭)에 있게 할 것이다."[46]

44 주남(周南) 관저(關雎) : 심대윤은 〈관저〉를 현자의 등용에 관한 시로 보아서, 군주가 백성의 스승이 되어서 선비를 양성하는데, '들쭉날쭉한 마름 나물을 좌우로 채취'하듯이 인재를 각각의 재주에 알맞게 등용하고, '들쭉날쭉한 마름 나물을 좌우로 삶아 올리'듯이 인재를 써서 재주와 기량을 숙련시켜야 한다고 하였다.

45 주역 정괘(鼎卦) : 심대윤은 〈정괘(鼎卦 ䷱)〉를 군주가 책임을 맡겨 사람의 기량을 이루는 것으로 풀이하였다. 괘에서 군주의 자리는 오효(五爻)이고 스승의 자리는 육효인데, 심대윤은 정괘의 상구(上九)에 사람을 숙련시키는 스승의 도가 있고 그 덕을 육오(六五)의 군주가 받들어 따르는 것으로 해석하였다. 상구 효사(爻辭)의 주석에 "군주가 사람을 등용함은 장인(匠人)이 기물을 불리고 주조하는 것과 같으니, 인재가 이루어지고 망가지는 것은 책임을 맡겨 부림의 마땅함에 달려있을 뿐이다. 군자가 책임을 맡겨 부림이 마땅하면 천하의 인재가 모두 기량을 이루고 혼군(昏君)이 책임을 맡겨 부림이 마땅하지 않으면 천하 인재의 기량이 모두 망가진다.〔夫君上用人, 猶匠之冶鑄, 人才之成壞, 在其任使之當否而已也. 君子任使之得其當, 而天下之才皆成其器; 昏上任使之失其當, 而天下之才皆壞其器也.〕"라고 하였다. 《周易象義占法》

하였으니, 어진 덕에 거하는 자가 아니면 백성을 권면하여 선을 하게 할 수가 없는 것이다.

장원하게 우는 황조여	綿蠻黃鳥
구우(丘隅)에 앉아 있도다	止于丘隅
어찌 길을 감을 꺼리리오	豈敢憚行
달려가지 못할까 두려워함이니라	畏不能趨
나에게 음식을 먹여 주며	飮之食之
나를 가르쳐 주며	教之誨之
저 후거를 명하여	命彼後車
나를 숙련시키고 내 짐을 싣게 하도다	謂之載之

46 계도하고……것이다 : 이는 《서경》 〈다방(多方)〉에 "너희가 이 낙읍(洛邑)으로부터 부디 길이 힘써서 너희 토지를 경작하면 하늘이 너희에게 주고 가엾게 여기실 것이며, 우리 주나라도 너희를 크게 돕고 녹봉과 지위를 주어서 계도하고 선발하여 왕정에 있게 할 것이니, 부디 너희의 일을 할지어다. 일함이 큰 벼슬에 있을 것이다.〔爾乃自時洛邑, 尙永力畋爾田, 天惟畀矜爾, 我有周, 惟其大介賚爾, 迪簡在王庭, 尙爾事. 有服在大僚.〕"라고 보인다. 심대윤은 주공이 삼숙(三叔)과 무경(武庚)의 봉지에 있던 은나라 백성을 낙읍에 옮기고 고한 것이라 하고, "무릇 풍속을 교화하는 도는 오직 어진 덕에 거처함이 있을 뿐이다. 지금 은나라의 완악한 백성들이 스스로 죄가 크고 악이 지극함을 알아 스스로 포기하는 뜻이 있어서 진취하려는 희망을 버리니, 그들을 분발하고 바르게 고치도록 책하려고 해도 할 수가 없었다. 그러므로 그들에게 고하기를, 너희들이 만약 잘못을 바로잡으면 내가 장차 선발하고 등용함에 주나라 선비와 차이가 없고 너희의 과거 허물을 조금도 내 마음에 두지 않을 것이니, 너희는 부디 너희 일을 할 뿐이요 다른 마음을 갖지 말라고 한 것이다.〔凡化俗之道, 惟有居賢德而已. 今殷之頑民, 自知罪大惡極, 有自廢之志, 而斷進就之望, 欲責其振發修改, 而不可得矣. 故誥之以爾若修改, 則我將簡拔用之, 無間於周士, 不以爾之前日之戾而少置之于我懷耳, 爾惟尙爾事而已, 毋有他志也.〕"라고 하였다. 《書經蔡傳辨正》

비이다. '어찌 길을 감을 꺼리리오'는 성실하고 부지런하고 용맹한 것이요, '달려가지 못할까 두려워함'은 공경하고 공손하고 겸양하는 것이다. 성실함이 있고 부지런함이 있고 용맹이 있으면 미치지 못함을 면할 것이요, 능히 공경하고 능히 공손하고 능히 겸양하면 지나침을 면할 것이니, 이렇게 되면 거의 중화(中和)에 가까울 것이다. 가르치는 도가 밝지 못하면 선비들의 근심이 항상 구차히 어려운 일과 괴벽한 일을 하기 좋아하며 기이한 것을 힘쓰고 문식을 꾸며서 명예를 가까이 함에 있으니, 이 두 구는 학문과 행실의 요결이 된다.

장원하게 우는 황조가	綿蠻黃鳥
언덕 곁에 앉아 있도다	止于丘側
어찌 길을 감을 꺼리리오	豈敢憚行
다하지 못할까 두려워함이니라	畏不能極
나에게 음식을 먹여 주며	飮之食之
나를 가르쳐 주며	教之誨之
저 후거를 명하여	命彼後車
나를 숙련시키고 내 짐을 싣게 하도다	謂之載之

비이다. 극(極)[47]은 극진함이니, '불능극(不能極)'은 재주와 힘을 다하여 남보다 앞서지 못하는 것이다. 군자의 언행은 아래로 나아가고 사업은 위로 나가니, 이 내용은 《주역상의점법(周易象義占法)》에 자세히 보인다.[48] 이 편은 풍(風)이다.

47 극(極) : 【집전】 이름〔至〕

48 군자의……보인다 : 이는 《주역》 〈대과괘(大過卦)〉와 〈소과괘(小過卦)〉에 보인다. 심대윤은 "소과(小過)는 아래로 나아가고 대과(大過)는 위로 가는 것이니, 군자의

이상은 〈면만〉 3장이니, 장마다 8구이다.

호엽 瓠葉

저 펄럭이는 박잎을	幡幡瓠葉
뜯어서 요리하는지라	采之亨之
군자가 술자리를 두거든	君子有酒
술을 떠서 맛보도다	酌言嘗之

비이다.[49] 번번(幡幡)은 펄럭이는 모양이다. 이는 향음주(鄕飮酒)의 악가이다. 향음주의 예[50]에 족(族)【100가(家)를 족이라 한다.】과 당(黨)【5족

언행은 낮추는 것이 가하고 사업은 높이는 것이 가하다.〔小過下就, 而大過上行也. 君子言行可下, 而事業可高也.〕"라고 하였다. 또 "소과는 드러남이 없는 지나침이니, 언행이 평상을 지나치는 것이다. 이를테면 행실이 지나치게 공손하고 사용함이 지나치게 검소한 것이니, 지나치나 바름을 잃지 않는 것이다.〔小過, 无形之過, 言行之過常者也. 如行過恭、用過儉, 過而不失於正.〕"라고 하고, "대과는 드러남이 있는 지나침이니 일에서 평상을 지나치는 것이다. 이를테면 요(堯)임금이 왕위를 선양하고 탕왕(湯王)이 하(夏)나라를 정벌한 것은 지나친 것이어서, 바르다고 할 수 없다.〔大過, 有形之過, 事爲之過常者也. 如堯禪湯伐, 過而不可謂之正.〕"라고 하고, 두 가지 과(過)는 모두 시중(時中)을 하는 것이라 하였다. 또 사업은 큰일이고 언행은 작은 일인데, "작은 일에서 낮추지 않으면 남의 노여움을 사고, 큰일에서 높이지 않으면 남에게 모욕을 받는다.〔小事不下則怒於人, 大事不上則侮於人.〕"라고 하였다. 《周易象義占法 大過 卦辭, 小過 卦辭》

49 비이다 : 《집전》에는 부로 보았으니, 이하의 장도 같다.

50 향음주의 예 : 《의례주소(儀禮注疏)》〈원목(原目)〉의 소에 의하면 향음주의 예에 4가지가 있으니, 첫 번째는 제후의 향대부(鄕大夫)가 3년마다 어진 자와 유능한 자를 군주에게 천거하면서 빈으로 예우하는 것이고, 두 번째는 당정(黨正)이 납제(臘祭)를

을 당이라 한다.】의 사람들이 족・당의 학궁에 일제히 모여서 잔치하여 술을 마시는데, 연치를 숭상하고 관작을 숭상하지 아니하며,[51] 학교의 스승이 주인이 되고 향민(鄕民)이 빈이 된다.[52] 박잎은 채소 중의 하찮은 것인데, 이것을 뜯어서 요리함은 향민 중에 빼어난 자가 만일 작은 재주와 능함이 있으면 모두 취하여 직무에 씀을 말한 것이다.[53]

향민은 타고난 재주와 문벌이 미천하여 스스로 자포자기하여 진취하려는 희망을 버리기 쉬운데, 이렇게 되면 수행을 권장하여 선을 하게 할 방법이 없으니, 이는 장차 멋대로 행하여 기탄함이 없게 되는 것이다. 풍속이 무너지는 이유와 인재가 망가지는 이유와 교화가 행해지지 못함과 정치가 직무를 수행하지 못함은 이 때문이다. 그러므로 선왕이 사람을 선발할 적에 족벌의 귀천으로 제한하지 않고 오직

인하여 술을 베푸는 것이고, 세 번째는 주장(州長)이 봄과 가을에 주의 서(序 학교)에서 활쏘기를 익힐 때 베푸는 것이고, 네 번째는 경・대부・사가 나라 안의 어진 자에게 베푸는 것이다. 《집전》에는 이 시를 연음(燕飮)의 시라고 하였다.

51 연치를……아니하여 : 심대윤은 향음주의 예에 대하여 "음식에 희생을 담은 예기(禮器)가 없고 예기를 손질하지 않으니, 연향의 예가 아님을 밝힌 것이다. 귀한 자와 천한 자가 똑같이 먹고 노인에게 음식을 더 담아 올리니, 연치를 숭상함을 밝힌 것이다.【만약 연향이면 귀한 자와 천한 자가 음식을 달리 한다.】〔饌無牢俎, 籩豆不脩, 明非饗禮也. 貴賤均食而老者加豆, 明尙齒也.【若饗燕則貴賤異食.】〕"라고 하였다. 《儀禮正論》

52 학교의……된다 : 심대윤은 "학교 안에 연향의 예가 없고 스승과 제자는 빈과 주인의 관계가 아닌데 향음주에서 빈과 주인이 되는 것은 잔치에 모인 자가 학교 안의 무리만이 아니기 때문이다. 향곡(鄕曲)의 백성이 예양(禮讓)의 거동을 볼 수 있는 곳이 없으므로 빈과 주인이 되어 예를 은미하게 보이는 것이다.〔學中無饗禮, 師、弟子非爲賓主者也, 而鄕飮爲之賓主者, 集會者, 非惟學中之徒也. 鄕曲之民, 無從而見禮讓之儀, 故爲之賓主, 微示之以禮也.〕"라고 하였다. 《儀禮正論》

53 박잎은……것이다 : 《집전》에는 "이는 물건이 비록 하찮으나 반드시 빈객과 함께 함을 말한 것이다."라고 하였다. 심대윤은 향음주에서 개고기를 삶고 박을 굽는데, 이는 사치스럽고 아름다운 것을 귀하게 여기지 않고 질박함을 숭상하는 것이라고 하였다. 《儀禮正論》

재주 있는 사람을 추천하여 일반 백성의 빼어난 자가 모두 학궁에 유학할 수 있고 그 성취에 따라 선발하여 등용하는 것이다. 이 시는 맨 먼저 진취할 길을 열어 주어 의지와 기개를 일으켜서 사람들로 하여금 힘차게 분발하여 기꺼이 달려가게 한 것이다. '군자가 술자리를 두거든 술을 떠서 맛봄'은 군자의 실제의 덕을 가지고 실제의 행실을 권면함을 말한 것이다.

토끼 머리를	有兎斯首
그슬리며 굽는지라	炮之燔之
군자가 술자리를 두거든	君子有酒
술을 떠서 올리도다[54]	酌言獻之

비이다. 토끼는 하찮은 짐승이요, 그 머리는 더욱 작고 뼈가 많고 살이 적어서 먹을 만하지 못하다.[55] 그러나 이것을 그슬리고 구우면 빈에게 바칠 수 있는 것이다.

향민 중의 빼어난 자는 학교에 나아가서 올라갈 수 있는 길이 있는데, 나머지 농민·공인(工人)·행상(行商)·좌상(坐商)으로서 다른 재능이 없는 자들은 더 권장할 것이 없다. 그리하여 반드시 이들로 하여금 자기 본업을 영광으로 여기고 마음을 만족하게 해서, 자기 일을 천하게 여기거나 자신을 부끄러워하지 않게 해야 하니, 그런 뒤에 분수를 편안히 지켜 기꺼이 직책에 달려가서 백성의 마음이 안정된다. 나라

54 올리도다 : 《집전》에 헌(獻)은 "빈에게 술잔을 올리는 것이다."라고 하였다.

55 토끼는……못하다 : 심대윤이 '유토사수(有兎斯首)'를 토끼의 머리로 해석한 반면에 《집전》에는 "'유토사수'는 토끼 한 마리이니, 물고기를 셀 때에 꼬리를 세는 것과 같은 것이다."라고 하였다.

에 농민이 없으면 나라가 될 수 없고, 나라에 공인이 없으면 나라가 될 수 없고, 나라에 행상이 없으면 나라가 될 수 없고, 나라에 좌상이 없으면 나라가 될 수 없으니, 그 소중함이 선비와 똑같다. 오직 그 도에 쉽고 어려움이 있고 재주에 능하고 능하지 못함이 있으므로 귀천이 다르나 그 소중함은 똑같다. 이는 마치 토끼의 머리가 작으나 그슬리고 구워서 빈에게 바칠 수 있는 것과 같다. 만일 이들로 하여금 자중자애하여 본업에 편안하게 하면 신령스러운 거북을 버리고 턱을 늘어뜨려[56] 외물을 사모하는 음탕한 마음이 거의 생기지 않을 것이다.

이 장에서도 "군자가 술자리를 두거든 술을 떠서 올린다."라고 한 것은 이들을 대우하는 소중함이 선비와 차이가 없고, 분수를 따라 본업에 편안함이 또한 군자의 실제의 덕이니 이로써 실제의 행실을 권면함을 밝힌 것이다.【비록 군자의 실제의 덕이라도 분수를 따라 본업에 편안하는 것 이외에는 다른 것이 더 없다. 사람의 재주와 직업이 똑같지 않으나 덕에서 충신(忠信)과 중화(中和)를 귀하게 여김은 차이가 없다.】

토끼 머리를	有兎斯首
구우며 산적[57]으로 만드는지라	燔之炙之

56 신령스러운……늘어뜨려 : 이는《주역》〈이괘(頤卦) 초구(初九)〉에 "너의 신령스런 거북을 버리고 나를 보고서 턱을 늘어뜨리니, 흉하다.〔舍爾靈龜, 觀我, 朶頤, 凶.〕"라고 보인다. 심대윤은 초구를 농민으로 풀이하여, "농업은 천하의 큰 근본이다. 천하의 이해와 길흉이 음식에 말미암으니, 농업은 근본이고 신령스러운 거북은 이해와 길흉을 점치는 것이므로 농업을 신령스러운 거북이라 한 것이다.〔農者, 天下之大本也. 天下之利害吉凶, 由乎食, 而農爲本, 靈龜者, 所以卜利害吉凶, 故曰靈龜.〕"라고 하고, 또 "초구에 자기 본업을 하찮게 여기고 윗사람의 부귀를 부러워하는 뜻이 있다. 그러므로 '너의 신령스런 거북을 버리고 나를 보고서 턱을 늘어뜨린다.'라고 한 것이다.〔初九有薄其業而羨上之意, 故曰: '舍爾靈龜, 觀我, 朶頤.'〕" 하였다.《周易象義占法》

57 산적 :【집전】불에 굽는 것을 적(炙)이라 하니, 물건으로 꿰서 불 위에 올려 굽는

군자가 술자리를 두거든	君子有酒
술을 떠서 돌리도다[58]	酌言酢之

비이다.

토끼 머리를	有兎斯首
구우며 그슬리는 지라	燔之炮之
군자가 술자리를 두거든	君子有酒
술을 떠서 권하도다[59]	酌言酬之

비이다. 박잎을 뜯음은 그 뜻이 분명히 드러나기 때문에 한 번 말했을 뿐이요, 토끼 머리를 구음은 뜻이 은미하여 알기 어렵기 때문에 세 번 반복하여 영탄한 것이다. 이 편은 풍(風)이다.

이상은 〈호엽〉 4장이니, 장마다 4구이다.【교화가 시골에서 근본한다. 그러므로 〈면만(綿蠻)〉의 뒤에 〈호엽〉이 있으니,[60] 공자가 말씀하시기를 "향음주의 예를 보고서 왕도가 행하기 쉽고도 쉬움을 알았다."[61] 하셨다.】

것을 이른다.

58 돌리도다 :【집전】작(酢)은 보답하는 것이니, 빈이 술잔의 술을 다 마시고는 주인에게 술을 따라 올리는 것이다.

59 권하도다 :《집전》에 수(酬)는 '인도하여 마시게 하는 것〔導飮〕'이라 하였다. 이는 주인이 빈이 준 술을 마시고 다시 스스로 술을 따라 마시고서 빈에게 술을 주어 권하는 것을 말한다.

60 면만(綿蠻)의……있으니 : 심대윤은 〈면만〉을 학교에서 교화에 사용하는 악가로 보았다.

61 향음주의……알았다 : 이는《예기》〈향음주의(鄕飮酒義)〉에 보이는데, 심대윤은

점점지석 漸漸之石

물에 젖은 돌이여 漸漸之石
그 높기도 하도다 維其高矣
산천이 아득히 머니 山川悠遠
수고롭기도 하도다 維其勞矣
무인(武人)이 동쪽으로 정벌 감이여 武人東征
아침을 쉴 겨를도 없도다 不遑朝矣

비이고 부이다.[62] 점점(漸漸)[63]은 돌이 물가에 있어서 물이 돌을 적시는 것이다. 이는 무사가 출정함에 호궤(犒饋)하여 위로하는 악가이다.[64] 돌이 물가에 있어서 침몰할 지경이나 높이 솟은 것이니, 이로써 무사가 출정하여 환난을 무릅쓰나 공업이 이로 인하여 높아짐을 비유한 것이다. '산천이 아득히 머니 수고롭기도 하도다'는 공업이 원대하기를 기약하여 힘을 다하지 않을 수 없는 것이 또한 도학(道學)과 똑같은 것이다. 이는 바로 〈면만(綿蠻)〉에 "길이 멀기도 하니 내 수고로움이

"현자를 천거함이 시골에서 근본하면 현자와 불초한 자가 뒤섞이지 않아 인재를 얻기 쉽고, 선비가 수신(修身)에 힘써 외물을 사모하지 않고 다투어 선에 달려가서 풍속이 아름답게 될 것이다. 교화를 수립함이 시골에 근본하면 백성들이 점점 물들고 훈도되며 보고 감동하여 교화될 것이다. 그러므로 왕도가 행하기 쉽고도 쉽다고 한 것이다.〔擧賢本於鄕, 則賢不肖不混而易以得人, 士務脩於身而無外慕, 爭趨於善, 而風俗美矣. 立敎本於鄕, 則民漸漬熏炙觀感而化之矣. 故曰: 王道易易也〕"라고 풀이하였다.《禮記正解》

62 비이고 부이다 : 《집전》에는 부로 보았으니, 이하의 장도 같다.

63 점점(漸漸) : 《집전》에는 '삼삼'으로 읽어 '높고 험준한 모양〔高峻之貌〕'이라고 하였다.

64 이는……악가이다 : 【집전】 장수가 출정하여 험하고 먼 곳을 지나가니, 노고를 견디지 못하여 이 시를 지은 것이다.

어떠한고."라고 한 뜻인데, 공업을 길이라고 할 수 없으므로 산천이라고 한 것이다. '아침을 쉴 겨를도 없음'은 뜻이 공업을 수립하여 스스로 현달한 영화를 구함에 있으니, 편안함을 도모할 겨를이 없는 것이다.

물에 젖은 돌이여　　漸漸之石
높기도 하도다　　維其卒矣
산천이 아득히 머니　　山川悠遠
언제나 그 다할꼬　　曷其沒矣
무인이 동쪽으로 정벌 감이여　　武人東征
나올 겨를이 없도다　　不遑出矣

비이고 부이다. 졸(卒)은 마땅히 줄(崒)이 되어야 하니, 높음이다. '갈기몰의(曷其沒矣)'의 몰(沒)은 다함이니, 공업이 원대하고 끝이 없으나 세월이 많지 않으니, 마땅히 급급하고 황급하게 하여 한 자를 진취할 것이요, 한 치를 퇴보하여 구차히 편안해서는 안 됨을 말한 것이다. '나올 겨를이 없음'은 탈출하여 어려움을 피함을 스스로 도모하지 않는 것이다.

돼지가 발굽이 희니　　有豕白蹢
여럿이 물결을 건너가며　　烝涉波矣
달이 필성(畢星)에 걸려 있으니　　月離于畢
비가 주룩주룩 내리리로다　　俾滂沱矣
무인이 동쪽으로 정벌 감이여　　武人東征
다른 일을 할 겨를이 없도다　　不遑他矣

비이고 부이다. 적(蹢)은 발굽이다. 증(烝)은 무리이다. 치받기를 잘하는 돼지로써 무사를 비유하였는데, '흰 발굽'은 행적을 드러내는 것이요, '물결을 건너감'은 험난함을 넘음을 말한 것이다.[65] 무사는 돌격을 잘하는 것으로 행적을 드러내고, 여러 사람들이 힘을 합하면 험난함을 넘을 수 있다. 달이 필성(畢星)에 걸리면 비가 오는 것[66]으로써, 장수와 병사들이 서로 붙어서 배반하는 마음이 없으면 능히 성공함을 비유하였으니, 이는 마치 음양이 조화로워 비가 내리는 것과 같다. 적을 제거하여 백성의 환난을 제거함은 마치 비가 가뭄을 제거하여 바짝 마른 물건을 구제함과 같다. 그러므로 이로써 전쟁에서 공을 이룸을 말한 것이다. '다른 일을 할 겨를이 없음'[67]은 한마음으로 힘을 함께하여 다른 뜻이 없는 것이다. 이 편은 풍(風)이다.【《집전》에 장수가 자신의 노고를 탄식한 시라고 하였는데, 험난함을 말하면서 물에 젖은 돌이 높다고 하고 궂은비를 말하면서 돼지가 흰 굽으로 물결을 건너가고 달이 필성에 걸려 있다고 하니, 과연 이것이 말이 되는가.】

이상은 〈점점지석〉 3장이니, 장마다 6구이다.

65 치받기를……것이다 : 《집전》에는 장자(張子)의 말을 인용하여 "돼지가 등에 진흙을 묻히고 꼬리로 진흙을 끄는 것은 떳떳한 성품이다. 그런데 지금 그 발이 모두 희며, 여럿이 물결을 건너가니, 수환(水患)의 많음을 알 수 있다."라고 하였다.

66 달이……것 : 【집전】 돼지가 물을 건너가고 달이 필성에 걸려 있음은 장차 비가 올 징조이다.

67 다른……없음 : 【집전】 오랜 부역에 또 큰비를 만나서 매우 노고하여 다른 일에 미칠 겨를이 없음을 말한 것이다.

초지화 苕之華

능초의 꽃이여 苕之華
노란 꽃이 아름답도다 芸其黃矣
마음에 근심함이여 心之憂矣
그 서글프도다 維其傷矣

비이고 부이다.[68] 《집전》에 말하였다. 초(苕)는 능초(陵苕)이니, 일명은 자위(紫葳)이고 일명은 능소(凌霄)인데, 덩굴로 자라 교목의 위에 붙고 그 꽃은 황적색이다.

○이 시는 학교가 폐지되어 도덕이 상실됨을 풍자한 것이니,[69] 능초가 나무에 붙어 능히 서는 것으로써 학사(學士)가 군자에게 배워서 성립되는 것을 비유하였다. 운(芸)은 꽃이 성한 모양이다. 선왕의 가르치는 도가 이미 쇠퇴하자 선비 중에 고명하고 힘이 강한 자는 구차히 어려운 일과 괴벽한 일을 하기 좋아하며 기이한 것을 힘쓰고 문식을 꾸며서 명예를 탐하였는데, 이윽고 또 이것을 감당하지 못하여 싫어하게 되면 속으로는 몰래 이익을 도모하면서 겉으로는 명예를 위하는 척한다. 이에 헛된 문식이 날로 꾸며지고 실제의 행실이 날로 파괴되어서 천하가 크게 혼란하여 함께 곤경에 빠지게 되었다. 그러므로 〈회풍(檜風)〉과 〈조풍(曹風)〉에서, 헛된 문식을 겉에 꾸미는 것을 혼란의 근본으로 삼은 것이다.[70]

68 비이고 부이다 : 《집전》에는 비로 보았으니, 2장도 같다.

69 이 시는……것이니 : 《집전》에는 시인 자신이 주나라 왕실의 쇠함을 만났으니, 능초화가 오래가지 못함과 같다고 여겨 서글퍼한 것이라 하였다.

70 회풍(檜風)과……것이다 : 심대윤은 〈조풍 후인(候人)〉의 주석에서 선비가 행실

춘추 시대의 사람들은 말을 잘하고 위의(威儀)를 익힌 이가 많았는데 왕왕 개돼지 같은 행실이 있어서, 아버지와 군주를 시해한 자가 계속 이어져 1,800개의 나라[71]가 멸망하여 없어졌다. 동한(東漢)의 높은 절개가 진(晉)나라의 청담(淸談)으로 이어져서 언변을 숭상하고 실제의 행실을 폐하자 오호(五胡)의 난[72]이 일어났고, 송유(宋儒)들이 고원하고 공허하여 사물의 실정을 저버린 것이 명나라로 이어져서 천하에 떳떳한 법도가 없게 되었다. 능초화의 꽃이 성하나 열매가 없는 것으로써 선비들이 고원함을 힘쓰고 화려함을 꾸며서 실제의 이로움에 돈독하지 않은 것을 비유하였다.

능초의 꽃이여	苕之華
그 잎이 푸르고 푸르도다	其葉靑靑
내 이럴 줄 알았더라면	知我如此
태어나지 않느니만 못하였도다	不如無生

을 꾸미고 윗사람이 실제 행실을 상고하지 않고서 굽은 사람을 등용하여 정직한 사람의 위에 두는 것이 천하가 혼란해지는 이유라 하고, "그러므로 〈회풍〉의 〈고구(羔裘)〉·〈소관(素冠)〉과 〈조풍〉의 〈부유(蜉蝣)〉·〈후인〉에 중복해서 자세히 말한 것이니, 이는 성인의 깊은 뜻이다."라고 하였다.

71 1,800개의 나라 : 한(漢)나라 가산(賈山)의 〈지언(至言)〉에 "주나라는 1,800개국이었다."라고 하였는바, 이에 대하여 《자치통감(資治通鑑)》의 주에 《예기》 〈왕제(王制)〉에 "9주(州)에 1,773개국이 있다."라고 하였는데 1,800개국이라 한 것은 성수(成數)를 말한 것이라고 하였다. 또 《진서(晉書)》 〈지리지(地理志)〉에는 춘추 시대 초기에 아직도 1,200개국이 있었다고 하고, 《춘추》 경전에 보이는 것은 170개국이라고 하였다.

72 오호(五胡)의 난 : 진나라 무제(武帝) 사후에 왕실의 내분이 일어나자, 흉노(匈奴)·갈(羯)·선비(鮮卑)·저(氐)·강(羌)의 다섯 종족이 잇달아 나라를 일으켜 중국 북부 지역을 지배한 것을 가리킨다.

비이고 부이다. '그 잎이 푸르고 푸름'[73]은 붙어 따르는 자가 많아서 널리 풍조에 휩쓸림을 말한 것이다. 《주역》에 이르기를 "겉만 화려하고 부유하지 않은데 그 이웃들과 함께한다."[74]라고 한 것이 이것이다.

'내 이럴 줄 알았더라면 태어나지 않느니만 못하였도다'는 배움이 이와 같으면 배움이 없는 것만 못하고, 도가 이와 같으면 도가 없는 것만 못하고, 현자가 이와 같으면 현자가 없는 것만 못한 것이다. 도학이 실제에 유익하고 현자가 실제를 행하기 때문에 도학과 현자를 귀중하게 여기는 것이니, 만약 공허하여 실제를 해친다면 없는 것만 못하다. 결국 천하 사람들이 어육(魚肉)이 되어 짓밟힌다면 그런 세상에 태어남은 태어나지 않음만 못한 것이다. 사람의 도가 금수의 질박하고 솔직하고 순수하고 진실한 것만 못하다면 태어나지 않음만 못한 것이

73 그……푸름 : 【집전】 성한 모양이다. 그러나 또한 어찌 오래갈 수 있겠는가.

74 겉만……함께한다 : 이는 《주역》 〈태괘(泰卦 ䷊) 육사(六四)〉에 "翩翩不富, 以其隣, 不戒以孚."라고 보인다. 심대윤은 "편편(翩翩)은 화려하나 실제에 부합하지 않는 모양이다. 육사는 음유(陰柔)로서 음유의 자리에 거하여 태(泰)가 중(中)을 지나쳐 쇠함으로 향하는 때이니, 성실히 진취를 구하는 마음이 적고 형식적인 예의와 문채의 수식을 숭상하여 형상을 다스림이 매우 왕성하나 실제는 쇠하는 것이다. 음효(陰爻)로서 세 양효(陽爻)의 위에 헛되이 처함이 또한 실제가 없는 뜻이 된다. 세 양효가 모두 기뻐하고 좋아하여 가까운 곳부터 먼 곳까지 휩쓸려 따른다. 그러므로 '부유하지 않은데 그 이웃들과 함께한다.'라고 한 것이다. '부유하지 않음'은 실제에 부합하지 않는 것이니, 문식의 화려함이 가까운 곳에서 멀리 가는 것이다. '경계하지 않아도 서로 믿음'은 가르침과 경계를 기다리지 않고 자연히 믿어 변화하는 것이다.……문채의 화려함이 우세하면 질박한 실제가 망하여 교묘한 거짓이 생기고 재앙이 일어나니, 고금을 하나하나 살펴보건대 그렇지 않은 적이 있는가.〔翩翩, 華而不實之貌. 四, 以柔才居柔處, 泰之過中向衰之時, 少誠實求進之心, 而尙禮儀文采之飾, 治象甚壯, 而實則衰也. 以陰虛處三陽之上, 亦爲无實之義. 三陽皆悅而好之, 自近而遠, 靡然從之, 故曰: '不富以其鄰.' 不富, 不實也, 言文華自近而遠也. '不戒以孚', 言不待敎戒而自然信而化之矣.……夫文華勝而質實亡, 巧僞生而禍患作矣, 歷觀古今, 亦有不然者乎!〕"라고 풀이하였다. 《周易象義占法》

당연하지 않은가.【내가 보니, 지금 사람들은 대부분 모두 입으로는 옳고 그름을 말하나 마음은 입과 서로 부합하지 않아 입은 월(越)나라 사람의 입이고 마음은 연(燕)나라 사람의 마음이어서 말은 외면을 수식함에 불과할 뿐이요, 행실은 따로 자기 행실이 있다. 이는 한 사람이면서 두 사람인 것이니, 한 사람이 나뉘어 두 사람이라면 이는 사람이 없는 것이다. 헛되어 형체가 없음이 이와 같음에 이른다면 태어나지 않음만 못하다고 하는 것이 옳지 않겠는가.】

암양이 머리만 크며　　牂羊墳首
삼성(三星)이 통발에 있도다　　三星在罶
사람들이 먹을 수는 있으나　　人可以食
배부른 이가 적도다　　鮮可以飽

비이다.[75] 《집전》에 말하였다. 장(牂)은 암양이다. 양이 수척하면 머리가 커 보인다.

○분(墳)은 마땅히 분(賁)이 되어야 하니, 큼이다. 〈주남(周南) 도요(桃夭)〉의 분(蕡)과 〈상호지십 어조(魚藻)〉의 분(頒)[76]이 모두 마땅히 분(賁)이 되어야 한다. 암양의 몸이 수척하여 오직 머리만 큼은 전체가 망함을 돌아보지 않고 오직 숭고한 것에 힘씀을 말한 것이다. 통발 가운데에 물고기가 없고 삼성(三星 심성(心星))의 그림자가 있다는 것은 공허하고 고원하여 광채의 비춤이 있으나 실용이 없음을 말한 것이다. 먹어도 배부르지 않다는 것은 행실에 비록 힘쓰나 실제 효험이 없음을 말한 것이다.[77]

75 비이다 : 《집전》에는 부로 보았다.

76 주남(周南)……분(頒) : 〈도요〉 2장에 "많고 많은 그 열매로다.〔有蕡其實.〕"라고 한 것과 〈어조〉 1장에 "그 머리가 크기도 하도다.〔有頒其首.〕"라고 한 것에 보인다.

충서(忠恕)와 중용의 실제의 덕이 이미 상실됨에 천하 사람들이 종일토록 말하는 것이 모두 실제에 유익함이 없는 빈말이요, 1년 내내 행하는 것이 모두 실제에 유익함이 없는 헛된 행실이다. 그 마음속을 평소에 살펴보면 감정대로 곧바로 행함이 금수와 비슷하고, 의리를 알지 못함이 흙과 나무와 비슷하고, 다만 겉을 헛되이 꾸민 것이 도깨비의 환상과 비슷할 뿐이다. 심하구나! 사람이 배움이 없이 사람이 될 수 없음이여. 그러므로 말하기를 이럴 줄 알았더라면 태어나지 않느니만 못하였다고 한 것이다. 이 편은 풍(風)이다.

이상은 〈초지화〉 3장이니, 장마다 4구이다.

하초불황 何草不黃

어느 풀인들 누레지지 않으며 何草不黃
어느 날인들 가지 않으며 何日不行
어느 사람인들 가서 何人不將
사방을 경영하지 않으리오 經營四方

흥이다. 장(將)은 부축하고 거느리고 길을 가는 것이다. 이 시는 군정(軍政)에 법도가 없음을 풍자한 것이다.[78] 가을이 되어 서리가 내

77 먹어도……것이다 : 《집전》에는 기근에 그런대로 얻어먹기만 하면 족하니, 어찌 그 배부르기를 바랄 수 있겠냐고 한 것이라 하였다.

78 이 시는……것이다 : 【집전】 주나라 왕실이 장차 망하려 할 적에 정역(征役)이 그치지 않으니, 부역 가는 자들이 이를 괴로워하였다. 그러므로 이 시를 지은 것이다.

리면 나무는 죽지 않는데 풀만 홀로 시드는 것으로써, 사방에 난리가 있으면 지혜와 힘이 있는 선비는 편안히 거처하는데 피폐하고 쇠약한 백성만 홀로 부역에 나가서 헛되이 죽고 공이 없음을 비유하였다.

'어느 날인들 가지 않음'은 혹 도적이 창궐하여 사태가 급하면 쇠약한 자도 모두 동원하여 힘을 보태게 하니, 이는 한때의 부득이함에서 나오는 것인데, 지금은 그렇지 않아서 오직 쇠약한 자로 하여금 부역에 가게 하고 이를 떳떳한 일로 삼은 것이다. '하인부장(何人不將)'은 나라를 위하여 환란을 막을 적에 마땅히 선발한 병사를 써야 하는데, 지금은 그렇지 않아서 어떤 사람이라도 출정하는 것이다. '사방을 경영함'은 평민이 할 수 있는 것이 아닌데, 지금은 어떤 사람이라도 행하는 것이다.

공자가 말씀하시기를 "가르치지 않은 백성을 써서 싸우게 하면 이를 일러 백성을 버린다고 한다."[79] 하셨다. 선왕은 무재(武才)가 있는 군사를 선발하여 기르고 가르쳐서 조아(爪牙)로 삼아 사직(社稷)을 호위하고 적을 막는 일을 맡겨서, 군대가 정예롭고 비용이 적으면서 일이 실패하지 않고, 백성 중에 약한 자들은 재물을 모아서 공급이 끊어지지 않게 하였다. 이 때문에 군대가 부강하고 백성들이 훼상되지 않으며, 백성을 기국(器局)에 따라 부려서 그 힘에 알맞고, 백성들이 분수를 편안히 지켜 감히 윗사람을 원망하지 못하였다.

그런데 지금은 그렇지 않아서 힘이 강하고 재주와 지모가 있는 선비들은 권세와 술수를 빌려서 능히 스스로 부역에서 벗어나고, 오직 피폐하고 연약하고 어리석고 나약한 백성을 몰아서 사지(死地)에 버리니, 병력이 많더라도 승전하는 경우가 적어서 전쟁에 항상 패하여 헛되이

79 가르치지……한다 : 이는 《논어》 〈자로(子路)〉에 보인다.

농민을 많이 죽인다. 그리하여 위엄이 밖에서 꺾이고 국력이 안에서 소모되니, 그 근본은 편안히 즐기고 구차히 편안하기를 좋아하고 심원한 계책에 힘쓰지 않음에 있는 것이다. 주나라가 다시 떨쳐지지 못함을 여기에서 알 수 있다.

어느 풀인들 시커메지지 아니하며 何草不玄
어느 사람인들 병들지 않으리오 何人不矜
불쌍한 우리 정부(征夫)들은 哀我征夫
홀로 백성이 아니란 말인가 獨爲匪民

흥이다. 관(矜)[80]은 마땅히 관(瘝)이 되어야 하니,【관(瘝)이 잘못 환(鰥)이 되었고 환이 또 관(矜)이 되었으니, 관(矜)과 환은 통하기 때문이다.】 병듦이다. 백성에게 힘으로 감당하지 못하는 일을 시켜서 끓는 물과 불 속처럼 위험한 곳에 넣으면서도 돌아보지 않는다. 그러므로 말하기를 홀로 백성이 아니냐고 한 것이다.

외뿔소가 아니며 범이 아니거늘 匪兕匪虎
저 광야(曠野)를 돌아다니도다 率彼曠野
불쌍한 우리 정부들은 哀我征夫
조석(朝夕)에도 여가가 없도다 朝夕不暇

흥이다.[81] 반드시 외뿔소와 범의 사나움과 발톱·이빨과 발굽·뿔이

80 관(矜) : 《집전》에는 홀아비라고 하고, "부역에 종사하여 때를 넘기되 돌아가지 못하여 실가(室家)의 즐거움을 잃었다는 말이다."라고 하였다.

81 흥이다 : 《집전》에는 부로 보았다.

있어야 비로소 숲속에서 살면서 온갖 짐승을 위엄으로 복종시킬 수 있는 것인데, 지금은 나약하고 겁이 많은 백성으로 하여금 외뿔소와 범의 임무를 맡게 한 것이다. '조석에도 여가가 없음'은 힘이 일을 해내기에 부족하다는 말이다.

털이 풍성한 여우여	有芃者狐
저 그윽한 풀숲을 돌아다니도다	率彼幽草
사다리가 있는 수레여	有棧之車
저 큰길에 가도다	行彼周道

비이다.[82] 봉(芃)[83]은 털이 풍성한 모양이다. 여우로써 군주와 장수를 비유하였다. 재주와 능력이 풍족해서 장수를 맡길 만한 자는 도성에 머물러 출전하지 않고, 농사를 지으며 부역을 하는 백성들은 저 큰길을 가서 공업을 맡음을 말한 것이다. 위무(威武)는 군주의 큰 도이고 정벌은 나라의 큰일이니, 백성의 환난을 막고 천하를 편안히 함은 큰 공업인데, 백성 중에 가장 낮은 자로 하여금 이를 담당하게 한 것이다. 잔거(棧車)는 짐수레이니, 이로써 농사일을 하는 백성을 비유한 것이다.

〈면만(綿蠻)〉과 〈점점지석(漸漸之石)〉은 문왕(文王)과 무왕(武王)의 도가 번창한 이유이고, 〈초지화(苕之華)〉[84]와 〈하초불황〉은 문왕과

82 비이다 : 《집전》에는 흥으로 보았다.

83 봉(芃) : 【집전】 꼬리가 긴 모양

84 면만(綿蠻)과……초지화(苕之華) : 〈면만〉은 학교에서 사용한 악가로 중화(中和)의 덕과 실제의 행실을 권면하는 등의 내용이고, 〈점점지석〉은 출정하는 무사를 호궤(犒饋)하는 악가로 무사가 어려움을 무릅씀을 말하였고, 〈초지화〉는 학교가 폐지

무왕의 도가 상실된 이유이다. 이 편은 풍(風)이다.

이상은 〈하초불황〉 4장이니, 장마다 4구이다.

이상은 〈도인사지십〉이다.

아(雅)의 장엄한 말로 뜻을 진술한 것은 훈모(訓謨)[85]의 곡진하고 상세하게 말한 것에 미치지 못하고, 풍(風)의 물건을 가탁하여 은미하고 깊은 뜻을 드러낸 것은 혹 지적하고 진술하여 바르게 말한 것보다 낫다. 시는 풍자를 장점으로 삼지만, 완곡하게 인도하는 말이 받아들이기 쉬움과 바르게 하는 말이 따르기 쉬움[86] 중에 어느 하나라도 폐할 수 없다. 그러므로 시에 풍이 있고 아가 있는 것이다.

되고 도덕이 상실되어 선비들이 외면을 수식함을 풍자하였다.

85 훈모(訓謨) : 《서경》의 문체인 훈(訓)과 모(謨)를 병칭한 것으로 훌륭한 가르침을 뜻하기도 하지만, 여기서는 《시경》의 아(雅)와 비교하여 《서경》의 글을 가리킨 것으로 보인다.

86 완곡하게……쉬움 : 원문의 손언(巽言)과 법어(法語)는 《논어》〈자한(子罕)〉에 "바르게 타이르는 말은 따르지 않을 수 있겠는가. 자신의 잘못을 고치는 것이 중요하다. 완곡하게 해주는 말은 기뻐하지 않겠는가. 그 실마리를 찾는 것이 중요하다.〔法語之言, 能無從乎? 改之爲貴. 巽與之言, 能無說乎? 繹之爲貴.〕"라고 한 데에 보인다. 주자의 주에 법어는 바르게 말해 주는 것으로 사람들이 공경하고 두려워하는 바이므로 반드시 따르며, 손언은 완곡하게 인도해 주는 것으로 마음에 어긋나거나 거슬리는 바가 없으므로 반드시 기뻐한다고 풀이하였다.

대아 大雅

연릉 계자(延陵季子)가 말하였다. "넓고도 희희(熙熙 화락)함이여! 완곡하면서도 정직한 체가 있으니, 아마도 문왕의 덕일 것이다."[1] ○〈대아〉 가운데에 또한 선조에게 제사하는 송(頌)이 있는데 연향(宴饗)에 통용되어서 오로지 제사에 사용하는 악가가 되지 않으므로 이것을 〈대아〉에 편입한 것이다.

1 넓고도……것이다 : 《춘추좌전》 양공(襄公) 29년 조 두예(杜預)의 주에 "아(雅)와 송(頌)은 성덕의 형용을 읊은 것이다. 그러므로 다만 아름다운 시만 노래하였고 변아(變雅)까지 다 노래한 것은 아니다.〔雅頌, 所以詠盛德形容, 故但歌其美者, 不皆歌變雅.〕"라고 하였다. 양백준(楊伯峻)의 주에는 '곡이유직(曲而有直)'을 악곡에 억양과 높낮이가 있으나 그 본체는 곧다고 풀이하였다.

문왕지십 文王之什

문왕 文王

문왕(文王)이 위에 계시어　　文王在上
아 예로 올라가 하늘에 짝하셨으니　　於昭于天
주(周)나라가 비록 오래된 나라이나　　周雖舊邦
천명(天命)은 새롭도다　　其命維新
주나라가 드러나지 않을까　　有周不顯
상제(上帝)의 명(命)이 때에 맞지 않을까　　帝命不時
문왕의 오르내리심이　　文王陟降
상제의 좌우(左右)에 계시니라　　在帝左右

부이다. 오(於)는 감탄사이다. '소우천(昭于天)'은 바로 예로 올라가 하늘에 짝한 것이다.[1] 주나라는 후직(后稷)이 처음 봉해진 뒤로부터 천여 년이 지나 문왕에 이르러 새로 천명을 받았다. 불현(不顯)은 드러남이요, 불시(不時)는 때에 맞음이니, 문왕이 천시(天時)에 순응하여 천명을 모음을 말한 것이다. '상제의 좌우(左右)에 계시다'라는 것은 문왕의 덕이 하늘을 떠나지 않아서 하늘 또한 문왕을 떠나지 않음을 말한 것이다. 이는 무왕이 문왕의 덕과 은나라 선왕의 공적을 칭술하여

1 소우천(昭于天)은……것이다 : 원문의 예척(禮陟)은 제왕의 승하를 가리키는 말로, 《서경(書經)》 〈군석(君奭)〉에 "은나라 선왕(先王)이 예로 올라가 하늘에 짝하여 나라를 누린 햇수가 오래되었다.〔殷禮陟配天, 多歷年所.〕"라고 한데서 온 말이다.

주나라에 귀의한 은나라의 여러 신하들을 권면하고 인하여 연향(燕饗)에 통용하는 악가로 삼은 것이다.[2]

힘쓰고 힘쓰신 문왕이	亹亹文王
훌륭하신 명예가 그치지 아니하사	令聞不已
주나라에 베풀어 주시되	陳錫哉周
문왕의 자손들에게 하시니	侯文王孫子
문왕의 자손들이	文王孫子
본손(本孫)과 지손(支孫)이 백세(百世)를 전할 것이며	本支百世
모든 주(周)나라의 선비들이	凡周之士
드러나서 대대로 이어가지 않겠는가[3]	不顯亦世

부이다. 민민(亹亹)은 힘써 노력하는 뜻이다. 문왕이 스스로 힘쓰고 쉬지 않았기 때문에 훌륭한 명성이 그치지 않은 것이다. 하늘이 펴서 주나라에 주어서 오직 문왕의 자손이 그 복을 받은 것이다. 본(本)은 종자(宗子 맏아들)이고 지(庶)는 서자(庶子 중자)이다. 문왕의 자손이 이미 복을 받아 무궁하였고, 그 신하들은 문왕의 덕을 본받아서 또한 드러나고 대대로 이어간 것이다.

대대로 전함이 드러나지 않을까	世之不顯

2 이는…것이다 : 《집전》의 장하주(章下註)에는 "주공이 문왕의 덕을 추술(追述)하여 주나라 왕실에서 천명을 받아 상(商)나라를 대신한 것이 모두 여기에서 말미암았음을 밝혀서 성왕(成王)을 경계한 것이다.〔周公追述文王之德, 明周家所以受命而代商者, 皆由於此, 以戒成王.〕"라고 하였고, 《모시서》에는 "〈문왕〉은 문왕이 천명을 받아 주나라를 일으킨 것을 읊은 시이다.〔文王受命作周也.〕"라고 하였다.

3 드러나서……않겠는가 : 아래의 〈사재(思齊)〉편 3장 주석 참조.

그 계책이 정돈되도다 厥猶翼翼
훌륭한 많은 선비들이 思皇多士
이 왕의 나라를 보존하도다 生此王國
왕의 나라가 능히 보존되니 王國克生
주(周)나라의 정간(楨榦)이로다 維周之楨
훌륭한 많은 선비들이여 濟濟多士
문왕이 이들 때문에 편안하시도다 文王以寧

부이다. 익익(翼翼)은 여럿이 정돈된 모양이다. 사(思)는 어조사이다. 황(皇)은 큼이니 선비가 모두 대인임을 말한 것이다. 생(生)은 보존이란 말과 같으니, 두보의 시에 "지금까지도 나라가 여전히 보존되고 있다.[4]"라고 한 것이 이것이다. 《서경》에 "함께 살게 하려고 한다.[5]"라고 하였으니 이는 어진 선비가 이 나라에 생활함을 말한 것이요, 여기서는 어진 선비가 그 나라를 보존함을 말한 것이다. 정(楨)은 근간이다. 왕의 나라에 태어나서 왕의 몸을 편안히 한 것이다.

원대(遠大)하신 문왕이여 穆穆文王
아 계속하여 밝혀서 그 그치는 것을 공경히 하셨도다 於緝熙敬止
천명(天命)에 이르러서 假哉天命

4 두보의……있다 : 두보가 지은 〈북정(北征)〉시에 "네가 아니었다면 사람들 모두 끝장났을 것이니. 지금까지도 나라가 잘 보존되고 있다네.〔微爾人盡非, 于今國猶活.〕"라는 구절이 보인다.

5 서경에……한다 : 《서경》 〈익직(益稷)〉에 "함께 살게 하려고 한다.〔欲竝生哉〕"라고 하였는데, 채침(蔡沈)의 주에 "그들로 하여금 허물을 고치고 선으로 옮겨가게 해서 천지 사이에 함께 살게 해주려는 것이다.〔使之遷善改過, 欲其竝生於天地之間也.〕"라고 풀이하였다.

상(商)나라의 자손들을 소유했도다 有商孫子
상나라의 자손들이 商之孫子
그 수가 억(億)뿐만이 아니었건만 其麗不億
상제(上帝)가 이미 〈주(周)나라에〉 명한지라 上帝旣命
주나라에 복종하도다 侯于周服

부이다. 목목(穆穆)[6]은 엄숙하고 깨끗한 모양이다. 엄숙하면 번거롭지 않고 깨끗하면 잡되지 않으니, 정하고 한결같은 덕이다. 집(緝)은 계속함이다. 희(熙)는 밝게 드러나고 화융(和融)함이요, 경지(敬止)[7]는 그 그치는 바를 공경함이다. 하늘의 밝음을 이어 그 공적을 밝혀 천명에 그쳐서 감히 잃지 않은 것이니, 감히 잃지 않음은 공경하는 것이다. 천명(天命)은 중화(中和)의 지선(至善)의 덕이니, 《주역》에 "이어 행하는 것이 선이다."[8]라고 하였다. 《대학》은 이 시를 인용하여

6 목목(穆穆) : 《집전》에는 '심원한 뜻〔深遠之意〕'으로 풀이하였다.

7 경지(敬止) : 《집전》에는 지(止)를 '어조사〔語助辭〕'라고 하였으나, 《대학장구》 전(傳) 3장에 이 시를 인용하였는데, 여기서 주자는 "경지(敬止)는 공경하지 않음이 없어서 그치는 바에 편안함을 말한다.〔敬止, 言其無不敬而安所止也.〕"라고 해석하여 위의 어조사와는 달리 지(止)에 큰 뜻을 두었다.

8 주역에……하였다 : 《주역》 〈계사전 상(繫辭傳上)〉에 "한 번 음이 되고 한 번 양이 되는 것을 도라고 하니, 이어 행하는 것은 선이고 이루는 것은 성(性)이다.〔一陰一陽之謂道, 繼之者善也, 成之者性也.〕"라고 하였는데, 심대윤은 《주역상의점법(周易象義占法)》에서 "이것으로써 역(易)이 사람과 도가 같음을 말한 것이다. 음과 양이 번갈아 운행하여 이해(利害)가 생긴다. 사람이 이것을 이어서 이로움에 나아가고 해로움을 제거하는 것을 선이라 한다. 이로움을 온전히 하여 성(性)을 다함이 선을 이루는 것이다. 선으로 성을 이루어 명(命)에 이르므로 '이루는 것은 성'이라 한 것이다.〔此以言易之與人同道也. 陰陽迭運而利害生焉, 人能繼之以就利去害, 謂之善也. 全其利, 盡其性, 善之成也. 善以成性而至於命, 故曰'成之者性也'.〕"라고 하여 천명(天命)과 지선(至善)의 관계를 설명하였다.

지선(至善)에 그친 증거로 삼았다.[9] 격(假)[10]은 격(格)[11]과 통한다. '격재천명(假哉天命)'은 천명에 이르러 상나라의 자손을 소유한 것이니, 문왕이 하늘과 덕이 같음을 말한 것이다. 복(服)은 복종하여 섬기는 것이다.

주나라에 복종하니	侯服于周
천명(天命)은 일정하지 않은지라	天命靡常
은(殷)나라 선비 중에 아름답고 민첩한 자들이	殷士膚敏
주나라 서울에서 강신제(降神祭)를 도우니	祼將于京
강신제를 돕는 자가 됨이여	厥作祼將
항상 보상(黼裳)과 은나라의 관(冠)을 쓰도다	常服黼冔
왕의 나아간 신하들은	王之藎臣
너의 할아버지를 생각하지 않겠는가	無念爾祖

부이다. 부(膚)는 그 자질이 아름다운 것이고 민(敏)은 그 행실이 민첩한 것이다. 관(祼)은 술을 땅에 부어 강신하는 것이다. 장(將)은 제사를 받들어 행하는 것이다. 경(京)은 주나라 서울이다. 보(黼)는 보의 수를 놓은 치마이다. 후(冔)는 은나라 관이니 은나라 관을 쓰고 주나라의 제사에 참여할 수가 없으니, 이는 가탁한 말이 됨을 알 수 있다.[12] 치마는 하체(下體)에 붙어있으므로 주나라에 신하가 됨을 말한

9 대학은……삼았다 : 《대학장구》에 "전(傳) 3장은, 지선(至善)에 그침을 해석한 것이다.〔釋止於至善.〕라고 해석하였다.

10 격(假) : 《집전》에는 격(假)을 '큼이다〔大〕'라고 하였다.

11 격(格) : 심대윤은 보통 '격(格)'을 정신이 서로 연결되는 것으로 해석하였는데, 위의 각주 8)을 참고하면 여기에서는 '이름'의 의미로 풀이하였다.

12 후(冔)는……있다 : 《집전》에는 관(冠)을 "선대(先代)의 후예로 선왕을 계승하여

것이요, 후(昪)는 은나라 선왕의 도를 행하여 잃지 않음을 말한 것이다. 진(藎)은 나아감이니,[13] 왕의 진신(藎臣)은 은나라 선비가 나아가 주나라 신하가 됨을 말한 것이다. 이조(爾祖 너의 할아버지)[14]는 은나라의 선왕이다. 은나라 선비가 새로 주나라에 붙음에 그 옛 물든 습관이 있을까 염려하였으므로 화(禍)와 복(福)의 도(道)로 말해주고 문왕과 은나라 선왕의 일을 가지고 밝힌 것이다. 〈주고(周誥)〉의 여러 편을 보면 또한 일찍이 은나라 선비에 대해 권권(眷眷 연연)해 하지 않은 적이 없었다.[15]

너의 할아버지를 생각하지 않겠는가	無念爾祖
그 덕(德)을 닦을지어다	聿修厥德
길이 천명(天命)에 합함이	永言配命
스스로 많은 복(福)을 구하는 길이니라	自求多福
은나라가 무리를 잃지 않았을 때에는	殷之未喪師
능히 상제께 합했었느니라	克配上帝
마땅히 은나라를 거울로 삼을지어다	宜鑑于殷
큰 명은 보전하기가 쉽지 않으니라	駿命不易

그 예물(禮物)을 닦아서 왕가(王家)의 손님이 된 것이다.〔蓋先代之後, 統承先王, 修其禮物, 作賓于王家.〕"라고 보았다.

13 진(藎)은 나아감이니 : 《집전》에는 "충애(忠愛)의 돈독함이 나아가고 나아가 그치지 않음을 말한 것이다."라고 하였다.

14 이조(爾祖) : 《집전》에는 문왕(文王)이라고 해석하였다.

15 주고(周誥)의……없었다 : 〈주고〉는 《서경》가운데 〈대고(大誥)〉·〈강고(康誥)〉·〈주고(酒誥)〉·〈낙고(洛誥)〉 등의 편을 가리키는바, 주나라 임금들의 아랫사람을 타이르거나 경계하는 등의 내용이 담겨있다.

부이다. 하늘이 사람에게 중화(中和)의 덕을 명하고 직책을 주어서 수고롭게 하였으니, 중화의 덕을 간직하고 수고롭게 일하면 명예와 이익이 함께 이루어져서 하늘이 온갖 상서(祥瑞)를 내리고, 중화하지 못하고 안일에 빠지면 명예와 이익이 모두 무너져 하늘이 온갖 재앙을 내린다. 하늘과 사람의 도가 일치하여 시(是)와 비(非), 이(利)와 해(害), 화(禍)와 복(福)이 똑같이 하나로 돌아간다. 중화의 덕을 간직하고 수고롭게 일하는 것을 배명(配命)이라 이르고, 중화에 맞지 못하고 안일하게 있는 것을 역명(逆命)이라 이른다. 그 이와 해 화와 복이 오랜 뒤에야 드러나므로 길다고 말한 것이다. 공자가 말씀하시기를 "어려운 일을 먼저하고 얻는 것을 뒤에 한다."라고 하셨으니[16], 모든 천하의 일이 오랜 뒤에 비로소 얻어지지 않는 것이 있지 않다. 준(駿)은 큼이다. 하늘의 큰 명을 얻는 것은 한 해나 한 달에 이루어지는 것이 아니요, 이것을 잃는 것은 또한 한 해나 한 달에 이루어지는 것이 아니니, 행하여 쌓고 오래되면 경사와 재앙이 비로소 이루어지는 것이다. 무릇 사람의 행하는 바가 천지의 기운을 감동하여 불러서 쌓이면 마침내 형체를 이룬다. 선을 행하는 자는 당장에는 그 이로움을 보지 못하나 끝내는 반드시 크게 이롭고, 악을 행하는 자는 당장에는 그 해로움을 보지 못하나 끝내는 반드시 크게 해로우니, 세공(歲功 일년의 농사짓는 효과)은 가을이 되어서야 비로소 이루어지고 천도는 오랜 뒤에야 나타난다.

천명은 보전하기가 쉽지 아니하니 命之不易

16 공자가……하였으니 : 《논어》 〈옹야(雍也)〉의 "인자는 어려운 일을 먼저하고 얻는 것은 뒤로 하니, 이렇게 하면 인이라고 이를만 하다.〔仁者, 先難而後獲, 可謂仁矣.〕"라고 한 공자의 말씀을 인용한 것이다.

네 몸에서 끊어지게 하지 말지어다 無遏爾躬
훌륭한 명성(名聲)을 펴서 밝히면 宣昭義問
또 은나라를 헤아리되 하늘로부터 하라 有虞殷自天
상천(上天)의 일은 上天之載
소리도 없고 냄새도 없거니와 無聲無臭
문왕을 본받으면 儀刑文王
만방(萬邦)이 믿음을 이루리라 萬邦作孚

부이다. 문(問)은 문(聞)과 통한다. 우(虞)는 헤아림이다. 무릇 '자천(自天)'이라고 말한 것은 천하에 지극히 성실함을 말한 것이니 순수하고 한결같아서 하늘과 덕이 같으므로 '하늘로부터 한다.'라고 말하였으니,[17] 은나라 선왕이 하늘로부터 함을 헤아린 것이다. 상천(上天)의 일은 소리도 없고 냄새도 없으니, 《중용》의 비(費)와 은(隱)이 이것이다.[18] 하늘이 하는 것은 만물이 하는 것에 불과할 뿐이고 능한 것은 만물이 능한 것에 불과할 뿐이니, 천하의 자취를 만물의 밖에서 찾으면 얻을 수 없는 것이다. 성인이 하는 것과 능한 것은 천하의 필부(匹夫)와 필부(匹婦)가 하는 것과 능한 것에 불과할 뿐이니, 성인의 자취를 필부와 필부의 밖에서 구하면 얻을 수가 없다. 하늘이 떳떳함에 변함이 있는 것은 기운이 잘못된 것이요, 성인이 떳떳함에 변함이 있는 것은 때가 불행한 것이다. 하늘이 만물과 다른 까닭은 하늘이 지극히 성실하여 변화할 수 있기 때문이요,[19] 성인이 필부필부와 다른 까닭은 성인이

17 자천(自天)이라고……말하였으니 : 280쪽 각주 48) 참조.

18 비(費)와 은(隱) : 《중용장구》 12장에 "군자의 도는 비하고 은하다.〔君子之道, 費而隱.〕"라고 보이는데, 그 주석에 "비(費)는 용(用)이 광대함을 말한 것이요, 은(隱)은 체(體)가 은미(隱微)한 것이다.〔費, 用之廣也, 隱, 體之微也.〕"라고 하였다.

지극히 성실하여 때에 맞게〔時中〕 할 수 있기 때문이다.[20] 그 물건을 따르고 자기의 의견을 쓰지 않기 때문에 변화할 수 있고, 때를 따르고 자기 의견을 쓰지 않기 때문에 때에 맞을 수 있는 것이다. 지극히 성실하므로 자취가 없고, 자취가 없으므로 작은 것은 깨뜨릴 수가 없고 큰 것은 실을 수가 없는 것이다. 항상함이 아닌 것은 항상할 수가 없으니 그 변하지 않음으로써 그 변함을 행하기 때문에 변하지 않는 것이 항상 변치 않는 것이다. 그리고 형체가 있는 것은 반드시 다함이 있으니, 그 형체가 없는 것을 가지고 그 형체가 있는 것을 쓰기 때문에 커서 밖이 없고 오래하여 다함이 없는 것이다. 의(儀)는 형상함이요 형(刑)은 본받음이니, 은나라 선왕은 멀기 때문에 '염(念)'이라 하고 '우(虞 헤아림)'라 하였고, 문왕은 가깝기 때문에 '의형(儀刑)'이라고 말한 것이다. '만방작부(萬邦作孚)'는 바로 그 믿음이 사귀는 것[21]이니, 위로는 하늘과 하나가 되고 아래로는 백성과 하나가 되는 것이다. 작부(作孚)[22]는 그 믿음을 이루는 것이다.

19 하늘이…… 때문이요 : 하늘이 지극히 성실하다는 것은 우주의 변화와, 순환 등을 가리키는 바, 천지의 운행에 따라 춘(春)·하(夏)·추(秋)·동(冬)이 생기고 이에 따라 눈이나 비가 오는 것들을 의미한다. 《중용장구》 26장에 "지극히 성실하여 쉼이 없어서 만물이 각각 그 제자리를 얻는다.〔至誠無息而萬物各得其所.〕"라는 내용이 보인다.

20 성인이…… 때문이다 : 시중은 장소나 상황 등을 따지지 않고, 중도(中道)에 맞게 행동하는 것을 가리킨다. 《중용장구》 2장에 "군자가 중용을 하는 것은 군자이면서 때에 맞게 하기 때문이다.〔君子之中庸也, 君子而時中.〕"라고 하였고, 《맹자》 〈만장 하(萬章下)〉에 "공자는 성인의 시중(時中)인 분이시다.〔孔子, 聖之時者也.〕"라고 하였다.

21 믿음이 사귀는 것 : 원문 '厥孚交如'는 《주역》 〈대유괘(大有卦 ䷍) 육오(六五)〉에 "그 믿음이 서로 사귀니, 위엄이 있으면 길하리라.〔厥孚交如, 威如, 吉.〕"라고 보이는데, 심대윤은 "음유(陰柔)의 도로써 양강(陽剛)의 자리에 거하여 중도를 얻어서, 이루어진 덕이 확립되고 여러 양의 위에 있으니, 천하가 화합하여 순히 따른다. 그러므로 '그 믿음이 서로 사귄다'고 한 것이다.〔以柔道居剛而得中道, 成德立而處衆陽之上, 天下翕然順之, 故曰厥孚交如.〕"라고 풀이하였다. 《周易象義占法》

이상은 〈문왕〉 7장이니, 장마다 8구이다.

대명 大明

밝고 밝은 백성이 아래에 있으면　明明在下
빛나고 빛나는 천리(天理)가 위에 있느니라　赫赫在上
하늘은 믿기 어려운지라　天難忱斯
쉽지 않은 것이 왕 노릇 함이니　不易維王
천자(天子)의 지위에 있던 은(殷)나라의 적손(嫡孫)을　天位殷適
사방(四方)을 소유하지 못하게 하시니라　使不挾四方

부이다.[23] '명명재하(明明在下)'는 백성이 지극히 어리석으면서도 신묘함을 말할 것이요[24], '혁혁재상(赫赫在上)'은 천리가 밝게 드러남을 말한 것이다. 하늘의 밝고 두려움이〔天明威〕 우리의 백성으로부터 밝

22 작부(作孚) : 《집전》에는 '진작(振作)하여 믿음〔作而信之〕'으로 풀이하였다.

23 부이다 : 《집전》에는 "주공이 성왕(成王)을 경계한 시이다.〔此亦周公戒成王之詩.〕"라고 하였다.

24 명명재하(明明在下)는……것이요 : 당나라 육지(陸贄)의 주초(奏草)에 "이른바 일반 백성들이 지극히 어리석으면서도 신묘하다고 하는 까닭은 미련한 무리들이 혹은 어둡고 혹은 비루하여 어리석은 것처럼 보이지만 윗사람의 잘잘못을 판단하지 못하는 것이 없고, 윗사람의 좋아하고 싫어하는 것을 모르는 것이 없으며, 윗사람이 비밀스럽게 여기는 것을 전하지 않는 것이 없고, 윗사람 하는 일을 본받지 않는 것이 없기 때문이니, 이 점이 바로 신과 비슷한 부분입니다.〔所謂衆庶者, 至愚而神, 蓋以蚩蚩之徒 或昏或鄙, 此其似于愚也. 然而上之得失靡不辨, 上之好惡靡不知, 上之所秘靡不傳, 上之所爲靡不效, 此其類于神也.〕"라는 내용이 보인다.《陸宣公翰院集 奉天請數對群臣兼許令論事狀》

고 두려우니, 천명의 돕고 돕지 않음이 백성들의 향하는지 등지는지에서 증험해보면 알 수 있다.[25] 그러므로 먼저 '명명재하'라고 말한 것이다. 명명재하는 아래에 있는 하늘이요, 혁혁재상은 위에 있는 하늘이다.[26] 침(忱)은 침(諶)과 같으니, 믿음이다. 적(適)은 적사(適嗣)이다. 협(挾)은 좌우에 껴 소유하는 것이다. 이는 주공이 문왕과 무왕이 천명을 받은 것을 서술하고 인하여 연향에 통용하는 악가로 삼은 것이다.[27]

지(摯)나라의 둘째 따님인 태임(太任)이	摯仲氏任
저 은상(殷商)으로부터	自彼殷商
주(周)나라에 시집오사	來嫁于周
주나라 서울에 신부(新婦)가 되시니	曰嬪于京
이에 왕계(王季)와 더불어	乃及王季
덕(德)을 행하셨다	維德之行
태임(太任)이 임신하사	大任有身
이 문왕(文王)을 낳으시니라	生此文王

부이다. 《집전》에 말하였다. 지(摯)는 나라 이름이요, 중(仲)은 둘

25 하늘의……있다 : 《서경》 〈다사(多士)〉에 "우리 주나라가 천명의 도우심을 받아 하늘의 밝은 위엄을 받들어 왕의 형벌을 이루었다.〔我有周佑命, 將天明威, 致王罰.〕"라는 말이 보이는데, 그 주에 "혁명의 공변됨을 미루어서 열어 깨우쳐 준 것이다.〔蓋推革命之公, 以開諭之也.〕라고 하였다.

26 명명재하는……하늘이다 : 《집전》에는 명명(明明)은 덕의 밝음〔德之明〕, 혁혁은 명(命)의 드러남〔命之顯〕이라고 풀이하였다.

27 이는……것이다 : 《집전》에는 "주왕(紂王)이 천자의 지위에 거하여 은나라의 적사(嫡嗣)가 되었는데 마침내 사방을 차지하여 소유하지 못하게 된 것은 이 때문이다.〔紂居天位, 爲殷嗣, 乃使之不得挾四方而有之, 盖以此爾.〕"라고 하여 천명을 덕이 있는 사람에게 준 시로 해석하였다.

째 딸이요, 임(任)은 지나라의 성(姓)이다. 은(殷)은 상(商)나라의 도읍이요, 상은 은나라가 천하를 소유한 칭호이며, 은상(殷商)은 은나라의 제후의 나라이다. 빈(嬪)은 부인이니, 장차 문왕과 무왕이 천명을 받은 것을 말하려 하면서 어디서부터 온 것임을 근본하여 밝힌 것이다.[28]

이 문왕(文王)이 維此文王
공경하고 단정히 하사 小心翼翼
상제(上帝)를 밝게 섬기시어 昭事上帝
많은 복(福)을 품으시니 聿懷多福
그 덕(德)이 정직하여 厥德不回
사방(四方)의 나라를 받으시니라 以受方國

부이다. 소심(小心)은 공경함이요 익익(翼翼)은 여럿이 정돈된 모양이니[29], 일을 집행하는데 공경하여 여러 일이 정돈되지 않음이 없는 것이다. 회(懷)[30]는 가슴에 품는 것이니, 개경복(介景福)[31] 큰 복을 좌

28 장차……것이다 : 이에 대해 《집전》의 장하주에는 "장차 문왕의 성스러움을 말하려 하면서 그 어디서부터 왔는지를 따라서 근본한 것이 이와 같으니, 이는 그 부모로부터 이미 그러하였음을 말한 것이다.〔將言文王之聖, 而追本其所從來者如此, 蓋曰 自其父母而已然矣.〕"라고 하였다.

29 소심(小心)은……모양이니 : 《집전》에 소심익익은 '공손하고 삼가는 모양〔恭愼之貌〕'으로 풀이하였다.

30 회(懷) : 《집전》에는 '옴〔來〕'이라고 풀이하였다.

31 개경복(介景福) : 〈한록(旱麓)〉 4장에 "올리며 제사하여 큰 복을 크게 하도다.〔以享以祀, 以介景福〕라는 내용이 보인다. 이는 〈북산지십 소명(小明)〉 등에 나오는데, 심대윤은 개(介)는 '좌우에서 지킴〔夾介〕'이고 경(景)은 '큼〔大〕'이라고 하여, '큰 복을 〈좌우에서 끼고〉 지킴'의 뜻으로 풀이하였다. 협개(夾介)의 해석은 〈빈풍(豳風) 칠월

우에 끼고서 벗어나지 않게 하는 것이요, 회다복(懷多福)은 많은 복을 품에 간직하여 떠나지 않게 하는 것이다. 회(回)는 회호(回互 부정)이니, '불회(不回)'는 정직함을 말한 것이다.

우(虞), 예(芮)가 분쟁을 질정하러 오거늘	虞芮質厥成
문왕이 갑자기 일어나 보존하시니	文王蹶厥生
내 말하기를 소부(疏附)하는 자가 있으며	予曰有疏附
내 말하기를 선후(先後)하는 자가 있으며	予曰有先後
내 말하기를 분주(奔走)하는 자가 있으며	予曰有奔奏
내 말하기를 어모(禦侮)하는 자가 있다 하노라	予曰有禦侮

부이다. 우(虞)와 예(芮)는 두 나라 이름이다. 질(質)은 질정함이요, 성(成)은 화평함이다. 궐(蹶)은 궐연히 흥기하는 모양이다.【궐은 급거(急遽)의 모양이니, 혹은 급히 일어남이 되고 혹은 급히 쓰러짐이 되어서 한 글자를 두 가지로 사용한다.[32]】 생(生)은 '왕의 나라가 능히 보존된다.〔王國克生〕'는 생이니,[33] 궐연히 제후의 나라를 보존한 것이다. 문왕의 덕이 능히 제후의 나라를 보존하였다. 그러므로 귀의하여 따르는 자가 많은 것이

(七月)〉 6장의 주석 참조.

32 궐(蹶)은……사용한다 : 위(魏) 조비(曹丕)가 지은 《열이전(列異傳)》에 "아이가 아버지를 따라 산에 들어갔는데 아버지가 갑자기 궐연(蹶然)히 땅에 쓰러지니 마침내 변하여 흰 사슴이 되었다.〔兒隨父入山, 父忽蹶然倒地, 乃變成白鹿.〕"라고 하여 궐연을 갑작스럽게 쓰러지는 모양이라 하였고, 《일주서(逸周書)》 〈태자진(太子晉)〉편에 "사광(師曠)이 이 궐연히 일어나 어두운 신하는 돌아갈 것을 청합니다.〔師曠, 蹶然起曰'瞑臣請歸.'〕"라는 내용이 보이는데, 공조(孔晁)는 그 주에서 궐연을 빠르게 일어나는 모양〔疾貌〕이라고 풀이하였다.

33 왕의……생이니 : '王國克生'은 위의 〈문왕〉에 보이는데, 심대윤은 생(生)은 보존(保存)이란 말과 같다고 해석하였다.

다. 나〔予〕[34]는 문왕이다. 소부(疏附)는 소원한 사람이 와서 따르는 자요, 선후(先後)는 부지(扶持)하고 보호하는 자이다. 진(奏)은 마땅히 주(走)가 되어야 하니, 분주(奔走)는 명령을 받들어 일을 공손히 수행하는 것이요, 어모(禦侮)는 왕을 위하여 적개(敵愾)하는 것이다. 이 장은 문왕이 사방 나라를 받아 천명을 모음을 말하였는데, 잘못 〈면(綿)〉편의 끝에 있으니, 마땅히 옮겨서 여기에 놓아야 한다.[35]【소씨(蘇氏)가 말하였다. "우는 섬주(陜州)의 평륙(平陸)에 있고 예는 동주(同州)의 풍익(馮翊)에 있었다. 평륙에 농사를 짓지 않고 공한지로 버려둔 언덕이 있으니, 바로 우나라와 예나라가 서로 사양한 곳이다."】

하늘의 굽어보심이 아래에 계셔	天監在下
천명(天命)이 이미 모인지라	有命旣集
문왕의 초년에	文王初載
하늘이 배필을 내리시니	天作之合
흡수(洽水)의 남쪽에 있으며	在洽之陽
위수(渭水)의 가에 있어	在渭之涘

34 나〔予〕:《집전》에는 '시인 자신〔詩人自予〕'으로 풀이하였다.

35 이 장은……한다 : 이 장은 원래 뒤의 〈면(綿)〉9장의 내용인데,《모시서》에 "〈면〉은 문왕의 일어남이 본래 태왕(太王)으로부터 말미암았음을 읊은 시이다.〔綿, 文王之興, 本由大王也.〕" 라고 하였다.《집전》에는 위의 시를 "곤이(昆夷)가 이미 복종하고 우, 예가 와서 송사의 해결을 질정하자, 이에 제후로서 주나라에 귀의한 자가 많아져서 문왕이 이로 말미암아 그 흥기하는 세(勢)를 동함을 말하였으니, 이것은 비록 그 덕이 성하나, 또한 네 명의 신하의 도움이 있어서 그러한 것이다. 그러므로 각각 여왈(予曰)로써 일으켜서 그 말이 번거롭되 줄이지 않은 것은 인재 얻기를 많이 함을 깊이 탄식한 것이다.〔言昆夷旣服, 而虞芮來質其訟之成, 於是諸侯歸周者衆, 而文王由此, 動其興起之勢, 是雖其德之盛, 然亦由有此四臣之助而然, 故各以予曰起之, 其辭繁而不殺者, 所以深歎其得人之盛也.〕"라고 해석하였다.

문왕이 가례(嘉禮 혼례(婚禮))할 때에 文王嘉止
큰 나라에서 따님을 두셨도다 大邦有子

부이다.[36] '천감재하(天監在下)'는 하늘이 굽어보아 임하는 것을 사람의 마음이 귀의하는 것을 가지고 아는 것이다. 집(集)은 이룸이니, 하늘이 명령이 있음에 문왕이 이미 이룬 것이다. 재(載)는 해이다. 《집전》에 말하였다. "흡(洽)은 물 이름이니, 지금 동주(同州) 흡양(郃陽)에 있었는데, 지금은 물이 끊어졌기 때문에 삼수변(三水邊)을 떼고 우부방(右阜傍)을 붙인 것이다. 가(嘉)는 혼례이다. 대방(大邦)은 신(莘)나라이다.

큰 나라에서 따님을 두셨으니 大邦有子
하늘에 비길 만한 여인(女人)이로다 俔天之妹
의문(儀文)을 갖추어 그 길함을 정하시고 文定厥祥
위수에서 친영을 하사 親迎于渭
배를 만듦이 다리처럼 편안하니 造舟爲梁
그 빛이 드러나지 아니하랴 不顯其光

부이다. 현(俔)[37]은 자세하지 않다. 아마도 현(睍)[38]과 서로 비슷하

36 부이다 : 《집전》에는 이 시를 무왕이 상(商)나라를 정벌한 일〔武王伐商之事〕로 보았다.

37 현(俔) : 《집전》에는 '비유함〔磬〕'이라 하였고, 정현(鄭玄)은 '같다'〔同〕의 의미로 보아 "또 태사의 어짊을 알고, 그녀를 높이기를 하늘에 여동생이 있는 것처럼 하였다.〔又知大姒之賢, 尊之如天之有女弟.〕"라고 풀이하여 이 시를 문왕이 태사를 맞이하고 찬송한 시로 보았다.

38 현(睍) : 〈개풍(凱風)〉에 "아름답고 고운 꾀꼬리가 그 소리도 예쁘구나.〔睍睆黃鳥, 載好其音.〕"라는 내용이 보이는데, 《모전(毛傳)》에 현환(睍睆)을 아름다운 모양

니, 순수하고 아름다운 모양인 듯하다. '천지매(天之妹)'는 그 덕행이 귀하게 여길 말함을 말한 것이다. 문(文)은 의문(儀文)이니 의문을 갖추어 그 길함을 이룬 것이다. '조주위량(造舟爲梁)'은 배의 편안함이 다리가 위태롭지 않음과 같음을 말한 것이다.【'공후가 간성(干城)'이란 것과 '큰 덕을 갖춘 사람이 울타리'라는 것과 같은 따위이니[39], 다만 간성과 울타리 같을 뿐만이 아니다.】 양(梁)[40]은 물을 막아 길을 만들어서 수레와 말을 통하게 한 것이다. 배가 물을 다니고 육지를 다니지 않는 것은 부인의 도가 내조(內助)를 행하고 정사에 미치지 않는 것과 같다. 그러므로 문왕이 성녀(聖女)를 얻어 내조를 주장하여 규문을 편안히 함에 문왕의 덕이 더욱 드러나서 빛난 것을 가탁하여 말한 것이다.【양(梁)은 물 가운데의 길이므로 이로써 음교(陰敎)가 편안함을 비유한 것이다.】 이로써 문왕이 태사(太姒)의 내조를 얻어서 규문을 편안히 함을 말하였으니, 친히 맞이할 때에 배를 타고 위수(渭水)를 건너온 것을 인하여 가탁하여 밝힌 것이요, 구설(舊說)[41]처럼 배를 연하여 다리를 만든 것이 아니다. 배를 연하여 다리를 만들고 '그 빛남이 드러나지 않겠는가?'라고 했다면 과연 말이 되겠는가. 전(傳)에서 말한 '천자는 배를 사용하고 제후는 배를

〔好貌〕으로 풀이하였다.

39 공후가……따위이니 : 《시경》의 〈토저(兎罝)〉와 〈판(板)〉 의 내용으로, 모두 국가의 훌륭한 인재를 의미한다.

40 양(梁) : 《집전》에는 "양은 다리이니, 물 위에서 배를 만들고, 그것을 나란히 늘어놓은 다음, 그 위에 판자를 가하여 통행하게 한 것이니, 바로 지금의 부교(浮橋)이다.〔梁, 橋也, 作船於水, 比之而加版於其上以通行者, 卽今之浮橋也.〕"라고 하였는데, 장재(張載)는 "배를 만들어 다리를 놓는 것은 문왕이 처음 만든 것인데 주대(周代)에 마침내 천자의 예로 삼은 것이다.〔造舟爲梁, 文王所制, 而周世遂以爲天子之禮也.〕" 라고 하였다.

41 구설(舊說) : 위의 각주 40) 참고.

동여매어 사용했다[42]'라는 것은 시를 잘못 읽음으로 인하여 억지로 끌어맞추어 망언을 한 것이다. 옛날에는 천자가 배다리로 건넌 일이 없다.【주나라 소왕(昭王)은 한수(漢水)에서 빠져 죽었고,[43] 진나라 시황(始皇)은 상강(湘江)을 건너다가 거의 위태로울 뻔하였으며,[44] 한나라 무제(武帝)는 누선(樓船)으로 분수(汾水)를 건너왔고[45], 한나라 성제(成帝)는 배를 타다가 위험하였으니[46] 모두 배다리로써 건너간 것이 아니다.】또, 장강과 황하가 넓은데 배를 연결하여 다리를 만들었다면 마땅히 몇 천만의 배를 사용해야 되겠는가. 기주(冀州)의 남쪽에서 순행하여 형산(衡山)에 이르게 되면 건너야할 물이 어찌 한계가 있겠는가. 그런데 만약 배다리를 만들면 천하의 힘(재력)이 능히 공급할 수가 없고 또 파도에 충격을 받아서 이룰 수가 없으니, 성인이 어찌 이처럼 이룰 수 없는 일을 하여서 천하를 피폐하게 하였겠는가. 진나라 시황과 한나라 무제와 수나라 양제(煬帝)가 하지 않은

42 전(傳)에서……사용했다 : 《이아(爾雅)》에 "천자는 배를 만들어 사용하고, 제후는 배를 동여매어 사용하고, 대부(大夫)는 두 척의 배를 나란히 사용하고, 사(士)는 배 한 척을 사용한다."〔天子造舟, 諸侯維舟, 大夫方舟, 士特舟.〕"라고 하였다.

43 주나라 소왕(昭王)은……죽었고 : 초(楚)나라 사람이 주나라 소왕을 싫어하여 아교로 붙여 만든 배를 바쳤는데, 주나라 소왕이 그 배를 타고 한수(漢水)를 건너다가 아교가 모두 녹아서 모두 물에 빠져 죽은 고사가 전한다. 《帝王世紀 周》

44 진나라 시황(始皇)은……뻔하였으며 : 진나라 시황이 상수를 건너 상산(湘山)의 사당에 갈 적에 큰 비바람이 불어 건널 수 없게 되자, 상산의 나무를 모두 베었다고 전한다. 《史記 秦始皇本紀》

45 한나라 무제(武帝)는……건너왔고 : 한나라 무제가 분수(汾水) 남쪽에서 후토신(后土神)에게 제사를 지내고, 분수에 누선을 띄어 뱃놀이를 했다고 전해진다.《西漢年紀 武帝》

46 한나라 성제(成帝)는……위험하였으니 : 성제가 아니라 원제(元帝)의 오기로 보임. 전한(前漢)의 원제(元帝)가 종묘에 제사를 지내기 위해 누선(樓船)을 타고 가려고 하자, 신하인 장맹(張猛)이 이를 만류하여 배를 타는 것은 위험하다고 하여 이를 말렸다고 전해진다. 《漢書 薛廣德傳》

것을 성인이 하였겠는가.[47] 문왕이 백 리쯤 되는 나라를 가지고 사치함이 이와 같겠는가. 심하다, 비루한 학자들이 망언을 좋아함이여! 배를 모아 나래처럼 펴고 가더라도 또한 편안히 건널 수 있으니, 무익한 일을 하여 백성을 해칠 수가 없는 것이다.【《예기》〈월령(月令)〉에 '천자가 처음 배를 탄다.'라고 하였으니, 주나라 천자가 배를 탄 분명한 증거이다.】

천명이 하늘로부터 내린지라 有命自天
이 문왕에게 명하시기를 命此文王
주나라의 경사(京師)에 하시거늘 于周于京
여사(女事)를 이을 자를 신(莘)나라에서 纘女維莘
장녀(長女)로 시집보내오니 長子維行
돈독히 무왕(武王)을 낳게 하시고는 篤生武王
보우(保佑)하고 명령하사 천명을 순종하여 保右命爾
상(商)나라를 정벌하게 하시니라 燮伐大商

부이다. 자천(自天)은 천하에 지극히 성실함을 이른다. 《주역》에 '하늘로부터 도움'[48]과 '하늘로부터 내림이 있음'[49]이 이것이니, 이로써

47 진나라 시황과……하였겠는가 : 진 시황과 한 무제, 수 양제는 모두 국가의 번영을 이루어 물자와 재정이 풍족하고, 율령의 정비와 대운하 정비 등의 업적이 많았음에도 불구하고 배를 연결하여 다리를 연결하는 등의 무리한 일은 하지 않았음을 말한 것이다.

48 하늘로부터 도움 : 《주역》〈대유괘(大有卦) 상구(上九)〉에 "하늘로부터 도우므로 길(吉)하여 이롭지 않음이 없다.〔自天祐之, 吉无不利.〕'라고 보이는데, 이에 대해서 심대윤은 "인심이 이미 멸하고 도심이 홀로 남아 있어서 본성을 다하고 천명에 이르러 하늘과 덕이 같은 자이니, 이른바 '천하에 지극히 성실한' 자이다. 그러므로 '하늘로부터 도우므로 길하여 이롭지 않음이 없다'라고 한 것이다.〔人心旣滅, 道心獨存, 盡性至命, 與天同德, 所謂'天下至誠'者也, 故曰: '自天祐之, 吉无不利.'〕"라고 풀이하였다. 《周易象義占法》

문왕이 지극히 성실하기 때문에 천명이 하늘로부터 내려옴을 말한 것이다. 찬(纘)은 이음이요 도움이니, 문왕의 덕을 잇고 도와서 안을 다스린 것이다. 장자(長子)는 태사(太姒)이니 신(莘)나라의 장녀이다. 우(右)는 마땅히 우(佑)가 되어야 하니, 하늘이 무왕을 보우한 것이다. 섭(燮)은 화하고 순함이니, 그 위엄과 무력으로 강요한 것이 아님을 밝힌 것이다.

은상(殷商)의 군대가	殷商之旅
그 모임이 숲과 같아서	其會如林
목야(牧野)에 진을 치니	矢于牧野
우리 군대가 흥기(興起)하도다	維予侯興
상제가 그대에게 임하셨으니	上帝臨女
그대의 마음에 의심하지 말지어다	無貳爾心

부이다.[50] 은(殷)은 도읍이요, 상(商)은 나라이다. 시(矢)는 진열함이다. '상제가 너에게 임하였으니 네 마음을 의심하지 말라'는 것은 그 덕을 정(精)하고 한결같이 하여 하늘에 합함을 말한 것이니, 털끝만치도 사욕이 있어 관여치 않게 한 것이다. 《집전》에 말하였다. "목야

49 하늘로부터 내림이 있음 : 《주역》 〈구괘(姤卦) 구오(九五)〉에 "기나무 잎으로 오이를 싸는 것이니, 아름다움을 함축하면 하늘로부터 내림이 있으리라.〔以杞包瓜, 含章, 有隕自天.〕"라고 보이는바, 이에 대해서 심대윤은 "구오가 군주로 하여금 점차 선으로 돌아가 지성(至誠)에 이르러 그 성명(性命)을 다하게 할 수 있다. 그러므로 '하늘로부터'라고 한 것이다.〔五能令其君漸復于善, 以至於至誠, 盡其性命, 故曰自天.〕"라고 해석하였다. 《周易象義占法》

50 부이다 : 《집전》의 장하주에는 이 시를 무왕(武王)이 주왕(紂王)을 공격하면서 무왕의 군대가 이기지 못할 것을 두려워하자 이를 권면한 내용으로 보았다.

(牧野)는 조가(朝歌) 남쪽 70리 지점에 있다."

목야(牧野)가 넓고 넓으니	牧野洋洋
박달나무 수레가 휘황하며	檀車煌煌
네 필의 원마(騵馬)가 건장하도다	駟騵彭彭
태사(太師)인 상보(尙父)가	維師尙父
때로 매가 날듯이 하여	時維鷹揚
저 무왕의 공을 밝혀	涼彼武王
군대를 풀어 상(商)나라를 정벌하니	肆伐大商
제후들에게 조회받자 천하가 깨끗해졌다	會朝淸明

부이다.[51] 《집전》에 말하였다. 양양(洋洋)은 광대한 모양이요, 황황(煌煌)은 선명한 모양이다. 검은 말에 배가 흰 것을 원(騵)이라 한다. 량(涼)은 《한서》에 량(亮)으로 되어 있다.

○량은 밝혀 진실하게 함이니, 무왕의 공을 밝혀 진실하게 한 것이다. 《서경》에 이르기를 '하늘의 공〔일〕을 밝혀 진실하게 하라.'[52]라고 하였

51 부이다 : 《집전》에는 "무왕의 군대가 많고 장수가 현명하여 상(商)나라를 공격하여 더럽고 혼탁한 것을 제거하였는데 하루 아침이 못되어 천하가 깨끗해짐을 말하였다.〔此章, 言武王師衆之盛, 將帥之賢, 伐商以除穢濁, 不終朝而天下淸明.〕"라고 하였다. 그리고 집전은 각 장에 대해서 "1장은 천명이 일정함이 없어서 오직 덕이 있는 사람에게 줌을 말하였고, 2장은 왕계(王季)와 태임(太任)의 덕을 말하여 무왕에게 미쳤고, 3장은 문왕의 덕을 말하였고, 4장, 5장, 6장은 문왕과 태사(太姒)의 덕을 말하여 무왕에게 미쳤고, 7장은 무왕이 주(紂)를 정벌한 것을 말하였고, 8장은 무왕이 상(商)나라를 이긴 것을 말하여 1장의 뜻을 마쳤다.〔一章, 言天命無常, 惟德是與, 二章, 言王季太任之德, 以及文王, 三章, 言文王之德, 四章, 五章, 六章, 言文王太姒之德, 以及武王, 七章, 言武王伐紂, 八章, 言武王克商, 以終首章之意.〕"라고 설명하였다.

52 서경에……하라 : 이 내용은 《서경》 〈순전(舜典)〉에 보인다. 또 〈순전〉에 '亮采'라고 보이는바, 심대윤은 "여러 일을 밝혀 진실하게 하여 허위가 없게 하는 것이다.〔明

다. '회조청명(會朝淸明)'[53]은 제후를 모아서 조회를 받자 천하가 청명해진 것이다.

이상은 〈대명〉8장이니, 네 장은 장마다 6구이고, 네 장은 장마다 8구이다.

면 綿

번성하게 이어진 오이덩굴이여	綿綿瓜瓞
주(周)나라에 사람이 처음 삶이	民之初生
저수(沮水)와 칠수(漆水)에 터전을 잡고부터이니	自土沮漆
고공(古公)인 단보(亶父)가	古公亶父
이중 벽돌집이며 지하 벽돌집에 거처하여	陶復陶穴
아직 실가(室家)가 없었느니라	未有室家

비이고 부이다.[54] 《집전》에 말하였다. 큰 것을 과(瓜)라고 하고 작은 것을 질(瓞)이라고 한다. 토(土)는 그 땅에 사는 것이다. 저(沮)와 칠

信庶事而無虛僞也.〕"라고 풀이하였는데, 여기서 채(采)는 '일〔事〕'을 의미한다. 《書經蔡傳辨正》

53 회조청명(會朝淸明) : 《집전》에는 회조는 '회전하는 날 아침〔會戰之旦〕'으로 풀이하여 무왕이 상나라를 쳐 혼탁한 것을 제거했는데 하루 아침이 못되어 천하가 깨끗해진 것으로 해석하였다.

54 비이고 부이다 : 《집전》에는 부로 보아, 이 또한 주공이 성왕을 경계한 시라고 해석하였다. 심대윤은 위의〈대명〉장과 동일하게 태왕이 기산(岐山)에서 왕업을 기초한 것을 서술하여 제사의 악가와 연향의 음악에서 읊는 시로 보았다.

(漆)은 두 물이니, 빈(豳) 땅에 있다.

◯고공(古公)[55]은 선공(先公)이란 말과 같다. 단보(亶父)[56]는 호이니, 【주나라 사람은 휘(諱)로써 신을 섬겨서 이름을 휘하여 처음으로 자가 있었다. 고공은 이름을 칭해서는 안 되니, 자가 있는 것이다.】추후에 태왕(太王)이라 시호하였다. 도(陶)는 벽돌을 쌓음이다. 도복(陶復)[57]은 벽돌을 이중으로 하여 방을 만든 것이요, 도혈(陶穴)[58]은 땅을 파 지하실을 만들고 벽돌로 덮은 것이다. 이는 태왕이 빈(豳) 땅을 버리고 기산(岐山)에 거주해서 왕업을 기초하였음을 추후에 서술하여 제사의 악가로 삼고 또한 연향에 사용하는 음악으로 만들어 선조의 기업(基業)을 잊지 않게 한 것이다.[59] '면면과질(綿綿瓜瓞)'은 장구하고 원대한 기업을 세움을 말한 것이다.

고공인 단보가	古公亶父
아침에 말을 달려와서	來朝走馬

55 고공(古公) : 《집전》에는 '호〔(號)〕'라 하였다.

56 단보(亶父) : 《집전》에는 '이름〔名〕'으로 보았다.

57 도복(陶復) : 《집전》에는 도를 '구들 부엌〔窯竈〕', 복을 '이중 구들〔重窯〕'로 풀이하였다.

58 도혈(陶穴) : 《집전》에는 혈을 '토실〔土室〕'로 풀이하였다.

59 이는……것이다 : 《집전》에는 "태왕(太王)이 처음 기주(岐周)로 천도하여 왕업을 여니, 문왕이 이로 인하여 천명을 받은 것을 추술(追述)한 것이다. 이는 맨 첫 번째 장(章)이니, 오이 덩굴이 처음에는 작고 뒤에는 커지는 것을 말해서 주나라 사람이 처음 칠(漆), 저(沮)의 물가에 사니, 고공(古公) 때에는 요조(窯竈)와 토실(土室)의 가운데에 거처하여 그 나라가 매우 작았었는데, 문왕에 이른 뒤에 커진 것을 비유한 것이다.〔此亦周公戒成王之詩. 追述大王始遷岐周, 以開王業, 而文王因之, 以受天命也. 此其首章, 言瓜之先小後大, 以比周人始生於漆沮之上, 而古公之時, 居於窯竈土室之中, 其國甚小, 至文王而後大也.〕"라고 하여 주공(周公)이 성왕(成王)을 경계한 시로 보았다.

서쪽 물가를 따라 率西水滸
기산(岐山) 아래에 이르시니 至于岐下
이에 강녀(姜女)와 더불어 爰及姜女
와서 집터를 보시니라 聿來胥宇

부이다. 언덕 위를 허(滸)라 한다. 물은 저수와 칠수이니, 태왕이 적인(狄人)의 난을 피하여 빈(豳) 땅을 버리고 기산의 아래에 거주하였다.[60]

주(周)땅의 언덕이 기름지고 비옥하니 周原膴膴
오두(烏頭)의 잎과 씀바귀도 엿처럼 달도다 堇荼如飴
이에 시작하고 이에 도모하시며 爰始爰謀
이에 우리 거북이를 합하여 爰契我龜
이 곳에 머물며 때라 따라 일을 배정하여 曰曰止曰時
이곳에 집을 지으라 하시니라 築室于玆

부이다. 무무(膴膴)[61]는 토질이 좋은 것이다. 근(堇)은 《집전》에 "오

60 태왕이……거주하였다 : 이 내용은《맹자》〈양혜왕 하(梁惠王下)〉와 《사기》〈주본기(周本紀)〉에 보인다. 주나라 태왕이 빈 땅에서 선정(善政)을 하고 있을 때 적인이 쳐들어와서 재물을 구하므로 재물을 주었더니, 뒤에 다시 와서 땅과 백성을 요구하므로 백성들이 노하여 싸울 것을 주장하였다. 그러자 태왕이 "백성이 있어 임금을 세우는 것은 백성을 이롭게 하기 위함인데, 이제 적인이 와서 싸우는 것은 백성과 땅 때문이다. 백성이야 내 밑에 있으나 그들의 밑에 있으나 상관없는 것이 아닌가. 백성들이 나를 위해 싸우고자 하지만, 나는 백성들을 죽이면서까지 싸울 수가 없다."라고 하고, 이에 빈 땅을 버리고 기산 아래〔岐下〕로 옮겨간 일을 가리킨다.

61 무무(膴膴) : 《집전》에는 '비옥하고 아름다운 모양〔肥美貌〕'이라 하였다.

두(烏頭 부자)이다."라고 하였다.【잎을 먹을 수 있다.】 이(飴)는 엿이다. 시(始)는 처음 경영하는 것이요, 모(謀)는 그 계책을 정하는 것이다. 계(契)[62]는 합함이다. 지(止)는 여기에 그침이요, 시(時)[63]는 때에 따라 공사를 배정해 준 것이다.

이에 위로해주고 거주하게 하며 迺慰迺止
이에 좌우로 개척하며 迺左迺右
이에 큰 경계를 구획하고 작은 조리를 만들며 迺疆迺理
땅을 갈고 이랑을 만드니 迺宣迺畝
서쪽에서 동쪽으로 개척하여 自西徂東
두루 일을 집행하니라 周爰執事

부이다. '내좌내우(迺左迺右)'[64]는 좌와 우로 개척한 것이요, 선(宣)[65]은 그 땅을 파서 헤치는 것이다. 《서경》에 이르기를 '이미 부지런히 흙을 헤치고 잡초를 제거했다.'[66]라고 한 것이 이것이다. '자서저동(自西徂東)'[67]은 서쪽에서 동쪽으로 개척한 것이다. 주(周)는 두루함이다.

62 계(契) : 《집전》에는 '불을 태어 거북을 지지는 것〔然火而灼龜〕'이라 하였다.

63 시(時) : 《집전》에는 '토목일을 할 때〔土功之時〕'라고 풀이하였다.

64 내좌내우(迺左迺右) : 《집전》에는 '동서로 나열함〔東西列之〕'으로 풀이하였다.

65 선(宣) : 《집전》에는 '펴지고 흩어져 거처함〔布散而居〕'이라 하였다.

66 서경에……제거했다 : 원문의 '旣勤敷菑'는 《서경》 〈재재(梓材)〉에 보이는데, 심대윤은 부(敷)는 '흙을 헤침〔發其土〕'이고, 치(菑)는 '풀을 제거함〔去其草〕'이라 풀이하였다. 반면에 채침(蔡沈)은 부치(敷菑)를 '풀과 가시나무를 널리 제거함〔廣去草棘〕'으로 풀이하였다. 《書經蔡傳辨正》, 《書經集傳》

67 자서저동(自西徂東) : 《집전》에는 서쪽 물가로부터 동쪽으로 간 것으로 해석하였다.

이에 사공(司空)을 부르며 乃召司空
이에 사도(司徒)를 불러 乃召司徒
실가(室家)를 세우게 하니 俾立室家
그 먹줄이 곧기도 하거늘 其繩則直
판자를 묶어 다지니 縮版以載
지은 사당이 엄정(嚴正)하도다 作廟翼翼

부이다. 사공(司空)[68]은 국도(國都)와 고을에 거주하는 백성들이 집을 정하는 일을 경영하는 것을 관장하고, 사도(司徒)[69]는 교육을 관장하여 무릇 큰 무리를 동원할 적에 모두 사도가 직접 가서 가르친다. 먹줄〔繩〕로 헤아려서 하여금 그 바르게 하는 것이다. 축(縮)은 묶음이다. 재(載)[70]는 흙을 위에 싣고 다지는 것이다.

담장을 평평히 고르며 捄之陾陾
쿵쿵 터전을 다지며 度之薨薨
담장을 다지기를 영차영차 소리를 다지며 築之登登
중복된 곳을 사르르 소리를 내며 깎아서 削屢馮馮
백도(百堵)가 모두 일어나니 百堵皆興
고고(鼛鼓)가 감당하지 못하도다 鼛鼓弗勝

68 사공(司空) : 주(周)나라 육경(六卿)의 하나로 동관(冬官)에 속하였는데, 나라의 토목과 건축을 담당하였다. 동관대사공(冬官大司空)이라고 한다. 《周禮 冬官考工記 司空》

69 사도(司徒) : 주(周)나라 육경(六卿)의 하나로서 지관대사도(地官大司徒)를 가리킨다. 주로 나라의 토지의 그림과 그 인민의 수효를 확정하여 임금이 나라를 다스리는 것을 돕는 일을 한다. 《書經 周書 周官》

70 재(載) : 《집전》에는 '상하가 서로 이어지게 하는 것〔上下相承〕'으로 풀이하였다.

부이다. 이는 사당이 이루어짐에 담장을 쌓은 것이다. 구(捄)[71]는 굽음을 바로잡는 것이니, 담장의 땅을 깎아 고르게 한 것이다. 응응(陾陾)[72]은 평평한 모양이다. 탁(度)[73]은 그 터전을 견고히 한 것이다. 홍홍(薨薨)은 여럿이 내는 소리요, 등등(登登)은 서로 호응하는 소리이다. 삭루(削屢)는 담장이 이루어짐에 중복된 곳을 깎아 다스림이다. 빙빙(馮馮)[74]은 담장을 깎는 소리이다. 다섯 판자를 도(堵)라 한다. 북을 쳐서 그 일을 절제하니, 백성들이 일하는 것을 좋아하고 일을 권면하여 북으로도 능히 조절하지 못함을 말한 것이다.

고문(皐門)을 세우니	迺立皐門
고문이 높기도 하며	皐門有伉
응문(應門)을 세우니	迺立應門
응문이 엄정(嚴正)하기도 하며	應門將將
총토(冢土)를 세우니	迺立冢土
큰 무리가 출행하리로다	戎醜攸行

부이다. 천자는 문이 다섯이고, 제후는 문이 셋이다.[75] 노문(路門)의

71 구(捄) : 《집전》에는 '그릇에 흙을 담는 것〔盛土於器〕'으로 풀이하였다.

72 응응(陾陾) : 《집전》에는 '많음〔衆〕'이라 하였다.

73 탁(度) : 《집전》에는 '판자에 흙을 던져 넣는 것〔投土於板〕'으로 풀이하였다.

74 빙빙(馮馮) : 《집전》에는 '담이 견고한 소리〔墻堅聲〕'로 풀이하였다.

75 천자는……셋이다 : 《예기》 〈곡례 상(曲禮上)〉에 "무릇 손님과 함께 문에 들어가는 자는 문마다 손님에게 사양하니, 손님이 침문(寢門)에 이르면 주인이 들어가서 자리를 펼 것을 청한 뒤에 나와서 손님을 맞이하되, 손님이 고사(固辭)하면 주인이 객에게 나아가 읍(揖)하고 먼저 들어가 객을 인도한다.〔凡與客入者, 每門讓於客, 客至於寢門, 則主人請入爲席, 然後出迎客, 客固辭, 主人肅客而入.〕"라는 내용이 있는데, 공영달의 소(疏)에 "천자는 문이 다섯이고 제후는 문이 셋이고 대부는 문이 둘이다. 예(禮)에

밖에 응문(應門)이 있고 응문의 밖에 고문(皐門)이 있으니 천자는 여기에 또 고문(庫門)과 치문(雉門)이 있다.[76]【모두 궁문이요 성문이 아니다. 노문의 안에 궁침(宮寢)이 있고 응문의 안에 조당(朝堂)이 있고, 고문(皐門)의 안에 육관(六官)의 관부가 있고 고문의 안에 창고가 있다. 치문(雉門)은 궁성(宮城)의 문이다. 제후의 고문(皐門)은 바로 궁성의 문이 되어서 창고와 부서가 모두 그 안에 있다. 《집전》에는 '태왕이 아직 제도가 없어서 참람하게 천자의 문을 세웠다.'[77]라고 하였다. 이는 터무니없는 말이니, 주나라를 오랑캐로 여긴 것이다.】항(伉)은 높음이다. 장장(將將)은 엄정함이다. 총토(冢土)는 태사(太社)이니, 제후의 태사 또한 총토라 칭한다.【《서경》에 '무왕이 서백이 되어 총토에 의제(宜祭)를 지냈다.[78]'라고 하였다.】 융추(戎醜)는 군대의 무리이다. 사(社)는 음이 주장이기 때문에 무릇 병형(兵刑)의 일을 모두 여기에서 행한 것이다.

이러므로 오랑캐들의 성냄을 끊지 못하셨으나	肆不殄厥慍
또한 그 명성을 실추하지 않으시니	亦不隕厥問

세 번 사양함이 있으니, 첫 번째 하는 것을 '예사(禮辭 예로 사양함)'라 하고 두 번째 하는 것을 '고사(固辭 굳이 사양함)'라 하고 세 번째 하는 것을 '종사(終辭 끝내 사양함)'라 한다.〔天子五門, 諸侯三門, 大夫二門. 禮有三辭, 初曰禮辭, 再曰固辭, 三曰終辭.〕" 라고 하였다.

76 노문(路門)의……있다 : 고대에 천자의 궁궐에는 다섯 개의 문이 있는바 제일 바깥에 있는 문이 고문(皐門), 두 번째에 있는 문이 고문(庫門), 세 번째에 있는 문이 치문(雉門), 네 번째에 있는 문이 응문(應門), 다섯 번째에 있는 문이 노문(路門)이다.

77 《집전》에는……세웠다 : 《집전》에는 "태왕의 때에는 아직 제도가 없어서 다만 두 문을 만들고 그 이름이 이와 같았는데, 주나라가 천하를 소유하여 마침내 이것을 높여서 천자의 문으로 삼아서 제후는 세우지 못하게 하였다.〔太王之時, 未有制度, 特作二門, 其名如此. 及周有天下, 遂尊以爲天子之門, 而諸侯不得立焉.〕"라고 하였다.

78 총토(冢土)는……지냈다 : 이 내용은 《서경》〈태서 상(泰誓上)〉에 보이는바, 총토는 왕이 곡식의 신과 토지의 신에게 제사를 지내기 위해 세운 제단(祭壇)이다.

갈참나무와 떡갈나무가 쑥쑥 뻗어 올라가　柞棫拔矣
통행하는 길이 열리니　行道兌矣
곤이(昆夷)들이 도망하여　混夷駾矣
숨만 쉴 뿐이로다　維其喙矣

부이다.[79] 진(殄)은 끊음이요 문(問)은 문(聞)과 통하니, 태왕이 능히 곤이(昆夷)의 노여움을 끊지 못했으나 또한 자기의 명성을 실추하지 않은 것이다. 작역(柞棫)은 《집전》에 "두 나무는 모두 총생(叢生)하니 가시가 있다."라고 하였다. 발(拔)은 나무가 쑥 뻗어 올라감이다. 태(兌)[80]는 엶이다. 태(駾)는 분주(奔走)함이요, 훼(喙)는 숨을 쉼이다. 태왕의 무리가 날로 많아져서 숲이 제거되고 길이 통하니, 곤이들이 분주히 도망쳐서 숨만 쉬며 숨어 있는 것이다.

우(虞), 예(芮)가 분쟁을 질정하러 오거늘　虞芮質厥成
문왕이 갑자기 일어나 보존하시니　文王蹶厥生
내 말하기를 소부(疏附)하는 자가 있으며　予曰有疏附
내 말하기를 선후(先後)하는 자가 있으며　予曰有先後
내 말하기를 분주하는 자가 있으며　予曰有奔奏
내 말하기를 어모(禦侮)하는 자가 있다 하노라　予曰有禦侮

이 장[81]은 마땅히 〈대명〉 3장의 아래에 있어야 한다.[82]

79 《집전》에는 "덕(德)이 성하여 곤이(昆夷)가 스스로 복종함을 말한 것이다.〔言德盛而混夷自服.〕"라고 하였다.

80 태(兌) : 《집전》에는 '통함〔通〕'이라 하였다.

81 이 장 : 《집전》의 장하주에는 "곤이가 이미 복종하고 우(虞), 예(芮)가 와서 송사의 해결을 질정하니, 이에 제후로서 주나라에 귀의한 자가 많아져서 문왕이 이로 말미암

이상은 〈면〉 9장이니, 장마다 6구이다.

역복 棫樸

무성한 떡갈나무를 芃芃棫樸
섶으로 베도다 薪之槱之
위의(威儀)가 한결같은 군왕이여 濟濟辟王
좌우에서 달려오도다 左右趣之

흥이다.[83] 역(棫)은 가지가 총생하는 작은 나무이고, 복(樸)[84]은 큰 나무로 가지와 잎이 없는 것이다. 유(槱)[85]는 나무를 채취함이니, 인재의 크고 작음을 취하여 쓰지 않음이 없음을 비유한 것이다. 제제(濟濟)[86]는 많고 한결같은 모양이니 그 위의를 말한 것이요, '좌우취지(左

아 그 흥기(興起)하는 세(勢)를 동함을 말하였다. 이것은 비록 그 덕이 성하기 때문이었으나 그러나 또한 이 네 신하의 도움이 있어서 그러한 것이다. 그러므로 각각 여왈(予曰)로써 일으켜서 그 말이 번거롭되 줄이지 않은 것은 인재를 얻기를 많이 함을 깊이 탄식한 것이다.〔言昆夷既服, 而虞芮來質其訟之成, 於是諸侯歸周者衆, 而文王由此, 動其興起之勢, 是雖其德之盛, 然亦由有此四臣之助而然, 故各以予曰起之, 其辭繁而不殺者, 所以深歎其得人之盛也.〕"라고 설명하였다.

82 대명 3장의……한다 : 이 내용은 위의 각주 35) 참고

83 흥이다 : 《집전》에는 '문왕의 덕을 영가(詠歌)한〔詠歌文王之德〕 시'라고 하였다. 《모시서》에는 이 장을 문왕이 인물을 관직에 임용한 것〔能官人〕을 읊은 시라고 하였다.

84 복(樸) : 《집전》에는 '뿌리와 가지가 서로 붙어 있는 것〔根枝迫迮相附著〕'으로 풀이하였다.

85 유(槱) : 《집전》에는 '쌓음〔積〕'으로 풀이하였다.

86 제제(濟濟) : 《집전》에는 '용모가 아름다운 모양〔容貌之美〕'이라 하였다.

右趣之)'[87]는 어질고 훌륭한 사람이 다투어 보좌함을 말한 것이다. 이는 무왕을 칭송한 시이다.[88] 벽왕(辟王)은 천자를 칭한 것이니, 사방을 강기(綱紀)하는 것은 천자의 일이다.【문왕은 일찍이 사방을 강기하지 않았다. 《서경》에 문왕을 칭할 적에 다만 '서쪽 지방에 크게 덮여졌다.'[89]라고 말했을 뿐이다.】 3장의 '주왕우매(周王于邁)'는 추술(追述)한 말이 아니니, 이로써 이 시가 문왕을 위하여 지은 것이 아님을 아는 것이다.

위의가 한결같은 군왕이여 濟濟辟王
좌우에서 명령을 받들어 올리도다 左右奉璋
명령을 받들어 올리기를 높이 하니 奉璋峨峨
준걸스런 선비의 마땅한 바로다 髦士攸宜

부이다. 장(璋)[90]이란 말은 명령을 밝히는 것이다. 임금이 신하에게

87 좌우취지(左右趣之) : 《집전》에는 "이는 문왕이 덕이 성하여 인심이 귀의하고 모인 것이다.〔蓋德盛而人心歸附趣向之也.〕"라고 해석하였다.

88 이는……시이다 : 《집전》에는 '문왕의 덕을 영가(詠歌) 한 것〔詠歌文王之德〕'이라 하였다.

89 서경에……미쳤다 : 《서경》 〈군석(君奭)〉 14장에 "또한 하늘이 순수하게 도와준 것은 덕(德)을 잡은 사람이 실천하여 하늘의 위엄을 알아 이에 문왕(文王)을 밝혀 그 덕(德)을 계도하여 위에 나타나고 아래에 덮여지게 해서 상제에게 알려졌기 때문이다. 이에 은(殷)나라의 천명을 받으신 것이다.〔亦惟純佑, 秉德, 迪知天威, 乃惟時昭文王, 迪見冒, 聞于上帝, 惟時受有殷命哉.〕"라는 내용이 보이는데, 심대윤은 《서경채전변정(書經蔡傳辨正)》 〈군석(君奭)〉에서 "현(見)은 사방에 드러나 나타남이요, 모(冒)는 서토(西土)에 덮여지는 것이다.〔見者, 顯見于四方也, 冒者, 覆冒於西土也.〕"라고 하여 문왕을 가리킨 것으로 보았다.

90 장(璋) : 《집전》에는 "반규(半圭)'를 장(璋)이라고 한다."라고 하였는바, 반규는 고대에 천자나 제후가 조빙(朝聘), 제사, 상장(喪葬) 등 의식을 거행하거나 군사를 다스릴 때 사용하던 옥으로 만든 예기(禮器)로 일종의 신표(信標)이다.

일을 명하면 신하가 장(璋)을 받아 행하니, 장은 신하가 받드는 것이다.【《서경》〈고명(顧命)〉에 '태보(太保)가 장을 잡고서 술을 돌린다.'[91]라고 한 것과 《주례》〈춘관(春官)〉에 '장수에게 아장(牙璋)을 준다.'[92]라고 한 것이 이것이다.】'좌우봉장(左右奉璋)'은 신하가 군주의 명에 공손히 받듦을 말한 것이다. 아아(峨峨)는 높은 모양이니, 그 공업이 높음을 말한 것이다. 모(髦)는 준걸스러움이다.

떠가는 저 경수(涇水)의 배를　　淠彼涇舟
사람들이 노를 젓도다　　烝徒楫之
주왕(周王)이 가시니　　周王于邁
육사(六師)가 따라가도다　　六師及之

부이다.[93] 패(淠)[94]는 바람에 따라 날리는 모양이다. 증(烝)은 많음이다. 이는 아마도 순수(巡狩)하는 행차인 듯하니, 순수하면서 문교(文敎)를 천하에 폄을 말한 것이다. 제후에게 순행한 것을 말하였기

91 태보(太保)가……한다 : 《서경》〈고명(顧命)〉에 "태보(太保)가 동(同 술잔)을 받아 내려와 손을 씻고는 딴 동으로 장(璋)을 잡고서 술을 돌리고 종인(宗人)에게 동을 준 다음 절하자, 왕(王)이 답배하였다.〔太保受同, 降盥, 以異同, 秉璋以酢, 授宗人同, 拜, 王答拜.〕"라고 한 내용이 있다.

92 장수에게 아장(牙璋)을 준다 : 이 내용은 《주례》〈춘관(春官) 전서(典瑞)〉에 "아장으로 군대를 일으킨다.〔牙璋以起軍旅.〕"라고 보인다. 아장은 장의 일종으로 후대의 호부(虎符)와 같은 것인데, 무늬를 새겨 이빨 모양으로 만들어 군대를 동원할 때 사용한다.

93 부이다 : 《집전》의 장하주에는 "떠가는 저 경수(涇水)의 배는 배 안의 사람들이 모두 노를 저으며, 주왕(周王)이 가면 육사의 무리가 좇아 미침을 말하였으니, 여러 사람들이 그 덕에 귀의하여 명령하지 않아도 따르는 것이다.〔言淠彼涇舟, 則舟中之人, 無不楫之, 周王于邁, 則六師之衆, 追而及之, 蓋衆歸其德, 不令而從也.〕"라고 하였다.

94 패(淠) : 《집전》에는 '배가 가는 모양〔舟行貌〕'이라고 하였다.

때문에 '주왕(周王)'이라고 한 것이다.【배다리란 말은 과연 망녕된 것이다.[95]】

큰 저 운한(雲漢)이여 倬彼雲漢
하늘에 문장이 되었도다 爲章于天
주왕이 수(壽)를 누리시니 周王壽考
어찌 사람을 진작시키지 않으시리오 遐不作人

흥이다. 탁(倬)[96]은 넓고 아득한 모양이니, 운한(雲漢 은하)이 하늘에 문채가 된 것을 가지고 주왕(周王)이 천하에 문교(文敎)를 베푼 것을 비유한 것이다. 작인(作人)은 변화시키고 고무시킴을 말한 것이다.

잘 다듬은 그 문장이요 追琢其章
금옥(金玉) 같은 그 바탕이로다 金玉其相
힘쓰고 힘쓰는 우리 왕이시여 勉勉我王
사방의 강기(綱紀)가 되시도다 綱紀四方

부이다.[97] 퇴(追)는 퇴(槌)와 같고, 탁(琢)은 옥을 다스리는 일이니,

95 배다리란……것이다 : 〈대명(大明)〉 6장의 주석 참조.

96 탁(倬) : 《집전》에는 '큼〔大舟〕'이라고 하였다.

97 부이다 : 《집전》에는 자질과 문채가 아름답고, 멈추지 않고 힘쓰는 왕이 사방의 강기(綱紀)가 됨을 말한 내용으로 보았다. 한편, 주자는 《집전》에서 "세 장은 문왕의 덕이 사람들이 귀의하는 바가 됨을 말하였고, 뒤의 두 장은 문왕의 덕이 천하의 사람들을 진작(振作)시키고 강기(綱紀)가 됨이 있어서 사람들이 귀의함을 말한 것이다. 이로부터 이하로 〈가락(假樂)〉에 이르기까지는 모두 어느 사람이 지은 것인지 알 수가 없으나, 아마도 주공에서 나온 것이 많은 듯하다.〔此詩, 前三章, 言文王之德, 爲人所歸, 後二章, 言文王之德, 有以振作綱紀天下之人而人歸之. 自此以下至假樂, 皆不知何人所作, 疑多出於周公也.〕" 라고 풀이하였다.

'퇴탁기장(追琢其章)'은 아름다운 문장이 성한 것이요, '금옥기상(金玉其相)'은 그 자질이 아름다운 것이다. 면면(勉勉)은 힘쓰는 뜻이다. 강(綱)은 강령이요, 기(紀)는 조목을 총괄한 것이다.[98]

이상은 〈역복〉5장이니, 장마다 4구이다.

한록 旱麓

저 한산(旱山)의 기슭을 보건대　瞻彼旱麓
개암나무와 싸리나무가 많기도하도다　榛楛濟濟
개제(豈弟)한 군자(君子)여　豈弟君子
녹(祿)을 구함이 개제하도다　干祿豈弟

흥이다.[99] 《집전》에 말하였다. 한(旱)은 산 이름이다. 록(麓)은 산기슭이다. 호(楛)는 가시나무와 비슷한데 색깔이 붉다.
◯'진호제제(榛楛濟濟)'는 덕이 입혀지는 바에 교화되어 선을 행하는 자가 많고 한결같음을 말한 것이다. 사람을 교화하여 선을 할 수 있는 덕이 있으면 복록이 저절로 이르는 것이요, 부정한 방법으로 구하는 것이 아니다. 그러므로 '녹을 구하기를 개제하게 한다.'라고 한 것이다. 이는 천자를 칭송한 시인데 어느 왕을 위한 것인지는 알 수가 없다.

98 강(綱)은…것이다 : 《집전》에는 "그물은 펴는 것을 강(綱)이라 하고, 거두는 것을 기(紀)라 한다.〔凡網罟, 張之爲綱, 理之爲紀.〕"라고 하였다.

99 흥이다 : 《집전》에는 "이 역시 문왕의 덕을 영가(詠歌)한 것이다.〔詠歌文王之德.〕"라고 하였다.

치밀한 저 옥찬(玉瓚)에　瑟彼玉瓚
누런 술이 가운데 들어 있도다　黃流在中
개제한 군자여　豈弟君子
복록(福祿)이 내리는 바로다　福祿攸降

흥이다.[100] 슬(瑟)은 견고하고 치밀한 모양이다. 옥찬(玉瓚)[101]은 규찬(圭瓚)이고 황류(黃流)는 울창주이다. 이로써 군자의 광채와 윤택함이 밖으로 드러나는 것은 이 안에 중화의 덕이 있기 때문임을 흥한 것이니, 황(黃)[102]은 중앙색이고 술은 조화로운 맛이다. 이러한 덕이 있는 사람은 복록이 내려오는 것이다.

솔개는 날아 하늘에 이르거늘　鳶飛戾天
물고기는 못에서 뛰놀도다　魚躍于淵
개제한 군자여　豈弟君子
어찌 사람을 진작시키지 않으리오　遐不作人

100 홍이다 : 《집전》의 장하주에는 "치밀한 옥찬(玉瓚)에는 반드시 황류(黃流)가 그 가운데에 있고, 개제(豈弟)한 군자는 반드시 복록(福祿)이 그 몸에 내림이 있음을 말한 것이다. 보기(寶器)에는 하찮은 맛을 올리지 않고, 황류(黃流)는 질장군에 담지 않음을 밝힌 것이니, 그렇다면 성덕(盛德)은 반드시 녹(祿)과 수(壽)를 누리고, 복택(福澤)은 음탕한 사람에게 내려지지 않음을 알 수 있다.〔言瑟然之玉瓚, 則必有黃流在其中, 豈弟之君子, 則必有福祿下其躬. 明寶器不薦於褻味, 而黃流不注於瓦缶, 則知盛德必享於祿壽, 而福澤不降於淫人矣.〕"라고 하였다.

101 옥찬(玉瓚) : 제사를 지낼 때 술을 뜨는 기물로, 규(圭)로 국자 자루를 만들고 금으로 몸체를 장식하였다. 찬

102 황(黃) : 고대에는 오색(五色 靑·黃·赤·白·黑)을 오행(五行 金·木·水·火·土)과 오방(五方 東·西·南·北·中央)과 배치하였는데, 토는 황색이고 중앙에 있기 때문에, 황색을 중앙의 정색(正色)이라고 칭하였다.《漢語大詞典》

흥이다. '솔개가 날아 하늘에 이르는 것〔鳶飛戾天〕'은 재주가 있는 자가 밝게 드러나서 조정에 오르는 것이요, '물고기가 못에서 뛰노는 것〔魚躍于淵〕'은 작은 백성들이 화합하여 아래에서 안락한 것이다.[103]

청주(淸酒)를 이미 술동이에 담아놓으며 淸酒旣載
붉은 희생을 이미 구비하니 騂牡旣備
올리며 제사하여 以享以祀
큰 복을 지키도다 以介景福

부이다. '청주를 이미 담아놓은 것〔淸酒旣載〕'은 중화의 덕이 가득히 실린 것이요, '붉은 희생을 이미 구비한 것〔騂牡旣備〕'은 실제의 공적이 갖추어지지 않은 바가 없는 것이다. 향기로운 향이 하늘로 올라가 풍겨짐에 하늘이 복을 내리는 것이니, 이 장은 제사를 가탁하여 말한 것이다.[104]

무성한 저 갈참나무와 떡갈나무는 瑟彼柞棫
백성들이 불태우는 바로다 民所燎矣
개제(豈弟)한 군자는 豈弟君子
신이 위로하는 바로다. 神所勞矣

흥이다. 슬(瑟)은 나무가 견고하고 치밀한 모양이다. 료(燎)는 불태

103 솔개가…것이다 : 이 내용은《중용장구(中庸章句)》 12장에도 보이는데, 여기서는 천지의 도가 밝게 유행(流行)함을 의미한다.

104 이 장은……것이다 :《집전》에는 "윗 장을 이어서 개제(豈弟)한 덕이 있으면 제사에 반드시 복을 받음을 말한 것이다.〔承上章, 言有豈弟之德, 則祭必受福也.〕"라고 하였다.

움이다. 이는 밝으면서 실제 행실이 있음을 말한 것이니, 이로써 백성들이 그 교화를 따라서 모두 의리에 밝고 실제로 행함을 비유한 것이다.

무성한 칡넝쿨이여 莫莫葛藟
나무가지에 뻗어 있도다 施于條枚
개제한 군자여 豈弟君子
복을 구함이 부정하지 않도다 求福不回

흥이다. 조매(條枚)는 줄기는 마르고 가지가 옆에서 자라난 것이니, 성한 덕이 아래로 이르러 사방으로 통달함을 말한 것이다. 이 편은 세상을 선하게 하는 것이 큰 덕이 되어서 복을 받음이 끝이 없음을 말한 것이다.[105] 그러므로 중복하여 말하여 밝힌 것이다. 임금을 인도하여 도를 하게끔 하는 것은 충성 중 가장 큰 것이요, 어버이를 도에 맞게 깨우치는 것은 효도 중 가장 큰 것이요, 백성을 교화하여 선(善)하게 하는 것은 덕 중 가장 큰 것이니, 이와 반대로 하는 자는 가장 큰 악이다. 이 때문에 군자가 한번 말을 내고 한번 일을 행할 적에 감히 중(中)에 맞지 않을 수 없는 것이다. 중에 맞으면 사람들이 그 중에 교화 되어서 복을 받으니 이는 내가 복을 남에게 주어서 나의 복이 더욱더 두터워지는 것이요, 중에 맞지 못하면 사람들이 그 중에 맞지 못함에 교화 되어서 화를 받으니 이는 내가 화를 남에게 주어서 나의 화가 더욱더 깊어지는 것이다. 한 마디 말과 한 가지 행실의 잘잘

105 이 편은……것이다 : 《모시서》에는 선조의 공업을 받았음을 읊은 시라고 보는 한편, 주나라의 선조가 후직(后稷)과 공류(公劉)의 기업을 닦아서 태왕과 왕계(王季)가 큰 복과 녹을 거듭한 내용으로 보았다.

못은 화와 복이 될 수 없지만, 그 흘러 점점 빠져들어서 본받게 되면 혹 천하와 후세에 이르게 되니, 사람을 선하게 하고 사람을 실패하게 하는 것이 많지 않겠는가. 그렇다면 한 마디 말과 한 가지 행실의 잘잘못은 충분히 큰 화와 복이 되는 것이니, 여러 군자들은 어찌 공경하지 않을 수 있겠는가. 이 편은 풍(風)[106]과 비슷하다.

이상은 〈한록〉 6장이니, 장마다 4구이다.

사재 思齊

조심스런 태임(太任)이	思齊大任
문왕(文王)의 어머니이시니	文王之母
주강(周姜)을 사랑하사	思媚周姜
경실(京室)의 며느리가 되시더니	京室之婦
태사(太姒)가 그 아름다운 명성을 이으시니	太姒嗣徽音
아들이 백 명이나 되도다	則百斯男

부이다.[107] 사(思)는 어조사요, 재(齊)[108]는 공경하고 삼감이다. 주강

106 풍(風) : 심대윤은 위의 국풍(國風)에서 "풍(風)은 일에 가탁하여 뜻을 붙인 것이니, 말한 내용은 여기에 있으나 생각하는 것은 저기에 있어서 바람이 물건을 감동시킴이 은미하여 그 자취를 보지 못하는 것과 같은 것이다.〔風者, 託事以寓意, 所言則在此, 而所謂則在彼,如風之感物微而不見其迹也.〕라고 설명하였다.

107 부이다 : 《집전》의 장하주에는 이 시 역시 문왕의 덕을 노래한 내용이라고 해석하였다.

108 재(齊) : 《집전》에는 '씩씩함〔莊〕'으로 풀이하였다.

(周姜)은 태왕(太王)의 비(妃)인 태강(太姜)이고 태사(太姒)는 문왕의 비이니, 이는 문왕의 덕을 칭술한 것이다.

종묘(宗廟)의 선공(先公)들에게 순(順)하사 惠于宗公
신(神)이 이에 원망함이 없으며 神罔時怨
신이 이에 애통함이 없음은 神罔時恫
과처(寡妻)에게 법(法)이 되사 刑于寡妻
형제(兄弟)에 이르러 至于兄弟
집과 나라를 다스리셨기 때문이니라 以御于家邦

부이다.[109] 혜(惠)는 순함이요 종공(宗公)은 종묘의 선공이다. 통(恫)은 아픔이다. 형(刑)은 본받음이다. 어(御)[110]는 본자(本字 어거함)대로 읽는다. 사람이 처첩보다 더 친밀하고 친압한 관계가 없으니, 친밀하고 친압한 사람에 가려지지 않으면 밝다고 이를 수 있고 원대하다고 이를 수 있다. 사람의 마음에 가려지지 않으면 마음이 바루어지고, 친밀한 사람에 가려지지 않으면 몸이 닦여진다. 달이 해를 가리면 일식이 되고 먼지가 눈을 가리면 어두워지니, 가까움에 가리는 것은 매우 작으나 그 밝음이 종식되고, 처첩이 아름답고 어질면 더욱 가려지기가 쉽다. 태사(太姒)의 어짊으로 능히 문왕을 본받으면 문왕의 밝고 원대함을 알 수 있으니, 또 형제간에 무슨 어려움이 있으며 또 집과 나라를 다스림에 무슨 어려움이 있겠는가.[111] 문왕이 신을 섬기고 사람

109 부이다 : 《집전》에는 장자(張子)의 말을 인용하여 "신과 사람을 접함에 각각 그 도리를 얻음을 말한 것이다.〔言接神人, 各得其道也.〕라고 보았다.

110 어(御) : 《집전》에는 '맞이함〔迎〕'이라 하였다.

111 태사(太姒)의……있겠는가 : 《집전》에는 "문왕이 선공(先公)에게 순히 하여 귀

을 다스린 것이 구비하였다고 말할 만하다.

화하게 궁중(宮中)에 계시며 雝雝在宮
엄숙히 사당에 계시며 肅肅在廟
드러나서 임하지 않겠는가 不顯亦臨
싫어함이 없을 때에도 잘 보존하지 않겠는가 無射亦保

부이다. 옹옹(雝雝)은 화함이요 숙숙(肅肅)은 공경함이니, 화함으로써 사람을 대하고 공경으로써 신을 섬기면 드러나서 임하지 않겠는가. 싫어함이 없을 때에도 잘 보존하지 않겠는가.【'불현역세(不顯亦世)'[112]는 드러나서 대대로 이어가지 않겠느냐고 말한 것이고, '불현역림(不顯亦臨)'은 드러나서 임하지 않겠느냐고 말한 것이다. '무역역보(無射亦保)[113]'는 위의 '불(不)' 자를 이어받아서 '싫어함이 없을 때에도 잘 보존하지 않겠는가'라고 한 것이다.】

주왕(紂王)의 큰 악을 끊지 못하셨으나 肆戎疾不殄

신이 흠향하는 것은 그 의법(儀法)이 안으로 규문(閨門)에 베풀어져 형제에 이르러서 집안과 나라를 다스렸기 때문이다.〔言文王順于先公, 而鬼神歆之, 無怨恫者, 其儀法, 內施於閨門, 而至于兄弟, 以御于家邦也.〕"라고 하였다.

112 불현역세(不顯亦世) : 이 말은 위의 〈문왕〉 2장에 보인다.

113 무역역보(無射亦保) : 《집전》에는 역(射)을 역(斁 싫어함)과 같다고 하였다. 여기서 무역역보(無射亦保)는 성인은 싫증이 나거나 게으를 때 더욱 마음을 가다듬어 수양하기 때문에 마음을 보전하기가 쉬우며, 싫증이 나지 않을 때 마음을 보전하기가 도리어 어렵다고 한다. 주자는《심경》〈한사존성장(閑邪存誠章)〉에서 "평소의 말을 미덥게 하고 평소의 행실을 삼가고는 다만 사특함을 막아서 저것이 들어올까 두려워하니, 이것이 바로 싫어함이 없을 때에도 보존한다는 뜻이다. 싫어함이 없을 때에도 보존한다는 것은 비록 싫어함이 없을 때라도 또한 마땅히 보존해야 한다는 것이니, 보존한다는 것은 잡아 지킨다는 뜻이다.〔常言旣信, 常行旣謹, 但用閑邪怕他入來, 此正是無射亦保之意. 無射亦保, 雖無厭斁亦當保也, 保者, 持守之意.〕"라고 하였다.

공이 큰데도 하자가 없으셨으며 烈假不瑕
듣지 않아도 또한 법도에 맞으시며 不聞亦式
간(諫)하지 않아도 또한 선(善)에 드시니라 不諫亦入

부이다. 사(肆)[114]는 어조사이다. 융질(戎疾)[115]은 큰 악이니 주왕(紂王)을 이른다. 끊지 못했다〔不殄〕는 것은 천하를 셋으로 나눔에 문왕이 그 둘을 소유하고서 복종하여 은나라를 섬김 것이니, 〈강왕지고(康王之誥)〉에 옛날 임금이신 문왕과 무왕이 허물을 힘쓰지 않았다는 것이 이것이다.[116] 열(烈)[117]은 공이요 가(假)는 큼이니, 공이 큰데도 하자가 없었다는 것은 숭(崇)나라와 밀(密)나라를 공격한 것[118]이 사사로운 마음에서 나온 것이 아님을 말한 것이다.【《집전》에는 '열가(烈假)를 광대(光大)라 하고 광대 또한 하자가 없다.'라고 하였으니, 이미 '광대'라고 말했으면 어찌 하자

114 사(肆) : 《집전》에는 '그러므로 이제〔故今〕'라고 하였다.

115 융질(戎疾) : 《집전》에는 각각 '큼〔大〕', '어려움〔難〕'으로 풀이하였다.

116 강왕지고에……이것이다 : 《서경》〈강왕지고(康王之誥)〉에 "옛날 임금이신 문왕과 무왕이 크게 공평하고 부유하게 하시며, 허물을 힘쓰지 않아서 지극함을 이루며 가지런히하고 정성스럽게 하시어 천하에 밝히셨다.……〔昔君文、武, 丕平富, 不務咎, 底至齊信, 用昭明于天下…….〕"라는 내용이 보이는데, 채침은 '不務咎'를 "허물을 힘쓰지 않았다는 것은 구악(咎惡)을 힘쓰지 아니하여 형벌을 가볍게 하고 줄인 것이니 문왕(文王)・무왕(武王)이 형벌을 삼가함을 말한 것이다."라고 풀이한 반면, 심대윤은 "주(紂)왕에게 허물을 주는 것을 힘쓰지 않았다.〔不務咎於紂也.〕", 또는 "대적(大敵)에게 허물을 주는 것을 힘쓰지 않았다.〔不務咎惡於大敵.〕"라고 풀이하였다. 《書經蔡傳辨正》)

117 열(烈) : 《집전》에는 '빛〔光〕'이라고 하였다.

118 공이……것이다 : 《집전》에는 이 장을 문왕이 유리(羑里)에 갇히고 곤이(昆夷)와 험윤(玁狁)의 고난을 겪었지만 덕이 커서 아무런 하자가 없었다고 해석한 반면, 심대윤은 문왕과 무왕이 숭나라와 밀나라, 은나라를 쳐서 큰 공이 있어도 아무런 결함이 없는 것은 사사로운 마음이 아닌 공정한 마음에서 나왔다고 해석하여 차이가 있다.

가 없음을 다시 말할 것이 있겠는가. 만약 하자가 없다면 어찌하여 숭나라와 밀나라와 은나라를 공격하였겠는가. 또한 〈중훼지고〉와 〈태서〉의 뜻[119]과 다르니, 그 성인을 무함한 것이 심하여 탕왕과 무왕의 도를 알지 못한 것이다.】《집전》에 말하였다. 미리 들은 것이 없는 일이라도 또한 법식에 부합하고, 간하는 자가 없더라도 또한 선에 들어간 것이다.

사람들의 덕(德)을 이루어주며 肆成人有德
소자(小子)들도 덕을 이루어주니 小子有造
옛 사람이 싫어함이 없는지라 古之人無斁
선비들을 안락하게 하고 준걸스럽게 하셨도다 譽髦斯士

부이다. '성인유덕(成人有德)[120]'은 남의 선을 이루어주는 것이니, 재주가 있는 자가 그 덕을 성취하는 것이다. 조(造)[121]는 선비를 만든다는 조(造)자이니, 지식이 없는 소자들도 또한 이루어줌이 있는 것이다. 옛 사람은 문왕을 가리킨다. 예(譽)[122]는 예(豫)와 통하니 안락함이다. '예모사사(豫髦斯士)'[123]는 재주가 없는 자를 안락하게 만들고 재주가

119 〈중훼지고〉와 〈태서〉의 뜻 : 모두 《서경》의 편명으로 〈중훼지고〉는 탕왕(湯王)이 걸왕(桀王)을 정벌하고 난 뒤에 부끄러워하는 마음을 갖자 신하인 중훼가 탕왕의 정벌을 정당화한 내용이며, 〈태서〉는 무왕이 은(殷)나라를 치려 할 때 군사와 제후들에게 맹세한 글로, 이 두 편의 내용은 모두 정벌하는 것이 개인의 사사로움이 아닌 정당한 것임을 부여하고 있다. 여기서 심대윤은 이 시가 위의 《서경》의 두 편과는 다르지 않음을 설명하고 있다.

120 성인유덕(成人有德) : 《집전》에는 "관례를 행한 사람 이상을 성인이라고 한다.〔冠以上爲成人.〕"라고 하였다.

121 조(造) : 《집전》에는 '함〔爲〕'이라 하였다.

122 예(譽) : 《집전》에는 '명예〔名〕'로 풀이하였다.

123 예모사사(豫髦斯士)는……것이다 : 《집전》에는 문왕의 덕이 일에 나타나 인재

있는 자를 준걸스러운 선비로 이루어 준 것이다.

이상은 〈사제〉5장이니 두 장은 장마다 6구이고, 세 장은 장마다 4구이다.

황의 皇矣

위대하신 상제(上帝)가 皇矣上帝
아래를 굽어봄이 밝으사 臨下有赫
사방(四方)을 관찰하시어 監觀四方
백성들의 병폐를 찾아내시니 求民之莫
하(夏) 상(商) 이 두 나라가 維此二國
그 정사(政事)가 도리(道理)에 맞지 않기에 其政不獲
저 사방 나라에서 維彼四國
이에 찾고 이에 헤아리시니 爰究爰度
상제가 이루고자 하시면 上帝耆之
그 법도와 규모를 증대시키시는지라 憎其式廓
이에 지그시 서쪽 땅을 돌아보사 乃眷西顧
이곳을 주시어 거처하게 하시니라 此維與宅

부이다.[124] 막(莫)[125]은 막(瘼)과 통하니, '구민지막(求民之莫)'[126]은

가 모두 성취하는 것을 얻어서, 이 선비들이 천하에 명예를 두어 준걸스러운 아름다움을 이룬 것으로 해석하였다.

124 부이다 : 《모시서》에는 이 시를 주(周)나라를 찬미한 시라고 하였다.

백성의 병폐를 찾아내어 제거한 것이다. 두 나라는 하나라와 상나라요, 불획(不獲)은 그 도리를 잃은 것이다. 사국(四國)은 사방의 나라이다. 구(究)는 찾아 생각함이다. 기(耆)는 이름이다. 증(憎)은 마땅히 증(增)이 되어야 한다. 식(式)은 법도가 일정함이 있는 것이요, 곽(廓)은 범위가 광대한 것이다.[127] 하늘이 사방 나라를 살펴보아서 그 인자하고 성스러운 자에게 그 뜻을 이루어주고 그 법도와 범위를 넓혀주었으니, 아래 글에 '상제가 문왕에게 말했다〔帝謂文王〕'는 것과 같은 것이 이것이다. 여택(與宅)은 기주(岐周)로써 집을 삼게 한 것이다. 이 시는 주나라 왕업이 시작된 것을 서술한 것이다.[128]

뽑아 버리고 제거하니	作之屛之
서서 말라죽은 나무와 가리어진 나무이며	其菑其翳
닦고 평평히 하니	脩之平之
관목(灌木)과 늘어진 가지이며	其灌其栵
개간하고 제거하니	啓之辟之
능수버들과 가물태나무이며	其檉其椐
제거하고 베니	攘之剔之
꾸지뽕나무와 산뽕나무로다	其檿其柘

125 막(莫) : 《집전》에는 '정함〔定〕'으로 풀이하였다.

126 구민지막(求民之莫) : 《집전》에는 '莫'을 '안정〔定〕'으로 풀이하여 '백성들의 안정을 구함'으로 해석하였다.

127 식(式)은……것이다 : 《집전》에는 혹자(或者)의 말을 인용하여 '式廓'을 규모(規模)라고 풀이하였다.

128 이 시는……것이다 : 《집전》의 장하주에는 "태왕, 태백, 왕계의 덕을 서술하여 문왕이 밀나라를 정벌하고 숭나라를 정벌한 일에 미친 것이다.〔敍太王、太伯、王季之德, 以及文王伐密伐崇之事也.〕"라고 설명하였다.

상제가 명덕(明德)의 군주를 옮긴 것은　帝遷明德
곤이(昆夷)가 길에 가득하기 때문이니라　串夷載路
하늘이 그 배필을 세우시니　天立厥配
천명(天命)을 받음이 이미 견고하시도다　受命旣固

부이다.[129] 《집전》에 말하였다. 작(作)은 그 흙을 일으킴이요, 병(屛)은 제거함이다. 치(菑)는 나무가 서서 말라죽은 것이요 예(翳)[130]는 가리어진 것이다. 관(灌)은 총생하는 것이요, 례(栵)는 길가에 자라나는 것이다. 정(檉)은 물가의 능수버들이니, 양(楊)과 비슷하고 색깔이 붉다. 거(椐)는 가물태나무이니, 마디에 흠집이 생겨서 부로(扶老)와 같다.【부로는 지금의 영수장(靈壽杖)[131]이다.】 염(檿)은 산뽕나무이다. ◯이는 태왕이 기주(岐周)로 천도한 일이니, 글이 번거로움을 줄이지 않고 부연설명을 한 것은 잡목을 잘라 제거하여 개간한 수고로움을

129 부이다 : 《집전》의 장하주에는 "이 장은 태왕(太王)이 기주(岐周)로 천도한 일을 말한 것이다. 기주의 땅은 본래 모두 산림이 막혀 있어서 사람이 없는 지역이었고 곤이(昆夷)와 가까웠는데, 태왕이 거주함에 인물이 점점 많아지니, 그런 뒤에 점점 개벽(開闢)하기를 이처럼 하였다. 이에 상제가 이 명덕(明德)의 군주를 옮겨서 이 땅에 거주하게 하여 곤이가 멀리 달아났고, 하늘이 또 그를 위하여 어진 짝을 세워 돕게 하였다. 이 때문에 천명(天命)을 받음이 견고하여 마침내 왕업을 이룬 것이다.〔此章, 言大王遷於岐周之事. 蓋岐周之地, 本皆山林險阻, 無人之境, 而近於昆夷, 大王居之, 人物漸盛, 然後漸次開闢如此. 乃上帝遷此明德之君, 使居其地, 而昆夷遠遁, 天又爲之立賢妃以助之. 是以受命堅固, 而卒成王業也.〕"라고 하였다.

130 예(翳) : 《집전》에는 '저절로 죽음〔自斃〕'으로 풀이하였다. 혹자(或者)는 작은 나무가 〈큰 나무에〉 덮이고 빽빽하여 가리어진 것이라 하였다.

131 영수장(靈壽杖) : 공이가 있고 잘 부러지지 않는 영수목(靈壽木)으로 만든 지팡이를 가리킨다. 한(漢)나라 태후가 공광(孔光)에게 조서를 내리며 "나라가 홍성하려면 사부를 높이고 존중해야 한다."라고 말하고 영수장을 하사한 고사가 전해진다. 《漢書 孔光傳》

나타낸 것이다. 상제가 명덕을 여기로 옮긴 것은 관이(串夷 곤이)[132]가 많아져 길에 가득하기 때문이다. 곤이는 적인(狄人)이다. 배(配)는 태강(太姜)을 이른다.

상제가 그 산(山)을 살펴보시니	帝省其山
갈참나무와 떡갈나무가 위로 쑥 뻗어 올라가며	柞棫斯拔
송백(松柏) 사이에 길이 통하거늘	松柏斯兌
상제가 나라를 만들고 상대할 자를 세우시니	帝作邦作對
태백(太伯)과 왕계(王季)로부터 하셨도다	自大伯 王季
이 왕계께서	維此王季
마음속으로부터 우애(友愛)하사	因心則友
그 형(兄)과 우애하여	則友其兄
그 경사(慶事)를 돈독히 하사	則篤其慶
영광을 형에게 주시니	載錫之光
복(福)을 받아 상실함이 없어	受祿無喪
곧 사방을 소유하셨도다	奄有四方

부이다.[133] 대(對)[134]는 한 쌍으로 상대함이니, 하민(下民)의 군주가 되어서 하늘에 상대가 되는 것이다. 왕계(王季)는 태왕의 작은 아들이

132 관이(串夷) : 자세하지 않다. 다만 《집전》에는 "혹자는 말하기를 '관이는 바로 곤이 (混夷)요, 재로(載路)는 길에 가득히 도망하는 것을 이르니, 〈면(綿)〉에 이른바 '곤이가 도망갔다다'는 것이 이것이다.〔或曰'串夷, 卽混夷, 載路, 謂滿路而去, 所謂混夷駾矣者也.〕"라고 하여 관이를 융인(戎人)의 하나로 보았다.

133 부이다 : 《집전》에는 왕계의 덕이 천록(天祿)을 받아 잃지 않아서 문왕, 무왕에 이르러 사방을 소유하게 된 내용이라고 하였다.

134 대(對) : 《집전》에는 '당함〔當〕'으로 풀이하였다.

므로 계(季)라고 하였다. 인심(因心)[135]은 천성에서 나옴을 말한 것이다. 태백(太伯)과 우중(虞仲)이 제후의 지위를 왕계에게 사양하자, 왕계가 받고 사양하지 않아서 문왕에게 물려주어 주나라의 경사를 돈독히 하여 두 형에게 지위를 사양한 덕의 광채를 주고, 문왕과 무왕에 이르러 마침내 사방을 소유하였다.[136] 왕계가 사양하지 않은 것은 충정(衷情)에서 나와서 지극히 성실하고 지극히 공정하여 외모에 꾸미지 않았다. 그러므로 '인심즉우(因心則友)'라고 한 것이다.

이 왕계를	維此王季
상제께서 그 마음을 법도(法度)에 맞게 하시고	帝度其心
그 덕음(德音)을 청정(淸靜)하게 하시니	貊其德音
그 덕(德)이 능히 밝으셨다	其德克明
능히 밝으시고 종족을 분류하시며	克明克類
어른노릇하시고 군주노릇하시며	克長克君
이 대국(大國)에 왕노릇하사	王此大邦
능히 이치를 순(順)히 따르고 어진이를 친애하시더니	克順克比
문왕을 따라서	比于文王
그 덕에 여한(餘恨)이 없으시니	其德靡悔
이미 상제의 복을 받아	旣受帝祉
자손(子孫)에게 뻗치셨도다	施于孫子

135 인심(因心) : 《집전》에는 '억지로 힘쓴 것이 아님〔非勉强〕'으로 풀이하였다.

136 태백(太伯)과……소유하였다 : 왕계(王季)는 주나라 태왕(太王)의 셋째 아들이자 문왕의 아버지로, 이름은 계력(季歷)이다. 그의 형 태백(太伯)과 우중(虞仲)이 형만(荊蠻)으로 도망하여 제후의 지위를 계력에게 양보하자, 계력은 지위에 올라 태왕의 업을 닦아 문왕에게 전하였다. 《史記 周本紀》

부이다.[137] 도(度)[138]는 법도이니 하늘이 그 마음을 유인하여 법도에 맞게 한 것이다. 맥(貊)은 《춘추좌전》과 《악기》에 모두 막(莫)으로 되어있는데 막(莫)은 막(漠)과 통하니, 막(漠)은 깨끗하고 고요함이다.[139] 극류(克類)[140]는 격물 치지(格物致知)하는 것을 이른다. 격물 치지하는 방법은 같은 것을 똑같게 하고 다른 것을 나누어서 같은 것을 살피고 다른 것을 지극히 하니, 《주역》에 '동류(同類)로 분류하면 만물이 분별된다.'[141]라고 하였다. 격물 치지는 밝게 하는 것이다. 그러므로

137 부이다 : 《집전》의 장하주에는 "상제(上帝)가 왕계(王季)의 마음을 제재하여 법도를 두어서 의(義)에 맞게 하셨고, 또 덕음(德音)을 청정히 하여 비난하는 말이 없게 하였다. 이 때문에 왕계의 덕이 이 여섯 가지에 뛰어나셨고, 문왕에 이르러는 그 덕이 더욱 유한(遺恨)이 없으셨다. 이 때문에 이미 상제의 복을 받아 자손에게까지 뻗쳐 미친 것이다.〔言上帝制王季之心, 使有尺寸, 能度義, 又清靜其德音, 使無非間之言. 是以王季之德, 能此六者, 至於文王, 而其德尤無遺恨. 是以旣受上帝之福, 而延及于子孫也.〕"라고 하였다.

138 도(度) : 《집전》에는 '사물을 헤아려 의에 맞게 하는 것〔能度物制義〕'으로 풀이하였다.

139 맥(貊)은……고요함이다 : 《예기》 〈악기〉에 "막기덕음(莫其德音)"이라 하였는데, 진호의 주에 "막(莫)은 고요함이고, 덕음(德音)은 명성이다.〔莫, 靜也. 德音, 名譽也.〕"라고 풀이한 내용이 보인다. 또한《춘추좌전》 소공(昭公) 28년 조에 시경의 내용을 인용하면서 '막기덕음(莫其德音)'이라고 하였다.

140 극류(克類) : 《집전》에는 '선악을 분별하는 것〔能分善惡〕'으로 풀이하였다.

141 주역에……분별한다 : 원문의 '類族辨物'은 《주역》 〈동인괘(同人卦) 대상전(大象傳)〉에 보인다. 주자는 《주역본의(周易本義)》에서 "하늘과 불이 동인이니, 군자는 이로써 족속(族屬)을 유별(類別)하고 사물을 구별한다.〔天與火同人, 君子以類族辨物.〕"라고 하였는데, 정전(程傳)에 "군자가 동인괘의 상(象)을 보고서 유족(類族)으로 사물을 구별하니, 각각 그 유족으로 물건의 동이(同異)를 분변하는 것이다. 예를 들면 군자와 소인의 당(黨)과 선악과 시비의 이치와, 물정(物情)의 이합(離合)과 사리(事理)의 이동(異同)과 같은 것이니, 무릇 이(異)와 동(同)을 군자가 밝게 구별하기 때문에 사물을 대처함에 그 방법을 잃지 않는 것이다.〔君子觀同人之象, 而以類族辨物, 各以其類族, 辨物之同異也. 若君子小人之黨, 善惡是非之理, 物情之離合, 事理之異同, 凡異

'극명극류(克明克類)[142]'라고 한 것이다. '극장극군(克長克君)[143]'은 그 덕이 남의 위가 될 만함을 말한 것이다. 순(順)[144]은 이치에 순한 것이요, 비(比)[145]는 어진이에게 친한 것이다. '비우문왕(比于文王)'은 왕계가 아들 문왕의 선을 따라서 어기지 않은 것이다.

상제께서 문왕에게 이르시되	帝謂文王
그렇게 이것을 버리고 저것을 잡지 말며	無然畔援
그렇게 흠모하고 부러워하지 말아	無然歆羨
크게 먼저 도(道)의 지극한 경지에 오르라 하시니라	誕先登于岸
밀(密)나라 사람이 불공(不恭)한지라	密人不恭
감히 대방(大邦)을 항거해서	敢拒大邦
완(阮)나라를 침공하려 공(共)땅에 가거늘	侵阮徂共
왕(王)께서 불끈 노(怒)하사	王赫斯怒

同者, 君子能辨明之, 故處物不失其方也.〕"라고 해석하였다. 반면에 심대윤은 "족(族)은 동류이고 물(物)은 만물이니, 그 동류로 분류하면 만물이 저절로 분별되어 작은 것은 같아지고 큰 것은 나뉘어진다.〔族, 同類也, 物, 萬物也, 類其族則物自辨, 小同而大分也.〕"라고 하여 주자의 해석과 차이가 있다. 《周易象義占法》

142 극명극류(克明克類) : 《집전》에는 "극명(克明)은 시비(是非)를 살피는 것이요, 극류(克類)는 선악(善惡)을 분별하는 것이다.〔克明, 能察是非也, 克類, 能分善惡也.〕"라고 풀이하였다.

143 극장극군(克長克君) : 《집전》에는 "극장(克長)은 가르치기를 게을리 하지 않는 것이요, 극군(克君)은 상을 주어 축하하고 형벌을 내려 두렵게 하는 것이니, 상이 참람하지 않기 때문에 사람들이 경사로 여기고, 형벌이 남용되지 않기 때문에 사람들이 위엄으로 여김을 말한 것이다.〔克長, 教誨不倦也, 克君, 賞慶刑威也, 言其賞不僭, 故人以爲慶, 刑不濫, 故人以爲威也.〕라고 구분하여 설명하였다.

144 순(順) : 《집전》에는 '순(順)은 인자하고 화(和)하여 두루 복종함〔慈和徧服〕'이라고 풀이하였다.

145 비(比) : 《집전》에는 '상하(上下)가 서로 친함〔上下相親〕'이라고 하였다.

이에 그 군대를 정돈하여 爰整其旅
침략하러 가는 무리들을 막아서 以按徂旅
주(周)나라의 복(福)을 돈독히 하시어 以篤于周祜
천하의 기대에 부응하시니라 以對于天下

부이다.[146] 왕계에게는 '상제가 그 마음을 법도에 맞게 하셨다.'라고 하고, 문왕에게는 '상제가 말씀하셨다'라고 하였으니, 이는 문왕이 하늘과 덕이 같음을 밝힌 것이다. 반원(畔援)은 사랑하고 미워하고 등지고 따름이요, 흠선(歆羨)은 사모하고 부러워하여 욕심을 따르는 것이니, 두 가지는 모두 사사로운 마음에 나오는 것이다. 탄(誕)은 큼이다. '탄선등우안(誕先登于岸)'은 도에 나아감이 지극함을 가탁하여 말한 것이니, '당(堂)에 오르고 방에 들어갔다'[147]는 것이 이것이다. 밀(密)은

146 부이다 : 《집전》의 장하주에는 "인심(人心)은 차별하는 것이 있고 부러워하는 것이 있으면 인욕의 흐름에 빠져서 스스로 구제하지 못하니, 문왕은 이 두 가지가 없었다. 그러므로 홀로 먼저 알고 먼저 깨달아 도(道)의 지극한 경지에 나아가셨으니, 하늘이 실로 명한 것이요, 인력(人力)으로 미칠 수 있는 것이 아니다. 이 때문에 밀(密)나라 사람이 공손하지 못하여 감히 그 명령을 어기고 제멋대로 군대를 일으켜서 완(阮)나라를 침략하기 위하여 가서 공(共)땅에 이르자, 문왕이 불끈 노하시어 군대를 정돈하여 가서 그 무리를 막아 주나라의 을 돈독히 하여 천하의 마음에 보답하신 것이다. 이 또한 노여워할 만한 것으로 인하여 노여워한 것이요, 애당초 차별하고 부러워하는 것이 없으셨다. 이는 문왕의 정벌의 시초이다.〔人心, 有所畔援; 有所歆羨, 則溺於人欲之流, 而不能以自濟, 文王無是二者, 故獨能先知先覺, 以造道之極至, 蓋天實命之, 而非人力之所及也. 是以密人不恭, 敢違其命, 而擅興師旅以侵阮, 而往至于共, 則赫怒整兵, 而往遏其衆, 以厚周家之福, 而答天下之心, 蓋亦因其可怒而怒之, 初未嘗有所畔援歆羨也. 此文王征伐之始也.〕"라고 하였다.

147 당(堂)에……들어갔다 : 《논어》 〈선진(先進)〉에 나오는 말로 공자가 자로(子路)의 경지를 평하여 "당에 올라갔고 아직 방에는 들어가지 못했다.〔升堂矣, 未入於室也.〕라고 하였다.

《집전》에 말하였다. 밀수씨(密須氏)이니 길(姞)씨 성의 나라로 지금 영주(寧州)에 있었고, 완(阮)은 나라 이름이니 지금 경주(涇州)에 있었다. 공(共)은 주나라의 지명이니 지금 경주의 공지(共池)가 이곳이다. 안(按)은 《맹자》에 '알(遏)'로 되어 있으니, 조려(徂旅)는 밀(密)나라 군대가 공(共) 땅으로 간 것이다.[148] 대(對)는 답함(부응)이니, 천하의 바람에 답한 것이다.

문왕께서 편안히 서울에 계시거늘　依其在京
완나라의 국경으로부터 침략하여　侵自阮疆
우리 높은 언덕에 올라가니　陟我高岡
우리 구릉에 진치는 자가 없는지라　無矢我陵
우리 구릉이요 우리 언덕이며　我陵我阿
우리 샘물을 마시는 자가 없는지라　無飮我泉
우리 샘물이요 우리 못이로다　我泉我池
그 좋은 언덕을 헤아려　度其鮮原
기산(岐山)의 사방에 거처하여　居岐之陽
위수(渭水)의 곁에 계시니　在渭之將
만방(萬邦)이 붙들어 보호하는 바이며　萬邦之方
하민(下民)의 왕이시도다　下民之王

148 안(按)은……것이다 : 《맹자》〈양혜왕(梁惠王) 하(下)〉에 이 편을 인용하였는데, 그 내용은 다음과 같다. "왕께서 혁연(赫然)히 노하사 이에 군대를 정돈하여 침략하러 가는 무리들을 막아서 주(周)나라의 복(福)을 돈독히 하여 천하에 보답하였다.〔王赫斯怒, 爰整其旅, 以遏徂莒, 以篤周祜, 以對于天下.〕"라고 하여, 《시경》의 '안(按)'은 '알(遏)'로, '려(旅)'는 '거(莒)'로 되어있는 바, 심대윤은 주자의 훈의(訓義)를 따라 각각 '알(遏)'과 '旅(려)'로 풀이하였다.

부이다. 의(依)는 편안한 모양이니, 문왕이 편안히 서울에 있어서 일찍이 밀(密)나라를 해친 적이 없는데, 밀나라 사람이 까닭없이 우리 주나라를 침략하여 완(阮) 땅의 국경으로부터 우리의 언덕에 올라옴을 말한 것이다. 시(矢)는 진을 침이니, '우리 구릉에 진치는 자가 없음'과 '우리 샘물을 마시는 자가 없음'은 밀나라 사람을 축출하여 그 강토(疆土)를 완전히 함을 말한 것이다. 탁(度)은 살펴보아 헤아림이다. 선(鮮)은 아름다움이다. 《집전》에 말하였다. 문왕이 도읍을 정읍(程邑)으로 옮기니 바로 한(漢)나라 때의 부풍(扶風)과 안릉(安陵)이다. 장(將)은 마땅히 방(方)이 되어야 하고 방(方)은 마땅히 장(將)이 되어야 하니, 장은 붙들어 보호함이니 서로 바뀐 것이다.[149]

상제께서 문왕에게 이르시되 帝謂文王
나는 명덕(明德)의 予懷明德
명성과 풍채를 대단하게 여기지 않으며 不大聲以色
문화(文華)에 뛰어나고 변혁함을 훌륭하게 여기지 않고 不長夏以革
사사로운 지식을 쓰지 아니하여 不識不知
상제의 법(法)을 순히 하는 자를 사랑한다 하셨다 順帝之則
상제께서 문왕에게 이르시되 帝謂文王
너의 원수 나라에게 물으며 詢爾仇方
너의 형제국(兄弟國)과 함께 하여 同爾兄弟
너의 구원(鉤援)과 以爾鉤援
너의 임충(臨衝)으로써 與爾臨衝

149 장(將)은……것이다 : 《집전》에는 "장(將)은 곁이요, 방(方)은 향함이다.〔將, 側, 方, 鄕也.〕"라고 풀이하였다.

부이다.[150] 대성(大聲)은 명성이 진동한 것이요, 색(色)은 풍채가 혁혁(赫赫)한 것이다. 장하(長夏)는 문화(文華)에 뛰어난 것이요, 혁(革)은 변하고 고쳐서 새롭고 기이함을 구하는 것이다. 지극한 덕은 찾을만한 자취가 없으니, 총명과 지혜와 공교로움을 하지 않아서 하늘의 이치를 따르는 것이다. 구방(仇方)은 원수의 나라이고 형제(兄弟)는 동맹국이다. 구(鉤)는 구거(鉤車)이니 갈고리를 이용하여 성첩에 올라가는 것이요, 원(援)은 운제(雲梯)이니 붙잡고 성에 올라가는 것이요, 림(臨)은 소거(巢車)[151]이니 성에 임하여 공격하는 것이요, 충(衝)은 충거(衝車)[152]이다. 《집전》에 말하였다. 숭(崇)은 나라 이름이니, 지금의 경조부(京兆府) 호현(鄠縣)에 있었다.

주왕(紂王)이 서백(西伯)인 문왕에게 궁시(弓矢)와 부월(鈇鉞)을 하사하여 정벌을 주관하게 하였는데, 서백이 숭후 호(崇侯虎)를 공격

150 부이다 : 《집전》에는 여조겸(呂祖謙)의 말을 인용하여 "이는 문왕의 덕이 드러나지 않고 공로가 자취가 없어서 하늘과 함께 체(體)를 같이 할 뿐이니, 비록 군대를 일으켜 숭나라를 정벌했으나 상제의 법을 순히 한 것 아님이 없어서 문왕 자신이 한 것이 아님을 말한 것이다.〔此言文王德不形而功無迹, 與天同體而已, 雖興兵以伐崇, 莫非順帝之則而非我也.〕라고 하였다.

151 소거(巢車) : 고대에 성을 공격하는데 사용하던 병거(兵車)이다. 《춘추좌전》 성공(成公) 16년 조에 "초자(楚子)가 소거에 올라가서 진(晉)나라 군대를 바라보았다.〔楚子登巢車, 以望晉軍.〕" 라는 내용이 보이는데, 그 주에 "소거는 수레 위에 망루를 만든 것이다.〔巢車, 車上爲櫓.〕"라고 하였다.

152 충거(衝車) : 병거의 하나로 성을 공격할 때 성벽을 허물기 위해 사용하였다. 《회남자(淮南子) 남명훈(覽冥訓)》에 "충거를 크게 하고 보루를 높였다.〔"大衝車, 高重京.〕"라는 내용이 보이는데, 고유(高誘)는 주에서 "충거는 큰 쇠로 원(轅)의 끝에 붙여서 말에는 갑옷을 입히고 수레에는 병기를 입혀서 적의 성을 충돌하는 것이다.〔衝車, 大鐵著其轅端, 馬被甲, 車被兵, 所以衝于敵城也.〕"라고 설명하였다.

하였다.[153] 제후가 천자에게 명을 받지 않으면 마음대로 정벌하지 못하니, 문왕이 아직도 복종하여 은나라를 섬겼으면 그 숭나라를 공격한 것은 아마도 주왕에게 명을 청했을 것이다. 무왕이 여(黎)나라를 이김에 이르러서는 주왕(紂王)의 악이 지나쳐 임금으로 여기지 않았으니, 이때에는 마음대로 정벌하고 명을 받지 않을 수 있었다. 숭후가 백성에게 포악하게 대하였기 때문에 그를 공격한 것이요, 자기를 참소했다고 하여 사사로이 원수로 여긴 것이 아니다.【《사기》에 '숭후가 서백을 참소해서 유리옥(羑里獄)에 갇히게 했다.'라고 하였다.】

임거(臨車)와 충거(衝車)가 느릿느릿 움직이니	臨衝閑閑
숭나라 성(城)이 높고도 크도다	崇墉言言
신문할 자를 계속 잡아오며	執訊連連
귀를 베어 바치기를 조심히 하도다	攸馘安安
이에 유(類)제사를 지내고 마(禡)제사를 지내어	是類是禡
이에 오게 하며 따르게 하시니	是致是附
사방(四方)에서 업신여기는 이가 없도다	四方以無侮
임거(臨車)와 충거(衝車)가 강성하니	臨衝茀茀
숭(崇)나라 성(城)이 높도다	崇墉仡仡
이에 정벌하고 이에 위엄을 떨치며	是伐是肆

153 주왕(紂王)이……공격하였다 : 이 내용은《사기》〈은본기(殷本紀)〉와〈주본기(周本紀)〉에 자세히 보인다. 은나라 주왕의 학정(虐政)이 극에 이르렀는데, 당시 숭후호(崇侯虎)가 서백(西伯 문왕)을 참소하여 "서백이 선과 덕(德)을 쌓아 제후들이 모두 그에게 쏠리니, 임금에게 불리해질 것입니다."라고 하였다. 그러자 주왕이 그 말을 듣고 서백을 유리(羑里)에 가두었는데, 서백의 신하인 굉요(閎夭)의 무리가 좋은 말과 미녀, 보물을 구하여 주왕의 총애하는 신하인 비중(費仲)을 통하여 주왕에게 바치자, 주왕이 크게 기뻐하여 서백을 석방하였다. 그 뒤에 서백이 주나라로 돌아와서 3년만에 숭후호를 정벌하고 그 곳에 풍읍(豐邑)을 만들었다.

이에 끊고 이에 멸망시키시니　　是絶是忽
사방에서 어기는 이가 없도다　　四方以無拂

부이다. 언언(言言)은 높고 큼이요, 연연(連連)은 서로 연속하는 뜻이다. 괵(馘)은 귀를 베는 것이다. 안안(安安)[154]은 자세히 살피는 뜻이니, 함부로 사람을 죽이지 않음을 말한 것이다. 하늘에 제사하는 것을 류(類)[155]라 하는데 제후는 하늘에 제사를 지낼 수가 없으니, 이는 바로 선군(先君)에게 공경히 기도한 것이다. 마(禡)[156]는 병(兵)의 선조에게 제사함이다. 치(致)는 오게 하여 항복하게 하는 것이요, 부(附)는 와서 따름을 받아주는 것이다. 불불(茀茀)은 강성한 모양이다. 흘(仡)[157]은 마땅히 흘(屹)이 되어야 하니, 흘흘(屹屹)은 높은 모양이다. 사(肆)[158]는 위엄을 부림이다. 홀(忽)은 멸함이요, 불(拂)은 어기고 거스름이다. 《춘추좌전》에 말하였다. "문왕이 숭(崇)나라를 공격해서 30일이 되어도 항복하지 않자 물러나 가르침을 닦고 다시 공격했는데, 옛날 보루를 그대로 둔 채 항복을 받았다.[159]"라고 하였다.

154 안안(安安) : 《집전》에는 '경솔하거나 포악하지 않음〔不輕暴〕'이라고 풀이하였다.

155 류(類) : 《집전》에는 "군대가 출군하려 할 적에 상제에게 제사를 지내는 것이다.〔將出師, 祭上帝也.〕"라고 하였다.

156 마(禡) : 《집전》에 "마(禡)는 정벌하는 지역에 이르러 처음 군법을 만든 자에게 제사를 지내는 것이다.〔禡, 至所征之地, 而祭始造軍法者.〕"라고 하였다.

157 흘(仡) : 《집전》에 흘흘(仡仡)은 '굳세고 건장한 모양〔堅壯貌〕'이라고 하였다.

158 사(肆) : 《집전》에는 '군대를 풀어놓는 것〔縱兵〕'이라고 풀이하였다.

159 문왕이……받았다 : 이는 《춘추좌전》 희공(僖公) 19년 조에 보인다. 《집전》에도 이를 인용하고 "문왕이 숭나라를 정벌하는 초기에 공격을 늦추고 싸움을 천천히 하여 여러 신(神)에게 고유(告由)하고 제사하였으며, 따르고 오는 자들을 오게 하시니 사방에서 두려워하여 복종하지 않는 이가 없었으며, 끝내 복종하지 않음에 미쳐서는 군대를

이상은 〈황의〉8장이니, 장마다 12구이다

영대 靈臺

영대(靈臺)를 경영하여 시작해서 經始靈臺
경영하고 위치(位置)를 정하시니 經之營之
서민(庶民)들이 일하는지라 庶民攻之
하루가 못되어 완성하도다 不日成之
경영하여 시작하기를 빨리하지 말라 하시나 經始勿亟
서민들이 자식처럼 오도다 庶民子來

부이다.[160] 경(經)은 헤아림이다. 영대(靈臺)는 문왕의 누대 이름이니, 벽옹(辟廱) 안에 있었다. 공(攻)은 일함이다.

왕(王)이 영유(靈囿)에 계시니 王在靈囿
암사슴과 사슴이 그 자리에 엎드려 있도다 麀鹿攸伏
암사슴과 사슴이 살찌고 윤택하거늘 麀鹿濯濯
백조(白鳥)는 깨끗하고도 희도다 白鳥翯翯
왕이 영소(靈沼)에 계시니 王在靈沼
아 고기들이 가득히 뛰놀도다 於牣魚躍

부이다. 영유(靈囿)는 영대(靈臺)의 동산이다. 빈(麀)은 암사슴이

풀어 멸망시켜서 사방에서 순종하지 않는 이가 없음을 말한 것이다."라고 하였다.

160 부이다 : 《집전》에는 문왕의 대(臺)가 경영하는 즈음에 서민들이 와서 일하여 하루가 못되어 완성된 내용으로 보았다.

다. 탁탁(濯濯)은 살찌고 윤택한 모양이요, 학학(翯翯)은 깨끗하고 흰 모양이다. 인(牣)은 가득함이다.

종틀 설주에 업(業)과 종(樅)이 있고 虡業維樅
큰 북과 큰 종이 있으니 賁鼓維鏞
아 질서정연하게 종을 침이여 於論鼓鍾
아 즐거운 벽옹(辟廱)에서 하도다 於樂辟廱

부이다. 《집전》에 말하였다. 거(虡)는 나무를 세워놓아 종과 경쇠를 매다는 것이니, 그 가로댄 나무를 순(栒)이라 하고, 순위에 큰 판자를 어긋나게 조각하여 톱니의 이빨과 같이 한 것을 업(業)이라 하고, 업 위에 종을 매달아 놓은 곳에 채색으로 숭아(崇牙)를 만들어서 그 모습이 들쭉날쭉한 것을 종(樅)이라고 한다. 분고(賁鼓)는 큰 북이요, 용(鏞)은 큰 종이다. 논(論)은 마땅히 윤(倫)이 되어야 하니, 그 차례를 얻어서 서로 빼앗지 않는 것이다.

○벽옹(辟廱)[161]은 문왕의 학궁의 이름이다. 벽(辟)은 물이 빙둘러 있도록 못을 만들어서 잡인이 출입하지 못하게 하는 것이니, 학사의 공부를 전일하게 하는 것이다. 옹(廱)은 뜻인 엄(广 집)을 따르고 음인 옹(雝)을 따랐으니, 집이 여러 사람과 함께 화락한 것이다. 문왕이 제후이면서 벽옹을 세웠으니, 벽옹은 천자의 학궁이 아님이 분명하다. 반궁(泮宮)[162]은 노나라 학궁의 이름이니, 혹은 물을 빙 둘러 있게 하

161 벽옹(辟廱) : 주대(周代)에 세운 태학(太學)으로, 남(南)을 성균(成均), 북(北)을 동서(東序), 서(西)를 고종(瞽宗), 중앙에 있는 것을 벽옹이라 하였다. 옹(雍)은 택(澤)의 뜻으로 학교의 주위에 물을 빙 둘러 못을 만들었다. 《집전》에는 "천자의 학궁으로 대사례(大射禮)를 행하는 곳이니, 물이 언덕을 빙돌아 구슬 모양과 같아서 구경하는 자를 조절한다.〔天子之學, 大射行禮之處也, 水旋丘如璧, 以節觀者.〕라고 하였다.

고 혹은 물을 반만 돌게 한 것은 그 지형을 따른 것이요, 천자와 제후의 차이가 있는 것은 아니다. 한나라 유자들의 명당(明堂)[163]과 벽옹, 반궁에 대한 설명이 매우 허망하니, 후세의 군자들은 부디 이들의 근거 없고 유익함이 없는 말을 믿지 말아야 할 것이다.[164]【우(虞)·하(夏)·상(商)·주(周)의 글에 천자의 태학을 벽옹이라고 한 경우가 있지 않으니, 천자와 제후의 대학이 똑같다. 혹은 물이 빙 둘러 있게 한 것을 벽옹이라 하고, 혹은 반만 물을 둘러 있게 하여 반궁이라고 했다면 이것이 과연 무슨 뜻인가? 그 헛소리를 굳이 변론할 것이 못된다.】 학궁의 안에 대(臺)와 소(沼)와 원유(園囿)를 만든 것은 학자들이 놀고 쉬고 기분을 깨끗이 씻어 정신을 상쾌하게 하는 장소로 삼아서 정신을 가다듬어 그 고명(高明)하고 쇄락(灑落)한 뜻을 발휘하게 하고【이 내용이《예기》〈학기(學記)〉에 보인다.[165]】 그 곤궁하고 피곤한

162 반궁(泮宮) : 반궁은 노(魯)나라의 학궁으로 남쪽에는 물이 빙 둘러 있어 그 형상이 반벽(半璧)과 같기때문에 반궁이라고 한 것이다.

163 명당(明堂) : 명당은 천자가 상제와 선조에게 제사를 올리고, 제후에게 조회를 받고 정령(政令)을 펴는 등의 큰 전례(典禮)를 거행하는 당(堂)을 가리킨다.

164 한나라……것이다 : 심대윤은 한(漢)나라 때 발달한 경학(經學), 특히 경전에 나오는 사물의 명칭과 고증(考證) 등 훈고학(訓詁學)에 치중한 당시 학자들의 견해를 비판하였다.

165 이 내용이……보인다 :《예기》〈학기(學記)〉에 "대학의 가르침은, 사시(四時)의 가르침은 반드시 올바른 학업이 있으며 물러가 쉴 때에는 반드시 거처의 배움이 있으니, 금(琴)과 슬(瑟)의 줄을 잡고 희롱하는 것을 배우지 않으면 줄을 편안히 여기지 못하고, 시에 붙여 있는 사물의 이치를 널리 구하는 것을 배우지 않으면 시(詩)를 편안히 여기지 못하고, 번다한 의복을 배우지 않으면 능히 예(禮)에 편안하지 못하고, 도예(道藝)를 홍기하지 않으면 배움을 좋아하지 못한다. 그러므로 군자가 배움에 있어서 학교에서 머물고 닦으며 집에서 쉬고 노는 것이다.〔大學之教也, 時教必有正業, 退息必有居學. 不學操縵, 不能安絃; 不學博依, 不能安詩; 不學雜服, 不能安禮; 不興其藝, 不能樂學. 故君子之於學也, 藏焉, 脩焉, 息焉, 遊焉.〕라고 하였는데, 이에 대해서 심대윤은《예기정해(禮記正解)》에서 배움은 고심히 생각하면 피로해지고, 정신이 피혜해지기 때문에 쉬고 노는 때가 있는 것이지, 쉴 때에도 배움〔學〕이 있다고 해석하는 것은 지나치다고

기운을 제거하게 한 것이다. 그러니 문왕이 종종 가서 놀며 함께 즐거워해서 선비들로 하여금 학업을 즐거워하여 권장하여 나아가게 한 것이지, 다만 귀와 눈의 즐거움만을 위하여 음탕하고 편안한 구경을 꾸민 것이 아니다.【후세에 명당과 벽옹은 화려하여 사치하고 헛되게 꾸미는 도구로 삼아 실용적인 부분이 없었으니, 이처럼 속된 학자들의 잘못을 어찌 다 말하겠는가. 어찌 다 말하겠는가.】

아 질서정연하게 종을 침이여	於論鼓鍾
아 즐거운 벽옹(辟廱)에서 하도다	於樂辟廱
악어가죽으로 만든 북이 고르게 울리니	鼉鼓逢逢
악사(樂師)들이 음악을 아뢰도다	矇瞍奏公

부이다. 《집전》에 말하였다. 악어는 석척(蜥蜴 도마뱀)과 비슷한니 길이가 한 길〔丈〕이 넘고, 그 가죽은 북을 메울 수 있다. 봉봉(逢逢)은 고름이다. 눈동자가 있으면서 보지 못하는 것을 몽(矇)이라 하고 눈동자가 없는 것을 수(瞍)라 한다. 공(公)은 공(功)과 통한다.

이상은 〈영대〉 4장이니, 두 장은 장마다 6구이고 두 장은 장마다 4구이다.

이 시는 아마도 문왕의 시인데 후세에 인하여 천자가 학궁에 놀러 가는 악가로 삼은 듯하다. 그러므로 왕(王) 자를 추가한 것이다.[166]

보았다.

166 이 시는……것이다 : 《모시서》에는 "〈영대〉는 백성들이 처음 귀부(歸附)함을 읊은 시이다. 문왕이 천명을 받음에 백성들이 신령스러운 덕을 간직하여 새와 짐승, 곤충에까지 미침을 즐거워한 것이다.〔靈臺, 民始附也. 文王受命, 而民樂其有靈德, 以及鳥

【문왕을 추후에 왕으로 추존한 뒤에 공(公)을 왕으로 바꾼 것이다.】

하무 下武

무왕(武王)으로부터 이하로	下武維周
주(周)나라에 대대로 현철(賢哲)하신 왕(王)이 계셨도다	世有哲王
세 임금이 하늘에 계시거늘	三后在天
강왕(康王)이 주나라 서울에서 대하시도다	王配于京

부이다.[167] 하무(下武)는 무왕으로부터 이하이다. 세 임금은 문왕과 무왕과 성왕(成王)이요, 왕은 강왕(康王)이다. 《집전》에 이것을 무왕의 시라고 하였으나,[168] 지금 문리를 상고해보면 〈하무〉는 무왕 이하를 분명히 말하였다. 그 덕이 하늘과 부합되는 자가 죽으면 '하늘에 있다〔在天〕'고 말하였는데 재천(在天)은 누구에게나 통용되는 것이 아니니, 태왕(太王)과 왕계(王季)는 재천이라고 말할 수 없는 것이다. 무왕의 업이 천하를 통일하여 덕이 사해(四海)에 입혀졌으니 태왕과 왕계

獸昆蟲焉.〕"라고 하였다.

167 부이다 : 《집전》에는 "무왕이 태왕(太王), 왕계(王季), 문왕(文王)의 전통을 이어 천하를 소유함을 찬미한 것이다.〔美武王能纘大王王季文王之緖, 而有天下也.〕"라고 하였다

168 집전에……하였으나 : 《집전》에는 '하(下)' 자를 '문(文)' 자의 오류로 보아 문왕, 무왕이 주나라를 창건한 것으로 풀이하였다. 그리고 삼후(三后)를 태왕, 왕계, 문왕으로 보아 이들이 모두 별세하였는데 그 정신이 위로 하늘과 더불어 합치되어 무왕이 이들의 전통을 이은 시라고 해석하였다. 반면에 심대윤은 '하무(下武)'를 '무왕으로부터'라고 풀이하여 태왕과 왕계를 포함해서는 안된다고 보았다.

보다 크게 뛰어난데, 세덕(世德)이 짝이 되었다고 말하는 것은 불가하다. '사복(嗣服)'은 그 사업을 계속하는 것이니, 무왕이 선조의 뜻을 계술(繼述)했다고 말하는 것은 괜찮지만 그 사업을 이었다고 말하는 것은 불가하며, '승기조무(繩其祖武)'는 무왕이 태왕과 왕계의 발자취를 이었다고 말하는 것은 불가하다.[169] 《서경》에서 문왕과 무왕을 칭할 적에 항상 무왕이 문왕의 덕을 이어서 그 명(命)을 이루었다고 말하였고, 그 공업을 말하면 일찍이 무왕을 추존하지 않은 적이 없으니, 이는 강왕의 시가 되는 것임을 앎이 분명한 것이다.

왕이 호경(鎬京)에서 대하시니	王配于京
세덕(世德)을 지어 구하셨도다	世德作求
길이 천명(天命)에 짝하시어	永言配命
성왕(成王)의 믿음을 이루셨도다	成王之孚

부이다. 성왕이 백성들에게 믿음을 받아 그 천명에 짝함을 아는 것이니, 《서경》의 〈고명(顧命)〉을 가지고 살펴보면 성왕이 성인의 경지에 넉넉히 들어감을 알 수 있다.[170] 여기에서 배명(配命)이라고 말한 것은 성왕이 백성들을 감동시켜 하늘과 덕이 합함을 말한 것이다.【《집전》에 '왕자의 믿음을 이루었다.'라고 하였으니, 왕자의 믿음이 타인의 믿음과 다르단 말인가.

169 사복(嗣服)은……불가하다 : '사복(嗣服)'과 '승기조무(繩其祖武)'는 아래 4장과 5장에 각각 나오는데, 심대윤은 아래 시들 역시 강왕의 시로 풀이하는 것이 옳다고 보고 있다.

170 성왕이……있다 : 〈고명(顧命)〉은《서경》의 편명으로, 성왕(成王)이 죽음을 앞두고 신하들에게 유언하여 후사〔康王〕를 부탁하는 내용이다. 심대윤은 '성왕지부(成王之孚)'를 무왕의 믿음을 천하에 이루었다고 해석한《집전》과는 달리 '성왕의 믿음'이라고 풀이하였다.

이는 곧 말이 되지 않는 소리이다. 마땅히 '천하에 믿어졌다.'라고 하고, '백성들에게 믿음을 받았다.'라고 해야 할 것이요, '왕의 믿음을 이루었다.'라고 말해서는 안 된다.】

성왕의 믿음을 이루사 成王之孚
하토(下土)의 법칙(法則)이 되옴은 下土之式
효사(孝思)를 길이 하시는지라 永言孝思
효사가 법이 되시기 때문이니라 孝思維則

부이다.[171] 백성이 그 윗사람을 믿으면 저절로 교화가 된다. 그러므로 '하토(下土)의 법칙이 되었다.'라고 말한 것이다. 위의 장에서는 왕이 세덕(世德)으로 짝이 됨을 말하였으니, 문왕과 무왕을 말하지 않고 유독 성왕을 말한 것은 문왕과 무왕은 멀고 성왕은 가깝기 때문이요, 또 강왕의 덕이 성왕과 짝이 됨을 나타내고 문왕과 무왕에게는 미치지 않은 것이다. 이는 성왕이 하토에서 법이 되는 것을 말한 것이요 '효사유측(孝思維則)'이라고 말한 것은 강왕이 성왕을 본받아서 덕을 이룬 것을 말한 것이니, 강왕이 성왕의 고명(顧命)을 받아서 그 가르침을 실추하지 않은 것이 이것이다.

이 한 사람을 사랑하는지라 媚茲一人
응하기를 순덕(順德)으로 하니 應侯順德
효사(孝思)를 길이 하사 永言孝思
밝게 선왕(先王)의 일을 이으셨도다 昭哉嗣服

171 부이다 : 《집전》에는 "무왕이 왕자의 믿음을 이루어 사방의 법이 된 까닭은, 孝思(효사)를 길이 하여 잊지 않아서이다. 그러므로 그 효가 법이 될 수 있었음을 말한 것이다."라고 하였다.

부이다. 왕(강왕)이 능히 성왕에게 잘 보여서 순한 덕으로써 응하여 효사(孝思)를 길이 해서 그 일을 밝게 계속함을 말한 것이다. '영언(永言)'의 언(言)은 어조사인데 《집전》에는 영언을 '길게 말한 것이다.'라고 하였으니, 잘못이다. 영(永)은 장구함이다.

내세(來世)를 밝혀서	昭茲來許
그 선조(先祖)의 발자취를 계승한다면	繩其祖武
아 만년(萬年)토록	於萬斯年
하늘의 복(福)을 받으리라	受天之祜

부이다.[172] 자(茲)는 이것이니 어조사이고, 허(許)는 소(所)와 같으니 또한 어조사이다. 내(來)는 내세(來世)이다. 승(繩)은 이음이요 무(武)는 발자취이니, 그 내세를 밝혀서 선조의 발자취를 이어 무왕의 천하를 장구히 보유함을 말한 것이다. '오만사년(於萬斯年)'은 바로 '소자래허(昭茲來許)'의 뜻이다.[173]

하늘의 복을 받으시니	受天之祜
사방(四方)에서 와서 하례하도다	四方來賀
아 만년(萬年)토록	於萬斯年
어찌 돕는 이가 있지 않겠는가	不遐有佐

172 부이다 : 《집전》의 장하주에는 "무왕의 도가 밝음이 이와 같으니, 내세에서 그 자취를 잇는다면 오랫동안 천록을 입고 막히지 않음을 말한 것이다.〔言武王之道, 昭明如此, 來世能繼其迹, 則久荷天祿而不替矣.〕"라고 하였다.

173 오만사년(於萬斯年)은……뜻이다 : 앞의 '내세(來世)를 밝힌다〔昭茲來許〕'는 내용과 '만년토록〔於萬斯年〕'의 의미가 서로 호응이 되어 같은 뜻이 됨을 가리킨다.

부이다. 사방의 제후가 영원히 보좌가 됨을 말한 것이다. 이 편은 오로지 강왕이 성왕의 가르침을 실추하지 않아서 천하를 영원히 보유한 것을 축원한 내용이니, 송(頌)에 경계하는 말을 붙인 것이다.[174]

이상은 〈하무〉6장이니, 장마다 4구이다.

문왕유성 文王有聲

문왕(文王)께서 명성을 두심이여	文王有聲
크게 명성을 두셨도다	遹駿有聲
그 편안함을 구하사	遹求厥寧
그 성공을 보시니	遹觀厥成
문왕이 공덕(功德)이 많으시도다	文王烝哉

부이다.[175] 율(遹)[176]은 율(聿)과 같다. 준(駿)은 큼이다. 증(烝)은 많음이니 공덕이 많음을 말한 것이니, 지금 사람들이 선(善)을 '다(多)'라고 하는 것과 같다. '그 편안함을 구한다'는 것은 스스로 자신의 몸을 편안히 하는 것이요, '그 성공을 본다'는 것은 자손이 그 업을 이룸을

174 이 편은……것이다 : 심대윤은 이 편을 강왕의 시로 보아, 강왕이 천명을 잊지 않고 성왕(成王)의 고명(顧命)을 잃지 않아서 천하를 보유한 시로 보았다. 반면,《모시서》에는 문왕을 계승함을 읊은 시로 보아, 무왕이 성덕(聖德)을 간직하여 천명을 받아 선인(先人)의 공을 밝힌 내용이라고 보았다.

175 부이다 :《집전》에는 '문왕이 풍(豊)으로 천도하고 무왕이 호경(鎬京)으로 천도한 일을 말한〔言 文王遷豊, 武王遷鎬之事〕' 내용으로 보았다.

176 율(遹) :《집전》에는 율(聿)과 같다고 보고 발어사라고 하였다.

보는 것이다.

문왕이 천명(天命)을 받으사 文王受命
이 무공(武功)을 소유하셨도다 有此武功
이미 숭(崇)나라를 정벌하시고 旣伐于崇
풍(豊)에 도읍(都邑)을 만드시니 作邑于豊
문왕이 훌륭한 군주이시도다 文王烝哉

부이다. 《집전》에 말하였다. 풍(豊)은 바로 숭(崇)나라 땅이니, 지금의 호현(鄠縣) 두릉(杜陵) 서남쪽에 있었다.

성(城)을 쌓되 옛 도랑을 그대로 따르시고 築城伊淢
풍읍(豊邑)을 만들되 지위에 걸맞게 하시니 作豊伊匹
자신의 욕망을 빨리 달성하려고 하신 것이 아니라 匪棘其欲
선인(先人)의 뜻을 따라 후손들이 효(孝)를 하게 하신 것이니 遹追來孝
왕후(王后)께서 훌륭한 군주이시도다 王后烝哉

부이다.[177] 역은 성황(城隍 성의 해자)이다. 필(匹)은 걸맞음이니, 그 지위에 걸맞아서[178] 지나치게 사치하여 분수에 넘치는 것이 없음을 말

177 부이다 : 《집전》의 장하주에 "문왕이 풍읍(豊邑)의 성(城)을 경영하실 때 옛 도랑을 따라 한계를 삼아 築造(축조)하셨고, 읍거(邑居)를 만들 때 또한 그 성에 걸맞게 하고 너무 크게 하지 않으셨으니, 이는 모두 자신의 하고자 하는 바를 급히 이루려고 한 것이 아니요, 다만 선인(先人)의 뜻을 따라서 그 효(孝)를 오게 하였을 뿐임을 말한 것이다.〔言文王營豊邑之城, 因舊溝爲限而築之, 其作邑居, 亦稱其城而不侈大, 皆非急成己之所欲也, 特追先人之志, 而來致其孝耳.〕"라고 하였다.

178 지위에 걸맞아서 : 《집전》에는 성(城)에 걸맞는것이라 하였다.

한 것이다. '율추래효(遹追來孝)'는 자손이 뒤쫓아 효도하기를 바란다는 말이다. 래(來)[179]는 내세이다. 자기가 하고자 하는 것을 스스로 급하게 한 것이 아니요, 자손들이 천하를 편안히 한 공업을 이어서 이루게 하려는 것이다.

왕의 공적이 펴지심은	王公伊濯
풍읍(豊邑)에 담을 쌓으셨기 때문이니라	維豊之垣
사방(四方)이 함께 모여	王后維翰
왕후(王后)를 우익(羽翼)으로 삼으니	四方攸同
왕후께서 훌륭한 군주이시도다	王后烝哉

부이다.[180] 공(公)은 공(功)과 통한다. 탁(濯)[181]은 씻음이니, 그 옛 물든 더러움을 씻어내고 새로운 교화를 펴는 것이다. 한(翰)은 우익(羽翼)이니, 제후들이 문왕의 우익이 된 것이다.

풍수(豊水)가 동쪽으로 흐르니	豊水東注
우(禹)임금의 공적이로다	維禹之績
사방이 함께 모여	四方攸同
황왕(皇王)을 군주로 삼으니	皇王維辟
황왕이 훌륭한 군주이시도다	皇王烝哉

179 래(來) : 《집전》에는 '來致〔오게 함〕'의 의미로 풀이하여 효를 오게 한 것이라고 해석하였다.

180 부이다 : 《집전》의 장하주에 "왕의 공(功)이 저명(著明)한 까닭은 이 풍읍(豊邑)에 담을 쌓았기 때문이다. 그리하여 사방(四方)이 이에 돌아와서 문왕을 정간(楨幹)으로 삼은 것이다.〔王之功, 所以著明者, 以其能築此豊之垣故爾. 四方於是來歸, 而以文王爲楨幹也.〕"라고 하였다.

181 탁(濯) : 《집전》에는 '저명함〔著明〕'으로 풀이하였다.

부이다. 문왕의 덕을 무왕이 계승하여 구주(九州)에 두루 입혀짐을 가탁하여 말한 것이다.[182] 황왕(皇王)은 천하를 소유한 칭호이니, 무왕을 가리킨다. 벽(辟)은 임금이다.

호경(鎬京)과 벽옹(辟廱)의	鎬京辟廱
서쪽에서 동쪽에서 하며	自西自東
남쪽에서 북쪽에서 하여	自南自北
생각하여 복종하지 않는 이가 없으니	無思不服
황왕(皇王)이 훌륭한 군주이시도다	皇王烝哉

부이다. 《집전》에는 '호경벽옹(鎬京辟廱廱'을 '호경(鎬京)의 학궁'이라고 하였으니, 호경의 학궁에 천하가 복종했다는 것은 문리(文理)가 되지 않으니[183], 이 또한 가탁하여 말한 것임을 알 수 있다. 호경은 무왕이 거주한 곳이요 벽옹은 문왕의 학궁이니, 무왕이 문왕의 도를 사용하여 천하를 복종시켰음을 말한 것이다. 무릇 시를 해석하는 방도는 한두 구(句)로 밝힐 수 없는 경우에는 모두 가탁하여 말하여 그 뜻을 밝혔으니, 무릇 가탁하여 말한 것은 바로 읽으면 문리를 이루지

182 문왕의……것이다 : 《집전》에는 '무왕이 아직 호경(鎬京)을 만들기 이전의 때'라고 보았다.

183 집전……않으니 : 《집전》은 장재(張載)의 말을 인용하여 "주나라 왕가는 후직(后稷)이 태(邰)땅에 거주한 뒤로부터 공류(公劉)가 빈(豳) 땅에 거주하였고 태왕(太王)이 기산(岐山)에 도읍하였으며, 문왕(文王)이 풍(豊)으로 천도하였고 무왕(武王) 때 이르러 또다시 호경(鎬京)에 거주하였으니, 이 때를 당하여 백성 중에 귀의하는 자들이 날로 많아져서 그 땅이 수용할 수가 없어 옮기지 않을 수 없었기 때문이다.〔周家自后稷居邰, 公劉居豳, 大王邑岐, 而文王則遷于豊, 至武王又居于鎬, 當是時, 民之歸者日衆, 其地有不能容, 不得不遷也.〕라고 하였고, 또 "영대(靈臺)의 벽옹(辟廱)은 문왕의 학궁이요, 호경(鎬京)의 벽옹은 무왕의 학궁이다.〔靈臺辟廱, 文王之學也, 鎬京辟廱, 武王之學也, 至此始爲天子之學矣.〕"라고 하였다 .

못한다. 그러므로 이것을 읽는 자들에게 이것이 가탁하여 말한 것임을 알려주는 것이다.【벽옹은 풍(豊)에 있고 호경에 있지 않았다.】

거북점을 살펴보신 무왕(武王)께서　　考卜維王
이 호경(鎬京)에 거주하시도다　　宅是鎬京
거북이 결정하거늘　　維龜正之
무왕이 완성하시니　　武王成之
무왕(武王)이 훌륭한 군주이시도다　　武王烝哉

부이다.[184] 고(考)는 상고함이다.

풍수(豊水)에도 기(芑)풀이 있으니　　豊水有芑
무왕이 어찌 이곳에서 일하지 않으시리오　　武王豈不仕
후손에게 계책을 남겨 주사　　詒厥孫謀
아들을 편안하게 도우니　　以燕翼子
무왕이 훌륭한 군주이시도다　　武王烝哉

부이다.[185] 사(仕)는 일(사업)이니 문왕이 덕을 세우셨으니 무왕이 어찌 사업을 세우고자 하지 않겠느냐고 가탁하여 말한 것이다. 연(燕)은 편안함이요 익(翼)[186]은 도움이다. 후손에게 좋은 계책을 물려줌은

184 부이다 : 장재(張載)는 이 시에 대해서 "여기세 시호를 든 것은 〈무왕이 돌아가신 뒤에〉 그 일을 추술(追述)한 것이다.〔此擧諡者, 追述其事之言也.〕"라고 하였다.

185 부이다 : 《집전》에는 흥으로 보아 "호경이 풍수(豊水)의 하류에 있었기 때문에 취하여 기흥한 것이다.〔鎬京, 猶在豊水下流, 故取以起興.〕"라고 하였다.

186 익(翼) : 《집전》에는 '공경함〔敬〕'이라고 풀이하였다.

자식을 편안히 돕는 것이요, 자식을 편안히 돕는 것은 자신의 몸을 보존하는 것이다. 자신의 몸을 선하게 함은 자손을 선하게 하는 것이요, 자손을 선하게 함은 자신의 몸을 선하게 하는 것이니, 문왕이 있기 때문에 무왕이 있고, 무왕이 있기 때문에 문왕을 이룬 것이다. 앞의 두 장은 문왕을 칭하였고 끝의 두 장은 무왕을 칭하였으니, 이는 그 덕이 후세에 미침을 밝힌 것이다.[187] 3장과 4장에 문왕을 왕후(王后)라 칭하고 5장과 6장에 무왕을 황왕(皇王)이라고 칭한 것은 그 사업이 똑같음을 밝힌 것이요, 모두 '증재(烝哉)'로 끝맺은 것은 그 덕이 같음을 밝힌 것이다.

이 편은 문왕이 풍(豐)에 거주하고 무왕이 호경(鎬京)에 거주한 것을 가지고 문왕이 복종하여 은나라를 섬긴 것과 무왕이 천하를 평정한 것을 말하였으니[188], 그 일은 똑같지 않으나 똑같지 않은 것은 때가 그러한 것이다. 그리하여 그 덕이 똑같고 그 사업이 똑같으니, 처지를 바꿨으면 모두 그랬을 것이다.

이상은 〈문왕유성〉 8장이니, 장마다 5구이다.

이상은 〈문왕지십〉이다.

187 앞의 두 장은……것이다 : 주자는 《집전》에서 "이 시는 무공(武功)으로써 문왕(文王)을 칭하였고, 무왕(武王)에 이르러는 '황왕유벽(皇王維辟)', '무사불복(無思不服)'이라고만 말하였을 뿐이니, 문왕이 이미 그 시작을 창조했으면 무왕이 계속하여 끝냄은 어렵지 않기 때문이다. 또 문왕의 문(文)은 무(武)에 부족한 것이 아니요, 무왕이 천하를 소유한 것은 힘으로써 취한 것이 아님을 나타낸 것이다.〔此詩, 以武功稱文王, 至于武王, 則言'皇王維辟'、'無思不服'而已, 蓋文王既造其始, 則武王續而終之無難也. 又以見文王之文, 非不足於武, 而武王之有天下, 非以力取之也.〕"라고 하였다.

188 이 편의……말하였으니 : 《모시서》에는 문왕이 명성이 있어서 숭(崇)나라를 정벌하고, 무왕이 은(殷)나라를 정벌함을 읊은 시로 보았다.

詩經集傳辨正 3

校勘·標點

彤弓之什

彤弓

彤弓弨【尺昭反】兮，受言藏之。
我有嘉賓，中心貺【叶虛王反】之。
鍾鼓既設，一朝饗【叶虛良反】之。

《集傳》曰：賦也。彤，朱也。弨，弛貌。貺，與也。《左傳》甯武子曰："諸侯敵王所愾，而獻其功，於是乎賜之彤弓一、彤矢百、旅弓矢千，以覺報宴。"覺，明也。諸侯賜弓矢，然後得專征伐。專者，會速諸侯而自主節度也，非不請命于天子而擅行之之謂也。"受言藏之"，不輕以與人也。"中心貺之"，言其誠也。"一朝饗之"，言無吝惜之心也。

彤弓弨兮，受言載【叶子利反】之。
我有嘉賓，中心喜之。
鍾鼓既設，一朝右【音又。叶于記反】之。

《集傳》曰：賦也。載，抗之於檠也。右，尊賜之也。

彤弓弨兮，受言櫜【古刀反。叶古號反】之。
我有嘉賓，中心好【呼報反】之。
鍾鼓既設，一朝醻【市由反。叶大到反】之。

《集傳》曰：賦也。櫜，韜也。酬，報也。

《彤弓》三章，章六句。

菁菁者莪

菁菁【子丁反】者莪【五何反】，在彼中阿。
既見君子，樂【音洛】且有儀【叶五何反】。

《集傳》曰：興也。菁菁，盛貌。莪，蘿蒿也。○此亦學中見師之樂歌。"在彼中阿"，以況中德也，樂易而不失其儀，不事矜嚴而從容中節者也。舊說云："《菁菁者莪》，樂育英材也。"莪之生于中阿，如英材之聚于中德之君子也。由君子之能成就英材，故英材聚之耳。

菁菁者莪，在彼中沚【音止】。
既見君子，我心則喜。

興也。

菁菁者莪，在彼中陵。
既見君子，錫我百朋。

興也。朋，一對也，言受誨之多也。

汎汎【芳劍反】楊舟，載沈載浮。
既見君子，我心則休。

比[1]也。“載沈載浮”，言心無主着，而行無向方也。“我心則休”，言得聞君子之義而知所歸休也。此篇，風也。

《菁菁者莪》四章，章四句。

六月

六月棲棲【音西】，戎車既飭【音勅】。
四牡騤騤【求龜反】，載是常服【叶蒲北反】。
玁狁孔熾【尺志反】，我是用急【叶音棘】。
王于出征，以匡王國【叶于逼反】。

《集傳》曰：賦也。六月，夏六月也。棲棲，猶遑遑也，不安之意。常服，兵事之常所服用者也。宣王命尹吉甫征玁狁，有功而歸，詩人美之。六月非出師之時，而以狄之甚熾，故不可不急也。

比【毗志反】物四驪，閑之維則。
維此六月，既成我服【叶蒲北反】。

1 比：奎章閣本에는 “賦”.

我服既成，于三十里。
王于出征，以佐天子【叶奬里反】。

《集傳》曰：賦也。比物，齊其力也。閑，調習也。則，法也。服，服用也。師行，日三十里。“王于出征”，命將出征[2]也。

四牡脩廣，其大有顒【王容反】。
薄伐玁狁，以奏膚公。
有嚴有翼，共武之服【叶蒲北反】。
共武之服，以定王國【叶于逼反】。

《集傳》曰：賦也。脩，長也。顒，大貌。膚。大也。公，功也。嚴，威也。翼，敬也。共，供通。服，事也。

玁狁匪茹【如豫反】，整居焦穫【音護】。
侵鎬【胡老反】及方，至于涇陽。
織【音志】文鳥章，白旆央央【於良反】。
元戎十乘【繩證反】，以先啓行【叶戶郎反】。

《集傳》曰：賦也。茹，度也，言不可度也。焦、穫、鎬、方，皆地名。鎬，劉向以爲“千里之鎬”，非鎬京也。○“織文鳥章”，以織文之帛爲鳥隼之旗也。央央，猶泱泱。悠揚之貌。啓行，開道爲前鋒也。

2 征：奎章閣本에는 “政”.

戎車既安【叶於連反】, 如輊【竹二反】如軒。
四牡旣佶【其乙反】, 旣佶且閑【叶胡田反】。
薄伐玁狁, 至于太[3]【音泰】原。
文武吉甫, 萬邦爲憲【叶許言反】。

《集傳》曰: 賦也。輊, 覆而前也; 軒, 却而後也。從前視之, 如輊, 從後視之, 如軒, 則適中也。佶, 劼通, 壯健貌。

吉甫燕喜, 旣多受祉。
來歸自鎬, 我行永久【叶舉里反】。
飮【於鴆反】御諸友【叶羽已反】, 炰【白交反】鼈膾鯉。
侯誰在矣? 張仲孝友【叶羽已反】。

《集傳》曰: 賦也。御, 迓也。侯, 語辭。"張仲孝友", 言與宴者亦賢, 所以美[4]吉甫也。

《六月》六章, 章八句。

采芑

薄言采芑【音起】, 于彼新田, 于此菑【側其反】畝【叶每彼反】。

3 太 : 《詩傳大全》에는 "大".

4 美 : 底本에는 없음. 奎章閣本에 근거하여 보충.

方叔涖【音利】止，其車三千，師干之試【叶詩止反】。
方叔率止，乘其四騏。
四騏翼翼，路車有奭【許力反】。
簟茀【音弗】魚服【叶蒲北反】，鉤膺鞗【音條】革【叶訖力反】。

《集傳》曰：興也。芑，苦菜也，摘其葉，有白汁，卽今苦蕒[5]菜也。田一歲曰菑，二歲曰新田[6]，三歲曰畬。方叔，宣王卿士也。涖，臨也。兵車一乘，甲士三人，步卒七十二人，又二十五人將重車在後，凡百人。師，衆也。干，扞也。試，肄習也。翼翼，衆整貌。奭，赫然也。簟茀，以簟爲車蔽也。鉤膺，卽鏤膺也，鉤連爲飾也。○采芑，以言成功也。"于彼新田，于此菑畝"，所征者非一國也。蓋荊蠻相率而叛，宣王命方叔征之也。

薄言采芑，于彼新田，于此中鄕。
方叔涖止，其車三千，旂旐央央。
方叔率止，約軧[7]【祈支反】錯衡【叶戶郎反】，八鸞瑲瑲【七羊反】。
服其命服，朱芾斯皇，有瑲葱珩【音衡。叶戶郎反】。

《集傳》曰：興也。約，束也。軧，轂也，以皮束轂也。錯，雜文也。馬御[8]兩旁，各懸一鸞也。瑲瑲，聲也。皇，煌通。

5 蕒：底本과 《詩傳大全》에는 "賣". 《詩經集傳》에 근거하여 수정.

6 田：底本에는 없음. 奎章閣本에 근거하여 보충.

7 軧：底本에는 "軝". 《毛詩正義》에 근거하여 수정.

8 御：문맥상 "銜"인 듯함.

蔥，蒼色如蔥也。○中鄉，民居之宅田也。

鴥彼飛隼【息允反】，其飛戾天，亦集爰止。
方叔涖止，其車三千，師干之試。
方叔率止，鉦【音征】人伐鼓，陳師鞠【居六反】旅。
顯允方叔，伐鼓淵淵【叶於巾反】，振旅闐闐【徒顚反。叶徒鄰反】。

《集傳》曰：興也。鉦，金也。鞠，鞫通，盡言以告之也，謂誓告也。○振旅，閱武也。闐闐，衆塡咽之貌。飛隼之戾天而有集止，以況軍威之震耀而止於柔服而已，亦不極其武也。

蠢爾蠻荊，大邦爲讎。
方叔元老，克壯其猶。
方叔率止，執訊獲醜【叶尺由反】。
戎車嘽嘽【吐丹反】，嘽嘽焞焞【吐雷反】，如霆如雷。
顯允方叔，征伐玁狁，蠻荊來威【叶音隈】。

《集傳》曰：賦也。蠢，動而無知之貌。猶，猷通。嘽嘽，衆盛貌。焞焞，盛也。方叔嘗立北伐之功，南人憚其威名而來服也。

《采芑》四章，章十二句。

車攻

我車旣攻，我馬旣同。
四牡龐龐【鹿同反】，駕言徂東。

《集傳》曰：賦也。攻，治也。龐龐，充實貌。東，東都也。宣王會諸侯於東都，因以田獵，詩人美之。

田車旣好【叶許厚反】，四牡孔阜【符有反】。
東有甫草【叶此苟反】，駕言行狩【叶始九反】。

《集傳》曰：賦也。甫草，甫田也，後爲鄭地，今開封府中牟縣 圃田澤是也。

之子于苗【叶音毛】，選徒囂囂【五刀反】。
建旐設旄，搏【音博】獸于敖。

《集傳》曰：賦也。苗，田狩之名。囂囂，喧聲也。敖，地名，近滎陽。

駕彼四牡，四牡奕奕。
赤芾金舃，會同有繹。

《集傳》曰：賦也。奕奕，高大貌。"赤芾金舃"，諸侯之服。時見曰會，殷見曰同。繹，聯屬也。

決拾既佽【音次】，弓矢既調。
射夫既同，助我擧柴。

《集傳》曰：賦也。決，以象骨爲之，着於右手大指，以鉤弦也。拾，以皮爲之，着於左臂也。佽，比也。柴，《說文》作𢊁，積禽也。○柴，當作胔，骨帶肉曰胔。

四黃既駕，兩驂不猗【於寄、於箇二反】。
不失其馳【叶徒臥反】，舍矢如破【彼寄、普過二反】。

賦也。猗，當作倚，偏倚也。

蕭蕭馬鳴，悠悠旆旌。
徒御不驚，大庖【蒲爻反】不盈。

賦也。蕭蕭，馬鳴聲也。悠悠，遠見貌。不驚，靜而不擾也。大庖，君庖也。田獵，君取三十，其餘，射於澤宮，射中者得之。"大庖不盈"，言取之不多也。

之子于征，有聞無聲。
允矣君子，展也大成。

賦也。聞師之行而不聞其聲，言其肅也。

《車攻》八章，章四句。

吉日

吉日維戊【叶莫吼反】，既伯既禱【叶丁口反】。
田車既好【叶許口反】，四牡孔阜【符有反】。
升彼大阜，從其群醜。

《集傳》曰：賦也。伯，馬祖也。天駟、房星之神也。醜，類也，禽獸以類相群也。此亦宣王之詩。

吉日庚午，既差我馬【叶滿補反】。
獸之所同，麀【音憂】鹿麌麌【愚甫反】。
漆沮【七徐反】之從，天子之所。

《集傳》曰：賦也。差，擇也。鹿牝曰麀。麌麌，衆多也。漆、沮，二水名，在西都。

瞻彼中原，其祁孔有【叶羽已反】。
儦儦【表驕反】俟俟【叶于紀反】，或群或友【叶羽已反】。
悉率左右【叶羽已反】，以燕天子【叶獎里反】。

《集傳》曰：賦也。祁，大也。儦儦，群行貌。俟俟，群聚貌。友，竝行也。

既張我弓，既挾【子洽、戶頰二反】我矢。
發彼小豝【音巴】，殪【於計反】此大兕【徐履反】。
以御賓客，且以酌醴。

賦也。

《吉日》四章，章六句。

鴻雁

鴻雁于飛，肅肅其羽。
之子于征，劬【其俱反】勞于野【叶上與反】。
爰及矜【棘氷反】人，哀此鰥寡【叶果五反】。

興也。矜，憐恤也。老而無妻曰鰥，老而無夫曰寡。厲王之時，周人避其虐而適諸侯之國者，賦此詩，以鴻雁之避寒隨陽爲興也。及，猶至也，至於矜恤鰥寡之人之國也。

鴻雁于飛，集于中澤【叶徒洛反】。
之子于垣【音袁】，百堵【丁古反】皆作。
雖則劬勞，其究安宅【叶達各反】。

興也。中澤，言能行中道之國也。一丈爲板，五板爲堵。究，終也。

鴻雁于飛，哀鳴嗸嗸【五刀反】。
維此哲人，謂我劬勞。
維彼愚人，謂我宣驕【叶音高】。

興也。嗸嗸，哀怨之聲。哲人，謂所至之國，愚人，謂厲王也。爲此詩者，其君子乎。憂而能樂，怨而不言，勞而不勤，非君子，誰能如是？此篇，風也。

《鴻雁》三章，章六句。

庭燎

夜如何其？夜未央，庭燎之光。
君子至止，鸞聲將將。

賦也。《集傳》曰：央，中也。庭燎，火炬也，早朝則設於庭。將，當作鏘。○王不安其寢，起而問夜，朝者已至矣，言君臣憂勤，不敢自逸也。

夜如何其？夜未艾，庭燎晣晣【之世反】。
君子至止，鸞聲噦噦【呼會反】。

賦也。艾，盡也。晣晣，小明也。噦噦，聲之緩也。

夜如何其？夜鄉【許亮反】晨，庭燎有煇【許云反】。
君子至止，言觀其旂【叶渠斤反】。

賦也。鄉晨，逮明也。有煇，僅有輝也。觀其旂，則已辨色也。 此刺宣王始則憂勤以立中興之業， 而後漸怠惰安逸，故其功烈卑而基業不久也。太子晉諫靈王曰："自我先君厲、宣、幽、平而貪天禍，至于今未弭。"宣王之始勤而終淫，可知矣。此篇，風也。

《庭燎》三章，章五句。

沔水

沔【綿善反】彼流水，朝【直遙反】宗于海【叶虎洧反】。
鴥【惟必反】彼飛隼【息允反】，載飛載止。
嗟我兄弟，邦人諸友【叶羽軌反】。
莫肯念亂，誰無父母【叶滿洧反】？

比而賦也。沔，水滿貌。朝宗，猶朝覲也。宗，宗廟也，朝于朝堂，覲于宗廟，故曰朝宗也，水之赴于海，如諸侯之朝宗于王也。言水猶知朝宗，隼猶有所止，而今我兄弟之邦，莫念王室，僚友之人，莫止王心，何哉？君臣一體，同其休戚，獨不念父母之幷被其殃乎？此蓋幽、厲之時，臣有憂亂之辭也。

沔彼流水，其流湯湯【失羊反】。
鴥彼飛隼，載飛載揚。
念彼不蹟【井亦反】，載起載行【叶戶郎反】。
心之憂矣，不可弭忘。

比而賦也。此言水不朝宗，隼無所止也。不蹟，不循道也。

弭，弛也。

鴥彼飛隼，率彼中陵。
民之訛言，寧莫之懲？
我友敬矣，讒言其興？

比而賦也。此專責僚友，故不言沔水也。中陵，言有中道也。訛，僞也。民之訛言沸騰，亂兆見矣，而何莫之懲憚乎？廷臣皆畏罪，不敢正，然若能得其中道而盡其敬，則庶可以悟王矣。何讒言之足畏乎？不以王之不能而已之，猶自責其臣道之未盡善，忠厚之至也。若朝廷之臣，同心盡忠，諸侯助之，則雖桀、紂之君，亦不至於傾覆也。

《沔水》三章，二章章八句，一章六句。

鶴鳴

鶴鳴于九皐，聲聞于野【叶上與反】。
魚潛在淵，或在于渚。
樂彼之園，爰有樹檀【叶徒沿反】，其下維蘀。
他山之石，可以爲錯【七落反】。

比也。九皐，言其幽深也."鶴鳴于九皐，聲聞于野"，言微之顯也。君子居其室，修其德，千里應，天地正，子孫盛，百世矜矣。"魚潛在淵，或在于渚"，言費隱一致也，卽鳶飛魚躍之意也。“樂彼之園，爰有樹檀，其下維蘀”，言好惡、是非、利害、禍福、貧富、貴賤、榮辱、憂樂相配而行也。其曰“樂彼之園”者，言樂中有憂，憂中有樂也。“他山之石，可以爲錯”，錯，礪[9]石也，言君子、小人相資而爲用也。非君子，莫治小人；非小人，莫養君子。無小人，無所用君子；無君子，無以有小人。老子云“不善人，善人之資”，是之謂也。此詩之義，讀《易》、《中庸》，乃可以知之矣。君子不求於外，而自修焉已矣，君子不務乎遠，而下學焉已矣。君子不苟得乎福，不苟免乎害，安而不忘危，憂而不失樂，安分而順命焉已矣。君子於小人，如大人之養嬰兒，不惡而嚴，不怒而化，誠心求之，而保全焉已矣。【天地之理，必長得一寸，則縮得一寸，無全於一者也。故君子之道，節而取其中，不落於兩邊，無長亦無縮，而享其悠久之福也。】

鶴鳴于九皐，聲聞于天【叶鐵因反】。
魚在于渚[10]，或潛在淵【叶一均反】。
樂彼之園，爰有樹檀，其下維穀。
他山之石，可以攻玉。

比也。穀，惡木也。攻，治也。此篇，風也。

《鶴鳴》二章，章九句。

《彤弓之什》。

9 礪 : 底本에는 “勵”. 奎章閣本에 근거하여 수정.

10 渚 : 底本에는 “潛”. 奎章閣本에 근거하여 수정.

祈父之什

祈父

祈【勤衣反】父【音甫】, 予王之爪牙【叶五胡反】。
胡轉予于恤, 靡所止居?

《集傳》曰: 賦也。祈, 當作圻。圻父, 司馬也, 掌封圻之衆, 故曰圻父。《酒誥》"圻父薄威"是也。軍士怨於征役無已, 作此詩, 責司馬者, 不敢斥王也。

祈父, 予王之爪士[1]【鉏里反】。
胡轉予于恤, 靡所底【之履反】止?

賦也。

祈父, 亶不聰。
胡轉予于恤, 有母之尸饔?

賦也。饔, 熟食也。民維邦本, 士, 民之選也。士怨而邦本搖矣, 奚恃而爲國乎?

1 士 : 底本에는 "牙". 奎章閣本에 근거하여 수정.

《祈父》三章，章四句。

白駒

皎皎【古了反】白駒，食我場苗。
縶【陟立反】之維之，以永今朝。
所謂伊人，於焉逍遙。

賦也。“食我場苗”，言食君之祿也。周之季世，賢臣知其將危，而無可奈何，故辭祿而去。有惜其去者，賦此詩，欲其少留而朝廷賴之也。

皎皎白駒，食我場藿【火郭反】。
縶之維之，以永今夕【叶祥龠反】。
所謂伊人，於焉嘉客【叶克各反】。

賦也。

皎皎白駒，賁【彼義反】然來【叶云俱反】思。
爾公爾侯【叶洪孤反】，逸豫無期。
愼爾優游【叶汪胡反】，勉爾遁思【叶新齋反】。

賦也。賁然，生其光采之貌。嫌其決去之果，故曰“愼爾優游，勉爾遁思”，勿耽於優游而愼之，勿果於去意而勉之也。人臣之去就，不可輕也，大義不可悔也，一就而不可復去也，一去而不可復返也。妻適人而復還，比於再嫁，臣去君而復返，比於叛賊，大義一定，不可改也。【孔子去魯而求君於天下，未有合焉，故可以返於魯，而亦不可復仕也。後之學士，往來如織，悖亂之行也。】臣無去君之義，妻無去夫之禮，君不君，夫不夫，然後乃可以去。既不君不夫，而何可復返就之哉？就之，則與就他人無以異也，與再嫁、叛賊無以異也。去者得其義矣，而猶望其愼之勉之者，愛之至也，忠之至也。【若去君而未有合焉，君果悔其過而果欲復用之，以誠心迎之，則亦可以復返也。】

皎皎白駒，在彼空谷。
生芻【楚俱反】一束，其人如玉。
毋金玉爾音，而有遐心。

　　賦也。“賁然來思”，已去之辭也；“在彼空谷”，已遠之辭也。“生芻一束”，言自食而不受人之祿也，退遁而俟時之淸也，非去而求君也。“毋金玉爾音，而有遐心”，猶望其不忘君而思所以匡之也。

　　《白駒》四章，章六句。

黃鳥

黃鳥黃鳥，無集于穀，無啄【陟角反】我粟。
此邦之人，不我肯[2]穀。
言旋言歸，復我邦族。

比而賦也。黃鳥，好鳥也。穀、桑、栩，皆樹不高大，而葉不繁密，不足棲鳥者也。"啄我粟"者，自食其食而非食人之祿也。以黃鳥自比，而言勿居無道之國，自食其食也，非惟不可食其祿也，亦不可自食於其野也。世亂而賢者旣不仕，則擇其善國而居之，如子思之居衛。雖不食祿居位，而時言其可言者，以補其萬一，而僅糊其口，不敢求其豊足也。又不可焉，則擇其不危之國而居之，躬耕而自食，不敢無功而受君之食也。若所擇之國，不加於父母之邦，則與其寄於他國，寧寄於我國，與其耕於他國，寧耕於我國也。若夫大德磨而不磷，涅而不緇，能變化以行權者，轍環天下而求行其道，可也。

黃鳥黃鳥，無集于桑，無啄我粱。
此邦之人，不可與明【叶謨郎反】。
言旋言歸，復我諸兄。

比而賦也。"不可與明"，猶難與言也。

黃鳥黃鳥，無集于栩【況甫反】，無啄我黍。
此邦之人，不可與處。
言旋言歸，復我諸父【扶雨反】。

比而賦也。邦族而諸兄而諸父者，以明去疏而卽親也。

《黃鳥》三章，章七句。

2 我肯 : 底本에는 "肯我". 奎章閣本에 근거하여 수정.

我行其野

我行其野，蔽【七[3]制反】芾【方味反】其樗【勅雩反】。
昏姻之故，言就爾居。
爾不我畜，復我邦家【叶古胡反】。

比而賦也。 樗， 惡木也。 此與《黃鳥》同義而重取之者，以其義微而難知，故使其互取而明之也。 行其野，則非食君之祿者也。“蔽芾其樗”，言不足以爲託也。

我行其野，言采其蓫【勅六反】。
昏姻之故，言就爾宿。
爾不我畜，言歸思復。

比而賦也。蓫，《集傳》曰：“牛蘈，惡草也。”

我行其野，言采其葍【叶筆力反】。
不思舊姻，求我[4]新特。
誠[5]不以富，亦衹【音支】以異【叶逸織反】。

比而賦也。《集傳》曰：葍，蕾也，惡菜也。特，孤特也。

3 七 :《詩傳大全》에는 “必”.

4 我 : 四庫全書本《詩傳大全》과《毛詩正義》에는 “爾”. 底本은 內閣藏板《詩傳大全》에 “我”로 잘못 쓴 것을 따름.

5 誠 :《詩傳大全》에는 “成”.

舊姻之在於故邦者多，而不思之，乃就新姻之孤特者於他國，誠不足以爲多，而亦秖爲異事也。【舍舊姻之多而就新特，非爲多也，舍多就少，無益於實而但爲異耳。】富，多也。

《我行其野》三章，章六句。

斯干

秩秩斯干，幽幽南山【叶所旃反】。
如竹苞【叶補苟反】矣，如松茂【叶莫口反】矣。
兄及弟矣，式相好【呼報反。叶許厚反】矣，無相猶【叶余久反】矣。

賦也。斯，語辭。干，水中高燥之地也。秩秩，有序也。幽幽，深邃也。兄弟之衆盛，秩秩如干之竹漸苞矣，幽幽如山之松甚茂矣。猶，如也，不可相效而爲非也。兄雖不友，而弟不可效之不悌也，弟雖不悌，而兄不可以效之不友也。兄弟之相惡，由於尤而效之，不然則未有不相愛者也。兄弟相好而不鬩，然後可以安居而保其室家，故先言兄弟之道也。此築室而落之也。

似續妣【必履反】祖，築室百堵，西南其戶【胡五反】。
爰居爰處，爰笑爰語。

賦也。似，嗣也。

約之閣閣，椓【陟角反】之橐橐。
風雨攸除【直慮反】，鳥鼠攸去，君子攸芋。

賦也。《集傳》曰：約，束板也。閣閣，上下相乘也。椓，築也。橐橐，杵聲也。○芋，當作宇。

如跂【音企】斯翼，如矢斯棘，如鳥斯革【叶訖力反】，
如翬【音輝】斯飛，君子攸躋【子西反】。

賦也。《集傳》曰：跂，竦立也，翼，敬也，儼立貌。矢急則直也。革，改也，鳥改而竦聳也。翬，雉也，簷阿華采而軒翔，如雉之飛也。

殖殖【市[6]力反】其庭，有覺其楹。
噲噲【音快】其正【叶音征】，噦噦【呼會反】其冥，君子攸寧。

賦也。殖殖，平正也。覺，高大也。噲噲，猶快快也。正，向明之處也。噦噦，深廣貌。冥，奥、窔之間也。

下莞【音官】上簟【叶徒檢、徒錦二反】，乃安斯寢【叶于檢、于錦二反】。
乃寢乃興，乃占我夢【叶彌登反】。
吉夢維何？維熊維羆【彼宜反。叶彼何反】，維虺【許鬼反】維蛇【市奢反。叶于其、士何二反】。

6 市：底本에는 “亦”. 奎章閣本에 근거하여 수정.

賦也。《集傳》曰：莞，蒲席也。羆，似熊多力，能拔樹。虺，大蛇也。

大人占之。
維熊維羆，男子之祥。
維虺維蛇，女子之祥。

賦也。大人，太卜也。

乃生男子，載寢之牀。
載衣【於旣反】之裳，載弄之璋。
其泣喤喤【華彭反。叶胡光反】，朱芾【音弗】斯皇，室家君王。

賦也。《集傳》曰：半圭曰璋。喤喤，大聲也。皇，當作煌。

乃生女子，載寢之地。
載衣之裼【他計反】，載弄之瓦【叶魚位反】。
無非無儀，唯酒食是議，無父母詒【以之反】罹【叶音麗】。

賦也。《集傳》曰：裼，褓也。瓦，瓦礫也。孟母曰："婦人之禮，精五飯，冪酒漿，縫衣裳而已矣。故有閨門之修，無境外之志。"

《斯干》九章，四章章七句，五章章五句。

無羊

誰謂爾無羊？ 三百維群。
誰謂爾無牛？ 九十其犉【而純反】。
爾羊來思，其角濈濈【莊立反】。
爾牛來思，其耳濕濕【始立反】。

賦也。《集傳》曰：黃牛黑脣曰犉。濈濈，角聚貌。濕濕，潤澤貌。○此燕虞官之樂歌。

或降于阿，或飮于池【叶唐何反】，或寢或訛。
爾牧來思，何蓑【素多反】何笠，或負其餱【音侯】。
三十維物【叶微聿反】，爾牲則具【叶居律反】。

賦也。訛，動也。色別曰物，其色爲三十也。

爾牧來思，以薪以蒸【之承反】，以雌以雄【叶于陵反】。
爾羊來思，矜矜兢兢，不騫不崩。
麾之以肱，畢來旣升。

賦也。薪、蒸以飼羊也，麤曰薪，細曰蒸。雌雄，牛羊之雌雄也。【曰雄狐、雌龍，則獸亦謂之雌雄也。】矜矜，强盛貌。兢兢，不橫逸之意也。騫，騰走也。崩，墮落也。

牧人乃夢，衆維魚矣，旐【音兆】維旟【音餘】矣。
大人占之，衆維魚矣，實維豊年【叶尼因反】。

旐維旟矣，室家溱溱【側巾反】。

賦也。溱溱，盛多貌。“衆維魚矣”，魚衆多也。

《無羊》四章，章八句。

節南山

節【音截】彼南山，維石巖巖。
赫赫師尹，民具爾瞻【側銜反】。
憂心如惔【徒藍反】，不敢戲談。
國旣卒【子律反】斬【叶側銜反】，何用不監【古銜反】?

《集傳》曰：興也。節，高峻貌。巖巖，積石貌。師尹，太師尹氏也。太師，三公，尹氏，蓋吉甫之後也。具[7]，當作俱。卒，終也。○惔，心熱病也。南山，人之所仰視者，而乃維石巖巖而險矣，以興師尹爲民俱瞻，而不善如此也。舊說以爲幽王之詩。正言直諫，非東遷以後之作，明矣。

節彼南山，有實其猗【於宜反。叶於何反】。
赫赫師尹，不平謂何?
天方薦【徂殿反】瘥【才何反】，喪亂弘多。

7 具：底本에는 “俱”. 奎章閣本에 근거하여 수정.

民言無嘉【叶居何反】，憯【七感反】莫懲嗟【叶遭哥反】。

《集傳》曰：興也。薦，荐通。瘥，病也。憯，忍不動心之意也。○猗，美也。南山則有實其美矣，何師尹之不平也。

尹氏太師，維周之氐【丁禮反。叶都黎反】。
秉國之均，四方是維。
天子是毗【婢尸反】，俾民不迷。
不弔昊天，不宜空我師【叶霜夷反】。

《集傳》曰：賦也。氐，當作柢，根本也。均，平也。維，維持也。毗，倚也。○不恤之昊天，不宜虛我衆也，人之所爲而謂之天者，甚痛惜[8]之之辭也。

弗躬弗親，庶民不信【叶斯人反】。
弗問弗仕【鉏里反】，勿罔君子【叶漿[9]里反】。
式夷式已，無小人殆【叶養里反】。
瑣瑣【素火反】姻亞，則無膴【音武】仕。

賦也。仕，事也。不躬不親，不問不事，民不信之，況可以罔上乎？言不自爲政，而委之小人也。夷，平也。已，止也。姻婭，婚姻也。膴，厚也。

8 惜：奎章閣本에는 "憯".

9 漿：《詩傳大全》에는 "獎".

昊天不傭【勅龍反】, 降此鞠【九六反】訩【音凶】。
昊天不惠, 降此大戾。
君子如届【音戒。叶居例反】, 俾民心闋【古穴反。叶苦桂反】。
君子如夷, 惡怒是違。

賦也。傭, 當作庸, 用也。不用其所爲也。訩, 兇懼也。届, 至也, 如届, 心有所至也。如夷, 心有所平也。闋, 止也。

不弔昊天【叶鐵因反】, 亂靡有定【叶唐丁反】。
式月斯生【叶桑經反】, 俾民不寧。
憂心如酲[10]【音呈】, 誰秉國成?
不自爲政【叶諸盈反】, 卒勞百姓【叶桑經反】。

賦也。酲, 病酒也。成, 平也。

駕彼四牡, 四牡項領。
我瞻四方, 蹙蹙【子六反】靡所騁【勅領反】。

《集傳》曰: 賦也。項, 大也。蹙蹙, 局促不展之貌。

方茂爾惡, 相【息亮反】爾矛矣。
既夷既懌, 如相酬【市由反】矣。

賦也。視爾矛, 言若鬪刺也, 爾方盛其惡, 遇我如將鬪刺

10 酲 : 底本에는 "醒". 奎章閣本에 근거하여 수정.

也，若平心悅懌，則如相酬矣。

昊天不平，我王不寧。
不懲其心，覆【芳服反】怨其正【叶諸盈反】。

賦也。爾終不懲爾心，怨我益甚矣，則不可望其平懌也。

家父【音甫】作誦【叶俟容反】，以究王訩。
式訛爾心，以畜【許六反】萬邦【叶卜工反】。

賦也。王訩，王之可懼之端也。訛，化[11]也。畜，養也。

《節南山》十章，六章章八句，四章章四句。

正月

正【音政】月繁霜，我心憂傷。
民之訛言，亦孔之將。
念我獨兮，憂心京京【叶居良反】。
哀我小心，癙【音鼠】憂以痒【音羊】。

賦也。正月，夏之四月，以正陽之月，故曰正月。將，行

11 化：底本에는 없음. 奎章閣本에 근거하여 보충.

也，《書》云：奉將天威。京京，當作踪踪，瘨，幽憂也。痒，痛也。

父母生我，胡俾我瘉【音庾】？
不自我先，不自我後【叶下五反】。
好言自口【叶孔五反】，莠言自口。
憂心愈愈，是以有侮。

賦也。瘉，病也。呼父母而言之者，疾痛之劇也。莠言，王安石云："惡言也，穀爲善而莠爲惡也。"好言自口出，莠言自口出，喜怒無常，則其好言亦不足信也。【《集傳》以爲莠言不出於心而出於口，此宇宙所無之理也。且[12]非惡人也，不亦[13]庶乎？】愈愈，益甚之意，我之言，旣不見聽而秪受其侮耳。

憂心惸惸【其營反】，念我無祿。
民之無辜，并【必政反】其臣僕。
哀我人斯，于何從祿？
瞻烏爰止，于誰之屋？

賦也。惸惸，孤獨也。臣僕，國亡而爲人所虜也，《書》云"我罔爲臣僕"是也。

瞻彼中林，侯薪侯蒸【之丞反】。

12 且：奎章閣本에는 "此".

13 不亦：奎章閣本에는 "亦不".

民今方殆，視天夢夢【莫工反。叶莫登反】。
既克有定，靡人弗勝【音升】。
有皇上帝，伊誰云憎？

興而賦也。中林之薪蒸，今雖菀然，而將爲斬刈矣。夢夢，當作懵懵，昏昧也。爾方爲虐，而視天懵懵，乃其未定耳，既定則無人不勝也。天非有愛憎也，爾自速禍耳。

謂山蓋卑，爲岡爲陵。
民之訛言，寧莫之懲。
召彼故老，訊【音信】之占夢【叶莫登反】。
具曰予聖，誰知烏之雌雄【叶胡陵反】？

興而賦也。山雖卑而爲岡爲陵，民雖卑而不可侮也。民之訛言，何莫之懲乎？故老，老成之臣，知事者也，占夢，知吉凶者也。“俱曰予聖”，同聲以我爲聖，而無敢矯其非也，不欲斥王，故曰“予”而自當之也。“誰知烏之雌雄”，言莫辨其是非也。子思言於衛侯曰：“君臣既自賢矣，而臣下同聲賢之，《詩》云‘俱曰予聖，誰知烏雌雄’，抑亦似君之君臣乎。”

謂天蓋高，不敢不局【叶居亦反】。
謂地蓋厚，不敢不蹐【井亦反】。
維號斯言，有倫有脊。
哀今之人，胡爲虺【呼鬼反】蜴【星歷反】？

賦也。局，縮身也；蹐，縮足也。號[14]，呼而告之也。《莊子》"號於國中"是也，古人所號告之言也。倫，倫理也。脊，主張也。蜴，蜥蜴也，言肆其毒也。

瞻彼阪【音反】田，有菀其特。
天之扤【五忽反】我，如不我克。
彼求我則，如不我得。
執我仇仇，亦不我力。

《集傳》曰：興也。阪田，嶢崅之田也。特，特生之苗也。◯阪田之瘠而猶有菀然之特，今何以不容我一人乎？扤，搖動也。仇仇，配合之意。求我之法，如恐不得，執我仇仇，而亦不我用也。力，用力也。

心之憂矣，如或結之。
今茲之正，胡爲厲【叶力桀反】矣？
燎之方揚，寧或滅之？
赫赫宗周，褒姒烕【呼悅反】之。

賦也。正，政也，烕，亦滅也。以燎之方揚，比褒姒之用事，"艷妻煽方處"是也。

終其永懷，又窘【求隕反】陰雨。
其車既載【才再反】，乃棄爾輔【叶扶雨反】。
載輸爾載【才再反】，將伯助予【叶演女反】。

14 號：底本에는 "呼". 奎章閣本에 근거하여 수정.

比也。《集傳》曰：陰雨則泥陷車矣。輔，如今人縛杖於輻以輔輻也。輸，墮也。○將，望於他日之辭也。

無棄爾輔，員【音云】于爾輻【方六反。叶筆力反】。
屢顧爾僕，不輸爾載【叶節力反】。
終踰絶險，曾是不意。

比也。《集傳》曰：員，益也。○曾不以是爲意[15]也。

魚在于沼【之紹反】，亦匪克樂【音洛】。
潛雖伏矣，亦孔之炤【音灼】。
憂心慘慘【七感反。當作懆。七洛反】，念國之爲虐。

比也。炤，《中庸》作昭，言己如魚之昭見，無處避禍也。

彼有旨酒，又有嘉殽【戶交反】。
洽比【毗志反】其鄰，昏姻孔云。
念我獨兮，憂心慇慇。

賦也。洽比，沾洽親比也。孔云，猶言"亦云"也，洽比其鄰而婚姻亦[16]然也。慇慇，懇切也。

佌佌【音此】彼有屋，蔌蔌【音速】方有穀。

15 意：底本에는 없음. 奎章閣本에 근거하여 보충.

16 姻亦：底本에는 "如". 奎章閣本에 근거하여 수정.

民今之無祿，天夭【於遙反】是椓【陟角反。叶都木反】。
哿【哥我反】矣富人，哀此惸獨。

賦也。佌佌，舞袖翩僊之貌。蔌蔌，風葉翩翻之貌。言小人之飄颻吹噓者，皆有位有祿，而賢者獨貧也。夭，禍也。椓，害也。哿，可也。

《正月》十三章，八章章八句，五章章六句。

十月之交

十月之交，朔日辛卯【叶莫後反】。
日有食之，亦孔之醜。
彼月而微，此日而微。
今此下民，亦孔之哀【叶放希反】。

賦也。十月，夏十月也。交，日月交會也。一歲月與日會者十二，會則爲晦也。日月同道，月掩日，則日食；日行陷下，爲山所蔽而不能照月，則月食。日月之行，皆有常度。故日月之食，可推而先知也。《集傳》曰：治平之世，陽氣盛，則月行值日，常避而不食。斯言是也。太白先日而出，及午方則常留於巳方，俟日過午，然後乃行，後日而沒。太白，金也。日，火也。午，火之旺方也。日至午而旺，則金畏火而避之。由是觀之，陽盛而月陰不敢掩日陽，可謂照然矣。五帝、三王之世，蓋鮮日食。是以《書》以"辰不集于房"爲大變，《詩》以

“此日而微”爲大異，其未嘗見而始見之也。【春秋二百四十二年，日食三十六；唐二百九十年，日食百餘。】

日月告凶，不用其行【叶戶郎反】。
四國無政，不用其良。
彼月而食，則維其常。
此日而食，于何不臧？

賦也。日月之行，有九道，日月之行，俱陷下而蔽於山，則月食。此日月之常行也，不可移易者也，故曰：“則維其常。”月不避日而日食，陽衰之故也，故曰：“于何不臧。”

爗爗【丁輒反】震電，不寧不令【叶盧經反】。
百川沸騰，山冢崒崩。
高岸爲谷，深谷爲陵。
哀今之人，胡憯【七感反】莫懲？

賦也。令，善也。山頂曰冢。崒，高也，崒崩，自高而墜下也。

皇父【音甫】卿士，番維司徒。
家伯爲宰，仲允膳夫。
聚【側留反】子內史，蹶【俱衛反】維趣【七走反】馬【叶滿補反】。
楀【音矩】維師氏，艶【餘贍反】妻煽【音扇】方處。

賦也。六卿，謂之卿士，冢宰，謂之宰士。【《公羊傳》謂宰咺爲宰士。】皇父卿士，蓋冢宰也，故在司徒之上也。宰，少宰也，冢宰之副也。在司徒之下，則知爲少宰也。內史掌書王之言動，趣馬掌王之車馬。師氏，不知所掌。【《周禮·地官》"師氏掌以媺詔王"，以爲妄也，說見《周禮》。】疑春官之屬，掌王起居而詔王以禮儀者也。艶妻，褒姒也。煽，熾也。方處，方在其處也。皇父、番、家伯、仲允、聚子、蹶、楀，皆其名字也。

抑此皇父，豈曰不時？
胡爲我作，不卽我謀【叶謨悲反】。
徹我墻屋，田卒汚萊【叶陵之反】。
曰予不戕【在良反】，禮則然矣【叶於姬反】。

賦也。作，作而徙其邑也。卽，就也。汚，水浸也。萊，草穢也。戕，害也。

皇父孔聖，作都于向【式亮反】。
擇三有事，亶侯多藏【才浪反】。
不憖【魚覲反】遺一老，俾守我王【叶吁[17]放反】。
擇有車馬，以居徂向。

賦也。孔聖，自以爲聖也。三有事，卽《書》之三事也。【有臨、有職、執法，是爲三事。】多藏，富人也。憖，勉彊也。"以居徂向"，徂向以居也。言皇父妄自尊大汰侈，作大都于向，以爲私邑，選朝廷之執事，以往居之也。向，《集傳》曰："今孟州

17 吁：奎章閣本에는 "于".

河陽縣也。”

黽【民允反】勉從事，不敢告勞。
無罪無辜，讒口囂囂【五刀反】。
下民之孽【魚列反】，匪降自天【叶鐵因反】。
噂【子損反】沓【徒合反】背【蒲昧反】憎，職競由人。

賦也。噂沓，面諂多言貌。背憎，背戾憎惡也，或糾密諂附，或忿戾相軋，小人之本態也。職，專主也。競，力爲之也。其孽非自於天也，專力爲之者，由於人耳。

悠悠我里，亦孔之痗【莫背反。叶呼洧反】。
四方有羨【徐面反】，我獨居憂。
民莫不逸，我獨不敢休。
天命不徹【叶直質反】，我不敢傚我友自逸。

賦也。痗，病也，其邑里爲皇父所戕而病矣。羨，豊衍也。徹，均也。終之以安其分也。余見《節南山》《正月》《十月之交》《雨無正》諸篇，臣下之直言不諱，發於歌詠者，如此之衆。而其面陳廷爭者，又何限哉？然而不少改寤，以至於亡，幽王之甚也，可知矣。然臣下直言而不諱，不以王之甚焉而忘其諫戒，王之甚焉而亦不罪其言者，文、武之餘敎，入人之深，久而不泯也。季子所謂“猶有先王之遺民”者，是之謂歟。秦因之而强，漢因之而興，然後漸靡盡矣。

《十月之交》八章，章八句。

雨無正

浩浩昊天，不駿其德。
降喪【息浪反】饑饉【其靳反】，斬伐四國【叶于逼反】。
旻【密巾反】天疾威，弗慮弗圖[18]。
舍彼有罪，旣伏其辜。
若此無罪，淪胥以鋪【普烏反】？

《集傳》曰：賦也。昊，廣大之意。駿，俊通，大也。穀不熟曰饑，菜不熟曰饉。疾威，虐威也。淪胥，相陷也。鋪，徧也。有罪之旣伏其辜，舍之勿言，而無罪之淪胥徧及，何哉？凡言天者，指天子也。

周宗旣滅，靡所止戾。
正大夫離居，莫知我勩【夷世反】。
三事大夫，莫肯夙夜【叶弋灼反】。
邦君諸侯，莫肯朝夕【叶祥龠反】。
庶曰式臧，覆【芳服反】出爲惡。

賦也。"周宗旣滅"，言禍已成也。戾，定也。勩，勞也。正大夫多見幾而避居也，庶幾王之改而爲善，乃反出爲惡也。

如何昊天？辟言不信【叶斯人反】。

18 圖：底本에는 "國".《詩傳大全》에 근거하여 수정.

如彼行邁，則靡所臻。
凡百君子，各敬爾身。
胡不相畏？不畏于天？

　　賦也。辟言，法言也。

戎成不退【叶吐類反】，飢成不遂。
曾【在登反】我暬【思列反】御，憯憯【七感反】日瘁【徂醉反】。
凡百君子，莫肯用訊【叶息悴反】。
聽言則答，譖言則退。

　　《集傳》曰：賦也。兵亂已成，而王之爲惡不退，飢饉已成，而王之遷善不遂也。暬御，近侍也。憯憯，憂貌。瘁，病也。訊，問也，我日瘁而莫肯相問也。聽言則答之而已，不肯盡言也，譖言則退，不肯盡行也，責其不盡心於國事而自好也。

哀哉不能言！匪舌是出【尺遂反】，維躬是瘁。
哿矣能言，巧言如流，俾躬處休。

　　賦也。“匪舌是出”，不能但出於舌而爲謟也，於心則爲直也。旣責大夫之去，而復悶朝廷之如此而仕之難也。

維曰于仕【鉏里反】，孔棘且殆【叶養里反】。
云不可使，得罪于天子【叶獎里反】。
亦云可使，怨及朋友【叶羽已反】。

賦也。維曰往仕，而禍亂之幾，甚急而危。

謂爾遷于王都，曰予未有室家【叶古胡反】。
鼠思【息嗣反】泣血【叶虛屈反】，無言不疾。
昔爾出居，誰從作爾室？

賦也。鼠，癙同。無言而不痛疾也，聞今人之言，皆不出於中情，故無不疾也。旣言仕之難如彼，而復招去者使反，蓋憂心搖搖，無所依着而幸望之也。此詩，爲近侍之臣者，見亂之將作，而大夫散去，欲去不忍決，欲留又不可，心無所定，故其辭如此也。

《雨無正》七章，二章章十句，二章章八句，三章章六句。

蓋本八章，首章有"雨無正"，故以名篇，而今失之，止有七章也。

《祈父之什》。

小旻之什

小旻

旻天疾威，敷于下土。
謀猶回遹【音聿】，何日斯沮【在呂反】?
謀臧不從，不臧覆用【叶于封反】。
我視謀猶，亦孔之邛【其凶反】。

賦也。猶，猷通。遹，當作譎。沮，止也。邛，病也。

潝潝【許急反】訿訿【音紫】，亦孔之哀【叶於希反】。
謀之其臧，則具是違。
謀之不臧，則具是依。
我視謀猶，伊于胡底【之履反。叶都黎反】?

賦也。潝潝，和也。訿訿，詆也，卽"噂沓背憎"之意也。底，至也。

我龜旣厭，不我告猶【叶于救反】。
謀夫孔多，是用不集。
發言盈庭，誰敢執其咎【叶巨又反】?
如匪行邁謀，是用不得于道【叶徒候反】。

賦也。集，成也。發言盈庭，人皆自是，誰敢明其不是乎？如不行而坐謀，無以進道也。

哀哉爲猶，匪先民是程。
匪大猶是經，維邇言是聽，維邇言是爭【叶側陘反】。
如彼築室于道謀，是用不潰于成。

賦也。《集傳》曰：潰，注也。如築室于道而與行人謀之，是以不注於成也。古語云“作舍道傍，三年不成”，蓋此意也。

國雖靡止，或聖或否【方九反。叶補美反】。
民雖靡膴【火吳反】，或哲或謀【叶莫徒反】，或肅或艾【音乂】。
如彼流泉，無淪胥以敗【叶蒲寐反】？

賦也。言雖君無所止，若盡心爲之，則或得或失也。或得或失，是謂無止也。民雖靡厚，亦有可用者，毋如泉之下流，莫肯用心上進而同敗也。艾，當作乂。淪胥，衆共陷溺也。

不敢暴虎，不敢馮【皮氷反】河。
人知其一，莫知其他【湯河反】。
戰戰兢兢，如臨深淵【叶一均反】，如履薄氷。

賦也。《集傳》曰：徒搏曰暴，徒涉曰馮。人知暴虎馮河之爲患，而不知喪敗之禍也。

《小旻》六章，三章章八句，三章章七句。

蘇氏曰：《小旻》《小宛》《小弁》《小明》，皆加小字，以別於大雅也。其在大雅者曰《召旻》《大明》《宛》《弁》也。

小宛

宛【於阮反】彼鳴鳩，翰【胡旦反】飛戾天【叶鐵因反】。
我心憂傷，念昔先人。
明發不寐，有懷二人。

比而賦也。宛，目見貌。鳴鳩，《集傳》曰：斑鳩也。目見鳴鳩之戾天，以比修德之可以作聖也。明發，將旦而光發也。先人、二人，皆謂父母也，重言者，以明思之不已也。此兄弟相勉之詩。

人之齊聖，飲酒溫克。
彼昏不知，壹醉日富【叶筆力反】。
各敬爾儀，天命不又【叶夷益反】。

賦也。齊，敬謹也。溫克，溫良自克也。壹醉，壹於醉也。日富，日多也。不又，去而不復來也。

中原有菽【音叔】，庶民采【叶此禮反[1]】之。

1　反：底本에는 "也".《詩傳大全》에 근거하여 수정.

螟【音冥】蛉【音零】有子，蜾【音果】蠃【力果反】負【叶蒲美反】之。
教誨爾子，式穀似【叶養里反】之。

興也。中原，以況中德也。中原有菽，則人自采之矣，螟蛉有子，則蜾蠃自負之矣,【此興之二重者也。】以興人有中德，則子弟自化之也。修身以範物，是爲教誨爾子也，式善似之，言自然化之也。《集傳》曰："螟蛉，桑上小青蟲也，似步屈。蜾蠃，土蜂也。"其言蜾蠃化螟蛉而爲子，妄也。《本草》云："蜾蠃撻土作房，着子其中，負桑蟲而納之，其子食蟲而漸長，非蟲化爲蜂也。"余驗之而信。蜾蠃因得螟蛉，而遂其子，故詩人以興人有德而化其子也。

題【大計反】彼脊令，載飛載鳴。
我日斯邁，而月斯征。
夙興夜寐，無忝爾所生【叶桑經反】。

興也。《集傳》曰：題，視也。忝，辱也。〇以鶺鴒之載飛載鳴，呼侶而同行，興兄弟之勉進也。

交交桑扈【音戶】，率場啄粟。
哀我塡【都田反】寡，宜岸宜獄。
握粟出卜，自何能穀。

興也。《集傳》曰：桑扈，竊脂也，肉食，不食粟，今則率場啄粟矣。塡，瘨通。病寡不宜犴獄，而今則宜矣。岸，《韓詩》作犴，亦獄也。〇言世亂時昏，常多理外之禍，尤不可不敬愼而周防也。“握粟出卜”，言横禍之來，不可知也。

溫溫恭人，如集于木。
惴惴【之瑞反】小心，如臨于谷。
戰戰兢兢，如履薄氷。

賦也。

《小宛》六章，章六句。

小弁

弁【薄干反】彼鷽【音豫】斯【叶先齎反】，歸飛提提【是移反】。
民莫不穀，我獨于罹。
何辜于天？我罪伊何？
心之憂矣，云如之何？

賦也。《集傳》曰：弁，飛拊翼貌。鷽，雅也，小而多群，腹下白。提提，安舒貌。舊說幽王娶于申，生太子宜臼，嬖褒姒，生伯服，信其讒，廢申后及太子，其傅作是詩。○見鷽之群飛提提而羡之，歎己之不如也。

踧踧【徒歷反】周道【叶徒苟反】，鞫【九六反】爲茂草【叶此苟反】。
我心憂傷，惄【乃歷反】焉如擣【丁老反。叶丁口反】。
假寐永歎，維憂用老【叶魯口反】。

心之憂矣，疢如疾首。

比而賦也。踧踧，不能行之貌。鞠，養也。大道養爲茂草，以比父子、夫妻之倫喪而人道廢也。假寐，坐而寐也，言不能安寢也。

維桑與梓【叶獎里反】，必恭敬止。
靡瞻匪父，靡依匪母【叶滿彼反】。
不屬于毛，不離于裏？
天之生我，我辰安在【叶此里反】？

賦也。《集傳》曰：桑、梓，宅樹也，爲其父母所植，故尙且[2]敬止。無瞻而匪父，無依而匪母，何以不敬乎？不屬于父母之毛，不麗于父母之裏乎？何以不愛我乎？豈生我之辰，不祥乎？

菀彼柳斯，鳴蜩【音條】嘒嘒【呼惠反】。
有漼【千罪反】者淵，萑【音丸】葦【韋鬼反】淠淠【孚計反】。
譬彼舟流，不知所屆。
心之憂矣，不遑假寐。

賦也。此亦見物而羨之，恨其不如也。菀，茂盛也。漼，深貌。淠淠，隨風飄揚貌。

2 且：奎章閣本에는 "此".

鹿斯之奔，維足伎伎【其宜反】。
雉之朝雊【古豆反】，尙求其雌【叶千西反】。
譬彼壞木，疾用無枝。
心之憂矣，寧莫之知？

賦也。《集傳》曰：伎伎，舒貌，俟其群也。疾，病也。○見鹿之率其子、雉之求雌，而歎王之不然也。我獨如壞木之病而無枝也。

相【息亮反】彼投兎，尙或先之。
行有死人，尙或墐【音覲】之。
君子秉心，維其忍之。
心之憂矣，涕旣隕之。

賦也。《集傳》曰：兎被逐而投人，尙或免而先之也。墐，埋也。

君子信讒，如或醻【市由反。叶市救反】之。
君子不惠，不舒究之。
伐木掎【寄彼反。叶居何反】矣，析薪杝【勅氏反。叶易[3]何反】矣。
舍彼有罪，予之佗【吐賀反。叶湯何反】矣。

賦也。《集傳》曰：如酒之醻而輒飮也。舒究，徐而察之也。○掎，掎其足而倒之也。杝，條分貌。言伐當在木，析當

3 易：內閣藏板《詩傳大全》에는 "易". 四庫全書本《詩傳大全》에는 "湯".

在薪，乃舍有罪之讒人，在我之他人也。他人，言無罪之人也。

莫高匪山【叶所旃反】，莫浚【蘇俊反】匪泉？
君子無易【夷豉反】由言，耳屬【音燭】于垣。
無逝我梁，無發我笱。
我躬不閱，遑恤我後？

比而賦也。高者莫非山，深者莫非泉，言人心之險也。屬，接也。欲王之獨自究思，而勿以告褒姒及伯服也。欲告之以毋爲我之事，而未暇恤也。說詳於《邶風》之《谷風》，宜參看也。

《小弁》八章，章八句。

親之過大則不怨，小則怨，何如則大也？過已成而不可復改者，斯之謂大也，過未結而庶幾改之者，斯之謂小也。小而不怨，是棄親也；大而怨，是僇親也。《小弁》之卒章，望其庶幾改之也。【詩旨淺而未奧，平王之師友，其無人歟。】

巧言

悠悠昊天，曰父母且【子餘反】。
無罪無辜，亂如此憮【火吳反】。
昊天已威【叶紆胃反】，予慎無罪。
昊天泰憮，予慎無辜。

賦也。憮，當作幠。愼，審也。已，甚也。

亂之初生，譖[4]【側蔭反】始旣涵【音含】。
亂之又生，君子信讒。
君子如怒【叶奴五反】，亂庶遄【市專反】沮【慈呂反】。
君子如祉，亂庶遄已。

賦也。涵，涵容也。怒，怒而罪之也。祉，和平也。怒則讒不涵矣，用心和平則讒不信矣。遄，疾也。

君子屢盟【叶謨郎反】，亂是用長【丁丈反。叶直良反】。
君子信盜，亂是用暴。
盜言孔甘，亂是用餤。
匪其止共【音恭】，維王之邛【其恭反】。

賦也。屢盟，不信也，不信人，則讒言興矣。讒人之害人於不見之地而取利，猶盜之竊人之貨而自厚，故曰盜。餤，進饍也，如食之甘焉，故如餤之進也。共，供具也。因用餤而言不止其共具，謂進讒不止也。"維王之邛"，由於王之病也。

奕奕寢廟，君子作之。
秩秩大猷，聖人莫之。
他人有心，予忖【七損反】度之。
躍躍【他歷反】毚【士咸反】兎，遇犬獲【叶黃郭反】之。

4 譖 : 《詩傳大全》에는 "僭".

賦而比也。奕奕，大貌。莫，定也。躍，當作趯。毚，狡也。言小人之心如見肺肝，猶毚兎之易得也。以爾之淺心狹量，能爲君子、聖人之事乎?【《集傳》以上四句爲興。有以物興事矣，未有以事興事也。其無分曉，可謂甚矣。】

荏【而甚反】染柔木，君子樹之。
往來行言，心焉數【所生反】之。
蛇蛇【以支反】碩言，出自口【叶孤五反】矣。
巧言如簧，顔之厚矣。

比而賦也。荏染，當作荏冉，柔貌，以比小人之柔佞而王寵之也。行言，施於人、施於事之言也。往來，諺云“來言好，則往言美”是也。數，歷數而察之也。蛇蛇，安舒也。“出自口”，謂由中出也。如簧，出於齒牙之間，如笙之聲出於金葉也。“顔之厚”，視其[5]色赧赧然也。

彼何人斯？居河之麋【音眉】。
無拳【音權】無勇，職爲亂階【叶居奚反】。
旣微且尰【市勇反】，爾勇伊何？
爲猶將多，爾居徒幾【音紀。叶居希反】何？

賦也。麋，尾也。《左傳》“孟諸之麋”是也。拳，權通，無權，言無智也。微，微弱也。尰，尪羸臃腫也。“爲猶將多”，言爲國謀猷之事，方且衆多也。【今國事之所當爲者多也。】爾之所居

5 其 : 奎章閣本에는 “之”.

者，徒爲幾何哉？居，處事也。爾之所處事者無幾何，言其無智也，無勇無智而職爲亂階而已。【《集傳》以爲其居之徒無幾何，是讒人反少也。全篇言讒不可勝，而忽曰讒者少而反之乎？】

《巧言》六章，章八句。

何人斯

彼何人斯？其心孔艱【叶居銀反】。
胡逝我梁，不及我門【叶眉貧反】？
伊誰云從？維暴之云。

賦也。艱，險也。舊說暴公讒蘇公，蘇公作此詩。○此篇，風也。蓋暴公讒蘇公而代其位，蘇公失位，不欲斥言之，故先言從行之人，而曰"誰爲此禍"，以亂其辭，而其實則專指暴公也，又非不知暴公之所爲而疑之也。又以望其一來爲言者，非望其一來也，謂釋感而更修舊好也，皆托言也。

二人從行，誰爲此禍【胡果反】？
胡逝我梁，不入唁我？
始者不如今，云不我可。

賦也。唁，弔失位也。"逝我梁"，托言代其位也。

彼何人斯？胡逝我陳？

我聞其聲，不見其身。
不愧于人，不畏于天【叶鐵因反】？

賦也。《集傳》曰：陳，堂下塗也。亦托言代其位也。聞聲不見身，言其隱闇不明白也。

彼何人斯？其爲飄風【叶孚愔反】。
胡不自北，胡不自南【叶尼心反】？
胡逝我梁？祇攪【交卯反】我心。

賦也。飄風，言其往來無迹，詭秘不可知也。不北不南，而與我相値也。

爾之安行，亦不遑舍【叶商居反】。
爾之亟行，遑脂爾車？
壹者之來，云何其盱【況于反】？

賦也。爾之安行，亦不暇舍於我矣，況其亟行，暇止爾車而見我乎？車止則脂其轂，脂其轂則車止矣。托言爾之平日亦有忌我之心矣，況今讒我而奪之位，豈復有好我之理乎？知其如此，而猶望其更修舊好，君子之用心平，而與人不校，與物無競也。盱，遠視也，言若不失舊好，則吾又何望乎？惟以大臣不知爲憂，而不以讒誣奪位爲憾也。

爾還而入，我心易【以豉反。叶以支反】也。
還而不入，否難知也。

壹者之來，俾我祇[6]也。

賦也。"否難知"者，爾之仇讎視我，不難知也，知其如此，而猶望其來也。祇，安也。

伯氏吹壎【況袁反】，仲氏吹篪【音池】。
及爾如貫，諒不我知。
出此三物，以詛【側助反】爾斯【叶先齋反】。

比而賦也。《集傳》曰：土曰壎，大如鵝子，銳上平底，六孔。竹曰篪，長一尺四寸，八孔。言其親愛和應也。如貫，如繩之貫而連屬也。三物，犬、豕、鷄也。○托言鬼神不可欺也，自作之孽，不可逭也。

爲鬼爲蜮，則不可得。
有靦【土典反】面目，視人罔極。
作此好歌，以極反側。

賦也。爾不得如鬼、蜮之匿其形，言人不可掩也。靦，慙愧擧面之貌。反側，反覆也。

《何人斯》八章，章六句。

6 祇：底本에는 "祗".《毛詩正義》에 근거하여 수정.

巷伯

萋【七西反】兮斐【孚匪反】兮，成是貝錦。
彼譖人者，亦已大[7]甚【食荏反】。

比也。萋，繁盛也。斐，文貌。貝錦，織貝也，以比讒人無忠信之質，而以文巧織也。

哆【昌者反】兮侈【尺是反】兮，成是南箕。
彼譖人者，誰適【丁歷反】與謀【叶謨悲反】?

比也。哆，張口也。侈，誇張也。南箕，四星，二爲踵，二爲舌，踵狹而舌張也，以比譖人無實形而徒張口舌也。

緝緝【七立反】翩翩，謀欲譖人。
愼爾言也，謂爾不信【叶斯人反】。

賦也。緝緝，聯絺之貌。翩翩，舞弄之貌。“謂爾不信”，得罪於人也。

捷捷幡幡【芳煩反。叶芬邅反】，謀欲譖言。
豈不爾受？既其女遷。

7 大：底本에는 “太”. 奎章閣本에 근거하여 수정.

賦也。捷捷，辨給貌。幡幡，反覆貌。“旣其汝遷”，得罪於天也。

驕人好好，勞人草草。
蒼天蒼天【叶鐵因反】，視彼驕人，矜此勞人。

賦也。草草，齷齪闒茸之貌。驕人譖行而得意，勞人遭傷而失勢也。

彼譖人者【叶掌與反】，誰適與謀【叶滿補反】？
取彼譖人，投畀豺【士皆反】虎。
豺虎不食，投畀有北。
有北不受【叶承呪反】，投畀有昊【叶許侯反】。

賦也。有北，不毛之地也。“投畀有昊”，言終爲天之所誅滅也。

楊園之道，猗【於綺反】于畝丘【叶法奇反】。
寺人孟子，作爲此詩。
凡百君子，敬而聽之。

比也。楊園，下隰也。猗，條達貌。畝，田畝。丘，宅丘，皆高燥之地也。以楊園之道，條達于畝于丘，比讒言之得志，將徧及於衆人，而稍侵於尊貴也，不止於中傷微賤者而已也。寺人，內小臣也。蓋被讒而作是詩，以警朝廷之臣也。孟子，其字也。

《巷伯》七章，四章章四句，一章五句，一章八句，一章六句。

巷，宮中永巷也。巷伯，內臣之長而掌宮中之道路掃除者也，卽寺人孟子也。

谷風

習習谷風，維風及雨。
將恐【丘勇反】將懼，維予與女【音汝】。
將安將樂【音洛】，女轉棄予【叶演女反】。

興也。習習，溫而又涼也。山谷之風，秋冬溫，春夏涼也。寒溫變改之風，又兼雨，以況無信之人，兼有愛憎親疏於一人之身，既愛而又憎，既親而又疏也。將，且也。君子之於人也，前見賢而後見惡，則是我之不明於知人也，可自必其前後之孰是孰非耶？當謹察而審其實，果其惡焉，不敢自斷，而與衆謀之。前見惡而後見賢，則是我之不明於知人也，可自必其前後之孰是孰非耶？當謹察而審其實，果其賢[8]焉，不敢自斷，而與衆謀之。君子不敢自恃其明，況其不明而自恃乎？一人之身乍賢乍惡，豈其一人之身乍賢乍惡？乃吾之明，不能得其實也，又何恃而自斷乎？何況前日之賢，顯於事功，豈可以今日之眚，掩其德耶？何況前日之惡，著於形迹，豈可以

8 賢：底本에는 "實". 奎章閣本에 근거하여 수정.

今日之愛，置其大慝耶？此詩人之所爲戒也。

習習谷風，維風及頹【徒雷反】。
將恐將懼，寘【之豉反】予于懷【叶胡隈反】。
將安將樂，棄予如遺【叶夷回反】。

興也。頹，《集傳》曰：風之焚輪者也。【旋風反。】寘，置同。

習習谷風，維山崔【祖回反】嵬【五回反】。
無草不死，無木不萎【叶於回反】。
忘我大德，思我小怨。

興也。維山崔嵬而無草木之不萎，言大德如山之不可動，而今亦棄也。

《谷風》三章，章六句。

蓼莪

蓼蓼【音六】者莪【五河反】，匪莪伊蒿【呼毛反】。
哀哀父母，生我劬勞。

興也。蓼，長大貌。此詩有行而見敗者，自痛其不謹而累及父母，以爲大不孝也，故以“非莪伊蒿”爲興，言己之無良，而父母徒勤養育也。夫身也者，親之遺體也。君子無不敬也，而敬身爲大。身榮而父祖亦榮，身辱而父祖亦辱，身昌而父祖亦昌，身亡而父祖亦亡，父祖與身，一致也。根枯而枝從而萎，枝殘而根爲之衰。【樹無枝則根不生。】是故愛親者，愛其身，敬親者，敬其身，不愛其身者，不愛其親者也，不敬其身者，不敬其親者也。喻親於道，養志而安體，孝之始也；立身於禮，揚名而顯親，孝之終也。有始而無終，則始從而亡矣；無始而圖終，則終無所生矣。【不能事其親而欲善其身，不可得也。】是故爲人子者，父母存則盡敬於父母，父母沒則盡敬於其身。其身者，父母之身也，行父母之身，而敢不敬乎？是故爲人子者，自少至死之日，未嘗跬步忘孝也，不以親之在亡而易其節焉。《記》曰："將爲善，思貽父母令名，必果；將爲不善，思貽父母羞辱，必不果。"如此然後可謂能孝矣，可謂不叛其父母矣。

蓼蓼者莪，匪莪伊蔚。
哀哀父母，生我勞瘁【以[9]醉反】。

興也。蔚，《集傳》曰：牡菣也。

缾之罄矣，維罍之恥。
鮮【息淺反】民之生，不如死之久矣。
無父何怙？無母何恃？
出則銜恤，入則靡至。

9 以：內閣藏板《詩傳大全》에는 "以". 四庫全書本《詩傳大全》에는 "似".

比而賦也。罍酒，分於缾以行爵焉，缾盡則復取於罍，今缾之罄者，以罍竭而無以復分也。故爲罍之恥，以喩子孫之不善，爲父祖之累也。【《集傳》云："父母之不得其所，乃子之恥。" 此悖言也。父母之不安，而子不動念，則乃天地所不容之凶逆也。爲人類者，所莫不知也，乃自朱氏教之知恥耶？是不知大倫之輕重也。見人之棄其親者，而謂之曰"親不可棄也，人將恥汝矣"，是果爲敎之乎？必斷其首而支解之，然後乃爲明倫者也。是豈從容以言，敎其不可而已者耶？今敎人曰"不顧父母之不得其所，乃子之恥"者，何以異於是乎？父母之不得其所，爲子之恥而止焉乎？大倫之至重，不可以不明也，故特爲辨之焉。】鮮，寡也，鮮民，寡德之人也。生而忝辱於父祖，故不如其無也。人之所怙恃而立者，父母也，豈可忘敬而貽[10]累乎？靡至，言心無所至也。

父兮生我，母兮鞠我。
拊【音撫】我畜【喜六反】我，長【丁丈反】我育我。
顧我復我，出入腹我。
欲報之德，昊天罔極。

賦也。拊，撫同。復，重複也。腹，懷抱也。重言而不殺煩者，以明父母三年之愛，不可勝言也。父母之恩，不惟三年，而三年之愛，尤不可勝言也。人子念此，其中怛然，豈可忘孝而貽辱乎？

南山烈烈，飄風發發。

10 貽：底本에는 "胎". 奎章閣本에 근거하여 수정.

民莫不穀，我獨何害【叶音曷】？

興也。烈烈，寒氣盛也。發發，風不止也。南山寒烈，而飄風從而吹之矣，以況人不自善而辱禍握之也。自恨己之不如人，而招其侮敗，以累於親也。

南山律律，飄風弗弗【叶分聿反】。
民莫不穀，我獨不卒。

興也。律律，寒盛也。弗，當作拂，不卒，言不能終其孝也。作此詩者，其知敬身乎，其能終孝乎。自以爲不能者，乃其能者也，自以爲能者，乃其不能者也。

《蓼莪》六章，四章章四句，二章章八句。

大東

有饛簋【音軌】飧【音孫】，有捄【音求】棘匕【必覆反】。
周道如砥【之履反】，其直如矢。
君子所履，小人所視【叶善止反】。
睠【音眷】焉顧之，潸【所奸反】焉出涕【音體】。

興而比也。饛，食盈器之貌。捄，曲貌。棘匕，所以載鼎肉而升俎者也。砥，礪石也。睠，反顧也。潸，涕出貌。"有饛簋飧"，言實德之盛也。"有捄棘匕"，言民之奉戴也。大道平正，君子履之，小人則之也。言周之盛時如此，而今不可見，故睠顧而悲也。舊說諸侯困於徵役，譚國之大夫，作詩以諷之。

小東大東【叶都郎反】，杼【直呂反】柚【音逐】其空【叶枯郎反】。
糾糾葛屨，可以履霜。
佻佻【徒彫反】公子，行彼周行【叶戶郎反】。
既往既來【叶六直反】，使我心疚【叶訖力反】。

賦而興也。小東、大東，東方之國也，周之諸侯多在於東也。杼，持緯者也。柚，受經者也。葛屨履霜，言綜密之小才不足以應時也。佻佻，輕薄貌，佻佻之公子，不足以行大道也。言周之使臣徵討於諸侯者，皆小人淺識儇急之輩，不能隨時操縱，以紓侯國之力也。"既往既來"，徵求輸納之煩也。

有冽【音列】氿【音軌】泉【叶才勻反】，無浸穫薪。
契契【苦計反】寤歎，哀我憚【丁佐反】人。
薪是穫薪，尙可載【叶節力反】也。
哀我憚人，亦可息也。

興也。《集傳》曰：側出曰氿泉。穫，刈也。契契，憂苦也。○憚，當作殫，殫人，窮竭之人也。穫薪而浸之以泉，則漂流而去矣，言諸侯窮則將叛也。"尙可載"，言載之而不令漂流也。"亦可息"，言息之而不令離叛也。

東人之子，職勞不來。

西人之子，粲粲衣服【叶蒲北反】。
舟人之子，熊羆是裘【叶渠之反】。
私人之子，百僚是試【叶申之反】。

賦也。專勞而不得反也，言勞役不已也，而亦爲隱語也，言將叛而不來王也。“粲粲衣服”，言外飾而無實也。居水之人，反服在山之熊羆，皂隷之輩，反試於百僚，言賢愚易處，貴賤倒置也。

或以其酒，不以其漿。
鞙鞙【胡犬反】佩璲【音遂】，不以其長。
維天有漢，監【古暫反】亦有光。
跂【丘豉反】彼織女，終日七襄。

比也。《集傳》曰：鞙鞙，長貌。璲，瑜玉也。漢，天河也。織女，星名也。○監，監臨也。跂，岐也。“或以其酒，不以其漿”，言有實行之人而不貴之，如視酒不如漿也。“鞙鞙佩璲，不以其長”，言威儀、聲名之美者，不以爲賢也。天漢惟以光臨下，而無滋潤之澤矣，歧然之織女，一日七襄，而只有虛名而已。襄，成也，七襄，帛之成匹者七也。晝夜平之時，織女酉見而卯沒，凡得七時也。一時一匹，則七匹矣。蓋時俗有是言，故因以用之耳。【如今織女七夕逢牽牛之類也。】言不能用賢，而用虛名無實之人也。

雖則七襄，不成報章。
睆【華板反】彼牽牛，不以服箱。

東有啓明【叶謨郎反】, 西有長庚【叶古郎反】。
有捄天畢, 載施之行【戶郎反】。

比也。報, 報效也。章, 綺帛之文, 成段曰章, 徒有七襄之名, 而未有報效之章也。睆, 光彩貌。箱, 車箱也。太白先日而出曰啓明, 啓日之明也。後日而沒曰長庚, 庚, 更也, 長夜之更也。畢, 星名, 畢者, 網也。皆有名而無實, 但施之行列而已。

維南有箕, 不可以簸【波我反】揚。
維北有斗, 不可以挹【音揖】酒漿。
維南有箕, 載翕【許急反】其舌。
維北有斗, 西柄之揭【音訐】。

比也。箕在斗南, 斗在箕北也。翕, 甕合也, "翕其舌", 未聞忠言、嘉謨也。"西柄之揭", 執天下諸侯之柄也。諸侯之困, 如彼而不恤, 所用以爲政者, 如此而無實, 周之衰亡而失諸侯也宜矣。此篇, 風也。

《大東》七章, 章八句。

四月

四月維夏【叶後五反】, 六月徂暑。
先祖匪人? 胡寧忍予【叶演如反】?

比而賦也。言長養之節已過，而衰運至也。“先祖匪人乎？胡寧忍予”，言天運如此也，非自我積惡而速殃也。此蓋南國之諸侯，不忍幽王之虐，而有離畔之志，故作此詩。諸侯之義，與臣下異。臣下，雖君如桀、紂，可去而不可叛也。籍君之寵祿，以反害之，是賊也。諸侯分國於先王，世守其宗廟社稷，而自食於其民也，未食王之食也，有藩翰之責，而無死難之義。故諸侯自殉於其宗廟社稷，而不殉於王。受國於先王，不可以爲後王死也。受國於先王，報賜以力，而不以死。【分土以封，任其社稷，而不任王之社稷，無可死王之社稷之義也。】義當盡忠效力，一心王室，如《日月》《終風》《鴇羽》可矣。王不至於桀、紂之不君，則不可伐也，王之虐不至於不保其宗社、不全其身命，則不可叛也。若無罪而死亡，則可叛矣，若桀、紂則可伐矣。諸侯，人君也，人臣守節，人君行權，是其所以異義也。當幽王之時，諸侯被其虐焰，有不能保其宗社、身命者，可以叛而圖存也。是故取《大東》《四月》之義也，匪如《四月》之必不可存，則亦不可叛也。【殷之諸侯，背紂歸文王，其義正矣，故文王受之。若其義不正，爲叛君之賊，而文王與之，則亦其類也。】

秋日凄凄【七西反】，百卉【許貴反】具腓【芳菲反】。
亂離瘼矣，爰其適歸？【爰作奚。】

比而賦也。腓，當作痱，言世運益否而殃益深也。

冬日烈烈，飄風發發。
民莫不穀，我獨何害？

比而賦也。至是則益甚而不可支也，又何偏我乎取之也？徂夏而秋而冬，以言周德之日衰而至於極也。

山有嘉卉，侯栗侯梅【叶莫悲反】。
廢爲殘賊，莫知其尤【叶于其反】。

比也。“侯栗侯梅”，言周之有王有臣，今乃化爲殘賊，何哉？

相彼泉水，載淸載濁【叶殊玉反】。
我日構禍，曷云能穀？

賦也。泉水亦有一淸一濁之時，而周自厲、宣及幽而禍未弭，豈有復平之期乎？

滔滔【吐刀反】江漢，南國之紀。
盡瘁以仕，寧莫我有【叶羽已反】？

比而賦也。以江、漢爲南國之紀，自比其國爲南方諸侯之長也。盡瘁，盡力而病也。仕，事也。

匪鶉【徒丸反】匪鳶【以專反。叶以旬反】，翰飛戾天【叶鐵因反】？
匪鱣【張連反】匪鮪【于軌反】，潛逃于淵【叶一均反】？

賦也。言無可奈何而必不得存也。

山有蕨薇，隰有杞桋【音夷】。
君子作歌，維以告哀【叶於希反】。

比而賦也。《集傳》曰：杞，枸檵也。桋，赤楝也。○言上有天子，則下有諸侯也，天子不爲天子，則諸侯何以爲諸侯乎？蓋微言將叛也。

《四月》八章，章四句。

《小旻之什》。

北山之什

北山

陟彼北山，言采其杞。
偕偕士子【叶奬里反】，朝夕從事【叶上止反】。
王事靡盬，憂我父母。

興也。采杞，言成功也。偕偕，《集傳》曰“强壯貌”。諸侯之大夫，役於周，怨其不均而作此詩。

溥【音普】天之下【叶後五反】，莫非王土。
率土之濱，莫非王臣。
大夫不均，我從事獨賢。

賦也。溥，普通，廣也。率，盡也。“大夫不均”，不欲斥王也。

四牡彭彭【叶鋪郎反】，王事傍傍【叶布光反】。
嘉我未老，鮮【息淺反】我方將。
旅力方剛，經營四方。

賦也。傍傍，次次引及之意也。鮮，美也。方將，方行也。旅，膂通。其意若曰：天下之少壯者，豈惟我耶？

或燕燕居息，或盡瘁事國【叶越逼反】。
或息偃在牀，或不已于行【叶戶郎反】。

賦也。燕燕，安也。

或不知叫號【戶刀反】，或慘慘【七感反】劬勞。
或栖遲偃仰，或王事鞅【於兩反】掌。

賦也。“不知叫號”，深居不聞人聲也。鞅掌，疊仍如六轡之在手也。

或湛【都南反】樂飲酒，或慘慘畏咎【巨九反】。
或出入風議，或靡事不爲。

賦也。風議，諷論也，言徒爲言論而不爲事也。夫怨生於不均，怨生於無節。無節者，可已而不已也，非不可不爲而爲之者也。使之無節，而又重之以不均，怨之所聚也。後之君子，可以鑑焉。

《北山》六章，三章章六句，三章章四句。

無將大車

無將大車，祇自塵兮。
無思百憂，祇自疷兮。

興也。將，持行也。大車，《集傳》曰：“平地任載之車，駕牛者也。”疷，當作痕，與瘖同。○以大車之多塵，興煩憂之昏蔽其心知也。子曰：君子思而不憂。思者，思其所以善爲之也，不憂者，不動於心以傷其氣也。當其患難危急，若焦煎惶惑，擾亂其精神，銷鑠其心氣，則秖傷其性而耗其智，非徒無益，而又甚之也。若謾然不省，冥然無慮，視不勝猶勝，不目挑膚搖，此孟施舍、北宮黝之養勇也，而亦未爲善也。是二者，或以憂傷性，或臨事無慮，此皆必敗之道也。惟君子知有命焉，故不惑於心，血氣消盡，故心常寧靜，恐懼憂慼之情，不能以動其氣，此所以能思而不憂也。此言“無思百憂”，則非不思也，惟不思憂耳。不思憂，然後能思善也。爲此詩者，其知思而不憂者乎。

無將大車，維塵冥冥【叶莫迥反】。
無思百憂，不出于熲【古迥反】。

興也。熲，憂，思憂則愈不免於憂也。

無將大車，維塵雝兮。
無思百憂，祇自重【直龍、直勇二反】兮。

興也。雝，當作擁，蔽也。重，複也，又益一憂也。

《無將大車》三章，章四句。

小明

明明上天，照臨下土。
我征徂西，至于艽【音求】野。
二月初吉，載離寒暑。
心之憂矣，其毒大苦。
念彼共人，涕零如雨。
豈不懷歸？畏此罪罟。

賦也。“明明上天，照臨下土”，言有勞無勞，禍福不可誣也。艽野，地名。共，恭通，恭人，盡忠圖國之臣也。此蓋周之叔世，大夫有能盡瘁恭命者，作此詩，首言天之不可誣，次言征役勞苦而不敢怨也。思古之恭人，而不可得見於今世，故憂傷也。我之勞苦而不懷歸者，非不懷歸也，畏其罪罟也。此詩之大意，蓋曰爲人臣，避其勞苦，則受人之刑，服其勞苦而無怨尤，則受人[1]之福也。敬姜曰：“君子能勞，後世有繼。”《易》云：“勞謙君子，萬民服也。”天命人以勞，而能勞者受福，不勞者受殃。【此義詳於經傳，今略擧之也。】此天之一定之理也，故以“明明上天”冠於篇首也。

昔我往矣，日月方除【直慮反】。
曷云其還？歲聿云莫。
念我獨兮，我事孔庶。

1 人：奎章閣本에는 “天”. 문맥상 奎章閣本이 옳은 듯함.

心之憂矣，憚【丁佐反】我不暇【叶胡故反】。
念彼共人，睠睠懷顧。
豈不懷歸？畏此譴怒。

賦也。“日月方除”，謂二月初吉，正月除也。不憚於事而憚其不暇，事庶而獨辦，恐不及時而竣也。

昔我往矣，日月方奧【於六反】。
曷云其還？政事愈蹙【子六反】。
歲聿云莫，采蕭穫菽。
心之憂矣，自詒伊戚【叶子六反】。
念彼共人，興言出宿。
豈不懷歸？畏此反覆【芳福反】。

賦而比而賦也。奧，當作燠。蹙，促也。“采蕭穫菽”，以比所事不一而時之急也。“興言出宿”，不能安寢也。“畏此反覆”，畏其爲反覆不義之人也。

嗟爾君子，無恒安處。
靖共爾位，正直是與。
神之聽之，式穀以女【音汝】。

賦也。靖共，自靖而共其職也。正直，言不爲便文避事，而以質直服勞也。“式穀以汝”，以汝善也，善，謂福祿也。

嗟爾君子，無恒安息。

靖共爾位，好是正直。
神之聽之，介爾景福【叶筆力[2]反】。

賦也。介，夾介也。景，大也。《車鄰》，知患難之爲安樂也；《小明》，知勞苦之爲福祿也，皆君子之遠識也。

《小明》五章，三章章十二句，二章章六句。

鼓鍾

鼓鍾將將【七羊反】，淮水湯湯【音傷】，憂心且傷。
淑人君子，懷允不忘。

賦也。將，當作鏘，"鼓鍾鏘鏘"，和樂而聲聞振也。"淮水湯湯"，流澤深長也。懷，懷其德也。允，信其道也。《易》云："先王省方觀民，設教。" 巡狩者，王者之大政也，敎化之大柄也。 諸侯之君臣，有所顧憚而不敢爲非，有所矜式而不敢自恣，有所依恃而不懼，有所歡洽[3]而不忘。【恐天子來見而譴之，故不敢爲非。天子至而布德宣惠，則諸侯效之而不敢自恣。天子以六師至而方侯會之，小國恃其威而不懼。天子與爲賓主之禮，侯國之君臣，接其顔色，被其慰存，莫不歡感而不忘也。】其民見其威儀之美、德音之昭，而莫不歡欣敬慕。天下之君、臣、庶民，繫心於天子，如

2 力：底本에는 "女". 奎章閣本에 근거하여 수정.
3 洽：底本에는 "合". 奎章閣本에 근거하여 수정.

衆星之拱北辰也。能以一人之身格于億兆者，有此道也。自周之中葉，巡狩之禮廢焉，天下之君臣，無所顧憚，無所矜式，無所依恃，無所歡洽，而惟見徵役之來、貢獻之往，其心日離於天子矣。天下之民不見天子之德，而惟聞徵役之來、貢賦之往，其心日忘於天子矣。民不知有天子，故其君可以與之叛也；民以天子爲敵，故其君可以與之伐也。若民猶知天子之爲其君而義不可叛，則豈有是哉？故曰巡狩者，王者之大政，教化之大柄也。此詩，淮上之諸侯，傷王之不能巡狩，而憶周之盛時事也。“懷允不忘”，言天下之繫心於天子也。“鼓鍾鏘鏘，淮水湯湯”，言見其和樂之容、音聲之美、德澤之流也。此其所以不忘也。若未嘗見其容，聞其聲，被其澤，而何以有欽慕觀仰之理乎？【漢高祖之與楚相距於滎陽、成皐，不遑暇給，而猶時入關中，勞賜其民，雖出於英雄之猜忌，而亦可謂遠慮也。】

鼓鍾喈喈【叶居奚反】，淮水湝湝【戶皆反。叶賢雞反】，憂心且悲。
淑人君子，其德不回【叶乎爲反】。

賦也。湝湝，流貌。回，回互也。

鼓鍾伐鼛【古毛反。叶居尤反】，淮有三洲，憂心且妯。
淑人君子，其德不猶。

賦也。鼛，大鼓也。洲，水中之地也。“淮有三洲”，言德澤包乎物也。妯，當作抽，心欲抽也。不猶，猶言不凡也。

鼓鍾欽欽，鼓瑟鼓琴，笙磬同音。

以雅以南【叶尼心反】，以籥【以灼反】不僭【子念反。叶七心反】。

賦也。欽欽，人聞其聲而欣悅欽慕之意也。南，二南也。僭，差也。不僭，言諧一也，此言天下融然同風而協和也。能以一人之身格于億兆者，以有巡狩之道也。自周之中葉以來至今數千年，此禮遂廢而不擧，天下之主，未有遠德，而與民相絶，欲以一天下[4]之心，繫四海之望，難矣。詩人所爲惜之，聖人所爲取之，其有旨哉！其有旨哉！此篇，風也。

《鼓鍾》四章，章五句。

楚茨

楚楚者茨，言抽【勑留反】其棘。
自昔何爲？我蓺【魚世反】黍稷。
我黍與與，我稷翼翼，
我倉旣盈，我庾維億。
以爲酒食，以饗以祀【叶逸織反】。
以妥【湯果反】以侑，以介景福【叶筆力反】。

賦也。楚楚，鮮盛貌。茨，茅茨也。抽，除也。與與，低昂貌。翼翼，衆整貌。饗，祭用饗禮也。妥，安位之也。侑，

4 下：底本에는 "天". 奎章閣本에 근거하여 수정.

勸食也。 此祭畢而燕尸於堂上之樂歌。 祭祀而本之於農者，重農也，農不成，則無以保祭祀也。

濟濟【子禮反】蹌蹌【七羊反】，絜爾牛羊，以往烝嘗。
或剝或亨【普庚反。叶鋪郎反】，或肆或將。
祝祭于祊【補彭反。叶補光反】，祀事孔明【叶謨郎反】。
先祖是皇，神保是饗【叶虛良反】。
孝孫有慶【叶祛羊反】，報以介福，萬壽無疆。

賦也。“濟濟蹌蹌”，言容儀之盛也。肆，支解以陳之也。將，奉持也。烝、嘗，以享先王也。祊，位在廟門外行神之傍，壇而祭先君從行之臣也。皇，大也。“先祖是皇，神保是饗”，祭畢而燕尸也。尸攝神之禮而爲之相，故曰神保。介福，夾介不脫之福也。祭祊曰繹，祭廟之明日行之。此概言祭祀之後燕尸，故亦言繹也。【繹，一尸一賓而已。】

執爨【七亂反】踖踖【七亦反。叶七略反】，爲俎孔碩【叶常約反】，或燔或炙【之勑反。叶陟略反】。
君婦莫莫，爲豆孔庶【叶陟略反】。
爲賓爲客【叶克各反】，獻酬【市由反】交錯。
禮儀卒度【叶徒洛反】，笑語卒獲【叶黃郭反】。
神保是格【叶剛鶴反】，報以介福，萬壽攸酢。

賦也。爨，炊也。踖踖，敬也。俎，所以載牲也。燔、炙，豆實也。君婦，后也。莫莫，同漠漠，幽靜深遠之意。祭之酳也，王割牲，后進珍豆，遠方珍味，雜盛於一豆，故曰孔庶也。

堂上之燕，徹祭之饌而設于堂，故言其饌之備也。尸爲上賓，而佐食爲副，故曰："爲賓爲客。"三獻既畢，乃皆坐旅酬，尸別席而坐，不與於序爵及燕毛，敬尸也，而尸之飮食笑語，與衆臣共之，故曰："笑語卒獲。"酢，報也。

我孔熯【而善反】矣，式禮莫愆【叶起巾反】。
工祝致告，徂賚孝孫【叶須倫反】。
苾【蒲必反】芬孝祀【叶逸織反】，神嗜飮食。
卜爾百福【叶筆力反】，如幾如式。
既齊既稷，既匡既勅。
永錫爾極，時萬時億。

賦也。熯，《集傳》曰："竭也。"執事者曰工。徂，進就也，《書》云"棐徂"是也。苾芬，芳香也。幾，期限也，式，常法也，如幾，不失時也，如式，爲之常式也。稷，當作謖，敬也。"既齊既謖"，自治也。"既匡既勅"，治臣下也。極，中德也，皇極是也。"是萬是億"，言至于無窮也。"工祝致告"以下，致嘏之辭也，尸傳神之意，而祝承之以告也。受嘏，在於室中之事、陰厭之前，此在堂上燕尸之時，何也？神無言而尸所傳也，故言於燕尸之時，以爲尸祝君之辭也。

禮儀既備【叶蒲北反】，鍾鼓既戒【叶訖力反】。
孝孫徂位【叶力入反】，工祝致告【叶古得反】。
神具醉止，皇尸載起。
鼓鍾送尸，神保聿歸。
諸宰君婦，廢徹【直列反】不遲。

諸父兄弟，備言燕私[5]【叶息夷反】。

賦也。“孝孫徂位”，受嘏畢，降復位于阼階，后入于房也。“神具醉止”，陰厭已畢，祝告利成也。此尸賀君之祭祀無失也。皇尸聿歸者，燕畢而尸歸也。尸之歸，與衆臣共退，而此言尸歸，而乃燕衆臣者，何也？以明燕尸之不與衆臣同禮，故獨言燕尸既畢，然後乃言衆臣之燕也。“諸宰、君婦廢徹不遲”者，饗神既畢而徹饌，以疾爲恭也。凡徹饌，分送于房中，令主婦饋衆婦，故曰諸宰、君婦，非君婦之與於諸宰之事也。與祭於父祖之人，異於朝廷之體，故行燕毛之禮，親之，故曰諸父、兄弟也。

樂具入奏，以綏後祿。
爾殽既將，莫怨具慶【叶祛羊反】。
既醉既飽【叶補苟反】，小大稽首。
神嗜飮食，使君壽考【叶去九反】。
孔惠孔時，維其盡【叶子忍反】之。
子子孫孫，勿替【天帝反】引之。

賦也。“樂具入奏”，凡燕禮既坐旅，樂無常奏，惟意所欲聽也；飮無定數，惟量之適也。既受福於祭矣，又綏祿於燕也。“小大稽首”以下，衆臣祝君之辭也。惠，順也。盡，盡誠也。引，次次引而長之也。

5 私：底本에는 “和”. 奎章閣本에 근거하여 수정.

《楚茨》六章，章十二句。

信南山

信彼南山，維禹甸【田見反。叶徒鄰反】之。
畇畇【音匀】原隰，曾孫田【叶地因反】之。
我疆我理，南東其畝【叶滿[6]彼反】。

賦也。信乎南山，禹所甸也。甸，疆理也。畇畇，齊整貌。曾，重也，自孫之子以下曰曾孫。此嘗祭之樂歌，秋穀既登而祭，故言農事也。

上天同雲，雨【于付反】雪雰雰【敷云反】。
益之以霢【亡華反】霂，既優既渥【叶烏谷反】。
既霑既足，生我百穀。

賦也。同雲，雲一色也。雰雰，飄灑之貌。霢霂，細雨浸潤之貌。

疆埸【音亦】翼翼，黍稷彧彧【於六反。叶于逼反】。
曾孫之穡，以爲酒食。
畀【必寐反】我尸賓，壽考萬年【叶泥因反】。

6 滿：底本에는 "蒲". 奎章閣本에 근거하여 수정.

賦也。彧彧，茂盛貌。尸攝禮，賓佐食。“畀我尸、賓”，凡獻爵及豆，皆以授尸，尸受而奠之賓，則受爵及豆，皆嘗之。

中田有廬，疆埸有瓜【叶攻乎反】。
是剝是菹【側居反】，獻之皇祖。
曾孫壽考【叶孔五反】，受天之祜[7]【候古反】。

賦也。“中田有廬”，《記》所云“郵表畷”也，爲草廬於田中而守之，驅禽獸之害稼者也。疆埸，井田界區之道路，一區之界道，可以通行也；一井之界道，可以方軌也。【見我國平壤箕子之井田則然，而無溝洫也。】收穡之時，以車載行，而春夏則種蔬、瓜於疆埸之上，以盡地利也。此言田之所收，故亦及於瓜也。菹，熟菜也。

祭以淸酒，從以騂【息營反】牡。
享于祖考【叶去久反】，執其鸞刀。
以啓其毛，取其血膋【音聊】。

賦也。鸞刀，刀有鈴也。啓毛，留毛而刲[8]其肉也。血，血薦也。毛、血之薦，不忘太古之茹毛飮血也。膋，脂膏也，燒臭以降神也。

是烝是享【叶虛良反】，苾苾芬芬，祀事孔明【叶謨郎反】。

7 祜：底本에는 “祐”. 奎章閣本에 근거하여 수정.

8 刲：底本에는 “封”. 奎章閣本에 근거하여 수정.

先祖是皇，報以介福，萬壽無疆。

賦也。烝，進也，房烝、殽烝是也。

《信南山》六章，章六句。

甫田

倬【陟角反】彼甫田【叶池因反】，歲取十千【叶倉新反】。
我取其陳，食我農人，自古有年【叶泥因反】。
今適南畝【叶滿彼反】，或耘或耔【叶獎里反】，黍稷薿薿【魚起反】。
攸介攸止，烝我髦【音毛】士【鉏里反】。

賦也。倬，曠遠貌。【與踔遠同義。】方十里之田爲九萬畝，而萬畝爲公田，故曰十千。一井之田九百畝，而百畝爲公田，八十畝在井，一井之田，實八百二十畝爲私，八十畝爲公，同力而合作，取其十一分之一以入公，其餘，民計畝而分之。公田二十畝，爲民宅田而盡征之，通井地與宅田而大計之，則爲十而稅一也。此獨言十里之田者，近郊之地也。王之遊豫，春省耕，秋省斂者，止於近郊之地也。觀於近郊，而其餘可知矣。觀止於近郊，而補助則一於遠也，君不可遍行於圻甸也。陳，舊粟也。散其陳穀，以補不足，助不及也。耘，除草也。耔，培根也。薿薿，茂盛貌。介，夾輔也，謂補助也。止，止舍也，王之所止舍也。"烝我髦士"，進農夫而勞之也。髦，俊也，髦士，選士之稱。農夫非士，而以髦士稱之者，以明重農，故貴其人，不以其微而賤之也。此天子觀于郊，省其耕斂，而樂奏此詩，以勞農夫也。

以我齊明【叶謨郎反】，與我犧羊，以社以方。
我田既臧，農夫之慶【叶祛羊反】。
琴瑟擊鼓，以御【牙嫁反】田祖，以祈甘雨。
以介我稷黍，以穀我士女。

賦也。《集傳》曰：齊，粢同。《曲禮》曰"稷曰明粢"，此言粢明，以協韻也。御，迓也。田祖，先嗇也。○社稷之本祀，以仲春、仲秋之戊日而用太牢，而此用特羊者，天子省田而祈穀也，非社之本祀也。方，四方之神。以四立日各祭其帝而配以方神，此禱而祈穀也，非方之本祀也。先嗇，腊祭祀之，而此非本祀也。皆以特羊祈禱而已，非具祭禮也。介，夾輔也。

曾孫來止，以其婦子【叶獎里反】。
饁【于輒反】彼南畝【叶滿彼反】，田畯至喜。
攘其左右【叶羽已反】，嘗其旨否【叶補美反】。
禾易【以豉反】長畝，終善且有【叶羽已反】。
曾孫不怒，農夫克敏【叶母鄙反】。

賦也。曾孫，宗廟主祭者之稱，稱於其祖及天，而不稱於他神也。在天下則稱天子也，在一國則稱其君也，若卿大夫以下，獨主一家之祭者，不得泛稱曾孫於門外也。天子來止，以農人之婦子饁其農夫而觀之，田畯亦至，攘其飲食而嘗之也。易，治也，長，竟也。

曾孫之稼，如茨【才私反】如梁。
曾孫之庾【羊主反】，如坻【直基反】如京【叶居良反】。
乃求千斯倉，乃求萬斯箱。
黍稷稻粱，農夫之慶【叶祛羊反】。
報以介福，萬壽無疆。

賦也。《集傳》：茨，屋蓋，言其密比也。梁，如車梁之穹隆也。坻，水中高地。京，高丘也。箱，車箱也。○報曾孫以介福也。【萬壽無疆，非用於臣下之辭也。】

《甫田》四章，章十句。

大田

大田多稼，既種【章勇反】既戒，既備乃事【叶士止反】。
以我覃耜【叶養里反】，俶載南畝【叶滿彼反】，播厥百穀【叶工洛反】。
既庭且碩【叶常約反】，曾孫是若。

賦也。覃，《集傳》曰："利也。"庭，平也，言無參差也。此農夫之田歌也。

既方既皁【叶子苟反】，既堅既好【叶許苟反】，不稂不莠【餘久反】。
去其螟【莫廷反】螣【音特】，及其蟊【莫侯反】賊，無害我田穉。
田祖有神，秉畀炎火【叶虎委反】。

賦也。《集傳》曰：方，房也，莩甲始生也。皁，殼也。稂、莠，草似穀者也。食心曰螟，食葉曰螣，食根曰蟊，食節曰賊。穉，幼禾也。姚崇使捕蝗，引此爲證，夜中設火，火邊掘坑，蝗之就火者，捕而瘞之，蓋古亦有此法也。

有渰【於檢反】萋萋【七西反】，興雨祁[9]祁。
雨我公田，遂及我私【叶息夷反】。
彼有不獲穉，此有不斂【力檢反】穧【才計反】。
彼有遺秉，此有滯穗，伊寡婦之利。

賦也。渰，雲興貌。公田與私田，非有分畫也，公田在私田之中，而惟取其租之十一之一也。非先雨公田而後及私田也，而農夫之言如此者，以有先公後私之心也。穉，短而不及穫者。穧，穫而不斂者。秉，把也。滯，留置也。

曾孫來止，以其婦子。
饁彼南畝，田畯至喜。
來方禋祀，以其騂黑，與其黍稷。
以享以祀，以介景福【叶筆力反】。

賦也。禋，享也，曾孫來而祀方神也。立夏迎夏於南郊，祭炎帝，而以方神朱鳥配焉，用特騂於炎帝，而用特羊於朱鳥。立秋迎秋於西郊，祭少昊，而以白虎配焉，用白牡於少昊，而用特羊於白虎。迎之而已，非報非禱也，故止用特牢、粢

9 祁：底本에는 "祈". 奎章閣本에 근거하여 수정.

盛、尊酒而已，不用庶羞也。騂，迎夏之帝牲也；黑，迎冬之帝牲也。

《大田》四章，二章章八句，二章章九句。

瞻彼洛矣

瞻彼洛矣，維水泱泱【於良反】。
君子至止，福祿如茨。
韎【音昧】韐【音閤】有奭【許力反】，以作六師。

興也。泱泱，悠揚之貌，言其德澤悠遠而宣揚也。三章不變其文者，欲其一德純而不已也。茨，屋蓋，言其厚積也。韎，染赤韋也，韐，韠[10]也，韎韐，戎服也。奭，赤貌，言有兵威也。作，起也。《集傳》曰：此天子會諸侯于東都而講武事，諸侯饗王之樂歌。

瞻彼洛矣，維水泱泱。
君子至止，鞞【補頂反】琫【必孔反】有珌【賓一反】。
君子萬年，保其家室。

興也。鞞，刀鞘也。琫，刀飾也。珌，堅密貌，言有利器也。

10 韠：底本에는 "韎". 奎章閣本에 근거하여 수정.

瞻彼洛矣，維水泱泱。
君子至止，福祿既同。
君子萬年，保其家邦【叶卜工反】。

興也。

《瞻彼洛矣》三章，章六句。

裳裳者華

裳裳者華，其葉湑【思呂反】兮。
我覯之子，我心寫兮。
我心寫兮，是以有譽處兮。

興也。董氏云："古本作常，常棣也。"重言常常者，猶"燕燕"之爲公爲私也，忠於王室而治於其國也。湑，潤澤貌，"其葉湑兮"，言親附者衆也。我心寫，故"是以有燕飮逸樂之處"也，說見《蓼蕭》。此天子燕諸侯之樂歌。

裳裳者華，芸其黃矣。
我覯之子，維其有章矣。
維其有章矣，是以有慶【叶虛[11]羊反】矣。

11 虛：奎章閣本과 《詩傳大全》에는 "墟".

興也。芸，華盛貌。章，威儀成章也。文德，文之施於事爲者也；威儀，文之著於容貌者也。威儀之養以得福，說見《唐》之《無衣》。

裳裳者華，或黃或白【叶僕各反】。
我覯之子，乘其四駱。
乘其四駱，六轡沃若。

興也。“或黃或白”，言能事上治下也。“乘其四駱，六轡沃若”，言其能御下也。

左【叶祖戈反】之左之，君子宜【叶牛何反】之。
右【叶羽已反】之右之，君子有【叶羽已反】之。
維其有之，是以似【叶養里反】之。

賦也。言其才備，用之左右，無不當也。維其有諸內，故施於外者，無不似其中也。

《裳裳者華》四章，章六句。

《北山之什》。

桑扈之什

桑扈

交交桑扈【侯古反】，有鶯其羽。
君子樂胥【叶思呂反】，受天之祜【侯古反】。

興也。交交，往來不一之貌。桑扈，竊脂也。鶯，文貌，以況其文德美也。胥，《集傳》曰"語辭"。有文德而能和樂，則中庸之德也，故受天之祜。此天子燕諸侯之樂歌。

交交桑扈，有鶯其領。
君子樂胥，萬邦之屏【卑郢反】。

興也。領，頸也，言能統領也。屏，蔽也。

之屏之翰【叶胡見反】，百辟爲憲。
不戢【莊立反】不難【叶乃多反】，受福不那？

賦也。翰，羽翼也。戢，斂也。難，娜通。不戢，戢也；不娜[1]，娜也，能戢謙之謂也。能娜，巽恭之謂也。【娜，柔美之

1 娜：底本에는 "那". 奎章閣本에 근거하여 수정.

貌，故曰巽恭也。】那，長也。

兕【徐履反】觥【古横反】其觩，旨酒思柔。
彼交匪敖，萬福來求。

興也。觩，角上曲貌。思，語辭。以觥之屈而不伸、酒之柔，況君子之屈於人而不犯不校也。敖，當作傲。交際於上下，無所傲慢，福自來求也。

《桑扈》四章，章四句。

鴛鴦

鴛鴦于飛，畢之羅之。
君子萬年，福祿宜【叶牛何反】之。

興也。鴛鴦，《集傳》曰：匹鳥也。鴛鴦以言君臣之相配也。"畢之羅之"，言附離而不解也。此天子巡狩，爲過賓於諸侯，諸侯饗之之樂歌。

鴛鴦在梁，戢其左翼。
君子萬年，宜其遐福【叶筆力反】。

興也。《集傳》曰：鳥并捿，一正一倒，戢其左翼，以相依[2]於內，舒其右翼，以防患於外。

乘馬在廐，摧【采臥反】之秣【叶莫佩反】之。
君子萬年，福祿艾【魚蓋反。叶魚肺反】之。

興[3]也。摧，莝也。秣，粟也。艾，養也。

乘馬在廐，秣之摧【叶徂爲、采臥二反】之。
君子萬年，福祿綏【叶宣佳、士果二反】之。

興也。

《鴛鴦》四章，章四句。

頍弁

有頍【缺婢反】者弁，實維伊何？
爾酒既旨，爾殽既嘉【叶居何反】。
豈伊異人？兄弟匪他【湯何反】。
蔦【音鳥】與女蘿【力多反】，施【以豉反】于松柏【叶逋莫反】。
未見君子，憂心奕[4]奕【叶弋灼反】。

2 依：底本에는 “休”. 奎章閣本과《詩傳大全》에 근거하여 수정.

3 興：底本에는 “賦”. 奎章閣本에 근거하여 수정.

旣見君子，庶幾說懌【叶弋灼反】。

興而賦而比而賦也。 頍，擧首高昂之貌。 周人養國老於大學，養庶老於小學。【內則鄕，外則遂，鄕、遂有校，六鄕、六遂有小學也。】國老，三公、三少、大冢宰、大司徒，號爲三老、五更是也，天子之所自養也。庶老，百官之老而致事者是也，令小學之師爲主而賓燕之。 大學用養禮， 而不用燕饗之禮， 天子以弟子養師也；小學用燕禮，而不用養禮，以主邀賓也。此小學燕庶老之樂歌， 頍弁以興老人爲朝廷之冠冕也。 "實維伊何"，自言老而無用，無補於國而徒受養也。不曰我酒、我殽，而曰爾酒、爾殽者， 天子之所使養老也， 非學師之自設也。"豈伊異人"，言會止於老人也。朋友而謂之兄弟，親之也。蔦，《集傳》曰："寄生於樹上，葉似當盧，子如覆盆子，赤黑甛美。"女蘿， 兎絲也。 老人之旣謝世事而浮寄於世，如蔦蘿之寄生於草樹之上，而蒙被國家之恩養，不失其尊榮，如蔦蘿之施于松柏也。奕奕，盛大之意。欲善之心，老而彌篤，不以退休近死之年而少怠也。

有頍者弁，實維何期？
爾酒旣旨，爾殽旣時。
豈伊異人？ 兄弟具來【叶陵之反】。
蔦與女蘿，施于松上【叶時亮反】。
未見君子，憂心怲怲【兵命反。叶兵旺反】。
旣見君子，庶幾有臧【叶才浪反】。

4 奕：底本에는 "变". 奎章閣本에 근거하여 수정.

興而賦而比而賦也。期，當作其。怲怲，憂盛貌。奕奕、怲怲，皆在外而不在內，在大而不在小之意也。老人有國家之憂，而無自身之慮也。

有頍者弁，實維在首。
爾酒既旨，爾殽既阜【方九反】。
豈伊異人？兄弟甥舅【巨九反】。
如彼雨【于付反】雪，先集維霰【蘇薦反】。
死喪無日，無幾【居豈反】相見。
樂酒今夕，君子維宴。

興而賦而比而賦也。兄弟，言其親也；甥舅，明其非同姓也。將雪而集霰，以比既老而將死也。無幾，無幾何也。"樂酒今夕"，益勉其和樂之實德也。念其餘年之促，而急於善終也。發憤忘食，而不知老之將至，是之謂也。老人之所以報國，其心彌篤而其志愈勵也，

《頍弁》三章，章十二句。

車舝

間關車之舝【胡瞎、下介二反】兮，思孌【力兗反】季女逝【石列、石例二反】兮。
匪飢匪渴，德音來括。
雖無好友【叶羽已反】，式燕且喜。

賦也。間關，車行聲，車行則轂磨牽而聲伊軋也。思孌然之季女而往也，匪爲飢渴而來也，以許婚之德音來會也。括，會也。此壻父燕女父之樂歌，此言始往迎女之事也。“雖無好友”，爲新婚而設燕也，非爲好友也，以明姻婭之相好，非屬而如屬，非如朋友之以道合而無屬，道不合則可已也。【女父之省女，在於醮禮之後也。】

依彼平林，有集維鷮。
辰彼碩女，令德來教【叶居爻反】。
式燕且譽，好爾無射【叶都故反】。

興也。依，與依依同，茂濃貌。鷮，小雉也，鷮集於林，以言新婦之歸男家也。辰，及時也。“來教”，來主閨門之內則也，此言新婦始來之事也。譽，豫通，安逸也。射，厭也。

雖無旨酒，式飲[5]庶幾。
雖無嘉殽，式食庶幾。
雖無德與女，式歌且舞。

賦也。女，指賓也。姻婭之義，雖無道德、名利之相資，亦不可疏外也，異於朋友之無友不如己者，而有親戚之道也。

陟彼高岡，析【星歷反】其柞【才落反】薪【叶音襄】。
析其柞薪，其葉湑【思呂反】兮。

5 飮：底本에는 “燕”. 奎章閣本에 근거하여 수정.

鮮【息淺反】我覯爾，我心寫【叶想羽反】兮。

比也。柞，櫟也。鮮，美善也，《書》云"惠鮮鰥寡"是也。"陟彼高岡"，言仰望也。析薪，言其端分而其本猶合，猶男女合而爲一，而兩家之親戚相好，是本合而端分成對也。"其葉湑兮"，言兩家親戚附屬者衆，非惟壻父與女父爲然也。先王附合疏遠之義，如是也。

高山仰止，景行行止。
四牡騑騑【孚非反】，六轡如琴。
覯爾新昏，以慰我心。

比也。景行，大道也。如琴，調和如琴也。"高山仰止"，言其人之德足仰也。"景行行之"，言其人之道可行也。"六轡如琴"，言兩家之親戚調和相附，如六轡之會于手也。

《車舝》五章，章六句。

青蠅

營營青蠅，止于樊【叶汾乾反】。
豈弟君子，無信讒言。

興也。營營，往來營求之貌。樊，藩也。以青蠅之貪冒營求而能貿亂黑白，以況小人之好讒也。

營營青蠅，止于棘。
讒人罔極，交亂四國【叶越逼反】。

興也。極，至也。

營營青蠅，止于榛【士巾反】。
讒人罔極，構【古豆反】我二人。

興也。構，集合而成其罪也。惡讒之詩，既取《巧言》《巷伯》，而又有此篇者，見讒之甚可憎也。爲治之道，在於進賢退不肖。讒人是其所愛，非其所疏，口無公議，而賢不肖易位焉，天下之亂，未有不本於此者也。子曰："浸潤之譖、膚受之愬，不行，可謂明也已，可謂遠也已矣。"夫聞謗而怒，聞讒而信之者，由其蔽於血氣之私，而眩於影響之虛矣。蔽於血氣，則不免於私愛憎；眩於影響，則不見於實形迹。內蔽於私，外眩於僞，而欲以求明，難矣；欲以求遠，難矣。惟克己以絶其人心，格致以通於人情，然後乃無是患也已矣。

《青蠅》三章，章四句。

賓之初筵

賓之初筵，左右秩秩。
籩豆有楚，殽【戶交反】核【戶革反】維旅。
酒旣和旨，飮酒孔偕。
鍾鼓旣設【叶書質反】，擧酬【市由反】逸逸。
大侯旣抗【叶居郞反】，弓矢斯張。
射夫旣同，獻爾發功。
發彼有的，以祈爾爵。

賦也。左右，筵上左[6]右之人。秩秩，有序也。楚，鮮盛貌。旅，陳也。偕，當作諧，和一也。逸逸，安閑之貌。大侯，君侯也，天子熊侯，諸侯麋侯。大夫布侯，畫以虎、豹，士畫以鹿、豕。抗，張也。的，準的也，射以鵠爲的也。爵，罰爵也。此言因燕射而飮者也。舊說以爲衛 武公之詩，蓋武公以戒群臣、庶士也。

籥舞笙鼓，樂旣和奏【叶宗五反】。
烝衎【苦旦反】烈祖，以洽百禮。
百禮旣至，有壬有林。
錫爾純嘏，子孫其湛【都南反。叶持林反】。
其湛曰樂，各奏爾能【叶奴金反】。
賓載手仇，室人入又。

6 左：底本에는 "之". 奎章閣本에 근거하여 수정.

酌彼康爵，以奏爾時。

賦也。烝，進也。壬，威儀美也，《書》云"巧言令色孔壬"是也。林，盛多也。"各奏爾能"，謂旅酬燕毛，與祭者之子弟，各獻觶於其父兄也。賓，尸、賓之通稱也。仇，《集傳》讀曰斢，酌酒也。室人，獻也，主人之相也，故曰室人。賓、獻旣交拜酬酌，凡三獻成禮之後，坐而旅飮，則皆小臣行爵，而自取飮之，不復交拜獻酌[7]，故曰手斢，曰入又也。康爵，安坐而飮也。時，禮當坐飮之時也。此言因祭而飮者也。

賓之初筵，溫溫其恭。
其未醉止，威儀反反【叶分邅反】。
曰旣醉止，威儀幡幡【叶分邅反】。
舍其坐遷，屢舞僊僊。
其未醉止，威儀抑抑。
曰旣醉止，威儀怭怭【毗必反】。
是曰旣醉，不知其秩。

賦也。反反，顧禮也。幡幡，翩翻之貌。"舍其坐遷"，舍其所坐之位次而遷徙也。僊僊，軒擧之貌。抑抑，謙抑之意。怭怭，恃而無憚之意也。秩，序也。

賓旣醉止，載號【乎毛反】載呶【女交反】。
亂我籩豆，屢舞僛僛【起其反】。

7　酌：奎章閣本에는 "爵".

是曰既醉，不知其郵。
側弁之俄，屢舞傞傞【素多反】。
既醉而出，竝受其福【叶筆力反】。
醉而不出，是謂伐德。
飮酒孔嘉【叶居何反】，維其令儀【叶牛何反】。

賦也。呶，讙也。僛僛，傾側之狀。郵，尤同。俄，傾貌。傞傞，參差不齊之貌。

凡此飮酒，或醉或否【叶補美反】。
既立之監，或佐之史。
彼醉不臧，不醉反恥。
式勿從謂，無俾大怠。
匪言勿言，匪由勿語。
由醉之言，俾出童羖。
三爵不識，矧【失引反】敢多又【叶夷益、夷鼓二反】?

賦也。“或醉或否”，多寡隨其量也。監，糾過；史，書過。凡燕將旅飮，立監、史，糾其失儀者也。“不醉反恥”，凡醉人之情，必惡不醉者之在座，强勸之飮，使其至醉而乃已，故曰反以不醉者爲恥也。“式勿從謂”，言見醉者之勸不醉者飮，在座者勿從而共勸之也。醉者好雜談，故戒之曰：匪所當言者，勿言；匪所當行者，勿語也。童羖，羊羔也，醉而失言者，罰出童羖以恥之也。飮至三爵，已昏然無記，言酒量少者，不可强飮也。隨其量之多少，而以不至於昏亂爲度也。

《賓之初筵》五章，章十四句。

魚藻

魚在在藻，有頒其首。
王在在鎬，豈樂飲酒。

興也。頒，當作賁，“有頒其首”，言王之德大也。重言在者，欲其永久而恒存也。此諸侯饗王于鎬京之樂歌。

魚在在藻，有莘【所巾反】其尾。
王在在鎬，飲酒樂豈【叶去幾反】。

興也。莘，衆盛貌，“有莘其尾”，言群臣、子孫之衆盛也。

魚在在藻，依于其蒲。
王在在鎬，有那【乃多反】其居。

興也。那，長也。“依于其蒲”，言君依於民也。

《魚藻》三章，章四句。

采菽

采菽采菽，筐之筥【音擧】之。
君子來朝，何錫予之？
雖無予之，路車乘【繩證反】馬【叶滿補反】。
又何予之？玄袞【古本反】及黼。

興而賦也。采菽筐筥，言賴其功德，不一不再也。此王饗諸侯之樂歌。

觱【音必】沸【音弗】檻【胡監[8]反】泉【叶才匀反】，言采其芹【巨斤反】。
君子來朝，言觀其旂【巨依反。叶巨斤反】。
其旂淠淠【匹弊反】，鸞聲嘒嘒【呼惠反】。
載驂【七南反】載駟，君子所屆【叶居氣反】。

興而賦也。《集傳》曰：觱沸，泉湧出貌。檻泉，正出也。○淠淠，隨風飄揚之貌，“其旂淠淠”，美其威儀也。“鸞聲嘒嘒”，美其聲聞也。“載驂載駟”，美其從臣也。

赤芾【音弗】在股，邪幅在下【叶後五反】。
彼交匪紓【叶上與反】，天子所予。
樂只君子，天子命之。
樂只君子，福祿申之。

8 監：奎章閣本과 《詩傳大全》에는 “覽”.

賦也。邪幅，《集傳》曰：偪也，邪纏於足，如今行縢也。◯紓，懈緩也。所以交際於上者，敬勤如恐不及，而無懈緩之志也。重言"樂只君子"，亦"采菽采菽"之意也。

維柞之枝，其葉蓬蓬。
樂只君子，殿【多見反】天子之邦【叶卜工反】。
樂只君子，萬福攸同。
平平【婢延反】左右，亦是率從。

興而賦也。蓬蓬，盛貌，言其親附者衆也。殿，《集傳》曰：鎭也。平平，平正也，《書》云："王道平平。"言其率從之臣，亦皆平正也。

汎汎【芳劍反】楊舟，紼【音弗】纚【力馳反】維之。
樂只君子，天子葵之。
樂只君子，福祿膍【頻尸反】之。
優哉游哉，亦是戾【叶郎之反[9]】矣。

興而賦也。紼，大索也；纚，小索也，言繫于天子也。葵，當作揆。膍，厚也。戾，至也，歎其優游而來至也。

《采菽》五章，章八句。

9 反：底本에는 "矣". 《詩傳大全》에 근거하여 수정.

角弓

騂騂【息營反】角弓，翩【匹然反】其反【叶分邅反】矣。
兄弟昏姻，無胥遠【叶於圓反】矣。

興也。騂騂，彤弓之色。弓弛則反。彤弓，弓之貴者也，言王之同姓、姻戚互相反背而不親合也。此刺王之信讒佞貪婪之人，以致親戚、諸侯互相傾奪怨疾也。

爾之遠【叶於圓反】矣，民胥然矣。
爾之敎矣，民胥傚矣。

賦也。言下之乖背，上之所致也。

此令兄弟，綽綽有裕。
不令兄弟，交相爲瘉。

賦也。瘉，病也。

民之無良，相怨一方。
受爵不讓【叶如羊反】，至于已斯亡。

賦也。《集傳》曰“各據一方而相怨”，不知相恕而達乎兩偏之情也。互相傾奪，以取爵位而不讓，以至終止於兩亡也。已，終止也。

老馬反爲駒，不顧其後【叶下故反】。
如食【音嗣】宜饇【於據反】，如酌孔取。

比也。老馬反如駒之汎駕而奔，不顧其後之敗也。饇，飽也，如食之宜飽而止，反如酌酒之無厭，貪饕不已也。貪人惟務進取，而不顧其敗，乾沒不已也。

毋教猱升木，如塗塗附。
君子有徽猷，小人與屬【音蜀】。

比而賦也。猱，獮猴也，性好升木，而又教之，言貪進者不可又肆之也。以泥塗附泥塗，旣其過厚而將墜，又益附之，則必剝落也。王有美圖，則下將相與親附，而不相反也。

雨雪瀌瀌【符驕反】，見晛【乃見反】曰消。
莫肯下【遐稼反】遺，式居婁驕。

比而賦也。瀌瀌，盛貌。晛，日氣也，言讒言之遇明而自止也。王不肯貶下遺棄之，讒人用是居位而屢驕也。

雨雪浮浮，見晛曰流。
如蠻如髦【叶莫侯反】，我是用憂。

比而賦也。浮浮，飛下之貌。髦，《書》作髳，西南夷也。言其無恩義如蠻夷也。

《角弓》八章，章四句。

菀柳

有菀者柳，不尙息焉？
上帝甚蹈，無自暱焉。
俾予靖之，後予極焉。【蹈，《戰國策》作神。】

比而賦也。菀然之柳，其陰可庇，亦當止息而不去也。我之力，能靖王室，而何以棄之乎？天道甚神，不可狎侮而不畏也。暱，狎侮也。前既使予靖其難，後乃窮予也。諸侯有靖王室之難者，爲王所暴棄，而作此詩。

有菀者柳，不尙愒【欺例反】焉？
上帝甚蹈，無自瘵【例界反。叶子例反】焉。
俾予靖之，後予邁【叶力制反】焉。

比而賦也。愒，憩通。瘵，病。邁，去之也。

有鳥高飛，亦傅于天【叶鐵因反】。
彼人之心，于何其臻？
曷予靖之，居以凶矜？

興而賦也。鳥之高飛，亦有所至，而王之心，獨無所臻也，何爲使予靖之，而處之以凶矜乎？凶矜，凶禍之可矜也。

此篇，與《邶》之《日月》大同，而言背德棄功，不惟賢能之解體也，亦天命之所不佑也。哲人能稽謀自天，而背棄之，則是亦違天也，是亦慢天也。國將亡，必先絶于賢能，然後命乃絶于天。非獨國然也，雖在一家、一人，亦然矣。

《菀柳》三章，章六句。

《桑扈之什》。

都人士之什

都人士

彼都人士，狐裘黃黃。
其容不改，出言有章。
行歸于周，萬民所望。

賦也。都，諸侯之都也。黃，中色，“狐裘黃黃”，託言其威儀之得中也。“其容不改”，言有常德也。此侯國之賢士升爲王臣，其君餞燕而歌之。

彼都人士，臺笠緇撮【七活反。叶租悅反】。
彼君子女，綢【直留反】直如髮【叶方月反】。
我不見兮，我心不說【音悅】。

賦也。《集傳》曰：臺，夫須也，可以爲笠。緇撮，緇布冠也，其制小，僅可撮其髻也。○綢，密也，髮柔而不曲也。“臺笠緇撮”，言其尙質素也。“君子女”者，以其歸臣於周，如女之歸婿，故託言也。“綢直如髮”，言其縝密柔巽而無邪曲也。縝密者易入於邪，柔巽者易爲之曲，而今不然也。

彼都人士，充耳琇【音秀】實。

彼君子女，謂之尹吉。
我不見兮，我心苑[1]結。

賦也。琇實，以琇爲瑱而實之也，言能聽嘉言良謀，而不入非正之言也。尹，長也，尹吉，猶言元吉也。苑，當作鬱。【鬱，誤爲菀，菀又轉爲苑也。】

彼都人士，垂帶而厲【叶落蓋反】。
彼君子女，卷髮如蠆【勑邁反】。
我不見兮，言從之邁。

賦也。厲，帶垂貌。《集傳》曰"卷髮，鬢髮卷而上之，以爲飾也"，卽《盧令》之"美且鬈"是也。蠆，螫蟲，尾末揵然曲上也。○皆言其文德、威儀之美也。"言從之邁"，雖不見其人，而其道可行也。

匪伊垂之，帶則有餘。
匪伊卷之，髮則有旟。
我不見兮，云何盱【喜俱反】矣？

賦也。言美在其中而文著於外，故自然有餘，非强作之者也。旟，揚也。盱，遠視也，言欲從其道，而終不可望也。此篇與《燕燕》其意大略相同。此篇，風也。

1 苑：底本에는 "菀". 奎章閣本과 沈大允의 註에 근거하여 수정.

《都人士》五章，章六句。

采綠

終朝采綠，不盈一匊【弓六反】。
予髮曲局，薄言歸沐。

賦也。《集傳》曰：綠，王芻也。兩手曰匊。局，卷也。○此有事君不見知者，作詩以諷之。"終朝采綠，不盈一匊"，言事君之久，而未見行道之實效，僅僅補益涓埃，不足稱也。"予髮曲局"，言才用不得伸也。"薄言歸沐"，言益自澡雪修潔而進也。

終朝采藍【盧談反】，不盈一襜【尺占反。叶都甘反】。
五日爲期，六日不詹。

賦也。藍，染青也。襜，衣裾之垂者，莊周云"短襜"是也。詹，當作瞻。言所期望者，皆不如其志也。

之子于狩【尺救反】，言韔【勑亮反】其弓【叶姑弘反】。
之子于釣，言綸之繩。

賦也。"言韔其弓"，任之武功，而武功立也；"言綸之繩"，委之經綸，而經綸密也。自言有文武之用，惟其所使而辨[2]也，冀幸君之一用也。

其釣維何? 維魴及鱮。
維魴及鱮, 薄言觀者【叶掌與反】。

賦也。“維魴及鱮”, 言苟能用我, 則其成功大且美也。“薄言觀者”, 言有實績之可見, 而且以自必之辭也。君子之事庸主、處闇俗也, 僅僅有所補綴, 而不能大行, 小小見其悅服, 而不能大信, 連抱之材, 止於椳楔之用, 徑尺之璧, 沽於魚目之價, 此良工之苦而獨知之契也。然君子不以其故自貶而隳其志, 幽蘭不以無人而不芳, 日月不以濛翳而不明。子曰: “莫我知也夫! 知我者, 其天乎!” 雖其不偶於時而不得於人, 貴能全吾性而順於天。用與不用、知與不知, 吾之所存者, 固自若也, 天之與我者, 固如一也, 不得於今, 彰於後世; 不食於身, 報於子孫。於今、於後世, 其彰一也; 於身、於子孫, 其報一也。惟其遲速異耳, 其得一也, 其食一也。“薄言歸沐”, 見其不知不用, 而益自澡潔以俟時。爲此詩者, 其知君子之志乎。此篇, 風也。

《采綠》四章, 章四句。

2 辨: 奎章閣本에는 “辧”.

黍苗

芃芃【蒲東反】黍苗，陰雨膏【古報反】之。
悠悠南行，召伯勞之。

興也。宣王封申伯於謝，命召穆公往營城邑，詩人爲申伯勞召公之語，而實刺天子之上公，下爲諸侯之役，不可也。故終之以"王心則寧"，諷王之過寵申伯也。說見《崧高》。

我任【音壬】我輦【力展反】，我車我牛【叶魚其反】。
我行既集，蓋云歸哉【叶將黎反】。

賦也。任，負肩也。輦，人挽車也。

我徒我御，我師我旅。
我行既集，蓋云歸處。

賦也。

肅肅謝功，召伯營之。
烈烈征師，召伯成之。

賦也。《集傳》曰：肅肅，嚴正之貌。謝在今鄧州 信陽軍。烈烈，威武之意。

原隰既平，泉流既淸。
召伯有成，王心則寧。

賦也。此篇，風也。

《黍苗》五章，章四句。

隰桑

隰桑有阿，其葉有難。
既見君子，其樂如何？

興也。難作娜，阿、娜，竝柔美貌。言親附於君子者，亦與有光榮也。

隰桑有阿，其葉有沃【烏酷反。叶鬱縛反】。
既見君子，云何不樂？

興也。

隰桑有阿，其葉有幽【叶於交反】。
既見君子，德音孔膠【音交】。

興也。幽，深靑也。膠，固也。

心乎愛矣，遐不謂矣？
中心藏之，何日忘之？

賦也。遐作何。謂，忠告之也，《左傳》“召慶克而謂之”是也。君子之忠愛人也，爲之深謀，而推以納於善，犯以遠於過。“中心藏之，何日忘之”，爲之深謀而不忘忠告也。

《隰桑》四章，章四句。

白華

白華菅兮，白茅束兮。
之子之遠，俾我獨兮。

興也。《集傳》曰：白華，野菅也，已漚爲菅。幽王娶申女爲后，後寵褒姒，而黜申后，申后作此詩。○言菅之潔則以茅束之，我之無疵，而不以禮待之也。

英英白雲，露彼菅茅。
天步艱難，之子不猶。

興也。英英，鮮明貌。天步，天運也。猶，如也。雲之鮮潔者，其露亦降於鮮潔之草，王之高貴而下配於卑賤之女也。露非降於雲者，而特假以爲喩也。今天運艱難，王室日卑，而王又不如雲之露茅，而自卑其身也。

滮【符彪反】池北流，浸彼稻田【叶地因反】。
嘯歌傷懷，念彼碩人。

興也。滮，流貌。池水浸於稻田，而不浸於惡草，王則寵於妖姬，而不寵於嫡后耳。

樵【祖焦反】彼桑薪，卬【五綱反】烘【火東反】于煁【市林反】。
維彼碩人，實勞我心。

興也。烘，燎也。煁，《集傳》曰：無釜之竈，可燎而不可烹飪者也。桑薪宜以烹飪，而反燎於煁，以況嫡后而反見卑賤也。【此篇皆反類以興，而惟此與“有扁斯石”，以比類興也。】

鼓鍾于宮，聲聞于外。
念子懆懆【七到反】，視我邁邁。

興也。懆懆，憂勞之意。邁邁，去而不顧也。鼓鍾則聲達于外矣，我之誠意不達也。

有鶖在梁，有鶴在林。
維彼碩人，實勞我心。

興也。鶖，禿鶖也。鶖在梁，鶴在林，各有其所矣，今妻、妾易位也。

鴛鴦在梁，戢其左翼。
之子無良，二三其德。

興也。鴛鴦不失其偶矣，王則不然也。

有扁【步典反】斯石，履之卑兮。
之子之遠，俾我疷兮。

興也。扁，低貌。疷，病也。石之偏低者，履之者亦卑；女之賤者，配之者亦賤也。此篇，風也，而其取類近而旨不遠，其爲婦人之作，信矣。舊說以爲婦人之詩者甚多，而皆不從之，今獨從此者，其辭近於婦人之言，故從之也。

《白華》八章，章四句。

綿蠻

綿蠻黃鳥，止于丘阿。
道之云遠，我勞如何？
飮之食之，教之誨之。
命彼後車，謂之載之。

比也。此學中之樂歌也。綿蠻，聲長遠也。丘，衆人所依居也。鳴聲長遠之好鳥，止于衆人所依居之丘阿，以比君子之道止於至善也。善者，人之所依生也，至善者，中和之謂也。“道之云遠”，言任重而道遠，至其門，而升其堂，入其室者，蓋寡矣。參天地之化育，關宇宙之盛衰，不亦任重乎？望之而無際，仰之而無極，行行而未有其盡，登登而不見其旣，不亦遠乎？“我勞如何”，言不可不竭力也。得其十里則有十里之福利矣，得其百里則有百里之福利矣，得尺則吾之尺也，得寸則吾之寸也，不可不竭力也。天責人以中和之德，而授職以勞。中和而勞，則降之百祥；不中而逸，則降之百殃。是故告之以道遠，而勉之以勞也。知道之遠，則不安於苟成也，知勞之爲得、逸之爲敗，則庶可以自强也。不安於苟成，而勉於自强，則必能進就矣。“飮之食之”，言尙其實行也。尙其實行而敎誨之，不在虛文，可知也。“命彼後車，謂之載之”，言學成則授之爵祿而用之也。“謂之”者，調熟之而成其材器也，君爲臣之師是也。【說見《關雎》及《易・鼎卦》。】“載之”者，任載之而效其功用也。士之志，在於得位行道，而學在於修身治人，故上之勸勉，亦在於是也。周公化殷頑民，亦曰：“迪簡在王庭。”非居賢德，則無以勸民爲善也。

綿蠻黃鳥，止于丘隅。
豈敢憚行？畏不能趨。
飮之食之，敎之誨之。
命彼後車，謂之載之。

比也。“豈敢憚行”，誠也，勤也，勇也；“畏不能趨”，敬也，恭也，讓也。有誠有勤有勇，則免於不及矣；能敬能恭能讓，則免於過矣，庶幾乎中和矣。敎道不明，則士之患，恒在於好爲苟難、詭僻，務奇飾文以近名，此二句爲學行之要訣也。

綿蠻黃鳥，止于丘側。
豈敢憚行？畏不能極。
飮之食之，敎之誨之。
命彼後車，謂之載之。

比也。極，極盡也，不盡其才力以先人也。君子言行下就，事業上出，詳見《象義》。此篇，風也。

《綿蠻》三章，章八句。

瓠葉

幡幡【孚煩反】瓠葉，采之亨【叶鋪郎反】之。
君子有酒，酌言嘗之。

比也。幡幡，翩翻貌。此鄕飮酒之樂歌。鄕飮酒之禮，族【百家爲族。】、黨【五族爲黨。】之人，齊會于族、黨之學宮而燕飮，尙齒而不尙爵，學師爲主，而鄕人爲賓。瓠葉，菜之微薄者，而采之烹之，言鄕民之秀，苟有微才、薄能，皆取而用之於職事也。鄕民，材地微賤，易自暴棄，而斷望於進取，則無由勸修而爲善也，是將肆行而無憚矣。俗之所由敗、材之所由壞、教化之不行、治理之不著職，此之由也。是故先王之取人，不限以族類貴賤，而惟才是擧，凡民之秀，皆得遊於學宮，隨其成就而選用之。此詩首開其進取之路，而發揚其志氣，令其奮然勃然以懽趨也。“君子有酒，酌言嘗之”，言以君子之實德而勸之實行也。

有兎【它故反】斯首，炮【白交反】之燔之。
君子有酒，酌言獻【叶虛言反】之。

比也。兎，微禽，而其首尤小而多骨少肉，未足食也。然而炮之燔之，可以獻賓矣。鄕民之秀則有就學求升之路矣，其餘農、工、商、賈無他才能者，又無以勸之也。必使之榮其業，足其心，無有賤薄其事而愧恥其身。然後安分而樂趨，民志定矣。國無農則無以爲國也，國無工則無以爲國也，國無商則無以爲國也，國無賈則無以爲國也，其重與士一也。惟其道有難易，才有能否，故貴賤殊耳，而其重一也。如兎首之微小，而可以炮燔，而獻賓也。使其自重而安業，庶無舍爾靈龜而朶[3]頤，生其外慕淫志也。亦言“君子有酒，酌言獻之”者，明其待之之重，無間於士，而隨分而安業，亦君子之實德，而勸之實行也。【雖君子之實德，隨分安業之外，更無他矣。人之才業不同，而德之貴忠信、中和，未有異也。】

有兎斯首，燔之炙之。
君子有酒，酌言酢【才洛反】之。

3 朶：底本에는“孕”. 奎章閣本에 근거하여 수정.

比也。

有兎斯首，燔之炮【叶蒲侯反】之。
君子有酒，酌言酬【市周之】之。

比也。瓠葉之采，其義著，故一言之而已；兎首之燔，微而難知，故三復詠歎也。此篇，風也。

《瓠葉》四章，章四句。【教化本於鄉，故《綿蠻》之後，有《瓠葉》。子曰：“觀於鄉，而知王道之易易也。”】

漸漸之石

漸漸之石，維其高矣。
山川悠遠，維其勞矣。
武人東征，不遑朝矣。

比而賦也。漸漸，石在水邊，而水漸於石也。此武士出征而犒勞之樂歌。石在水邊，阽於沈沒，而維其高矣，以比武士出征，蒙犯患難，而功業因是以高也。“山川悠遠，維其勞矣”者，功業之期於遠大而不可不竭力，亦與道學一也。此卽《綿蠻》“道之云遠，我勞如何”之意，而功業不可曰道，故曰山川也。“不遑朝”者，志在於樹立功業而自求顯榮也，不暇於圖逸也。

漸漸之石，維其卒【在律反】矣。
山川悠遠，曷其沒【叶莫筆反】矣？
武人東征，不遑出矣。

比而賦也。卒，當作崒，高也。“曷其沒矣”，沒，盡也，言功業之遠大無限，而歲月無多，當汲汲遑遑，以進取一尺，而不可退步一寸，以姑息偸安也。“不遑出”者，不自謀脫出而避難也。

有豕白蹢【音的】，烝涉波矣。
月離于畢，俾滂【普郎反】沱【徒何反】矣。
武人東征，不遑他【湯何反】矣。

比而賦也。蹢，蹄也。烝，衆也。以豕之善突，比武士，而“白蹢”，言顯其迹也，“涉波”，言濟險難也。武士以善突顯迹，而衆人一力，可以濟險難也。月離于畢則雨，以比將與士相麗，而無乖背之心，則能成功，如陰陽之和而雨也。除敵而去民之難，如雨之除旱而救物之焦也，故以言成功也。“不遑他”者，一心同力而無異志也。此篇，風也。【《集傳》以爲將帥[4]自歎勞苦，則言其險難，曰漸漸之石高矣，言其苦雨，曰豕白蹢涉波，月離于畢，果近於說乎?】

《漸漸之石》三章，章六句。

4 帥：底本에는 “師”. 奎章閣本에 근거하여 수정.

苕之華

苕【音條】之華，芸【音云】其黃矣。
心之憂矣，維其傷矣。

比而賦也。《集傳》曰：苕，陵苕也，一名紫葳，一名凌霄，蔓生，附於喬木之上，其花黃赤色。〇此刺學教廢而道德喪也。以苕之附木而能立，譬學士之學於君子而成立也。芸，華盛貌。先王之敎道旣替，士之高明彊力者，好爲苟難、詭僻，務奇飾文以釣名，旣又不能勝堪而厭苦之，則內陰牟利而外顯爲名。於是乎虛文日飾，實行日壞，而天下大亂以淪胥矣。故檜、曹之風，以虛文外飾爲亂之本。春秋之人，多佞言習儀，而往往有狗彘之行，弑父與君相屬，而一千八百國亡滅且盡矣。東漢之峻節，繼以晉之淸談，尙言辯，廢實行，而五胡之亂起矣。宋儒之高峻虛遠而背事情，繼之以明，而天下無類矣。以苕之華盛而無實，比士之務高飾華，而不篤於實利也。

苕之華，其葉靑靑【子零反】。
知我如此，不如無生。

比而賦也。"其葉靑靑"，言附從者衆，而靡然成風也。《易》云"翩翩不富，以其鄰"是也。"知我如此，不如無生"者，學如此而不如無學也，道如此而不如[5]無道也，賢如此而不如無賢也。以道學之益於實，賢者之行其實，故重之貴之也。若其虛而害實，則不如無之爲愈也。終之天下魚肉糜爛，則生於其世者，不如無生也。人之道，不如禽獸之質直淳信也，不如無生，不亦然乎?【余見今之人，率皆口然否之，而心不相應，口爲越人之口，心爲燕人之心，言不過爲修飾外面而已，行則自有其行矣。是一人而爲二人也，一人分而爲二，則是無人也。其虛而無形，至於如此，而曰不如無生，不亦可乎?】

牂【子桑反】羊墳首，三星在罶【音柳】。
人可以食，鮮【息淺反】可以飽【叶甫苟反】。

比也。《集傳》曰：牂，牝羊也。羊瘠則首大。○墳，當作賁，大也。《桃夭》之蕡、《魚藻》之頒，皆當作賁。牂羊之身瘠而徒賁其首，言不顧全體之喪，而惟務高上也。罶中無魚而三星之影在焉，言虛遠有光映而無實用也。食而不飽，言行之雖力而無實效也。忠恕、中庸之實德旣喪，天下之人終日言者，皆無益於實之虛言也，終年行者，皆無益於實之虛行也。夷考其中，則徑情直行，類禽獸，不知義理，類土木，而特其外飾於虛者，類鬼魅之幻耳。甚矣，人之不可無學而爲人也！故曰：知其如此，則不如無生也。此篇，風也。

《苕之華》三章，章四句。

5 如：底本에는 "知". 奎章閣本에 근거하여 수정.

何草不黃

何草不黃？何日不行【叶戶郎反】？
何人不將，經營四方？

興也。將，扶帥而行也。此刺戎政之無法也。秋至霜降，則樹木不死而草獨凋，以況四方有難，則智力之士安居，而疲弱之民獨行，徒死而無功也。“何日不行”，或有寇猖而事急，則悉發羸弱以助力，蓋出於一時之不得已也。今則不然，獨令羸弱行，而以爲之常也。“何人不將”，爲國扞難，當用選士，而今則不然，無人不行也。“經營四方”，非凡民之所可能也，而今則無人不行[6]也。子曰：“以不教民戰，是謂棄之。”先王選才武之士，養而教之，以爲爪牙之用，責以衛社敵愾之功，兵精費寡，而事無橈敗，民之弱者，鳩聚財用，不乏供給。是以軍以富彊，而民不殘毀，器使民而任其力，民安其分而不敢怨。今則不然，其彊力才謀之士，藉其權寵計數，能自拔脫，而獨驅疲軟愚懦之民，棄之死地，兵雖多，而勝戰者少，戰常敗衄，而徒多殺農民。威靈挫於外，國力耗於內，其本在於好爲恬嬉姑息，而不彊於遠圖也。周之不復振，於是乎可知矣。

何草不玄【叶胡勻反】？何人不矜？
哀我征夫，獨爲匪民？

6 行：奎章閣本에는“可”.

興也。矜，當作瘝，【瘝，誤爲鰥，鰥又爲矜，矜與鰥通故也。】病也。使其力之所不任，納諸湯火而不恤也，故曰獨爲匪民乎。

匪兕【徐履反】匪虎，率彼曠野【叶上與反】。
哀我征夫，朝夕不暇【叶後五反】。

興也。必有兕虎之鷙悍、爪牙・蹄角之用，然後乃可處之林藪，而威伏百獸也，今則以懦怯之民當兕虎之任也。"朝夕不暇"，言力不足以給事也。

有芃【薄工反】者狐【叶與車反】，率彼幽草。
有棧【士板反】之車，行彼周道。

比也。芃，毛豊盛貌。狐以譬君與將。言有才能[7]饒足，可任將帥者，乃居而不出，農作服役之民，行其大道，而任其功業也。威武者，君之大道；征伐者，國之大事。扞民之難而安天下，大功業也，乃以民之最下者當之耳。棧車，役車也，以喻農役之民也。《綿蠻》《漸漸之石》，文、武之道所以昌也；《苕之華》《何草不黃》，文、武之道所以喪也。此篇，風也。

《何草不黃》四章，章四句。

《都人士之什》。

7 能：奎章閣本에는 "力".

雅之莊言陳義, 未及於訓謨之委曲詳說也, 而風之托物以發其微旨、深趣, 或過於指陳而正言之也。詩以風爲長, 而巽言之易入、法語之易從, 不可偏廢也, 故詩有風有雅耳。

大雅

延陵 季子曰："廣哉熙熙乎，曲而有直體，其文王之德乎！"○《大雅》之中，亦有祭祀之頌，而以其通用於燕饗，不專爲祭祀之樂，故編之《大雅》也。"

文王之什

文王

文王在上，於昭于天。
周雖舊邦，其命維新。
有周不顯？帝命不時【叶上紙反】？
文王陟降，在帝左右。

賦也。於，歎辭。“昭于天”，卽禮陟配天也。周自后稷始封，千有餘年，至文王而新受命也。不顯，顯也，不時，時也，言文王順天時而集天命也。在帝左右，言文王之德不違於天，而天亦不違文王也。此武王稱述文王之德，及殷先王之績，以勸殷之諸臣歸周者，而因爲燕饗通用之樂歌也。

亹亹【音尾】文王，令聞不已。
陳錫哉周，侯文王孫子【叶獎里反】。
文王孫子，本支百世。
凡周之士，不顯亦世？

賦也。亹亹，勉彊之意。文王自彊不息，故令聞不已也。天敷陳以錫周，維文王孫子受其福也。本，宗也，支，庶也。文王之子孫，旣受福無窮，而其臣則文王之德，亦顯而世矣。

世之不顯? 厥猶翼翼。
思皇多士，生此王國【叶于逼反】。
王國克生，維周之楨。
濟濟多士，文王以寧。

賦也。翼翼，衆整貌。思，語辭。皇，大也，言皆大人也。生，猶言保存也，杜甫詩“于今國猶活”是也。《書》云“欲竝生哉。”，言賢士之生活於國也，此言賢士之活其國也。楨，幹也。生王之國而寧王之身也。

穆穆文王，於緝【七入反】熙敬止。
假哉天命，有商孫子。
商之孫子，其麗不億。
上帝旣命，侯于周服【叶蒲北反】。

賦也。穆穆，肅清貌。肅則不煩，淸則不雜，精一之德也。緝，續也。熙，昭著而和融也，敬止，敬其所止也。續天之明而熙其績[1]，止於天命而不敢失也，不敢失，敬也。天命，中和至善之德也，《易》云“繼之者善也。”《大學》引此，以爲止於至善之證也。假，格通。“假哉天命”，格于天命而有商之孫子也，言文王與天同德也。服，服事也。

侯服于周，天命靡常。

1 績 : 底本에는 “續”. 奎章閣本에 근거하여 수정.

殷士膚敏，祼【古亂反】將于京【叶居良反】。
厥作祼將，常服黼【音甫】冔【況甫反】。
王之藎【不刃反】臣，無念爾祖？

賦也。膚，其質美也，敏，其行敏也。祼，灌酒也。將，奉行祭事也。京，周京也。黼，黼裳也。冔，殷冠也，不可以殷冠與周祭，知此爲托言也。裳，以言附于下體而爲臣於周也，冔，以言服殷先王之道而不失也。藎，進也，王之藎臣，言殷士進爲周臣也。爾祖，殷先王也。殷士新附于周，恐其有舊染之習，故告之以禍福之道，而以文王及殷先王之事明之也。觀《周誥》諸篇，亦未嘗不眷眷於殷士也。

無念爾祖？聿修厥德。
永言配命，自求多福。
殷之未喪【息浪反】師，克配上帝。
宜鑑于殷，駿命不易。

賦也。天命人以中和之德，而授職以勞，中和而勞，則名利俱成，天降之百祥不中而逸，則名利俱敗，天降之百殃。天人之道一致，而是非利害禍福同歸于一也。中和而勞，謂之配命；不中而逸，謂之逆命。其利害禍福久而後著，故曰永也。子曰："先難而後獲。"，凡天下之事，未有不久而後乃得者也。駿，大也，天之大命得之，非歲月而致之也，失之，非歲月而致之也，行之積久而慶殃乃成也。凡人之所行，感召天地之氣，積而乃成形也。爲善者，不見其利而終必大利也；爲惡者，不見其害而終必大害也。歲功，秋而乃成，天道，久而後見。

命之不易，無遏爾躬【叶姑弘反】。
宣昭義問，有虞殷自天。
上天之載，無聲無臭【叶初尤反】。
儀刑文王，萬邦作孚【叶房尤反】。

賦也。問，聞通。虞，度也。凡言“自天”，謂天下至誠也，純一與天同德，故曰“自天”，度殷先王之自天也。上天之載，無聲無臭，《中庸》之費隱，是也。天之所爲，不過萬物之所爲而已，所能，不過萬物之所能而已，求天之迹於萬物之外，不可得矣。聖人之所爲所能，不過天下之匹夫匹婦之所爲所能而已，求聖人之迹於匹夫匹婦之外，不可得矣。天有變於常者，氣之沴也；聖人有變於常者，時之不幸也。天有異於萬物者，至誠而能變化也；聖人有異於匹夫匹婦者，至誠而能時中也。以其體物而不自用，故能變化也；以其隨時而不自用，故能時中也。至誠，故無迹，無迹，故小不可破而大不可[2]載焉。非常者，不可常也，以其不變行其變，故不變者常不變[3]也，有形者必有窮也，以其無形用其有形，故大無外而久無極也。儀，象也，刑，法也，殷先王遠，故曰“念”曰“虞”，文王近，故曰“儀刑”也。“萬邦作孚”，卽厥孚交如也，上與天爲一，下與民爲一也。作孚，成其孚也。

《文王》七章，章八句。

2 不可：底本에는 “可不”. 奎章閣本에 근거하여 수정.

3 常不變：底本에는 “不常變”. 奎章閣本에 근거하여 수정.

大明

明明在下，赫赫在上【叶辰羊反】。
天難忱【市林反】斯，不易【以豉反】維王。
天位殷適，使不挾四方。

賦也。“明明在下”，言民之至愚而神也，“赫赫在上”，言天理昭著也。天明威自我民明威，天命之佑不佑，驗於民之向背而見之，故先言“明明在下”也。明明在下，在下之天也；赫赫在上，在上之天也。忱，諶同，信也。適，適嗣也。挾，挾而有之也。此周公陳文、武之受命，[4] 而因爲燕饗通用之樂歌。

摯【音至】仲氏任，自彼殷商。
來嫁于周，曰嬪【毗申反】于京【叶居良反】。
乃及王季，維德之行【叶戶郎反】。
大任有身【叶戶羊反】，生此文王。

賦也。《集傳》曰：摯，國名，仲，中女也，任，摯國之姓也。殷，商之都，商，殷之有天下之號，殷商，殷之侯邦也。嬪，婦也，將言文、武之受命而本其所自也。

維此文王，小心翼翼。
昭事上帝，聿懷多福【叶筆力反】。

4 受命：底本에는 “命受”. 奎章閣本에 근거하여 수정.

厥德不回，以受方國【叶越逼反】。

賦也。小心，敬也，翼翼，衆整貌，敬於執事，而衆事無不整飭也。懷，懷抱也，介景福，夾介而不脫也；懷多福，懷抱而不離[5]也。回，回互也，不回，言正直也。

虞 芮【如銳反】質厥成，文王蹶【居衛反】厥生【叶桑經反】。
予曰有疏附，予曰有先【息薦反】後【胡豆反．叶下五反】。
予曰有奔奏，予曰有禦侮。

賦也。虞、芮，二國名。質，質正也，成，平也。蹶，蹶然興起貌。【蹶，急遽之貌，或爲急起，或爲急仆，一字二用也。】生，“王國克生”之生，蹶然生諸侯之國也。文王之德，能生諸侯之國，故歸附者衆也。予，文王也。疏附，疏遠之人來附者也，先後，扶持將護者也。奏，當作走，奔走，承命恭事者也，禦侮，爲王敵愾者也。此章言文王之受方國而集天命也，誤在綿之篇末，當移在此。【蘇氏曰：虞在陜之平陸，芮在同之馮翊，平陸有閒原，卽虞、芮之所讓也。】

天監在下，有命旣集【叶昨合反】。
文王初載，天作之合。
在洽之陽，在渭之涘。
文王嘉止，大邦有子【叶奬禮反】。

5 離：底本에는 “雜”. 奎章閣本에 근거하여 수정.

賦也。“天監在下”，以人心之歸而知天之監臨也。集，成也，天有命而文王旣成之也。載，年也。《集傳》曰：洽，水名，在今同州 郃陽而流已絶，故去水而加邑也。嘉，婚禮也。大邦，莘國也。

大邦有子，俔【牽遍反】天之妹。
文定厥祥，親迎【魚敬反】于渭。
造舟爲梁，不顯其光？

賦也。俔，未詳。蓋與晛相近，粹美之貌。“天之妹”，言其德行可貴也。文，儀文也，備儀以成其吉也。“造舟爲梁”，言舟之安穩，如梁之不危也。【如“公侯干城”、“价人維藩”之類，非直爲干城及藩也。】梁，堰水爲道，以通車馬者也。舟之行乎水而不行乎陸，如婦道之行乎陰教而不及於政事也。故托言文王得聖女，主陰教以安閨門，而文王之德愈顯而光也。【梁，水中之道也，故以況陰教之安也。】以言文王得太姒之陰教，能安閨門，而因親迎之乘舟渡渭，托以明之也，非如舊說之聯舟爲橋也。聯舟爲橋，而曰“不顯其光”，果成說乎？傳所稱“天子造舟，諸侯維舟”，蓋因誤讀詩而傅會爲妄也。古者無天子濟以舟橋之事。【周 昭王溺漢，秦 皇渡湘，幾危，漢 武樓船濟汾，漢 成[6]乘船危，皆非舟橋以濟也。】且以江 河[7]之廣，而聯舟爲橋，則當用幾千萬艘乎？自冀州南巡，至衡岳，所渡水何限，而若皆以舟橋，則天下之力不能給也，又爲波濤所衝決，不能成也，聖人豈爲此不

6 成：문맥상 “元”인 듯함.

7 河：底本에는 “漢”. 奎章閣本에 근거하여 수정.

可成之事，以靡敝天下乎？秦皇、漢武、隋煬[8]之所不爲，而聖人爲之乎？文王以百里之國，汰侈如此乎？甚矣，鄙儒之好妄也！聚舟而翼之，亦可以安濟也，不可爲無益之事以害民也。【《月令》"天子始乘舟"，周天子乘舟之明證也。】

有命自天，命此文王。
于周于京【叶居良反】，纘【子管反】女維莘【所巾反】。
長【丁丈反】子維行【叶戶郎反】，篤生武王。
保右命爾，燮伐大商。

賦也。自天，謂天下至誠也。《易》之"自天佑"之、"有隕自天"是也，以言文王之至誠，故曰"有命自天"也。纘，繼也助也，繼贊文王之德而治內也。長子，太姒，莘國之長女也。右，當作佑，天保佑武王也。燮，和順也，明其非强以威力也。

殷商之旅，其會如林。
矢于牧野，維予侯興。
上帝臨女，無貳爾心。

賦也。殷，都也；商，國也。矢，陳也。"上帝臨女，無貳爾心"，言精一其德，而協于天也，非有一毫私[9]欲以貳之也。《集傳》曰：牧野，在朝歌南七十里。

8 煬：底本에는 "陽". 奎章閣本에 근거하여 수정.

9 私：底本에는 "和". 奎章閣本에 근거하여 수정.

牧野洋洋，檀車煌煌，駟騵彭彭【叶鋪郎反】。
維師尙父，時維鷹揚。
涼彼武王，肆伐大商，會朝淸明【叶謨郎反】。

賦也。《集傳》曰：洋洋，廣大貌；煌煌，鮮明貌。駵馬白腹曰騵。涼，《漢書》作亮。"○亮，明信也，明信武王之功也。《書》云："亮天功。""會朝淸明"，會朝諸侯而天下淸明也。

《大明》八章，四章章六句，四章章八句。

緜

緜緜瓜瓞【田節反】，民之初生，自土沮【七余反】漆。
古公亶【都但反】父【音甫】，陶復陶穴【叶戶橘反】，未有室家。

比而賦也。《集傳》曰：大曰瓜；小曰瓞。土，居其土也。沮、漆，二水，在豳地。○古公，猶言先公也。亶父，號也，【周人以諱事神，諱名而始有字。古公不當稱名，有字也。】追謚太王。陶，瓴甓也。復，重甓以爲室也，穴，穿地爲室而甓覆之也。此追述太王之去邠居岐，以基王業，以爲祭祀之樂歌而亦爲燕饗之用，以無忘先業也。"緜緜瓜瓞"，言立長遠之業也。

古公亶父，來朝走馬【叶滿補反】。
率西水滸【呼五反】，至于岐下【叶後五反】。

爰及姜女，聿來胥宇。

賦也。岸上曰滸。水，沮、漆也，太王避狄人之難，去豳而居于岐山之下。

周原[10]膴膴【音武】，堇【音謹】荼如飴【音移】。
爰始爰謀【叶謨悲反】，爰契我龜。
曰止曰時，築室于茲【叶津之反】。

賦也。膴膴，土厚也。堇，《集傳》曰：烏頭也。【葉可食也。】飴，餳也。始，始營之也，謀，定其謀也。契，合也。止，止於此也，時，以時賦功也。

迺慰迺止，迺左迺右【叶羽已反】。
迺疆迺理，迺宣迺畝【叶滿彼反】。
自西徂東，周爰執事【叶士止反】。

賦也。“迺左迺右”，左右開拓也，宣，宣發其土也。《書》云“旣勤[11]敷菑”是也。自西而東拓也。周，徧也。

乃召司空，乃召司徒。
俾立室家【叶古胡反】，其繩則直。
縮【色六反】版以載【叶節力反】，作廟翼翼。

10 原：底本에는 “京”. 奎章閣本에 근거하여 수정.

11 旣勤：奎章閣本에는 “勤旣”.

賦也。司空，掌營國邑居民奠宅之事，司徒，掌教誨，凡發大衆，皆司徒臨教之也。繩以度之，使其方正也。縮，束也。載，載土而築之也。

捄【音俱】之陾陾【耳升反】，度之薨薨。
築之登登，削屢馮馮【扶冰反】。
百堵【丁古反】皆興，鼛【音皐】鼓弗勝。

賦也。此廟成而築墻也。捄，矯枉也，削平墻地也。陾陾，平貌。度，固其基也。薨薨，衆聲也，登登，相應聲也。削屢，墻成而削治屢也。馮馮，削墻聲。五版爲堵。擊鼓以節其功，言其樂事勸功，鼓不能節也。

迺立皐門，皐門有伉【苦浪反．叶苦郎反】。
迺立應門，應門將將【七羊反】。
迺立冢土，戎醜攸行【叶戶郎反】。

賦也。天子五門，諸侯三門。路門之外，有應門，應門之外，有皐門，天子，又有庫門、雉門。【皆宮門也，非城門也。路門之內，宮寢在焉，應門之內，朝堂在焉，皐門之內，六官之府在焉，庫門之內，倉庫在焉。雉門，宮城之門也。諸侯皐門，卽爲宮城之門，倉府俱在其內也。《集傳》以爲"太王未有制度，僭立天子之門"，妄也，是狄之也。】伉，高也。將將，嚴正也。冢土，大社也，諸侯之大社，亦稱冢土也。【《書》"武王爲西伯而宜于冢土也。"】戎醜，兵衆也。社，陰之主，故凡兵刑之事，皆於此焉行之也。

肆不殄【田典反】厥慍【紆問反】，亦不隕【韻敏反】厥問。
柞【子洛反】棫拔【蒲貝反】矣，行道兌【吐外反】矣。
混【音昆】夷駾【徒對反】矣，維其喙【吁貴反】矣。

賦也。殄，絶也，問，聞通，太王不能絶昆夷之慍而亦不墜己之聲問[12]也。柞棫，《集傳》曰：二木[13]，皆叢生有刺。拔，伐拔也。兌，開也。駾，奔走也，喙，息也。太王之衆日繁而林除道通，昆夷奔走而喙息竄伏也。

虞 芮質厥成，文王蹶厥生。
予曰有疏附，予曰有先後。
予曰有奔奏，予曰有禦侮。

此章當在《大明》三章之下。

《綿》九章，章六句。

棫樸

芃芃【薄紅反】棫【雨逼反】樸【音卜】，薪之槱【音酉】之。
濟濟【子禮反】辟王，左右趣【叶此茍反】之。

12 問：底本에는 "聞". 奎章閣本에 근거하여 수정.

13 木：底本에는 "水". 奎章閣本에 근거하여 수정.

興也。棫，叢枝小木也，樸，大木無枝葉者也。槱，樵也，以況[14]材之大小，無不取而用之也。濟濟，衆多齊一之貌，言其威儀也，"左右趣之"，言賢良爭輔之也。此稱頌武王之詩。辟王，天子之稱也，綱紀四方，天子之事也。【文王未嘗綱紀四方也。《書》稱文王,，只云"怙冒西土也。"】"周王于邁"，非追述之辭也，以是知非爲文王作也。

濟濟辟王，左右奉璋。
奉璋峨峨【五歌反】，髦士攸宜【叶牛何反】。

賦也。璋之爲言，章命也。君命事於臣，則授璋而行之，璋，臣下之所奉也。【《顧命》"太保以璋酢"，"將帥授牙璋"，是也。】"左右奉璋"，言臣下之恭命也。峨峨，高貌，言其功業高也。髦，俊也。

淠【匹世反】彼涇舟，烝徒楫之。
周王于邁，六師及之。

賦也。淠，隨風飄揚之貌。烝，衆也。此蓋巡狩之行也，言巡狩而敷文敎于天下也。以言巡行于諸國，故曰"周王。"【舟橋之說，果妄也。】

倬【陟角反】彼雲漢，爲章于天。

14 以況：底本에는 "況以". 奎章閣本에 근거하여 수정.

周王壽考，遐不作人？

興也。倬，曠遠貌，以雲漢之爲章于天，況周王之施文敎于天下也。作人，言變化鼓動之也。

追【對迴反】琢【陟角反】其章，金玉其相。
勉勉我王，綱紀四方。

賦也。追，槌同，琢，治玉之工也，"追琢其章"，文章盛也，"金玉其相"，其質美也。勉勉，强力之意。綱，綱領也，紀，條目之總統者也。

《棫樸》五章，章四句。

旱麓

瞻彼旱麓，榛楛【音戶】濟濟【子禮反】。
豈弟君子，干祿豈弟。

興也。《集傳》曰：旱，山名。麓，山足也。楛，似荊而赤。○"榛楛濟濟"，以言德之所被，化而爲善者衆多而齊一也。德能化人爲善，則福祿自至也，非以詭道求之也，故曰"干祿豈弟。"，此稱頌天子之詩，而未知爲何王也。

瑟【所乙反】彼玉瓚【才旱反】，黃流在中。
豈弟君子，福祿攸降【叶呼攻反】。

興也。瑟，堅密貌。玉瓚，圭瓚也，黃流，鬱鬯也。以興君子之光潤外著者 由其內有中和也，黃，中色，酒，和味也。有是德者，福祿所降也。

鳶【弋專反】飛戾天，魚躍于淵【叶一均反】。
豈弟君子，遐不作人?

興也。“鳶飛戾天”，有才者昭明而登於廊廟也，“魚躍于淵”，小民協和而安樂於下也。

清酒既載【叶節力反】，騂【息營反】牡既備【叶蒲北反】。
以享以祀【叶逸織反】，以介景福。

賦也。“淸酒既載”，中和之德積載也，“騂牡既備”，實績無所不備也。 馨香登聞于天而天降之福也， 此章托言於祭祀也。

瑟彼柞棫，民所燎【力召矣】矣。
豈弟君子，神所勞【力報反】矣。

興也。瑟，木堅密貌。燎，爨也。言明而有實行也，以況民之服其敎化，皆明於義理而實行之也。

莫莫葛藟，施【以豉反】于條枚【莫回反】。
豈弟君子，求福不回。

興也。條枚，幹枯而枝旁生者也，言盛德之下濟而旁達也。此篇言善世之爲德大而受福無量也，故重複言而明之也。夫引君以當道，忠之最大也，喩親於道，孝之最大也，化民而爲善，德之最大也。反是者，惡之最大也。是故君子出一言，行一事，不敢不中。中則人化其中而受福，是我以福與人也而我之福[15]，不中則人化其不中而受禍，是我以禍與人也，而我之禍益深矣。一言一行之得失，不足以爲禍福，而其流而轉轉效則，或至於天下後世矣，其善人、其敗人，不亦多矣乎？然則一言一行之得失，亦足以爲大禍福也。凡百君子 奈何不敬乎？此篇近於風也。

《旱麓》六章，章四句。

思齊

思齊【側皆反】大任，文王之母【莫後反】。
思媚【美記反】周姜，京室之婦【房九反】。
太姒嗣徽音，則百斯男【叶尼心反】。

15 福：底本에는“福蓋”. 奎章閣本에 근거하여 수정.

賦也。思，語辭，齊，敬謹也。周姜，太王之妃太姜也，太姒，文王之妃也，此述文王之德也。

惠于宗公，神罔時怨，神罔時恫【音通】。
刑于寡妻，至于兄弟，以御【如字反】于家邦【叶卜工反】。

賦也。惠，順也，宗公，宗廟先公也。恫，痛也。刑，儀法也。御，如字。人之所親密狎暱，莫如妻妾，不蔽於親密狎暱，則可謂明也，可謂遠也。不蔽於人心而心正矣，不蔽於親暱而身修矣。月掩日而食，塵瞇目而昏，蔽於近者至微而其明息矣，妻妾美而賢，則尤易爲蔽也。太姒之賢焉而能刑之，則文王之明而遠也，可知矣，又何有於兄弟，又有何於家邦？文王之事神治人，可謂備矣。

雝雝【於容反】在宮，肅肅在廟。
不顯亦臨？無射【音亦】亦保？

賦也。雝雝，和也，肅肅，敬也，和以臨人，敬以事神，不亦顯而臨乎？不亦無射而保乎？【"不顯亦世"，言不亦顯而世乎？"不顯亦臨"，言不亦顯而臨乎？無射亦保，蒙上"不"字而曰："不亦無射而保乎？")】

肆戎疾不殄，烈假【古雅反】不瑕。
不聞亦式，不諫亦入。

賦也。肆，語辭。戎疾，大惡也，謂紂也。不殄，三分天下，有其二，以服事殷也，《康王之誥》，昔君文、武不務咎是也。烈，功也，假，大也，功大而不瑕，謂伐崇與密，非出於私意也。【《集傳》以烈假爲光大，而曰"光大亦無瑕玷。"，既曰光大，則何更言不瑕乎？若不瑕，則何以伐崇 密及殷乎？亦異《仲虺之誥》及《泰誓》之旨矣，其爲誣聖甚矣，而不知湯、武之道也。】《集傳》曰：無所前聞而亦合於法式，無諫之者而亦入於善也。

肆成人有德，小子有造。
古之人無斁，譽髦斯士。

賦也。"成人有德"，成人之善也，有才者成就其德也。造，造士之造，小子之無知者，亦有作成也。古之人，指文王也。譽，豫通，安樂也。"豫髦斯士"，使無才者安樂，有才者成其髦俊也。

《思齊》五章，二章章六句，三章章四句。

皇矣

皇矣上帝，臨下有赫【叶黑各反】。
監觀四方，求民之莫。
維此二國，其政不獲【叶胡郭反】。
維彼四國，爰究爰度【待洛反】。

上帝耆之，憎其式廓。
乃眷西顧，此維與宅【叶達各反】。

賦[16]也。莫，瘼通，求民之瘼而去之也。二國，夏、商也，不獲，失其道也。四國，四方之國也。究，尋思也。耆，致也。憎，當作增。式，法度有恒也，廓，範圍廣大也。天究度於四國，於其仁聖者，致其意，增其法度、範圍，如下文"帝謂文王"是也。與宅，以岐周爲之宅也。此詩，敍周王業之所起也。

作之屛【必領反】之，其菑【莊持反】其翳【一計反】。
脩之平之，其灌其栵【音例】。
啓之辟【婢亦反】之，其檉【丑貞反】其椐【羌居反. 叶紀庶反】。
攘之剔【它歷反】之，其檿【烏劒反】其柘【章夜反. 叶都故反】。
帝遷明德，串【古患反】夷載路。
天立厥配，受命旣固。

賦也。《集傳》曰：作，發起其土也。屛，去之也。菑，木立枯者也，翳，蒙蔽者也。灌，叢生也。栵，行生者也。檉，河柳也，似楊而赤色。椐，樻也，腫節似扶老也。【扶老，今靈壽杖也。】檿，山桑也。◯此太王遷于岐周之事，文不殺煩者，見其剪除墾闢之勞也。帝遷明德于此者，以串夷充斥滿路也。串夷，狄人也。配，謂太姜也。

16 賦：底本에는 "興". 奎章閣本에 근거하여 수정.

帝省【息井反】其山，柞棫斯拔【蒲貝反】，松柏斯兌【徒外反】。
帝作邦作對，自大伯 王季。
維此王季，因心則友【叶羽己反】。
則友其兄【叶虛王反】，則篤其慶【叶祛羊反】。
載錫之光，受祿無喪，奄有四方。

賦也。對，一對也，爲下民之主而作對于天也。王季，太王之少子，故曰季。因心，言出於天性也。太伯、虞仲讓位於王季，王季受之不辭，以傳於文王而篤周之慶，錫其二兄以讓德之光，至于[17]文、武，遂有四方也。王季之不辭，出於衷情，至誠至公而不飾於貌，故曰"因心則友也。"

維此王季，帝度其心，貊【武伯反】其德音。
其德克明，克明克類，克長克君。
王此大邦，克順克比【必里反】。
比【毗至反】于文王，其德靡悔【叶虎洧反】。
旣受帝祉，施【以豉反】于孫子【叶獎里反】。

賦也。度，法度也，天誘其心而法度之也。貊，《左傳》及《樂記》皆作莫，莫，漠通，漠，淸靜也。克類，格致之謂也。格致之道，同其同而分其分，審同而致分，《易》云："類族辨物。"格致，所以爲明也，故曰"克明克類。""克長克君"，言其德可以爲人上也。順，順於理也，比，比于賢也。"比于文王"，聽子之善而不違也。

17 于：底本에는 "於". 奎章閣本에 근거하여 수정.

帝謂文王，無然畔援【于願反】。
無然歆羨【餞面反】，誕先登于岸【叶魚戰反】。
密人不恭，敢拒大邦【叶卜攻反】，侵阮【魚宛反】徂共。
王赫斯怒【叶暖五反】，爰整其旅。
以按【音遏】徂旅，以篤于周祜【候五反】，以對于天下。

賦也。王季則曰“帝度其心。”，文王則曰“帝謂”，明文王之與天同德也。畔援，愛憎背附也，歆羨，慕羨從慾也，二者皆出私心者也。誕，大也。“誕先登于岸”，託言造道之極也，如“升堂入室”是也。密，《集傳》曰：密須氏，姞姓之國，在今寧州，阮，國名，在今涇州。共，周之地名，今涇州之共池是也。按《孟子》作“遏”，徂旅，密師之徂共[18]者也。對，答也，答天下之望也。

依其在京【叶居良反】，侵自阮疆，陟我高岡。
無矢我陵，我陵我阿。
無飮我泉，我泉我池【叶徒何反】。
度其鮮【息淺反】原，居岐之陽，在渭之將。
萬邦之方，下民之王。

賦也。依，安貌，言文王安在于京，未嘗害密，而密人無故侵我，自阮疆而陟我之岡也。矢，陳也，“無矢我陵”、“無飮我泉”，言逐密人而完其境土也。度，相度也。鮮，美也。《集

18 徂共：底本에는 “共”. 奎章閣本에 근거하여 수정.

傳》曰：文王徙都程邑，卽漢之扶風安陵也。將，當作方，方，當作將，將，扶護也，蓋誤換也。

帝謂文王，予懷明德，不大聲以色，不長【丁長反】夏以革。
不識不知，順帝之則。
帝謂文王，詢爾仇方。
同爾兄弟，以爾鉤援。
與爾臨衝，以伐崇墉。

賦也。大聲，聲聞震震也，色，風采赫赫也。長夏，長於文華也，革，變改以求新奇也。至德無迹可尋，不作聰明知巧而順天之理也。仇方，讎國也，兄弟，與國也。鉤，鉤車，以鉤城堞者也，援，雲梯，攀援以登者也，臨，巢車，臨城者也，衝，衝車也。《集傳》曰：崇，國名，在今京兆府鄠縣。紂賜西伯弓矢鈇鉞，得主征伐，西伯伐崇侯虎。諸侯不稟命于天子，則不得擅征伐，文王猶服事殷，則其伐崇，蓋請命于紂也。至武王戡黎，則紂惡稔而不君，時可以專征而不稟命也。以崇侯虐於民故，伐之也，非爲譏己而私[19]讎之也。"【《史記》"崇侯譏西伯，囚于羑里。"】

臨衝閑閑【叶胡員反】，崇墉言言。
執訊連連，攸馘【古獲反】安安【叶於肩反】。
是類是禡【馬嫁反．叶滿補反】，是致是附，四方以無侮。

19 私：底本에는 "和". 奎章閣本에 근거하여 수정.

臨衝茀茀【叶分聿反】，崇墉仡仡【魚乞反】。
是伐是肆，是絶是忽【叶虛屈反】，四方以無拂【叶分聿反】。

賦也。言言，高大也，連連，相屬之意。馘，割耳也。安安，詳愼之意，言不妄殺也。祭天曰類，而諸侯不得祭天，此乃虔禱于先君也。禡，祭兵祖也，致，致之使降也，附，受其來附也。茀茀，强盛貌。仡，當作屹，屹屹，高貌。肆，縱威也。忽，滅也，拂，違逆也。《左傳》曰："文王伐崇，三旬不降，退修教而復伐之，因壘而降。"

《皇矣》八章，章十二句。

靈臺

經始靈臺【叶田飴反】，經之營之。
庶民攻之，不日成之。
經始勿亟【居力反】，庶民子來【叶六直反】。

賦也。經，度也。靈臺，文王之臺名，在辟廱之中。攻，作也

王在靈囿【叶音郁】，麀【音憂】鹿攸伏。
麀鹿濯濯【直角反】，白鳥翯翯【戶角反】。
王在靈沼【叶音灼】，於牣【音刃】魚躍。

賦也。靈囿，靈臺之囿也。麀，牝鹿也。濯濯，肥澤貌，翯翯，潔白貌。牣，滿也。

虡【音巨】業維樅【七凶反】，賁【扶云反】鼓維鏞【音庸】。
於論【盧門反】鼓鍾，於樂辟【音璧】廱。

賦也。《集傳》曰：虡，植木以懸鍾磬，其橫者曰栒，栒上大板，刻之揵業，如鋸齒曰業，業上懸鍾處，以綵色爲崇牙，其狀樅樅然曰樅也。賁鼓，大鼓也，鏞，大鍾也。論，當作倫，言得其倫而不相奪也。○辟廱，文王之學宮名。辟者，環水爲沼，令雜人不得出入也，所以專學士之工也。廱，從广從雝，蓋宇之與衆和樂者也。文王以諸侯而立辟廱，辟廱,，非天子之學宮明矣。泮宮，魯學宮之名也，或環水，或半水，隨其地勢也，非有天子諸侯之異也。漢儒明堂、辟廱、泮宮之說，虛妄甚矣，後之君子愼無信此輩無稽無益之言哉。【虞、夏、殷、周之文，未有謂天子之太學爲辟廱也，天子、諸侯之太學一也。或環水而謂之辟廱，或半水而謂之泮宮，是果何義耶？其妄不足辨也。】爲臺、沼、園囿於學宮之中，爲學士游息滌暢之所，頤養其精神而發其高明灑落之志,【說見《學記》。】去其困竭疲倦之氣，文王時遊而同樂焉，令其樂業而勸趨也，非直爲耳目之娛而飾淫逸之觀也。【後世明堂辟廱，爲夸侈虛飾之具而無實用，鄙儒之誤若此類，曷勝道哉？曷勝道哉?】

於論鼓鍾，於樂辟廱。
鼉【徒河反】鼓逢逢【薄紅反】，矇瞍奏公。

賦也。《集傳》曰：鼉，似蜥蜴而長丈餘，皮可冒鼓。逢逢，和也。有眸子曰矇，無眸子曰瞍。公，功通。

《靈臺》四章，二章章六句，二章章四句。

此詩，蓋文王之詩，而後因爲天子遊于學之樂歌，故追加王字也。【追王文王之後，以王易公也。】

下武

下武維周，世有哲王。
三后在天，王配于京【叶居良反】。

賦也。下武，自武王以下也。三后，文、武、成也。王，康王也。《集傳》以此爲武王之詩，而今考文理，下武，明言自武王以下也。其德與天合者沒而曰"在天"，在天，非通用於每人者也，太王、王季，不可曰在天也。武王業一天下而德被四海[20]，其過太王 王季遠矣，曰世德作逑，不可也。"嗣服"，繼其事業也，謂武王繼述先志則可矣，謂嗣其事業則不可也，"繩其祖武"，謂武王繼太王、王季之迹則不可也。《書》稱文、武，常言武王承文王之德而成其命也，言其功業則未嘗不推武王也，知此爲康王之詩明矣。

20 海：底本에는 "國". 奎章閣本에 근거하여 수정.

王配于京，世德作求。
永言配命，成王之孚【叶孚尤反】。

賦也。以成王之孚於下民，知其能配命也。以《顧命》觀之，成王之優入聖域，可知也。此言配命者，言成王之格于下民，與天合德也。【《集傳》以爲“成王者之信。”，王者之信，異於他人之信乎？便不成說也。當云“孚于天下，孚于下民”，不當曰“成王之信也。”】

成王之孚，下土之式。
永言孝思，孝思維則。

賦也。民信其上，則自化之矣，故曰：“下土之式。”上章，言王之世德作逑，而不言文、武而獨言成王者，文、武遠而成王近也，且見康王之德，可與成王作逑，而不及於文、武也。此言成王之爲式於下土，而曰“孝思維則”，言康王之則於成王而成德也，康王受顧命而不墜其訓是也。

媚茲一人，應侯順德。
永言孝思，昭哉嗣服。

賦也。言王能媚于成王，應之以順德，永其孝思而昭嗣其事也。“永言”之言，語辭，而《集傳》以爲“長言”，非也。永，長久也。

昭茲來許，繩其祖武。
於萬斯年，受天之祜【候古反】。

賦也。玆，斯也，語辭也，許，猶所也，亦語辭也。來，來世也。繩，繼也，武，迹也，言昭其來世而繼其祖迹，長保有武王之天下也。“於萬斯年”，卽“昭玆來許”也。

受天之祜，四方來賀。
於萬斯年，不遐有佐？

賦也。言四方諸侯永爲之佐也。此篇專祝王之不墜成王之訓，保有天下於永久也，頌而寓箴也。

《下武》六章，章四句。

文王有聲

文王有聲，遹【尹橘反】駿有聲。
遹求厥寧，遹觀厥成，文王烝哉。

賦也。遹，聿同。駿，大也。烝，多也，言功德多也，猶今人之謂善爲多也。“求厥寧”，自安其身也，觀厥成，觀子孫之成其業也。

文王受命，有此武功。
旣伐于崇，作邑于豐，文王烝哉。

賦也。《集傳》曰：豊，卽崇之地，在今鄠縣 杜陵西南。

築城伊淢【況域反】，作豊伊匹。
匪棘【居力反】其欲，遹追來孝【叶許六反。或呼侯反】，王后烝哉。

賦也。淢，城隍也。匹，稱也，言稱其位而無夸侈過分也。“遹追來孝”，言欲子孫之追而爲孝也。來，來世也。匪自急己欲也，欲子孫之繼成其安天下之業也。

王公伊濯【直角反】，維豊之垣。
四方攸同，王后維翰【叶胡田反】，王后烝哉。

賦也。公，功通。濯，滌也，滌其舊汙而布新化也。翰，羽翼也，諸侯爲文王之羽翼也。

豊水東注，維禹之績。
四方攸同，皇王維辟，皇王烝哉。

賦也。託言文王之德，武王承之，以徧被於九州也。皇王，有天下之號，指武王也。辟，君也。

鎬京 辟廱，自西自東。
自南自北，無思不服，皇王烝哉。

賦也。《集傳》以爲“鎬京學宮也”，鎬京學宮，天下服，不成文理也，知亦爲托言也。鎬京，武王之居也，辟廱，文王之學宮也，言武王用文王之道，以服天下也。凡詩之道，言之不可以一二句明之者，皆托言以明其意，凡爲托言者，正讀之則不成理，故使讀之者，知其爲托言也。【辟廱，在豊而不在鎬。】

考卜維王，宅是鎬京【叶居良反】。
維龜正【叶諸盈反】之，武王成之，武王烝哉。

賦也。考，稽也。

豊水有芑，武王豈不仕【鉏里反】?
詒厥孫謀，以燕翼子，武王烝哉。

賦也。仕，事也，托言文王立德，武王豈不立事業乎?燕，安也，翼，輔也。貽孫以謀，所以安輔子也，安輔子，所以存其身也。善其身，所以善其子孫也，善其子孫，所以善其身也。有文王，故有武王也，有武王，故成文王也。首二章，稱文王，末二章，稱武王，明其德及於後世也。三章、四章，文王稱王后，五章、六章，武王稱皇王者，明其事業一也，皆以"烝哉"結之者，明其德同也。此篇以文王居豊，武王居鎬，言服事殷與定天下，其事不同，而不同者時也，其德一也，其業一也，易地則皆然也。

《文王有聲》八章，章五句。

《文王之什》。

지은이 **심대윤(沈大允)**

1806(순조6)~1872(고종9). 조선 후기의 학자로 본관은 청송(青松), 자는 진경(晋卿), 호는 백운(白雲)·석교(石橋)이다. 당쟁에 연루되어 집안이 쇠락한 탓에 출사를 포기하고, 생계를 위하여 나무 반상(盤床)을 제작하는 공방과 약방을 운영하기도 하면서 경전 연구와 저술에 몰두하였다. 40여 책의 경학 저술을 포함하여 역사와 경세(經世)에 걸쳐 110여 책을 저술하였다. 그의 학문은 이(利)를 종지(宗旨)로 삼고 현실 지향적이었으며, 경서 전반에 걸쳐 새로운 해석을 제시하여 독자적인 체계를 이룩하였다. 저서로《복리전서(福利全書)》,《한중수필(閒中隨筆)》,《동사(東史)》,《전사(全史)》,《주역상의점법(周易象義占法)》,《서경채전변정(書經蔡傳辨正)》,《예기정해(禮記正解)》,《의례정론(儀禮正論)》,《주례산정(周禮刪正)》,《좌전정론(左傳正論)》,《효경산정(孝經刪正)》 등등이 있다.

옮긴이 **성원규(成元圭)**

1984년 서울에서 태어났다. 단국대학교 한문교육과를 졸업하고, 고려대학교 국어국문학 석사 과정을 수료하였다. 한국고전번역교육원 연수부 과정을 졸업하고, 현재 해동경사연구소 연구원으로 재직하고 있다.

옮긴이 **윤은숙(尹銀淑)**

1957년 인천에서 태어났다. 덕성여대 경영학과와 방송통신대 중문학과를 졸업하였다. 민족문화추진회(현 한국고전번역원) 연수부와 일반연구부 과정을 마치고 현재 해동경사연구소 연구위원으로 일하고 있다. 번역서로는 〈자치통감강목(4-14)〉(공역)이 있다.

옮긴이 **김형석(金炯奭)**

1967년 서울에서 태어났다. 대학에서 전자공학과 중어중문학을 공부하였고, 한국고전번역원 연수부를 졸업하였다. 현재 해동경사연구소 연구원으로 재직하고 있다.

특수고전협동번역사업(경전주석서) 연구진

연구책임자 성백효(해동경사연구소 소장)

공동연구원 신영주(성신여자대학교 한문교육과 교수)

연구원 윤은숙

김형석

성원규

시경집전변정 3

심대윤 지음 | 성원규 · 윤은숙 · 김형석 옮김

2022년 6월 5일 초판 1쇄 발행

편집 · 발행 학자원

등록 2011.4.6 제2011-14호

주소 (05355) 서울시 강동구 천호대로 1121

전화 02-6403-1000 | 팩스 02-6338-1001 | 이메일 hakjaone@daum.net

값 35,000원

ISBN 979-11-6247-270-5 94810

979-11-6247-214-9 (세트)